獻給

葛理齊教授

（Dr. Richard B. Gaffin, Jr.）

系統神學叢書

Kingdom and Hope

天國與盼望

基督教要義導覽

陳若愚 著

▼

系統神學叢書

天國與盼望：基督教要義導覽

作者
陳若愚 Lawrence Y. Chan

責任編輯
陳慧

裝幀設計
奇文雲海 · 設計顧問

■

出版 / 發行
基道出版社
香港沙田火炭坳背灣街 26 號富騰工業中心 10 樓 1011 室
LOGOS PUBLISHERS
Unit 1011, 10/F, Fo Tan Ind. Centre, 26 Au Pui Wan St., Shatin, Hong Kong
電話：(852) 2687-0331　傳真：(852) 2687-0281
網址：https://www.logos.com.hk

承印
雅聯印刷有限公司

●

7/2024 初版
Cat. No. LP266
ISBN: 978-962-457-652-8

刷次	10	9	8	7	6	5	4	3	2	1
年份	2033	2032	2031	2030	2029	2028	2027	2026	2025	2024

鄧序

保羅說：「基督若沒有復活，你們的信便是徒然，你們仍在罪裏。就是在基督裏睡了的人也滅亡了。我們若靠基督只在今生有指望，就算比眾人更可憐。」(林前十五 17～19) 這段經文清楚表示了，我們的終末盼望，只在乎耶穌基督從死人中復活，因為祂的復活是勝過死亡與罪惡的勢力，所以不是任何此生的盼望所能比擬的。任何此生的盼望，都會過去，但在復活主的盼望裏，卻不會再有死亡、眼淚、哭號；我們在基督裏的，都將得到像祂一樣的復活、榮耀的身體，並且永遠與祂同在。因此，耶穌基督從死人中復活，指向了上帝的終末管治的大能，是我們惟一的盼望所在。

本書是陳若愚牧師一連串神學著作的最後一本，要處理的正好是終末將來的課題。他以「天國」的主題，開始整個終末的論述，其實很能表明基督教的終末觀，就是上帝對受造世界全面管治的圓滿落實，這是基督教信仰的高峯。從存有的秩序 (order of being) 來看，在上帝全面落實其圓滿管治底下，再進而討論其他相關的課題，包括死亡和生命、居間之境、復活的身體、耶穌基督的再來、千禧年、宇宙的更新、最後的審判、地獄等，是十分恰當的。

在此，陳牧師展示了一種聖經神學的了解，讓我們多了一種值得參考的論述，更好地明白我們基督教所講的盼望。求上主使用本書，造福教會弟兄姊妹，於黑暗的世代，看見光明。

鄧紹光

於香港浸信會神學院

自序

本書是筆者第四冊，也是最後一冊的系統神學作品。過去曾出版的三冊，分別為《系統神學：基督教教義精要（上冊）》（2001年）、《基督、聖靈與救贖：基督教要義導覽》（2010年）和《教會、使命與聖禮：基督教要義導覽》（2018年）。感謝主，賜我力量完成這四冊的系統神學寫作，讓我藉此與各地華人教會、牧者和神學院老師，分享我的研究和教學心得，也為各地神學院的同學，提供一些華文的神學參考資料。

記得多年前，我回應上帝藉聖靈的感動和引導，投身全職事奉時，就有一個心願，要全面、有系統、清楚地宣講和教導上帝的話。要完成這目標，必須透過在教會和神學院的事奉，而神學的研究和寫作，則能進一步提高和深化這事奉的果效。在過去四十多年，上帝帶領我在香港和北美參與神學教育的事奉，儘管同時須負起不少行政和教導的職責，然而我一直都很珍惜研究寫作的機會，因為寫作不單可以和宣講教導互相配搭，也有助華人教會的屬靈傳承，以及神學教育使命的傳遞。

本書第一部（一～五章），是透過聖經中有關天國的描述，展示天國的歷史進程。「天國」是新舊約聖經最重要的主題之一，但一般華人信徒對這主題的了解不多。有些信徒看「天國」等同「天堂」，是他們死後才去的地方；較成熟的信徒，會看「天國」是主基督今天在信徒心中的掌權的狀態。另外有些人則認為，「天國」是艱深難明的，因為在福音書中，耶穌常提到「天國的奧祕」。其實，簡單來說，聖經所啟示的「天國」，基本上是一個歷史進程，就是上帝在歷史中，透過與人立約，建立祂的王權；而這天國的治理，涵蓋個人、羣體和宇宙等範疇。而由於它是一個歷史的進程，它的應許和實現，具有漸進性的特徵。

本書第二部（六～十四章）則涵蓋了盼望神學的重要課題。進入二十一世紀，人類的境況並沒有很大的進步。雖然科技（特別是資訊科技）頗有進展，但人類對自己的未來，仍然充滿憂慮、不安和悲觀的情緒。幾年疫情，盡顯人類醫療科學的限制；近年氣候變化所帶來的極端天氣，也充分反映了人類未能盡大自然管家的本分；民生方面，貧富懸殊的問題依然，甚至有變本加厲之勢；國際局勢也令人擔憂，二十世紀兩次世界大戰的災難，會否在二十一世紀重演？這些問題足以使活在今天的我們，難以對這世界和人類的未來感到樂觀，更遑論充滿「光明的盼望」了。

相較之下，過去二千年，基督教（特別是福音信仰）的人生觀和未來觀，卻仍能樂觀和充滿盼望。這種樂觀和盼望，並非憑空的構想和主觀的願望，乃是植根於上帝（三一創造主）藉聖子在歷史中所完成的救贖，並且預言將必再來，更新天地，與子民同享永遠的榮耀。其實，除了創天造地、全能全知的上帝以外，誰能知道並掌管未來？創造主不單在歷史中掌權，祂還藉眾先知和使徒，將祂的旨意，包括這個世界的「過去、現在、未來」，都向世人啟示了。而六十六卷新舊約聖經，就是這歷史啟示的核心內容，也是人類了解未來的最佳鑰匙，能為人類帶來盼望。

最後，本書得以出版，全賴上帝豐富的恩典和供應，其中包括：一、家人的支持，特別是內子美斯的鼓勵和多方的協助；二、基道出版社眾同工的努力，尤其是吳國雄弟兄的領導，過去梁冠霆弟兄的協助，以及本書陳慧姊妹用心的編輯；三、在過去幾年疫情期間，筆者蒙上帝保守，身體健康，並有足夠的時間空間，進行研究和寫作本書，十分感恩。願一切榮耀頌讚歸與三一上帝：聖父、聖子、聖靈！

陳若愚

於美國加州 Sunnyvale 市

目錄

第一部

「天國」的歷史進程

1

舊約中的「天國」進程（上篇）

一 導論：「天國」的定義與進程

1 信徒對「天國」之迷思

「天國」這名詞，對許多信徒來說，既熟悉又陌生，「熟悉」是因為在福音書中常見這詞，「陌生」是因為在福音書中，不論是耶穌或使徒，都沒有為「天國」清楚下定義，使信徒常感迷惘。以下是信徒常問的幾個問題：

A.「天國」是甚麼？

不少信徒看「天國」為他們死後會去的地方（即所謂「魂歸天國」），他們一般看這是「信耶穌上天堂」應許的實現。很自然，跟著的問題會是：這「天堂」在哪裏——天上還是地上？它是一個屬靈抑屬物質的境界？與聖經中「身體復活」的應許有何關係？人進入「天國」後，生活方式會是怎樣的呢？這些都不是容易解答的問題。

B. 耶穌是「天國君王」：甚麼君王？

約翰福音六章15節記載耶穌不肯接受羣眾擁祂為王；十八章36節祂又對彼拉多說：「我的國不屬這世界。」這些事情是否展示耶穌的王權是「屬靈」的？祂是信徒的「心中王」，祂的王權與一些地上的政權有何關係？耶穌在此是否表示，信仰和政治無關——祂主張「政教分離」？

C.「天國」何時來到？

耶穌在復活後，四十天之久向使徒顯現，與他們談論神國的事，他們問祂說：「『主啊，你復興以色列國就在這時候嗎？』耶穌對他們說：『父憑著自己的權柄所定的時候、日期，不是你們可以知道的。但聖靈降臨在你們身上，你們就必得著能力，並要在耶路撒冷、猶太全地，和撒馬利亞，直到地極，作我的見證。』」（徒一6～8）

耶穌當時是否表示，使徒的問題是沒有意義的？而他們應關心的，不該是甚麼「以色列國的復興」，乃是福音將遍傳地極？若是如此，當時使徒眼看耶穌升上天上，應該感到很失望，因為耶穌似乎否定了他們一直持守的「天國＝猶太國」盼望。在如此心情下，我們又如何解釋他們為何仍有動力，將福音遍傳當時的世界？（參徒二～二十八章）他們不是應放棄為天國福音的使命，而付上生命的代價嗎？

D. 舊約中有「天國」嗎？

這是另一個難以解答的問題！假若我們閱讀新約聖經，就會知道，耶穌才是「基督」、上帝所膏立的「彌賽亞君王」。這樣，有人會推論舊約時代應該是沒有「天國」的吧，因為天國的君王還未來到，所以一般的了解是，舊約只是應許的時代，而新約才是天國實現的時代。因此，我們可以說，舊約時代是沒有「天國」的。若真是如此，我們應如何看上帝所揀選、設立的以色列國，和大衛的王朝呢？

2 一個「聖經神學」的回應

A. 天國是甚麼？

「天國」並不是基督徒死後才去的地方。福音書記載，耶穌首次降臨，在三十歲出來傳道、醫病、趕鬼，天國已開始實現。祂對法利賽人說：「我若靠著上帝的靈趕鬼，這就是上帝的國臨到你們了。」（太十二 28）祂是天國的君王，而藉天國的能力，祂當時已開始啟動天國的聖工。至於信徒死後的最終歸宿，不會是在天上的「天堂」，而是那將降臨大地的「新耶路撒冷」（啟二十一章），一個更新的天地；並且是帶著復活的身體——不單是靈魂，全人進入榮耀聖城，永遠與上帝同在。

新約學者施賴納（Patrick Schreiner）正確指出，「天國」是上帝藉自己所差遣的「基督」（＝彌賽亞），在歷史中完成救贖，在天地和子民中建立的國度；這國度包括上帝的國權（reign）、國土（realm）、國民（people）。[1]

B. 怎樣的君王？

耶穌並沒有應猶太羣眾所求，作他們當時的「君王」，完成他們當時的心願，因為祂知道自己必須經過十架與復活，才能救贖

1　Patrick Schreiner, *The Kingdom of God and the Glory of the Cross* (Wheaton: Crossway, 2018), 18 ~ 21.

子民脫離罪、死亡和撒但的權勢，至終建立天國子民，進入榮耀裏去。不錯，耶穌的國並非從「世界」而來，但卻是與整個世界有關，因為祂是宇宙的創造主，並且將更新天地，祂又是「萬王之王、萬主之主」（啟十九 15～16），祂的國度永無窮盡（但七 13～14）。至於耶穌是否提倡「政教分離」，則可再討論，但我們須先確定「政教分離」的定義。

C. 天國何時來到？

復活的耶穌，並沒有責備或否定門徒有關「天國何時實現」的詢問，其實祂在四十天裏，都在談論天國的事，只是祂必須提醒他們，這實現的日期，並不是人可以知道的。祂進一步指出，天國實現的下一個階段，是「聖靈降臨、教會成立、福音廣傳」的階段，而他們就是耶穌的見證人，要領人歸向祂，作天國的子民，並等候祂的再來（徒一 9～11）。總的來說，新約信徒看「天國」，是一個「已然—未然」（already but not yet）的國度。

D. 舊約聖經中有天國嗎？

當代舊約學者華爾基（Bruce K. Waltke），在他的專文〈聖經神學中的天國〉（"The Kingdom of God in Biblical Theology"）中，有這樣的話：「在這篇文章中，我要藉舊約聖經確定我的看法，就是：以色列民族的『原始歷史』（primary history）——從上帝創造天地，直到以色列亡國（創一章～王下二十五章）——都是有關新約聖經所稱的『上帝的國度』（＝天國）。」[2]

---

2 Bruce K. Waltke, "The Kingdom of God in Biblical Theology," in *Looking into the Future: Evangelical Studies in Eschatology*, ed. David W. Baker (Grand Rapids: Baker, 2001), 15～27.

華爾基這話，並不是誇大了舊約啟示的功能，事實上他也了解到，天國是藉基督首次降臨才開始實現的，但從「預備—應許」的角度看，舊約的以色列民族，已經是「屬上帝的子民」、「祭司的國度」（出十九 5～6），而整個舊約歷史都記載著，耶和華如何拯救祂的子民，與他們立約，吩咐他們要尊祂為王，敬拜順服祂，而「摩西律法」就是以色列「神權政體」（theocracy）的藍圖與法律。所以，上帝所設立的以色列國和律法，一方面是天國之「屬地」形態（來九 1～10；林前十五 47～49），另一方面也是應許那將會到來的天國之「屬天」形態（來九 11～28；林前十五 49～51）。舊約中的「神權政體」，是為新約的天國實現作準備的，但舊約歷史中，也有「天國」具體的彰顯。

本書第一、二章，就是華爾基這立論的印證和說明。筆者會從舊約的歷史啟示，論述舊約中的天國神學。

3 舊約「天國進程」的途徑：神人立約

要了解新舊約「天國」的歷史進程，我們必須探討歷史中之神人立約，因為透過這些聖約，上帝啟示了祂如何藉著基督帶來了子民和宇宙的救贖，以建立祂榮耀的國度。

從舊約歷史啟示，我們看到上帝與子民訂立兩種聖約，就是：有條件的（conditional）「律法之約」，和無條件的（unconditional）「恩典之約」。使徒保羅曾在加拉太書論及上帝藉基督賜予我們救贖，是透過舊約歷史中所設立的兩類聖約，一類是以律法為主的，就如西奈之約；另一類是以恩典為主的，就如亞伯拉罕之約（加四 21～五 1）。這兩類聖約，在基督所立的新約中，都完全實現了。

「律法之約」的運作原則是：人若遵行律法，就必因此活著（利十八5；加三12），而以色列人在立約時的承諾是：耶和華所吩咐的，我們都必遵行（出二十四3、7；參書二十四21、24）。可惜的是，他們都沒有兌現這些承諾，因著人性的軟弱，這實在是鐵一般的歷史事實。

上帝與亞伯拉罕和撒拉訂立了「恩典（應許）之約」（創十二、十五、十七章），這約在基督裏完全實現，並帶來了屬天的祝福，就是新耶路撒冷（來十二22～24；啟二十一2～二十二5）。這應許之約的特徵，就是無條件的恩典。

基督親自成全律法，並藉十架為違背律法的罪人，帶來赦罪的恩典。因此，這兩個聖約的傳統，在基督裏並沒有矛盾，而是完美地配搭和結合起來。[3]

神人立約，是上帝在歷史中建立「天國」的途徑。這「天國—聖約」的進程，涵蓋新舊約的歷史啟示。這進程是本書（一～五章）所要探討的。但要進入這「天國—聖約」的進程，我們必須先了解「上帝管治」（providence of God）這重要教義，因為它是「天國—聖約」神學的基礎。

二 上帝的管治：「天國—聖約」的基礎

1 何謂「上帝管治」?

A.「管治」與「主權」

Providence 一詞（或作「護理」，下同），是指上帝在創造後，對所造的萬物無間斷的掌管治理，以達到榮耀祂之目標。

---

3 參 Michael Horton, *Introducing Covenant Theology* (Grand Rapids: Baker, 2009)；陳若愚：《教會、使命與聖禮：基督教要義導覽》（香港：基道，2018），頁84～87、91。

美國聖經學者派博（John Piper）在他的著作中，[4] 將上帝的主權（sovereignty）和管治（providence）分別出來：前者是指上帝有權柄和能力，去作祂要作的事，而後者則加上「目標」這元素；換句話說，「管治」乃是「有目標的主權」（purposeful sovereignty），因為上帝不單是「有大能主權」的上帝，祂也是「充滿智慧、按目標行事」的主，正如先知（耶和華說）所言：「我從起初指明末後的事，從古時言明未成的事，說：我的籌算（＝目標）必立定；凡我所喜悅的，我必成就。」（賽四十六 10）

B. 教會的信仰宣言

「上帝管治」（providence of God）這語句，在聖經中並沒有出現，但其所代表的聖經真理，在基督教歷代信條，特別是宗教改革的信仰宣言中，都有明確的表達，例如比利時的《比利時信條》（Belgic Confession, 1561）第十三條、德國的《海德堡要理問答》（Heidelberg Catechism, 1563）第二十七問、英國的《韋斯敏斯德信條》（Westminster Confession of Faith, 1647）五章 1 節等，它們都成為正統基督教教義的一部分，直到今天。[5]

在當代方面，新約學者派博在二〇一五年，為他牧養了三十三年的教會（Bethlehem Baptist Church），草擬了一份《教會長老信仰宣言》（Elder Affirmation of Faith），其中一條是論及「上帝管治」的，這是一個「上帝管治宣言」的好例子。宣言如此說：

4　John Piper, *Providence* (Wheaton: Crossway, 2020), 29 ～ 30.

5　參湯清編譯：《歷代基督教信條》（香港：基督教文藝，2008），頁 136、186、331 ～ 335。

> 3.1 我們相信，上帝從創立世界以先，自由和不變地、預定和預知一切將會發生的事物，都是按祂至聖潔和智慧的旨意，為要彰顯祂豐盛的榮耀，和為愛祂之人帶來永恆和不斷增添的快樂；3.2 我們又相信，上帝不斷地托住和掌管萬事萬物：從銀河系的星羣到原子微粒，從大自然的力量到列國的互動，從政治家的公共計劃到個人的隱祕活動，這一切都與祂永恆、全智的目標（榮耀祂自己）互相協調。上帝從不犯罪、也從來沒有按不義的原則判斷人；祂對萬物的預定和掌管，也不會抹剎所有按上帝形象被造之人應有的道德責任。[6]

這宣言清楚表達了上帝的主權、管治，和祂與人的關係，值得我們參考。

2「上帝管治」所引起的疑問

問題：「上帝管治」的教義是否與「上帝的安息」（創二 1～3）有矛盾？

回答：創世記二章 1 至 3 節記載，上帝用六日創造了萬物之後，第七日就「歇了他一切的工，安息了」（2 節下）。這與上帝的治理並沒有矛盾，因為：（1）「一切的工」並非指所有上帝的工作，乃指二章 2 節上「造物的工」（work of creation），這包括「原始的創造」（創一 1），和「六日的創造」（創一 3～31）。（2）耶穌在地上事奉時曾說：「我父做

6 Piper, *Providence*, 37.

事直到如今，我也做事。」（約五 17）表示上帝在創造之後仍然不斷地工作，包括：維持一切活物的生命（詩一〇四 10 ～ 30）、按祂的美意管治宇宙萬物（來一 3；弗一 9～10）、藉基督完成救贖（羅一 3～4）、藉聖靈實施救贖（羅八 1～11）、至終施行審判和更新天地（啟二十 7～二十二 5）等。（3）上帝創造後的「安息」，所指的是祂對受造的世界很滿意、很欣賞（創一 31），這是一個完美的創造。當然，其後由於人的罪和魔鬼的破壞，世界受污染破壞，大地遭咒詛，必須等待救贖與更新，再顯榮美（羅八 19～23；腓三 20～21）。[7]

問題：「上帝管治」是否等於「聽天由命」？（providence = fate?）

回答：不是的！表面看來，「命運」似乎與上帝「主權的管治」相若，但其實兩者很不相同，當中的差異包括：（1）「命運」是非位格性的（impersonal），「管治」則是位格上帝（personal God）的作為。（2）相信「命運」的人，是相信一個盲目的、支配著人類的、神祕的黑暗勢力。但相信「上帝管治」的人，是相信一位有智慧的上帝，祂認識、供應、帶領每一位屬祂的人，走每一天的路。上帝的管治朝向美好的目標，是救贖性的，是叫屬祂的人得益處的（羅八 28），且人活在其中，可隨時與上帝溝通，求指引，得幫助（來四 14～16）。（3）「命運」往往使人恐懼，但上帝的治理卻帶來安慰、鼓勵和盼望，因為上帝的旨意，在聖經中已清楚啟示，人可以了解、回應上帝的呼召，參與上帝在歷史中的使命，過一個豐盛的人生，懷著榮耀天國的盼望。

7　參 John Calvin, *Genesis* (Edinburgh: Banner of Truth, 1975), 102 ～ 108。

問題：「上帝管治」是為了祂自己的榮耀：這合理嗎？

回答：人的本性是抗拒權威的，包括上帝的權威，而現代人也不喜歡那些只顧自己榮耀的領袖。但面對聖經所啟示的真神，我們可以有不同的看法：(1)上帝是那自有永有、創造萬物、掌管萬有、完美榮耀的三一真神；祂的榮耀和權柄是客觀存在的事實。因此人與受造世界，將榮耀歸給祂是應當的，這是我們應盡的本分(羅一21)——雖然我們如此行，並不會絲毫增添上帝本身的榮耀和權柄！(2)上帝在宇宙中的管治，目標是彰顯祂的榮耀，這是合理的。自從撒但墮落、人類犯罪以後，世界便充滿了敗壞、苦難和黑暗，上帝主動的拯救、更新、改變，不單反映祂的大能，也顯明祂的大愛，至終更彰顯出祂的榮耀。人的反應該是：我當如何回應上帝大能的愛、領受祂恩典的救贖，以致至終可與祂同享天國的榮耀？人不應作的反倒是：懷疑上帝管治目標的合理性。派博説得好，其實上帝管治的目標，不單為了反映祂自己的榮耀，也為了祂的子民得享永恆的快樂。[8] (3)上帝的「榮耀」本身並不是祂的一個屬性；上帝的「榮耀」涵蓋了祂所有的屬性，包括祂的慈愛、公義、智慧、美善、能力、聖潔等。有些人喜歡將上帝的榮耀，與祂的一些屬性(如：慈愛)對立起來，這是不對的，因為所有屬性皆彰顯上帝的榮耀，而所有屬性皆彼此配合、不相矛盾。當然，上帝屬性彼此配合的方式，人往往並不完全了解，因為上帝是深不可測的那一位(incomprehensible)。

---

8 參 Piper, *Providence*, 43～45。

3「上帝管治」的範疇與方式[9]

A. 上帝管治大自然

- 上帝創造萬有（參詩三十三 6、9；耶十 12；徒十七 24～26），並且萬有為祂（聖子）而造，也靠祂而立（西一 16～17）。
- 自然界發生的事，都是上帝直接的作為（詩六十五 9～11，一三五 6～7，一四七 15～18）；似乎是偶發的事，也有祂的控制（箴十六 33；拿一 7；徒一 25～26）。
- 出埃及時，埃及地所受的災難，如冰雹，只有以色列人居住的歌珊地沒有發生（出九 12～26），這顯然是上帝藉掌管大自然，保護祂的子民！
- 耶穌說，上帝掌控大自然中最微小的事（參太五 45，六 26～30；可四 35～39 等）——參見耶穌引用的例子：「兩個麻雀不是賣一分銀子嗎？若是你們的父不許，一個也不能掉在地上；就是你們的頭髮也都被數過了。」（太十 29～30）

B. 上帝掌管人的一生

- 先知耶利米作見證說：「耶和華的話臨到我說：我未將你造在腹中，我已曉得你；你未出母胎，我已分別你為聖。我已派你作列國的先知。」（耶一 4～5）這與詩人的見證不謀而合（詩一三九 13～16）。其實，聖經記載的不少人物也表達了一個真理，就是人的生、死，和期間所遭遇的一切事情，

9　John M. Frame, *The Doctrine of God*, A Theology of Lordship, vol. 2 (Phillipsburg: P&R, 2002), 47～76.

都有上帝的手在掌管（如：得一 13；撒上二 6 ～ 7；加一 15 ～ 16 等）。

- 使徒雅各也勸人不要誇口，說自己明天一定要作甚麼，因為人的明天，只有上帝知道，祂也是掌管人生命的主。所以雅各對信徒說：「其實明天如何，你們還不知道。你們的生命是甚麼呢？你們原來是一片雲霧，出現少時就不見了。你們只當說：『主若願意，我們就可以活著，也可以做這事，或做那事。』」（雅四 14 ～ 15）

C. 上帝掌管人意志的抉擇，包括人的罪

聖經在敍述神人關係時，常常指出上帝掌管人意志的抉擇，以下是一些例證：

(i) 上帝讓人作出意志的抉擇

- 在詩篇三十三篇 13 至 17 節，上帝對人的心有絕對的了解（13 ～ 15 節），和絕對的控制（16 ～ 17 節）；
- 按箴言十六章 9 節，二十一章 1 節，約翰福音十九章 24 節（引用詩二十二 18），人心籌算要作的事，但最終是上帝藉人作祂要作的事。

(ii) 人需為自己的罪負責，但上帝掌管萬事，藉人的罪成就祂的旨意

- 以色列人出賣耶穌（徒二 23）；
- 約瑟被兄弟出賣（創三十七 12 ～ 28，四十五 1 ～ 15）；

- 上帝使埃及人恨祂的百姓（詩一〇五 24）；
- 上帝使法老的心剛硬（出四 21，七 3、13；羅九 17～18）；
- 上帝使西宏王的心剛硬（申二 30～31）；
- 上帝使以色列民的心剛硬，得不到醫治（賽六 9～10）。

D. 上帝掌管人類歷史，成就祂的美好旨意

- 上帝安排歷史事件發生，使祂的子民得勝（創四十五 5～8；書二十一 44～45）；
- 上帝興起亞述，審判祂的百姓（賽十 5～12）；
- 上帝揀選波斯王塞魯士，引領以色列人歸回故土（賽四十四 28，四十五 1～3）；
- 上帝激動塞魯士王的心，以行動應驗耶利米的預言（拉一 1；耶三十 4～24）。

E. 上帝在歷史中不斷掌管萬事，藉基督完成救贖

- 耶穌的降生，是先知預言的應驗，有上帝自己和天使的介入（太一～二章；路一～二章）；
- 猶大賣主有上帝的旨意（路二十二 22；徒二 23～24）；
- 基督從死裏復活，是上帝的計劃（路二十四 25～27、44～46）；
- 基督升天後，天父賜下聖靈，使教會有能力把福音傳遍地極（徒一 8），等候基督的再臨（徒一 9～11），就是天國君王最終得勝得榮耀的日子（啟十九 1～9）。

F. 上帝在人生命中掌權，使他蒙恩得救

問題：人蒙恩得救，是藉著人的信心、還是上帝的主權？

回答：上帝的救恩臨到人，是人信心的接受，也同時是上帝主權的恩典，而兩者互相配合，並不矛盾。[10]然而，在罪人歸主這事上，上帝主權的管治，得以充分彰顯。不錯，相信與悔改是人得拯救、蒙上帝接納的途徑，是人應有的回應（弗二 8；羅三 25～26；路三 7～14），但救贖完全是上帝的工作，祂在歷史中成就救恩，且藉聖靈實施這救恩，彰顯了祂的主權。這包括：（1）上帝預知、預定、呼召人領受救恩（羅八 29～30）；（2）上帝賜人悔改和信心（亞十二 10；提後二 25～26；腓一 29）；（3）聖靈賜人重生的生命（約三 3～5）；（4）人有能力作出回應，全是因為上帝在他們心裏運行，為要成就祂的美意（腓二 12～13）。

4 結語：「上帝管治」的今日意義[11]

1. 創造宇宙萬物的上帝，也是管治萬物的君王。了解上帝的管治，使我們更認識、敬愛上帝。上帝並非一位「自然神論者」（deist）所構思的工匠（mechanic），而是那位全情投入祂所創造的世界的上帝——時刻關心、供應、管治、救贖

10 參 D. A. Carson, *Divine Sovereignty and Human Responsibility: Biblical Perspectives in Tension* (Eugene: Wipf & Stock, 2002)。

11 參 Frame, *The Doctrine of God*, 76～79；Douglas J. Moo, *The Epistle to the Romans*, NICNT (Grand Rapids: Eerdmans, 2008), 527～531, 739～744。

世界，並使其中的生命可以存活，正常地運作，且至終進入榮耀。

2. 上帝對這受造的世界，有一個計劃藍圖，且已向人啟示，並載於聖經六十六卷書中。人要活得有智慧、有意義，就當明白這計劃藍圖，就如保羅所言：要心意更新而變化，察驗何為上帝的善良、純全、可喜悅的旨意（羅十二 2）。上帝管治的目的，就是要藉祂大能的主權（sovereignty），去實現這藍圖所應許的，這是人可以期待，也應該盼望的，因為上帝在宇宙中的掌權，是普世性的、不間斷的，也是有效的，祂所應許的，必然成就。

3. 上帝的管治，是「神人立約、天國進程」的基礎，因為若不是上帝大能的主權和有目標的管治（sovereign purposeful providence），上帝藉基督和聖靈，所要作的天國救贖工作，就不可能成就了。有關「上帝管治」和「天國進程」的密切關係，前段點 D、點 E、點 F 所述，表達得尤其明顯。

4. 表達「上帝管治」的重要經文：

- 「耶和華在天上立定寶座，他的權柄統管萬有。」（詩一〇三 19）上帝統治的範疇是整個宇宙萬物（the all）——並非限於個人的內心，乃涵蓋信仰羣體、社會國家族羣、天上的靈界，和整個受造的天地。
- 「除非主命定，誰能說成就成呢？禍福不都出於至高者的口嗎？」（哀三 37～38）這兩個反語式修辭問題（rhetorical question）的答案很明顯，就是上帝有至終的管治權——祂命定成就一切所發生的事。
- 「我們曉得（上帝使）萬事都互相效力，叫愛上帝的人得益處，就是按他旨意被召的人。」(羅八 28) 在這個充滿苦難和空虛的世界 (羅八 18 ～ 25)，上帝的主權和祂對子民的愛，是信徒極大的鼓勵和安慰，因祂能使「萬事」(all things＝宇宙一切事物) 都朝一個目標走，就是使「愛上帝的人」(即：信靠上帝、被上帝所愛的人)，至終得益處。

- 「都是照他自己所預定的美意，叫我們知道他旨意的奧祕，要照所安排的，在日期滿足的時候，使天上、地上、一切所有的都在基督裏面同歸於一。我們也在他裏面得了基業，這原是那位隨己意行、做萬事的，照著他旨意所預定的。」(弗一 9 ～ 11) 上帝的美意乃是按祂所定的時候日期，使宇宙間一切事物，都朝向「在基督裏同歸於一」這目標，即協調、統一與和諧。要達此目標，上帝須掌控天地所發生的每一事物，不論大或小。11 節也指出世上萬事皆按上帝自己所預定的美旨成就，並沒有例外。
- 「深哉，上帝豐富的智慧和知識！他的判斷何其難測！他的蹤迹何其難尋！誰知道主的心？誰作過他的謀士呢？誰是先給了他，使他後來償還呢？因為萬有都是本於他，倚靠他，歸於他。願榮耀歸給他，直到永遠。阿們！」(羅十一 33 ～ 36) 在清楚闡釋了上帝偉大的救恩計劃後 (羅一 18 ～十一 32)，使徒保羅對祂發出讚歎和稱頌。他在此讚頌上帝的智慧和知識 —— 上帝的旨意和作為是「深不可測」的 (incomprehensible)。最後，保羅指出上帝與受造的世界有三重關係：祂是萬有的「創造主」(本於祂)、「管治主」(依靠祂)，和「存在目的」(歸於祂)。祂配受我們一切的讚頌！

三 舊約中「天國」的進程：從「聖約」到「國度」

1 舊約「聖約神學」概論

A. 立約的上帝：耶和華

舊約聖經論及上帝和祂的作為時，用上了兩個重要的名字，其一是「伊羅興」（*Elohim*），亦可稱為「大能的上帝」；其二是「耶和華」（*Jehovah*），亦可大致稱為「立約的上帝」。[12]

舊約學者華爾基在他的創世記註釋中指出，創世記一章 1 節至二章 3 節論及上帝的創造、評估、祝福，都是用 *Elohim*（約三十次），因這名稱代表上帝的超然（transcendence）和能力（power）。到了創世記二章 4 節下至 25 節，作者開始用「耶和華上帝」（*Jehovah Elohim*）這複名，以記載上帝試驗人，與人立「創造之約」（covenant of creation）（見下文），而 *Elohim*＋*Jehovah* 這名字，表達了那是一位創造的上帝，也是立約的主，而祂守約施慈愛（參出三 15～16）。[13] 華爾基這觀點，完全配合「耶和華」上帝這名稱在舊約中的涵義：祂是有位格、與子民同在、眷顧他們、拯救他們的上帝（出三 12～16，六 7，二十 2），祂對子民的慈愛和信實，存到永遠（詩一一八 1～4、29）；而即使他們犯罪得罪祂，惹祂怒氣，祂仍對他們滿有恩典和憐憫（出三十二～三十三章；詩一〇三 8～14）。耶和華是立約、守約的上帝。

12 有關這兩個名字在舊約聖經中的用法，可參考 T. Desmond Alexander and David W. Baker, eds., *Dictionary of the Old Testament Pentateuch* (Downers Grove: IVP, 2002), 360～365。

13 Bruce K. Waltke and Cathi J. Fredricks, *Genesis: A Commentary* (Grand Rapids: Zondervan, 2001), 58, 84～85.

B. 立約的基礎：*Missio Dei*

「上帝就照著自己的形象造人，乃是照著他的形象造男造女。上帝就賜福給他們，又對他們說：『要生養眾多，遍滿地面，治理這地，也要管理海裏的魚、空中的鳥，和地上各樣行動的活物。』」（創一 27～28）上帝按自己的形象造人，予人類極大的尊貴和榮耀，致使詩人發出驚歎（詩八 1～9）。不但如此，這「形象」更有豐富的內涵和多元的光彩，[14] 而其中一個重要的涵義，是人從創造主領受了治理大地的權柄。這是一個祝福（blessing），因為人雖會面對死亡，卻能繁殖後代；雖會有仇敵攻擊，卻能治理全地；[15] 這也是一個使命（mission），因為上帝在此吩咐人、差派人參與上帝自己的使命（*Missio Dei*）——這使命就是上帝藉著人的同工，帶來天地的更新，也就是上帝國度的實現。[16]

起初，亞當夏娃被上帝安置在伊甸園中，修理看守這園子（創二 15），但這只是一個小小的開始，隨著後代的繁衍，我們相信上帝是會不斷擴大這園子的。其後人雖犯罪墮落，被逐出園子，上帝的使命並未停止，仍舊在歷史中進行。祂也藉以賽亞先知預言，將來會有一天，「認識耶和華的知識要充滿遍地，好像水充滿洋海一般」（賽十一 9 下）。

C. 守約的障礙與上帝的恩典

人的罪改變了一切！亞當夏娃領受了「治理全地」這「上

---

14 參陳若愚：《系統神學：基督教教義精要》，上冊（香港：天道，2001），頁 164～192。

15 Waltke and Fredricks, *Genesis*, 67.

16 參 Christopher J. H. Wright, *The Mission of God: Unlocking the Bible's Grand Narrative* (Downers Grove: IVP, 2006), 61～69。

帝的使命」，而他們要完成這使命，必須先通過上帝的考驗（probation），就是順服祂的命令。可惜，人違背了這命令，吃了「分別善惡樹上的果子」，就是上帝吩咐他們不可吃的（創二 16～17，三 1～6），結果被定罪，受咒詛，並從此被逐出伊甸園（創三 11～24）。

然而，上帝沒有放棄祂原來的計劃，也沒有放棄人類！祂在審判亞當夏娃的同時，又給予他們一個救贖的應許（創三 15），這應許成了人犯罪後黑暗中的曙光。其後，人類的罪惡帶來上帝的忿怒和審判。在挪亞時代，上帝用洪水毀滅全地（創六～七章），卻藉方舟拯救挪亞一家，並在洪水後，跟挪亞及其後代更新了祂給予人類的創造使命（創九 1～7），又與地上一切有生命的活物設立「普世恩典之約」，且以天虹作為記號（創八 20～22，九 8～17），以示上帝是信實的，祂會記念和堅守祂與人所立的這約，直到「普世恩典」結束的日子（彼後三 6～7）。

D. 歷史中的聖約：「天國」的旅程

上帝與人立約，是祂在歷史中成就其實現「天國」的重要途徑。這些聖約包括兩個層面：

1. 生命層面：上帝與祂的子民建立關係，正如祂對以色列人說：「我要在你們中間行走；我要作你們的上帝，你們要作我的子民。」（利二十六 12）
2. 歷史層面：上帝與祂子民的代表，在歷史中所訂立的約（如：創十二 1～3）。

這兩方面是互相配合的，但歷史的層面是較基礎性的，因為罪使神人關係破裂，上帝必須在歷史中，與祂所揀選和呼召的人立約，才能重新建立與人的關係，這些蒙召者包括：亞當、挪亞、亞伯拉罕、摩西、大衛等，他們都是上帝與子民立約的代表。上帝藉著他們在歷史中彰顯祂的能力、榮耀、恩典、國度，因此他們也是上帝所委派的領袖君王。由於他們在舊約時代與上帝所立的約，都是預備和指向那將要來的彌賽亞—耶穌基督，因此他們很自然地都成了耶穌基督的「預表」(types)。[17]

筆者在上文曾指出舊約中的兩種聖約：「律法之約」與「恩典之約」，這兩類聖約都在基督所立的新約中完全實現了。因為基督道成肉身，親自成全律法，滿足了「律法之約」的要求，為人贖罪；另一方面，基督藉復活賜人新生命，是白白的恩典，實現上帝與亞伯拉罕所立的「恩典之約」(加三 26～29)。因此，這兩種聖約在基督裏並沒有矛盾，而是有完美的結合。

以下就讓我們先從「天國進程」的角度，探討舊約歷史中兩種「聖約」的神學意義，並其跟基督和今日信徒的關係。

四「律法之約」與「天國」進程

1 上帝與亞當：「創造之約」

耶和華上帝與亞當設立「創造之約」。立約的主對亞當說：「園中各樣樹上的果子，你可以隨意吃，只是分別善惡樹上的果子，你不可吃，因為你吃的日子必定死！」(創二 16～17) 創造並掌管萬有的君王，在賜予亞當看守伊甸園的職分後，要試驗他是否順

---

17 參 Peter J. Gentry and Stephen J. Wellum, *Kingdom Through Covenant: A Biblical-Theological Understanding of the Covenants* (Wheaton: Crossway, 2018), 647～654。

服，便給他一個命令。但亞當（和夏娃）失敗了（創三 1 ～ 6），結果將死亡與咒詛帶給全人類和全地(創三 16 ～ 19；羅五 12 ～ 19)。

問題：創世記二至三章並沒有提到「約」，這究竟是不是一個「聖約」?

回答：這可以算是一個「聖約」! 支持的理由如下：（1）何西阿書六章 7 節提及「亞當背約」，對上帝不忠；（2）這段經文（創二 4 ～ 17）是創世記首次、並其後多次（4、5、7、8、9、15、16 節）使用「耶和華」這個代表立約之上帝的名字（參出三 14 ～ 15）；（3）這安排有古代「近東宗主盟約」的特徵，如：順服的規條、不順服的刑罰、亞當為人類的代表等（參林前十五 20 ～ 21；羅五 12 ～ 19）；[18]（4）亞當的身分：他是上帝的形象(創一 28)，也是上帝的兒子(創五 3；路三 38)；在古代的社會，「兒子」和「形象」都是「約的術語」（covenantal terms），其意義是：亞當作為君王上帝的代表，有管治這個世界的權柄，也有順服上帝的本分。[19]

問題：除了考驗亞當是否順服外，上帝試驗他還有其他目的嗎？

回答：應該有，那就是要賜予人榮耀、屬天的「生命」。創世記二章 9 至 10 節和三章 22 至 24 節分別記載在園中有生命河和生命樹，它們代表更高的屬天生命，賜予得勝者(啟二 7)，就是那些進入新天新地的人（啟二十二 1 ～ 2、17）。亞當受造的生命是屬地的（創二 7；林前十五 45），必須經歷試驗，若他順服得勝，便可得著那不能朽壞、永恆榮耀的生

18　參 Horton, *Introducing Covenant Theology*, 23 ～ 28。

19　參 Gentry and Wellum, *Kingdom Through Covenant*, 666 ～ 670。

命。[20] 然而，亞當失敗了，因此失去了這寶貴的權利。這更高的生命如何能重獲呢？按聖經記載，上帝在基督裏為人類和宇宙預備了奇妙的救贖。使徒保羅更具體説明，人必須靠賴復活的基督（林前十五 20～22、42～57），方能得著這更高的生命——當主再來時，信徒將會復活，他將經歷聖靈雙重的改變：會朽壞的將會變為不朽壞的、有罪的也將會變為聖潔的。這樣，屬主的人就有資格得以進入上帝榮耀的國度。

問題：作為試驗的媒介，「分別善惡樹」代表甚麼？是否如外邦神話所言，這樹的果子能給予人有關上帝的特殊知識，但由於上帝怕人知得太多，因此禁止他吃？

回答：這是一些錯誤的思想。第一，上帝不需要嫉妒人，祂是大能、榮耀的創造主和管治的君王；第二，分別善惡樹本身有神祕的力量，只是外邦宗教的迷信觀念，[21] 根本沒有聖經根據。其實，這樹只是上帝選擇用作試驗人是否順服祂的一個媒介，其本身的果子並不是甚麼「靈丹」——或「毒藥」！

小結：「創造之約」是那創造管治萬物的君王，與人訂立的有條件的（conditional）律法之約（law covenant），目的是要試驗人是否順服祂，作為人生命提升的途徑。但由於亞當不順服，一切都改變了！罪和死亡進入了世界，大地也受了咒詛（創三 14～23；羅五 12～19）。自此，人無法完成天國的使命，直至君王基

20 Geerhardus Vos, *Biblical Theology: Old and New Testaments* (Edinburgh: Banner of Truth, 1975), 27～29.

21 Vos, *Biblical Theology*, 29～30.

督受死復活、頒佈大使命（太二十八 16～20），而天地萬物，也須等待這君王的救贖與更新（徒三 19～21；羅八 19～22）。

2 上帝與摩西：「律法之約」

「創造之約」是人犯罪前耶和華上帝與人所立的聖約，這約在亞當犯罪後已遭破壞；而「摩西之約」則是在人犯罪後，上帝與祂所拯救的子民所立的，不單給予他們信仰和生活的規範，也為人類帶來盼望。可見人類犯罪墮落，是人類歷史最重要的分水嶺。

A.「摩西之約」的設立：以色列正式成為上帝的國度

> 以色列人出埃及地以後，滿了三個月的那一天，就來到西奈的曠野。他們離了利非訂，來到西奈的曠野，就在那裏的山下安營。摩西到上帝那裏，耶和華從山上呼喚他說：「你要這樣告訴雅各家，曉諭以色列人說：『我向埃及人所行的事，你們都看見了；且看見我如鷹將你們背在翅膀上，帶來歸我。如今你們若實在聽從我的話，遵守我的約，就要在萬民中做屬我的子民，因為全地都是我的。你們要歸我做祭司的國度，為聖潔的國民。』這些話你要告訴以色列人。」摩西去召了民間的長老來，將耶和華所吩咐他的話都在他們面前陳明。百姓都同聲回答說：「凡耶和華所說的，我們都要遵行。」摩西就將百姓的話回覆耶和華。（出十九 1～8）

上帝在西奈的曠野，藉摩西與以色列人立約，使他們與地上萬民有別，並在地上建立一個「天國」的形狀（copy）和影像

（shadow）（參來八5）。這律法之約在聖經中有詳細記載（出十九章～利二十七章），其中包括：（1）約書（出十九～二十四章）；（2）禮儀律法（出二十五～利十章）；（3）其他律法（利十一～二十七章）。以下我們會從「天國進程」的角度，探討這律法的聖約意義：[22]

（i）立約的基礎：上帝的救贖恩典（出十九4，二十2）

以色列人蒙耶和華拯救，是上帝對亞伯拉罕之應許——耶和華揀選呼召亞伯拉罕並給他「我必叫你成為大國」的應許（創十二2）——在歷史中的一個實現。他呼召摩西時對他說：

> 我是你父親的上帝，是亞伯拉罕的上帝、以撒的上帝、雅各的上帝。……我的百姓在埃及所受的困苦，我實在看見了；他們因受督工的轄制所發的哀聲，我也聽見了。我原知道他們的痛苦，我下來是要救他們脫離埃及人的手，領他們出了那地，到美好、寬闊、流奶與蜜之地，就是到迦南人、赫人、亞摩利人、比利洗人、希未人、耶布斯人之地。（出三6～8；參創十七7～8）

經文說到上帝記念祂與列祖所立的約，也會實現賜予迦南美地的應許。可見，摩西之約是建基於上帝與亞伯拉罕所立的「恩典之約」，亦與「恩典之約」不可分割。其實，以色列人得以出埃及，與耶和華立「律法之約」，同樣完全是上帝的恩典，並非他們自己的功勞。而上帝在這過程中的愛顧、保護、帶領，是以色列人親

---

22 參 Bruce K. Waltke, *An Old Testament Theology: An Exegetical, Canonical, and Thematic Approach* (Grand Rapids: Zondervan, 2007), 405～444；Vos, *Biblical Theology*, 100～182；Alexander and Baker, *Dictionary of the Old Testament Pentateuch*, 149～155。

身體驗、親眼看見到的。

(ii) 立約的目的：作天國在地上的子民（出十九 5～6）

基於上述的歷史背景，以色列民因此必須「聽從上帝的話，遵守上帝的約」，就是與地上萬民有分別，作聖潔的國民。這樣，他們就能成為上帝君王所愛的寶貝，也能在地上作「祭司的國度」——不單見證上帝的榮美，更成為神人之間的中保（祭司），將人帶到上帝面前（參來五 1～4；彼前二 9）。可是，作上帝的子民不單享有權利，也有當負的責任，而這「律法之約」明確展示出，以色列人必須守約，方能享受約所賦予的權利。「律法之約」是舊約時代神人關係的運作原理——直到基督降臨，帶來「更美之約」（來八～十章）。

(iii) 子民的回應：感恩的順服和獻祭的血 [23]

長老與百姓聽了耶和華的吩咐，都同聲表示願意順服，這是對君王過去大恩的感謝，也是對祂信實的依靠（出十九 7～8）；其後，兩次唸畢「約書」的律法（出二十～二十三章）後，眾百姓也兩次同聲回應說「耶和華所吩咐的，我們都必遵行」（二十四 3、7）。而藉此回應，亦印證了以色列民與耶和華立約的關係。在這兩次回應中間，子民藉獻上燔祭和平安祭，表達他們的忠誠（5 節）；摩西將一半祭牲的血灑在壇上，一半灑在百姓身上（6、8 節），也成了上帝與子民立約的憑據，藉此表達子民被分別為聖，以及預表了基督的十架救贖。這是一個律法之約，不單有上帝的

---

23 參 Vos, *Biblical Theology*, 123 ～ 124；John I. Durham, *Exodus*, WBC (Waco: Word, 1987), 344～345。

拯救、啟示、律法，也要有百姓委身順服的回應，聖約才正式生效。可救恩歷史告訴我們，在這神人的聖約關係中，上帝總是忠誠信實的（faithful），但以色列人卻常是不忠的（unfaithful），犯罪背約，亦因此他們將會受罰被擄。然而，最終上帝還是為祂的子民預備了救恩，就是藉聖子基督的死，獻上流血贖罪的獻祭，正如新約希伯來書所言：

> 所以，前約也不是不用血立的；因為摩西當日照著律法將各樣誡命傳給眾百姓，就拿朱紅色絨和牛膝草，把牛犢山羊的血和水灑在書上，又灑在眾百姓身上，說：「這血就是上帝與你們立約的憑據。」他又照樣把血灑在帳幕和各樣器皿上。按著律法，凡物差不多都是用血潔淨的；若不流血，罪就不得赦免了。（來九 18～22）

在這個聖約的禮儀完成後，摩西和領袖們有一個特殊的經歷：

> 摩西、亞倫、拿答、亞比戶，並以色列長老中的七十人，都上了山。他們看見以色列的上帝，他腳下彷彿有平鋪的藍寶石，如同天色明淨。他的手不加害在以色列的尊者身上。他們觀看上帝；他們又吃又喝。（出二十四 9～11）

他們親眼看見上帝，並在山上吃喝，蘊含著十分重要的意義：

- 這是一個「獻祭的筵席」（expiatory sacrificial meal），是向上帝獻上血祭後（6 節）領袖們所享用的。
- 這代表以色列作為一個國家，成為屬上帝的王國——領袖的出席（9節），以及耶和華被稱為「以色列的上帝」（10節），都支持這一觀點。

- 一個特殊的「看見上帝」的經歷。一般來說，人看到上帝是會死的，摩西也不例外（出三十三18～23），但上帝在此容許領袖們見祂而不受害（11節），確是特殊的恩典。這種恩典的「看見」，先祖雅各也曾經歷過（創三十二22～32）。
- 上帝藉這經歷鼓勵他們，叫他們得以在未來的帶領和事奉上，更有信心。

（iv）「摩西之約」與古代「近東赫特君主盟約」的異同

按美國舊約學者格連（Meredith G. Kline）觀察，從運作模式的角度看，摩西之約的結構和形式，跟古代近東赫特君主（Hittite King），與其附屬小國（vassals）所訂立的赫特盟約（Hittite treaties），是很相像的，[24] 因為兩者的「約書」皆包括下列要素：（1）君主導言（preamble: king's self-identification）；（2）歷史序言（historical prologue）；（3）契約規條（covenant stipulations）；（4）制裁賞罰（covenant sanctions）；（5）約的延續（covenant continuity）。

這些形式上的相似，告訴我們以下幾方面：（1）上帝也是君王；（2）上帝與祂子民的聖約關係，與地上一些君主和附屬小國的契約關係相似；（3）上帝用上當時當地的盟約形式，去安排傳達屬天的啟示，與子民訂立聖約，就正如祂使用人類的文化語言，去傳達祂藉先知所傳遞的啟示和信息，兩者是同一道理。這些觀

---

24 參 Meredith G. Kline, *Treaty of the Great King: The Covenant Structure of Deuteronomy: Studies and Commentary* (Eugene: Wipf & Stock, 2012), 23～34。

察都是正確的。可是，另一方面，從約的內容和立約者的身分來看，兩種約卻有著極大的分別：

1. **君主導言：**與一些近東的赫特君主相比，耶和華上帝是宇宙萬有的創造主，滿有榮耀威嚴，使人敬畏(申五22～27)，又是用大能的手，拯救子民的上帝(出二十1)——而前者只是地上一小王國的首領。
2. **歷史序言：**從歷史看，赫特君主之所以可以要求附屬小國順服，往往是因為後者是戰敗國，或是需要前者保護，以抵抗其他敵國。可見，小國與赫特君主立約，是出於恐懼。但對以色列民而言，卻是因著經歷了耶和華上帝主動的慈愛、恩惠、救贖、保護，並經歷了多次在逆境中的得勝，因而從心裏生出真誠的信賴、順服和敬拜(出二十2；申一6～五6)。
3. **契約規條：**赫特君主要求附屬小國承諾永遠忠於前者的兒孫後代，否則後果嚴重，所強調的是不忠所受的懲罰。耶和華上帝呼召以色列民，要他們守約、信靠，真心地忠誠，並與祂建立愛的關係，享受天地君王所賜的一切福澤(出二十4～17；申五28～29，六1～25)。兩者順服的對象不同(相對與絕對)，而重點也不一樣(恐懼與愛)。
4. **制裁賞罰：**赫特君主會列出附屬小國違約的後果。包括：國民被逐出家國，從自己國家被放逐到異邦。耶和華上帝將賞罰放在以色列民面前，讓他們選擇祝福抑咒詛(申二十八1～14、15～68)。兩者的分別是：赫特君主只是一個小地方的管治者，他的權柄能力極為有限；耶和華上帝卻是天地的主。此外，作為愛他們、拯救他們的上帝，耶和華是配得子民的愛和順服的君王，這對他們守約的動機是大有幫助的。

5. **約的延續:**赫特君主與附屬小國,會將約版存放在各自的神明的廟中,供定期公開誦讀;同樣,耶和華上帝亦吩咐以色列民,將兩塊約版和律法書,存放在約櫃中,作為見證,並作定期公開誦讀之用(申十 1 ~ 5,三十一 9 ~ 13、24 ~ 26)。兩者的形式和目的相似,可是兩種約書的內容卻大不相同。首先,他們所敬拜的神大有分別:赫特君主和附屬小國所敬拜的,是人手所造的偶像;而以色列民所敬拜的,是無所不知、大能的永生上帝。如此,這兩種盟約的意義和效能當然大有分別了![25]

(v)神權社會的設立

「摩西之約」為以色列民提供了一個以神權為至高權威的國家治理制度,其要素包括律法、先知、祭司、君王等。「神權政體」這詞最早出現於猶太歷史學家約瑟夫(Flavius Josephus)的著作。[26]而神權社會具體的全面實現,始於以色列民族出埃及後,由上帝藉摩西啟示而設立的國度(出十九 4 ~ 9;申三十三 4 ~ 5)。[27]

在教會歷史中,神權社會的精神和體現,也曾在羅馬天主教教會和更正教會中出現過。[28]

簡單來說,以色列所領受的神權治理原則,包括下列幾

25 參 Waltke, *Old Testament Theology*, 409 ~ 412。

26 見 *Against Apion II*;參 Flavius Josephus, *Josephus: The Complete Works*, trans. William Whiston (Nashville: Thomas Nelson, 2003), 963。

27 參 Walter A. Elwell, ed., *Evangelical Dictionary of Theology* (Grand Rapids: Baker, 1989), 1083。

28 參 Sinclair B. Ferguson and David F. Wright, eds., *New Dictionary of Theology* (Leicester: IVP, 1988), 677 ~ 679。

方面：[29]

1. **耶和華是王：**耶和華不單直接啟示律法，祂自己也是以色列的君王（＝至高統治者），並且在有需要時，會以超自然方法直接介入以色列人國家的事務。
2. **政教合一：**政治與宗教互相連結在一起，不可分割。耶和華上帝是國家的元首，也是國民的主、敬拜和信仰的對象；因此，以色列民的宗教生活，跟公民生活（權利和義務）是密不可分的。比方說：犯罪＝犯法；人犯了十誡，可被判死刑。「摩西律法」的精神和執行，就充分表達了政治和宗教範疇的重疊和結合。
3. **宗教信仰的優先：**雖然政教合一，彼此互相連結，但以色列國的成立，主要目的並非要教導列國如何治國。縱然摩西律法（尤其是「十誡」）對世界歷代邦國都產生過不少的影響，但作為「祭司的國度、聖潔的國民」（出十九 5～6），以色列被召的目的，主要是要彰顯上帝的榮美和大能，吸引列邦歸向並敬拜耶和華上帝（參彼前二 9），這就是「宗教信仰的優先」（religious pre-eminence）。
4. **預表意義（typological）：**以色列國的神權社會，並非完美天國的實現，乃是基督國度的「預表」，指向彌賽亞君王所帶來的國度，這國度在新約時代分兩個階段實現：（1）基督復活升天後的「教會時代」，這是天國的初步實現；（2）基督再來後的「新天新地」，天國的完全實現。[30]

---

29 參 Vos, *Biblical Theology*, 124～129。

30 有關舊約律法的「預表性」和「末世性」意義，可參閱 Christopher J. H. Wright, *Old Testament Ethics for the People of God* (Downers Grove: IVP, 2004), 184～197, 227～229。

（vi）在舊約時代中，有恩典的嗎？

有些信徒會問：在舊約時代，以色列人要守摩西（律法）之約，方能得上帝賜福，那麼，在舊約時代中，有「恩典」的嗎？

答案是：當然有！不然，希伯來書十一章所載的舊約「信心見證人」（來十一 4～38），他們不會蒙救贖了。這些舊約聖徒，都是因信而蒙恩得救的人——雖然他們都要等待與新約聖徒一起，一同得著這救恩。如作者所言：「這些人都是因信得了美好的證據（見證），卻仍未得著所應許的；因為上帝給我們預備了更美的事，叫他們若不與我們同得，就不能完全（達到目標）。」（來十一 39～40）除了自己蒙恩得救，這些舊約聖徒的信心和盼望，也是指向耶穌基督，就是那位成為我們（新約聖徒）信心創始成終者的主（來十二 1～3），可見，他們在救恩歷史中也扮演了重要的角色。

還有以下的原因，支持著舊約時代的以色列人也可享受上帝恩典這一觀點：

1. 摩西（律法）之約的基礎，是上帝恩典的救贖。出埃及事件，是上帝實現祂對亞伯拉罕「恩典之約」的應許，這完全是出於上帝主權的恩典，並非出於以色列人的行為或功德（出十九 4，二十 1）。
2. 由於摩西（律法）之約，是立於四百三十年前的亞伯拉罕「恩典之約」的基礎之上，故此它不能超越「恩典之約」，正如保羅所說：「我是這麼說：上帝預先所立的（恩典之）約，不能被那四百三十年以後的律法廢掉，叫應許歸於虛空。因為承受產業，若本乎律法，就不本乎應許；但上帝是憑著應許把產業賜給亞伯拉罕。這樣說來，律法是為甚麼有的呢？原

是為過犯添上的，等候那蒙應許的子孫來到。」(加三 17～19 上)

3. 以色列作為一個民族，由於對耶和華上帝不忠，被立約的主判罰，亡國被擄至異邦，但上帝在子民中仍保存著一些忠心蒙恩的餘民(remnants)(羅十一 1～6)。明顯的例子有以利亞時代的七千人，和被擄時代的但以理先知及其同伴等。可見整體民族的失敗，並沒有攔阻個別忠心的子民，藉信心享受和見證上帝的恩典和祝福。
4. 上帝的信實，不會因子民的不忠而有所改變。先知何西阿的故事，就是最好的說明(何一～十四章)：上帝吩咐先知與不忠的淫婦再婚，以象徵耶和華對不忠子民的愛，並期望與其重建關係，和呼召他們悔改歸向祂。律法帶來定罪、懲罰和管教，但耶和華信實的慈愛必再次向悔改的子民顯明，正如祂藉先知向百姓呼喚，說：「以色列啊，你要歸向耶和華—你的上帝；你是因自己的罪孽跌倒了。當歸向耶和華，用言語禱告他說：求你除淨罪孽，悅納善行；這樣，我們就把嘴唇的祭代替牛犢獻上……我必醫治他們背道的病，甘心愛他們；因為我的怒氣向他們轉消。」(何十四 1～2、4)
5. 耶和華對以色列的恩典和慈愛，也見於祂藉先知預言選民將於被擄七十年後歸回故土(耶二十五 11～12，二十九 10)。上帝藉外邦君王的力量，幫助子民重建耶路撒冷城牆和聖殿，成就祂恩典的應許；祂對子民說：「耶和華說：我知道我向你們所懷的意念是賜平安的意念，不是降災禍的意念，要叫你們末後有指望。你們要呼求我，禱告我，我就應允你們。你們尋求我，若專心尋求我，就必尋見。」(耶二十九 11～13)

6. 耶和華藉被擄先知的預言，應許「新約」的來臨和天國的實現（耶三十一 31～34；結三十六 25～27），這是極大的盼望，對當時面對著國破家亡的苦況的以色列人來說，是很大的鼓勵，因為立約的上帝不單沒有棄絕他們，反倒應許他們會同享天國的榮耀——這是超越律法原理的恩典呢！[31]

31 參 Horton, *Introducing Covenant Theology*, 56 ～ 76；Vos, *Biblical Theology*, 126～129。

討論問題

1. 對「天國」這課題，一般信徒會常問一些甚麼問題？而我們又可如何回應之？
2. 簡單區分舊約中兩類聖約，指出兩者的分別、關係和配合。它們與歷史中的「天國進程」又有何關係？
3. 何謂「上帝管治」？它與「命運」、「聽天由命」有何分別？所涵蓋的主要範圍，又包括些甚麼？
4. 相信「上帝管治」，對今日信徒的生活和事奉，有何重大意義？
5. 「耶和華」這名字與「聖約」有何關係？這名字帶出了上帝甚麼屬性？
6. 創世記二章 16 至 17 節為何被稱為「創造之約」？其設立如何影響人類的命運？與基督的救贖又有何關係？
7. 試從出埃及記十九及二十四章，簡述上帝與以色列人所立的「律法聖約」，包括其基礎、內容、目的，和以色列人即時的回應。從舊約整個歷史來看，以色列人有否遵守此約？結果又如何？
8. 「摩西之約」與「古代近東盟約」有何異同？這些異同帶給我們甚麼信息？
9. 「摩西之約」為何又稱為「神權社會典章」？作為「律法之約」，它又是否「只有律法、沒有恩典」？

2

舊約中的「天國」進程（下篇）

一 恩典的應許：女人的後裔（創三 15）

耶和華上帝對蛇說：「我又要叫你和女人彼此為仇；你的後裔和女人的後裔也彼此為仇。女人的後裔要傷你的頭；你要傷他的腳跟。」

這是一個恩典的應許，不是一個聖約。在咒詛蛇的同時，上帝主動地宣告，「女人的後裔」將為在罪中的人類，帶來得勝與救贖。究竟這「女人的後裔」是誰？在救恩歷史中，有兩個層面：

1. **「後裔」的集體意義：**「蛇的後裔」與「女人的後裔」，會彼此為仇、彼此爭戰。撒但不會有後代，他的後裔是指那些隨從他的引導，反叛上帝的人（約八 31～32、44；約壹三 8）；同樣地，「女人的後裔」則是指那些蒙上帝揀選、愛上帝的人。所以「後裔」一詞有「羣體性」的意義。在歷史進程中，這兩個羣體有不同的表現，也彼此對立。這對立在福音書記載中，反映在耶穌與猶太宗教領袖的對話中，祂直指他們是魔鬼的後裔（約八 42～47）。

2. **「後裔」的個人意義：**「女人的後裔」也有其「個人性」的意義。他要傷蛇的頭，這是一個「個人」的爭戰和勝利，並且從上帝整全的啟示（包括新約）來看，耶穌基督就是那「女人的後裔」的最終實現——藉十架復活戰勝撒但與死亡（來二 15；啟十二章），帶來救贖（羅五 12～19）。並且由於祂是那位「末後的亞當」（林前十五 20～22、45～56），祂的復活，也帶給祂子民超越榮耀的生命，和整個宇宙的更新。

藉此「母親的應許」（mother promise），上帝為未來的「恩典之約」（始於亞伯拉罕）打好基礎，因此這應許也常被稱為「首先的福音」（*protoevangelium*）。[1]

二 挪亞之約與普世恩典（創六 1～九 17）

1「普世恩典」是甚麼？

在這充滿罪惡的世界中，上帝要施行救贖，普世恩典（common grace）是先決條件，因為假若這世界和人類都因罪被消滅，不復存在，就沒有人會聽到福音，更不要說會得到救恩了。但「普世恩典」是甚麼呢？二十世紀改革宗神學家巴文克（Herman Bavinck）、范泰爾（Cornelius Van Til）、慕理（John Murray）等學者，承接加爾文（John Calvin）的神學思想，都不約而同地構思，上帝在人犯罪墮落後，仍然不間斷地賜予全人類「普世恩典」。簡單來說，這恩典大致上可分兩方面：

---

1 參 Bruce K. Waltke and Cathi J. Fredricks, *Genesis: A Commentary* (Grand Rapids: Zondervan, 2001), 103 ～ 104；Cornelis P. Venema, *The Promise of the Future* (Edinburgh: Banner of Truth, 2009), 7, 14, 121。

1. 正面的賜予：這包括上帝賜予人的各種恩賜：大自然的豐富、人的宗教意識、思想的本能、音樂、藝術、科學、建立家庭、行善（社會的善）的能力等。這些可見的、建立人類文明的恩賜，雖然不能使人得救，卻是人類歷代社會建設的重要資源（詩六十五 5～18，一〇四篇；徒十四 16、17，十七 30；太五 44、45 等）。
2. 反面的限制：這包括上帝對人的罪、罪的影響、罪的刑罰、天災人禍等的限制。而上帝限制人的罪的方式則包括：直接的顯現（創二十 6、7）、政府與法律（羅十三 3、4；彼前二 13）、攔阻的力量（帖後二 6～10）、人的良心（羅二 14～15）等。[2]

普世恩典的一個重要功能，是為特殊（救贖）恩典，提供必要的環境與場所，因為若不是上帝寬容罪人，我們早已被祂公義的審判所消滅，哪還有機會繼續存活、聆聽並且接受福音（參徒十四 16、17，十七 30；羅三 25、26；彼後三 8、9）？當然，上帝藉普世恩典對罪人的寬容，在主再來的時候將會終止，屆時綿羊山羊將被分開，而上帝終極的審判，也會臨到那些沒有或不肯悔改的罪人。

舊約記載，在挪亞洪水後，上帝與挪亞和他的後代，訂立了「普世恩典之約」（covenant of common grace；創八 20～九 17），簡稱「挪亞之約」。這約的對象，不單是全人類，也是一切有生命的活物（九 17）。這約應許罪人可以繼續存活，享受上帝創造的恩賜，其中至關重要的，是人將有機會得聽福音，並領受救恩。

---

2 參 John Murray, *Collected Writings of John Murray*, vol. 2: *Systematic Theology* (Edinburgh: Banner of Truth, 1977), 93～119。

2 洪水災難的審判（創六～九章）

A. 恐懼與盼望

洪水大災難為當時的人類帶來極大的恐懼，特別是當上帝預告，祂要藉此審判人的罪：「上帝就對挪亞說：『凡有血氣的人，他的盡頭已經來到我面前；因為地上滿了他們的強暴，我要把他們和地一併毀滅。』」（六 13）

原來天地的主，公義的上帝，不會對人的罪視若無睹。祂有能力控制大自然的一切，甚至毀滅全地，這是可怕又可畏的！但這災難也帶來盼望，特別對那「在耶和華眼前蒙恩」（六 8），在洪水後走出方舟，領受上帝恩典應許的挪亞和他的家人，這災後的盼望是極大的。

B. 罪與審判

「耶和華見人在地上罪惡很大，終日所思想的盡都是惡。」（六 5）這裏描述了當時世人的邪惡的深度、廣度、內在性，和對「良善」的排斥。對人的罪，耶和華有何反應？「耶和華就後悔造人在地上，心中憂傷。耶和華說：『我要將所造的人和走獸，並昆蟲，以及空中的飛鳥，都從地上除滅，因為我造他們後悔了。』」（六 6～ 7）上帝心裏傷痛，即存「憤慨的怒氣」，因為人沒有按祂的旨意去治理大地、去榮耀上帝；這裏上帝「後悔造人」，並非指祂承認自己做錯了、或是祂要改變自己的屬性，乃是指祂要改變行事的方向，以洪水去回應人的罪。這也是一種文學技巧，用人可以明白的言辭去表達上帝改變祂行事的方向。[3] 結果是：上帝決定要毀滅全地，但卻要藉方舟拯救願意進方舟的人，包括挪亞和

---

3 Waltke and Fredricks, *Genesis*, 118 ～ 119.

他的全家（六 13～18）。

C. 上帝看重「義人」

挪亞有美好的品格，是一個義人，聖經說：「挪亞的後代記在下面。挪亞是個義人，在當時的世代是個完全人。挪亞與上帝同行。」（六 9）「義人」就是敬虔加上道德；「完全」是指極力逃避惡行，但並非一點罪都沒有；而「與上帝同行」就是與上帝契通，並順服祂（六 22，七 5）。

上帝因此就使用他，使他成為當時代的先知，正如使徒彼得如此詮釋：「他（基督）藉這靈（＝聖靈）曾去傳道給那些在監獄裏的靈（＝人）聽，就是那從前在挪亞預備方舟、上帝容忍等待的時候，不信從的人。當時進入方舟，藉著水得救的不多，只有八個人。」（彼前三 19～20）「那些在監獄裏的靈」，是指那些挪亞時代被罪所捆綁的人，他們聽了基督藉聖靈所差遣的挪亞，聽了他所傳講的信息，卻不肯悔改進方舟，因此最後得救的就只有八個人了（參彼後二 5）。

上帝也使用挪亞，成為洪水後的「新人類」（new humanity）的先祖，和被清洗過的大地（cleansed earth）的管治君王。洪水過後，挪亞為耶和華築壇獻祭，顯出他的敬虔和順服，這為上帝所悅納，並與人訂立「普世恩典之約」（八 21～九 17）。但這並非說，挪亞蒙救贖，是由於他的「功德」（merit），因為在敘述他的品格以先，聖經說他「在耶和華眼前蒙恩」（六 8），而挪亞美好的品格，是指著他以信心回應上帝的恩典，並結出果子（參來十一 7）。可見，上帝的恩典，比人一切的品格和條件更重要、更優先。

D. 上帝審判中的慈愛

在審判中，上帝也彰顯了祂的慈愛。首先，上帝給予人悔改的機會，六章3節的「一百二十年」並非人的壽數，乃是上帝「宣告」與「執行」洪水毀滅的一百二十年期限，期間挪亞不斷呼喚人悔改、進方舟；其次，上帝用方舟不單拯救挪亞和他的全家，並藉此預表基督的救贖（彼前三21）；最後，上帝在毀滅罪惡世界的同時，也為未來的新人類存留有血肉有氣息的活物（六19～21），和清洗了的天地，使人類繼續存活，直到主的再來。這一切都顯出上帝對人的慈愛、憐憫和豐富的預備。

E. 上帝主動設立「普世恩典之約」（創八20～九17）

上帝與挪亞所立的聖約是「無條件的」（unconditional），因為它是上帝親自設立、確定和執行的（九9、11～13、17），而其中上帝應許的實現，並沒有要求人必須履行甚麼責任或條件，那完全是上帝「恩典」的行動。[4] 此外，它是普世性的，除了人類，一切活物也有分；它也是永久性的（八21～22，九9～10、16），當然，這「永久性」會受「地還存留」的歷史時空所規限（八22）。

(i) 建立世界新秩序（八20～22）

「挪亞為耶和華築了一座壇，拿各類潔淨的牲畜、飛鳥獻在壇上為燔祭。耶和華聞那馨香之氣，就心裏說：『我不再因人的緣故咒詛地（人從小時心裏懷著惡念），也不再按著我才行的滅各種的活物了。地還存留的時候，稼穡、寒暑、冬夏、晝夜就永不停息了。』」（八20～22）耶和華為這世界設立一個新秩序：大自然的

---

4 John Murray, *The Covenant of Grace* (Phillipsburg: P&R, 1987), 12～16.

規律不會停息，上帝定意不再用洪水審判毀滅全地。原因何在？因為「人從小時心裏懷著惡念」，而這些天生的惡念會帶來惡行，最終必會再招來公義上帝的審判——另一場洪水，若是這樣，上帝救贖的目的便不可能達成，而人就沒有盼望了。因此，上帝與人立「普世恩典之約」，帶來了新的秩序，為人類提供時間和空間，讓他們有機會領受上帝為其預備的「特殊救贖恩典」，直到基督再臨。[5]

(ii) 頒佈世界「新律例」(九 1～7)

洪水毀滅了充滿罪惡的世界，這更新的創造，需要一些新的條例：

1. 生命的繁衍（1、7 節）：兩次重述原本的創造使命（創一 28）。
2. 生命的保護（2、5～6 節）：再次確定人治理動物的權柄；「驚恐懼怕」代表非自願的服從，有別於新天新地（賽十一 6～8）；在這裏，上帝也規定，基於人的尊貴身分，謀害別人生命者，必須接受死刑作懲罰。
3. 生命的維持（3～4 節）：動物可作人的食物，惟獨肉帶著血不可吃，因為血代表生命（參利十七 10～14）；在新約時代，使徒們也吩咐外邦信徒不可吃血，免得罪猶太肢體（徒十五 20）。

(iii) 賜予聖約新記號：彩虹 (九 8～17)

這「普世恩典之約」，有一個記號，就是彩虹，一個美麗的自

5　Geerhardus Vos, *Biblical Theology: Old and New Testaments* (Edinburgh: Banner of Truth, 1975), 52.

然景象，藉太陽的光輝，反照雨後的水滴，在天空顯出上帝創造的彩色繽紛的美。

上帝設立彩虹為聖約的記號，目的何在？

1. 它向受造之物保證了上帝所立的天地定例——白日黑夜、春夏秋冬——將繼續不停運作，也保證上帝不會以洪水毀滅全地（11～13節）。
2. 這記號對上帝也猶如一個提醒，使祂不會忘記祂的應許（15～16節）。
3. 這記號代表挪亞之約，作為「普世恩典之約」，乃是上帝「救贖恩典之約」的預表，正如上帝藉先知以賽亞，向祂所管教的子民宣告：「我的怒氣漲溢，頃刻之間向你掩面，卻要以永遠的慈愛憐恤你。這是耶和華—你的救贖主說的。這事在我好像挪亞的洪水，我怎樣起誓不再使挪亞的洪水漫過遍地，我也照樣起誓不再向你發怒，也不斥責你。大山可以挪開，小山可以遷移；但我的慈愛必不離開你，我平安的約也不遷移。這是憐恤你的耶和華說的。」（賽五十四8～10）上帝與挪亞「普世恩典之約」，將有結束的一天，就是「大山挪開、小山遷移」之時，但上帝對祂子民的慈愛，和祂藉基督所立（恩典）平安（*shalom*）之約，將永不改變。這是上帝信實的應許。

(iv) 新約信徒的疑惑：為何基督還未再來？

天地的保存（preservation），和上帝的普世恩典，至今仍在，然而上帝與挪亞所立之約，卻常被人忘記。不信的人，往往以為（或希望）上帝是不存在的；就算存在，也管不了這個世界。另外，一些敬虔信徒，看見當今世界一片混亂，也會以為「基督再來」的應許為上帝所忘記。對上述兩類人，上帝藉使徒彼得作了有智慧的回應：

> 第一要緊的，該知道在末世（基督復活後、再來前）必有好譏誚的人隨從自己的私慾出來譏誚說：「主要降臨的應許在哪裏呢？因為從列祖睡了以來，萬物與起初創造的時候仍是一樣。」他們故意忘記：從太古，憑上帝的命有了天，從水而出、藉水而成的地。故此，當時的世界被水淹沒就消滅了。但現在的天地還是憑著那命存留，直留到不敬虔之人受審判遭沉淪的日子，用火焚燒。親愛的弟兄啊，有一件事你們不可忘記，就是主看一日如千年，千年如一日。主所應許的尚未成就，有人以為他是耽延，其實不是耽延，乃是寬容你們，不願有一人沉淪，乃願人人都悔改。（彼後三 3～9）

三 亞伯拉罕之約：特殊恩典之約（創十二～二十二章）

亞當違命，被逐出伊甸園，失去了實現「治理大地」的使命。然而，上帝並沒有放棄，祂繼續把這使命交予亞當的後代，並且應許將來會有「女人的後裔」，跟撒但爭戰，並且得勝（創三 15）。

挪亞時代，世人的罪惡極大，引致洪水大災。洪水過後，上帝與挪亞和他的兒子們設立普世恩典之約，再次將治理全地的使命交予他們（創九 1～7）。但可惜得很，洪水後的人類，情況非但並沒有改善，罪惡反而變本加厲，甚至計劃要建立自己的王國：一座城和一座塔，塔頂通天，為要傳揚他們自己的名聲（創十一 1～4），並且聯合起來，背叛天地的主。上帝的回應是：變亂他們的口音，使他們分散在全地。結果，人類聯合背叛上帝的行動，終告失敗。

在這一人類歷史的低潮、神人關係破裂的黑暗時刻，耶和華（立約的上帝）卻主動呼召亞伯蘭，與他訂立「恩典之約」，為人類歷史翻開了新的一頁。

1 上帝的揀選、呼召和應許

> 耶和華對亞伯蘭說：「你要離開本地、本族、父家，往我所要指示你的地去。我必叫你成為大國，我必賜福給你，叫你的名為大；你也要叫別人得福。為你祝福的，我必賜福於他；那咒詛你的，我必咒詛他。地上的萬族都要因你得福。」（創十二 1～3）

這聖約是源於上帝主權的揀選（election）與主動的呼召（calling），而非出自人的宗教敬虔（piety）或功德（merit），這約啟示了上帝救贖恩典的核心原理。耶和華從閃族家庭中，選了亞伯蘭一家（創十 10～32），成為祂的器皿，在地上啟示祂的救贖行動。揀選帶來歷史的呼召，呼召要求人的回應，而亞伯蘭的回應是信心的行動（十二 4）。上帝揀選他、呼召他、也賜他極大的應許。

1. 對亞伯蘭個人的呼召（1 節）：上帝吩咐他離開本地、本族、父家，到上帝要他去的地方。對蒙召者，上帝要求一個信心順服的行動。信心不單是一種心態，也必須有回應的行動。

這是福音的原理（參羅一 5，十六 26）。

2. 成為大國的應許（2 節）：上帝要使他的名為大，他也要叫別人得福；這是一個君王的委任，也是多子多孫的應許（參創十五 5）。

3. 萬族得福的應許（3 節）：上帝應許他，普世萬民都會藉他得蒙拯救、祝福。原來上帝對一個人、一個家族的「特殊」揀選與呼召，有一個「普世」的目的。這目的在新約時代得到應驗（徒三 25；加三 8），而這應驗是透過耶穌基督、那真正的「亞伯拉罕的後裔」（son of Abraham）（太一 1），正如使徒保羅所說：

> 所應許的原是向亞伯拉罕和他子孫說的，上帝並不是說「眾子孫」，指著許多人；乃是說「你那一個子孫」，指著一個人，就是基督……所以，你們因信基督耶穌都是上帝的兒子……你們既屬乎基督，就是亞伯拉罕的後裔，是照著應許承受產業的了。（加三 16、26、29）

可見，這特殊恩典之約的實現，是普世性的，也是貫徹新舊約時代的。[6]

6　參 Vos, *Biblical Theology*, 76 ～ 79；Bruce K. Waltke, *An Old Testament Theology: An Exegetical, Canonical, and Thematic Approach* (Grand Rapids: Zondervan, 2007), 314 ～ 317。

2 亞伯拉罕信心的回應

A. 亞伯拉罕的信心歷程[7]

亞伯拉罕的一生，是一趟信心的旅程，當中不斷的學習依靠耶和華——就是那與他立約、大能恩慈的主。這旅程包括：

(i) 開始的信心（創十二 4；來十一 8）

上帝呼召亞伯拉罕離開家鄉，卻沒有告訴他要去哪裏。亞伯拉罕就遵命出去，顯出了極大的信心和勇氣。他一家與姪兒羅得一家，到了迦南示劍地方，上帝才告訴他，說要將那地賜給他和他的後裔（創十二 4～7）。這大概是他事先沒有預料到的。

(ii) 較成熟的信心（創十五 6～8）

亞伯拉罕向上帝表達自己的疑惑。但上帝向他肯定，他雖然年長，仍會生子為後嗣，並帶來無數後裔，由此實現上帝的應許。他於是放下疑惑，以信心回應上帝。聖經說：「亞伯蘭信耶和華，耶和華就以此為他的義。」（十五 6）亞伯拉罕之所以能夠信靠上帝的大能和恩典，也許與他早前曾經歷饑荒、與羅得分開、並靠上帝打勝仗（創十二～十四章）等考驗有關，但最終還是上帝的話語，使他確定上帝的旨意，且甘心信服。

(iii) 信心的高峯（創二十二 1～18）

亞伯拉罕在獻獨生子以撒這事件上，顯出他最成熟的信心。這信心並非建立在可見的證據上，乃建立在他對上帝和祂的話語完全的信任上。其實，從事件表面看，上帝的吩咐似乎與祂的「後

---

7 參 Vos, *Biblical Theology*, 83～87。

裔應許」有衝突。但在這事件上，亞伯拉罕所信的，是「耶和華」，而不是自己的經驗、感受，或理性推論。聖經如此敘述：「這事以後，耶和華在異象中有話對亞伯蘭說：『亞伯蘭，你不要懼怕！我是你的盾牌、你極大的賞賜。』」(創十五 1；筆者意譯)若上帝是他至高的賞賜，他還怕甚麼？至於獨生子以撒被獻後，自己的損失，和上帝應許是否落空等問題，希伯來書有如此的評論：「亞伯拉罕因著信，被試驗的時候，就把以撒獻上；這便是那歡喜領受應許的，將自己的獨生的兒子獻上。論到這兒子，曾有話說：『從以撒生的才要稱為你的後裔。』他以為上帝還能叫人從死裏復活；他也彷彿從死中得回他的兒子來。」(來十一 17～19)

不錯，亞伯拉罕相信上帝的大能、信實、慈愛，上帝有能力使以撒從死裏復活(四 17～22)，那他又怕甚麼呢？再者，他與上帝的密切關係，使他可被稱為上帝的朋友(雅二 23；參創十八 17～19)，他愛上帝、了解上帝，因此他樂意順服上帝，並沒有恐懼(參約壹四 16～18)。其實，亞伯拉罕相信上帝賜地的應許，就算這應許在他一生仍未兑現，他對上帝和祂應許的話，也不會懷疑，正如希伯來書十一章 9 至 10 節所言：「他因著信，就在所應許之地作客，好像在異地居住帳篷，與那同蒙一個應許的以撒、雅各一樣。因為他等候那座有根基的城，就是上帝所經營所建造的。」這經文指出亞伯拉罕對上帝應許的「信心」，也涵蓋了對終末現實(eschatological reality)的「盼望」，而不是局限在目前和今生所能見的。

B. 神學反思：人的信心是聖約的「條件」嗎？

亞伯拉罕的信心歷程，不單構成上帝「救贖歷史」(redemptive history)的一部分，也成了歷代「聖徒堅忍」(perserverance of the saints）的典範。但有人會問：上帝與亞伯拉罕立恩典之約，但要求人有信心的順服，這信心是否聖約的條件（condition）？特別在規定守割禮的命令上（創十七 9～14），這「條件」的意味不就很明顯嗎？因為耶和華對子民說：

> 你家裏生的和你用銀子買的，都必須受割禮。這樣，我的約就立在你們肉體上做永遠的約。但不受割禮的男子必從民中剪除，因他背了我的約。（創十七 13～14）

基於聖經的歷史敘述，這割禮並不是聖約的條件，因為：

1. 「恩典之約」是建立在上帝對祂揀選和呼召的人所賜下的無條件恩典（unconditional grace），因為作為聖約的主，約的起源、確立、實現，都在乎祂，而人是完全沒有任何貢獻的。
2. 不錯，恩典之約之設立，有兩個參與者：上帝與人（否則便不是「約」了），而上帝與人立約的目的，是要建立神人密切相交的關係，正如上帝對以色列人說：「我要在你們中間行走；我要作你們的上帝，你們要作我的子民。」（利二十六 12）

   還有，上帝也要求人有信心的回應。但這回應，並不是聖約的「條件」，乃是人要繼續享受這聖約關係的必須途徑（necessary channel）。其實，從亞伯拉罕生平可見，他的信心也不是完全的，乃是充滿了疑惑、不信，和錯誤的抉擇（創十二 10～20，十五 2～3、8，十六 1～4，十七 15～18，二十 1～10），但上帝滿有恩典憐憫，每次都為他解決困難！可見，亞伯拉罕的信心有成長、能堅忍，也是上帝的恩典。
3. 上帝對子民的要求是「守約」，這要求展示了「恩典之約」的特殊性（particularity）。對比「挪亞之約」——一種不要求立約的人（或獸）有任何回應的「普世恩典之約」，亞伯拉罕「特殊恩典之約」就很不同了，它展示了上帝主權的揀選（sovereign election）和有效的呼召（effectual calling），和所帶來的順服行動（參弗一 4；來十 38～9）。這行動是人對上帝恩典（揀選、呼召、拯救、保守）該有的回應，而不是任何功德或合作條件。[8]

3 聖約的確立與更新（創十五，十七，二十二章）

上帝與亞伯拉罕立約，始於祂的呼召（創十二 1～3）。但這只是開始，在往後的日子，這約不斷的被上帝所確立（confirm）和更新（renew）（創十二 4～二十二 19），以下簡述之：

A. 創十五章：第一次更新——亞伯拉罕必成為大國（參創十二 2）

這是上帝向亞伯拉罕確立聖約中關於「後裔」和「美地」的應許：

1. 上帝對亞伯拉罕的鼓勵（十五 1）：打勝仗之後，上帝向他宣告：祂是他的盾牌、也是他的賞賜。
2. 「後裔」應許的確立（2～6 節）：亞伯拉罕表達了他的疑惑和困擾，上帝給他肯定，帶他去看繁星，最後他相信上帝，因而被上帝稱為義人，有資格得地為業（6～7 節）。
3. 「得地」應許的確立，和上帝的行動（8～21 節）：亞伯拉罕再

8　參 Murray, *Covenant of Grace*, 16～20。

次表達他的疑惑，上帝吩咐他預備獻祭的動物（8～10節）；「鷙鳥」（11節）代表會威脅以色列的埃及，亞伯拉罕起來抵抗牠；在這異象中：（1）上帝預言以色列的歷史：直到出埃及進迦南地（12～16節）；（2）上帝的承擔（17節）：「日落天黑，不料有冒煙的爐並燒著的火把從那些肉塊中經過。」爐與火把象徵上帝的同在（出十九18，二十四17；申四11、24、33），祂經過獻祭動物的肉，表示祂立誓，若是自己不守約，便會受咒詛（耶三十四18），這咒詛其後在基督身上應驗了；[9]（3）上帝重申祂「賜地」的應許，並詳列應許之地的十個原來的民族（「十」是一個「完全」的數目）（18～20節）。[10]

B. 創十七章：第二次更新——亞伯拉罕要作多國的父（參創十二3）

這是聖約與聖禮的確立：

1. 十七1：全能的上帝（*El Shaddai*），即在宇宙中掌權的上帝；「作完全人」，即對立約的上帝忠誠守約——應有的回應。
2. 2節：上帝確立聖約的應許，而上帝因此為亞伯蘭和撒萊改名（5、15節）。
3. 4～8節：恩典之約的三大應許，包括：（1）一個子民（5～6節）：羣體的建立；（2）一塊土地（8節上）：經濟和資源；（3）

---

9 參 Meredith G. Kline, *By Oath Consigned: A Reinterpretation of the Covenant Signs of Circumcision and Baptism* (Grand Rapids: Eerdmans, 1975), 16 ～ 17；Edmund P. Clowney, *The Unfolding Mystery: Discovering Christ in the Old Testament* (Phillipsburg: P&R, 1988), 58～60。

10 參 Waltke and Fredricks, *Genesis*, 238 ～ 247；Gordon J. Wenham, *Genesis 1 ～ 15*, WBC (Waco: Word, 1987), 322～335。

上帝君王（7 節下、8 節下）：與上帝的關係。

4. 6 節下：亞伯拉罕作為多國的父，他也將成為多國君王之父。
5. 7 ～ 14 節：設立割禮，乃守約的聖禮行動 —— 一個記號（sign）和印證（seal）。其意義為：（1）生命被分別為聖：屬上帝（consecration）；（2）子民的團結一體（solidarity）；（3）父母的角色與權柄（authority）。
6. 15 ～ 21 節：上帝與亞伯拉罕確立撒拉為多國之母。
7. 23 ～ 27 節：亞伯拉罕遵命，為家中所有男丁行割禮，因為上帝說：「不受割禮的男子，必從民中剪除，因他背了我的約。」（14 節）可見，在上帝的眼中，不守聖禮就等於不守聖約，後果嚴重！

C. 創二十二 1 ～ 19：第三次更新 —— 上帝起誓、應許堅守聖約

1. 11 ～ 14 節：上帝稱許亞伯拉罕信心的順服，獻上愛子為燔祭。藉此順服，上帝「知道」他是敬畏上帝的，便以此回應他：預備公羊作燔祭，替代以撒，並且指著自己起誓，向亞伯拉罕應許堅守聖約。
2. 17 ～ 18 節：回顧上帝兩次先後確立並更新聖約：（1）創世記十五章：上帝重申後裔和美地的應許，並親自走過被獻祭牲的肉，以保證祂必守約；（2）創世記十七章：上帝確立聖約的三重祝福，包括立亞伯拉罕為萬國之父，並設立割禮，以印證上帝子民的歸屬。在此（創二十二 17 ～ 18），上帝更進一步，祂指著自己起誓說：「論福，我必賜大福給你；論子孫，我必叫你的子孫多起來，如同天上的星，海邊的沙。

你子孫必得著仇敵的城門，並且地上萬國都必因你的後裔得福，因為你聽從了我的話。」

3. 「獻以撒」(創二十二章)事件的神學意義：「指向」和「預表」未來的救贖。亞伯拉罕花了三天，帶著兒子到摩利亞山，要向耶和華獻祭敬拜，這「指向」(foreshadows)以色列(上帝的「兒子」)出埃及，用了三天，走到西奈曠野，去敬拜耶和華，向祂獻祭(出三 18，五 3)。而亞伯拉罕以公羊代替以撒獻上，也「指向」以色列的父親，在逾越節當日，以羊羔的血代替他們的長子(出十二 12～13，十三 12～13)。

亞伯拉罕獻以撒事件，也「預表」了新約時代基督的救贖。明顯的例子有：(1)亞伯拉罕樂意獻上愛子，預表父上帝樂意獻上愛子，而以撒的順服也預表基督全然順服、甘願被獻；(2)「上帝必預備」預表基督成了「上帝的羔羊」，為罪人代贖，使他們可以稱義得生命；(3)亞伯拉罕得回以撒，也預表了基督的復活。[11]

「指向」和「預表」，展示了上帝在歷史中救贖啟示的有機性和漸進性(organic-progressive)，而「預表」，更是聖經啟示的一大特色：由於所有舊約的應許，都在基督裏實現(林後一 20)。因此，在舊約時代，一些重要的救贖事件和人物，就往往成了新約時代、基督救贖的「預表」。[12]

---

11 參 Waltke and Fredricks, *Genesis*, 310～311。

12 有關「預表」的神學和講道應用，可參閱 E. P. Clowney, *Preaching Christ in All of Scripture* (Wheaton: Crossway, 2003)；James M. Hamilton, Jr., *Typology-Understanding the Bible's Promise-Shaped Patterns: How Old Testament Expectations are Fulfilled in Christ* (Grand Rapids: Zondervan, 2022)。

恩典之約的確立，不單基於上帝「守約施慈愛」，也與祂的子民代表的順服有關。這「代表」在舊約時代是亞伯拉罕，而在新約時代，則是耶穌基督。上帝的起誓，對新約時代堅忍的信徒，是一大鼓勵和保證，因為我們有基督作我們的中保，代表我們進入幔內（來六 13 ～ 20），帶給我們永恆的救贖。

4 亞伯拉罕之約與「天國進程」

挪亞洪水和巴別塔，將神人關係帶進低潮，但上帝的天國進程並沒有停止。耶和華藉揀選呼召亞伯拉罕，與他立恩典之約（創十二～二十二章），再度啟動天國的進程，繼續實現祂起初的應許（創三 15），就是要透過亞伯拉罕的後裔，戰勝撒但，而這後裔就是那將要來的彌賽亞君王。

上帝與亞伯拉罕立約，並使他成為上帝所立的君王。亞伯拉罕蒙上帝呼召，住在迦南應許之地，也曾為姪兒羅得出兵打仗，並且得勝，接受了撒冷王麥基洗德的祝賀（創十四 14 ～ 20）。更重要的是，上帝與亞伯拉罕立恩典之約，賜他「天國君王」的應許，很清楚地在創世記十七章 4 至 8 節表達出來：

> 我與你立約：你要作多國的父。從此以後，你的名不再叫亞伯蘭，要叫亞伯拉罕，因為我已立你作多國的父。我必使你的後裔極其繁多；國度從你而立，君王從你而出。我要與你並你世世代代的後裔堅立我的約，作永遠的約，是要作你和你後裔的上帝。我要將你現在寄居的地，就是迦南全地，賜給你和你的後裔永遠為業，我也必作他們的上帝。（十七 4 ～ 8）

如上文所言，這些應許，大致可分三方面來看：

1. **一個子民：**藉著以撒的降生、以色列民族的保存、出埃及的救贖事件，這應許得到初步的實現，以色列成為「君尊的祭司」（出十九 4～6），指向那新約時代萬國的子民（太二十八 19；加三 28～29），亦應驗了先祖雅各對猶大的預言（創四十九 8～12）。
2. **一塊土地：**迦南是上帝應許亞伯拉罕和以色列之美地，但亞伯拉罕在生之時，從未擁有過一塊地（除了麥比拉洞；見創二十三章），其後約書亞領子民進迦南，初步應驗了亞伯拉罕之約（申三十四 1～4），但以色列人從未完全佔領這安息之地（書十三 1～7；詩九十五 11），直到基督降臨，賜予人救恩的安息（太十一 28～30），並盼望那永恆的安息（來四 8～10），就是那終末的新天新地。這正配合主耶穌描述天國子民的一個特徵，說：「溫柔的人有福了！因為他們必承受地土。」（太五 5）
3. **上帝君王：**與上帝同在、彼此契合交通，這是子民最大的福氣。此外，立約的上帝（在舊約是耶和華，在新約是耶穌基督），祂是管治宇宙萬物的君王。在人類歷史中，祂揀選、拯救以色列子民、建立神權社會，而這在摩西之約中實現了：藉著律法的頒佈施行，先知、祭司、長老的設立，初步體現了天國的公義、慈愛、聖潔、榮耀。然而，歷史告訴我們，由於人性的軟弱，及子民對上帝的反叛，以色列因違約而遭審判被擄。上帝國度的實現，須待聖子耶穌基督降臨，完成天國的救贖工作。

但在耶穌來到之前，以色列的君王制度，和上帝與大衛王所立的「大衛之約」，承接亞伯拉罕恩典之約，也是舊約時代「天國進程」重要的里程碑。[13]

四 大衛之約：承先啟後的恩典之約

1 君王制度的源起

在先知撒母耳的時代，以色列人要求他，為他們立一個王治理他們，像外邦國家一樣。耶和華就對先知說：「百姓向你說的一切話，你只管依從；因為他們不是厭棄你，乃是厭棄我，不要我作他們的王。自從我領他們出埃及到如今，他們常常離棄我，事奉別神。現在他們向你所行的，是照他們素來所行的。故此你要依從他們的話，只是當警戒他們，告訴他們將來那王怎樣管轄他們。」（撒上八 7～9）

上帝容許他們立王，也將管治人民的權責，交予這些地上的君王，只是祂自己仍保留（藉先知）選擇和更換君王的權力（申十七 15），特別當掌權者不肯遵守上帝的律法，例如掃羅王。掃羅被棄以後，上帝藉先知膏立屬猶大支派的大衛為王，使王朝後繼有人，也應驗了先祖雅各的預言（創四十九 8～12）。

2 天上君王與地上君王的聖約（撒下七章）

大衛王將京城搬到耶路撒冷後，他有意為耶和華建造聖殿，但上帝藉先知拿單向王說：「不要！這並不是祂所需要的」（七 5～

13 Bruce K. Waltke, "The Kingdom of God in Biblical Theology," in *Looking into the Future: Evangelical Studies in Eschatology*, ed. David W. Baker (Grand Rapids: Baker, 2001), 15 ～ 27；Patrick Schreiner, *The Kingdom of God and the Glory of the Cross* (Wheaton: Crossway, 2018), 29～45.

7）。然後，上帝隨即藉先知向大衞宣告祂的應許，說：

> 現在，你要告訴我僕人大衞，說萬軍之耶和華如此說：「我從羊圈中將你召來，叫你不再跟從羊羣，立你作我民以色列的君。你無論往哪裏去，我常與你同在，剪除你的一切仇敵。我必使你得大名，好像世上大大有名的人一樣。我必為我民以色列選定一個地方，栽培他們，使他們住自己的地方，不再遷移；凶惡之子也不像從前擾害他們，並不像我命士師治理我民以色列的時候一樣。我必使你安靖，不被一切仇敵擾亂，並且我—耶和華應許你，必為你建立家室。你壽數滿足、與你列祖同睡的時候，我必使你的後裔接續你的位；我也必堅定他的國。他必為我的名建造殿宇；我必堅定他的國位，直到永遠。」（七 8～13）

這段耶和華君王對大衞的應許，有以下三方面特色：

A. 以馬內利：耶和華與子民同住

從出埃及起，上帝一直與大衞和子民同在，在會幕中行走（七 3、6），過去大衞無論到哪裏去，上帝都與他同在、使他得勝。現在祂應許大衞必得大名（9 節），而以色列民也將得美地，享受和平與安定（10 節），這是「以馬內利」（上帝與人同在）的福氣！

B.「殿宇」與「王朝」的關係

大衞要為耶和華建「殿宇」，耶和華推卻了（七 5），卻應許要為大衞建立「家室」，就是大衞的「王朝」（11 節）。希伯來文「殿宇」

與「家室」都是同一個字(*bayit* = house),表達了兩者的密切關係。而接下去,耶和華進一步說,祂會堅定所羅門的國(12 節),所羅門也將為祂建造殿宇(13 節上)。可見,上帝為大衛建立王朝在先,而大衛王朝為上帝建造殿宇在後,兩者息息相關,也展示了「大衛之約」乃上帝主權和恩典(sovereign grace)的行動。

C. 大衛的兒子與上帝的兒子

上帝應許大衛和他兒子的王朝會得堅立,不單如此,他兒子的國位不但會得到堅立,「直到永遠」(七 13 下)。然而,這是不可能的!雖然上帝稱所羅門為祂的「兒子」(14 節上),但所羅門始終是有限的人,他的王朝也有終止的一天!在此,上帝的應許其實已超越了所羅門,而指向另一位「大衛的兒子」(son of David)——就是上帝永恆的兒子、那將要來的「彌賽亞君王—耶穌基督」(參詩二 7;賽九 6～7;羅一 3～4;來一 5)。

3 神學反思:大衛之約是「律法之約」,還是「恩典之約」?

從約的形式和內容來看,大衛之約是上帝恩典的聖約,因為它是「無條件」的,是上帝承接亞伯拉罕之約,應許將「子民、美地、王朝、同在」等福氣,賜予大衛和他的子民。這與那「有條件的」摩西律法之約顯然不相同。然而,我們也看到上帝對不順服的子民,會施行刑罰,像「律法之約」一樣,請聽耶和華的話:

> 我要作他的父,他要作我的子;他若犯了罪,我必用人的杖責打他,用人的鞭責罰他。但我的慈愛仍不離開他,像離開在你面前所廢棄的掃羅一樣。你的家和你的國必在我

面前永遠堅立。你的國位也必堅定，直到永遠。（撒下七14～16）

14節提到上帝對犯罪的「後裔」的懲罰，在歷史中是真確發生的。在以色列歷史中，有不少的君王，都因犯罪而受到上帝的責罰，而以色列民族兩次（南北國）被擄，也是出於他們的背約。但這是否證明上帝對大衛所應許、聖約的祝福是「有條件」的呢？

答案是否定的！首先，我們要澄清的是：以色列民族被擄，是由於整個民族背棄了「摩西（律法）之約」，這是上帝早已預先警告他們的，如申命記所言：

你若不聽從耶和華—你上帝的話，不謹守遵行他的一切誡命律例，就是我今日所吩咐你的，這以下的咒詛都必追隨你，臨到你身上……耶和華必將你和你所立的王領到你和你列祖素不認識的國去；在那裏你必事奉木頭石頭的神。你在耶和華領你到的各國中，要令人驚駭、笑談、譏誚……所以你必在飢餓、乾渴、赤露、缺乏之中事奉耶和華所打發來攻擊你的仇敵。他必把鐵軛加在你的頸項上，直到將你滅絕。耶和華要從遠方、地極帶一國的民，如鷹飛來攻擊你。這民的言語，你不懂得。這民的面貌凶惡，不顧恤年老的，也不恩待年少的。（申二十八15、36～37、48～50）

其次，我們也要了解，大衛之約是承接上帝與亞伯拉罕所立的「恩典（無條件）之約」，現從以下四方面作出解釋：

1. 從聖約的至終目的看，大衛之約是恩典性和無條件的，因為上帝對蒙救贖罪人的應許是上帝主動、且不會落空的，正如 15 至 16 節所言，上帝的慈愛不會離開大衛的兒子，而他的國也必永遠堅立。大衛之約的應許得以實現，不在乎人，只在於承諾起誓的上帝（參創十五 8～21，二十二 16～18）。
2. 但從個人參與和享受「聖約的祝福」來看，人有責任「守約」、順服上帝，這是聖約子民的本分。正如約書亞帶領以色列人進迦南地後，也曾招聚會眾，提醒他們各家須決定，是否要忠心、敬拜事奉耶和華（書二十四 1～27），並須為自己的決定和後果負責。而約書亞自己和家人所公開表達的立場，就很清楚：「至於我和我家，我們必定事奉耶和華。」（書二十四 15）但這「提醒」並不影響這聖約的恩典性，只是反映上帝對兒女「愛的管教」。
3. 此外，我們須了解，上帝對祂兒女的管教（discipline），和祂所棄絕之人（reprobate）的定罪，完全是兩回事。在歷史中，掃羅王屬後者，而大衛王則屬前者。上帝對兒女管教性的審判責罰，不會影響聖約應許的至終實現；「被棄絕者」則是被排斥於聖約以外的人，他們當然是不能享受聖約的祝福了。但我們得承認，人在歷史過程中，要分辨誰是前者，誰是後者，殊不容易（參來十二 5～17）。
4. 大衛王對上帝的感恩禱告回應，也充分反映了大衛之約的恩典性：[14]

14 參 O. Palmer Robertson, *The Christ of the Covenants* (Phillipsburg: P&R, 1980), 243～252；Waltke and Fredricks, *Genesis*, 51～54。

第 2 章

> 於是大衛王進去，坐在耶和華面前，說：「主耶和華啊，我是誰？我的家算甚麼？你竟使我到這地步呢？……你行這大事使僕人知道，是因你所應許的話，也是照你的心意。……世上有何民能比你的民以色列呢？你從埃及救贖他們做自己的子民，又在你贖出來的民面前行大而可畏的事，驅逐列邦人和他們的神，顯出你的大名。你曾堅立你的民以色列作你的子民，直到永遠；你—耶和華也作了他們的上帝。耶和華上帝啊，你所應許僕人和僕人家的話，求你堅定，直到永遠；照你所說的而行。……主耶和華啊，惟有你是上帝，你的話是真實的；你也應許將這福氣賜給僕人。現在求你賜福與僕人的家，可以永存在你面前。主耶和華啊，這是你所應許的。願你永遠賜福與僕人的家！」（撒下七 18、21、23 ～ 25、28 ～ 29）

4 大衛之約與君王基督

耶穌基督是大衛的終極後裔/兒子，因為大衛之約（撒下七 13）要完全實現，須等待上帝永恆的愛子、降生為人、成就救贖。猶太人在舊約時代後期的彌賽亞盼望，部分建基於大衛蒙上帝揀選、在地上建立王朝、彰顯天國的管治——這是他們的盼望的歷史背景。此外，這盼望也反映在「君王詩篇」（如：詩二，四十五，七十二篇等）中，詩人表達了以色列人期待一位大能君王的拯救。這盼望在先知書中有更清楚的啟示，而猶太人的啟示文學（apocalyptic literature），以及兩約之間（公元前 200 ～ 100 年）的文學作品，也加強了猶太民族這方面的意識。[15]

---

15 參 Sinclair B. Ferguson and David F. Wright, eds., *New Dictionary of Theology* (Leicester:

五 舊約先知預言新約：天國的實現

筆者在上文曾提及，舊約學者華爾基認為，雖然在舊約中，「天國」這名詞幾乎沒有出現過，但在舊約的歷史記載中，即從創造到以色列亡國，「天國」這主題是無處不在的。[16] 在上文，我們探討了舊約中上帝與人立約的歷史後，我們可以同意華爾基的觀察。[17]

除了敍述上帝與人立約的進程外，舊約也記載先知們將「天國」的預言與盼望帶給我們，使舊約聖徒的目光，可以看見那光明榮耀的遠景，而不是單停留在一些殘酷的現實中（如：外邦人的不信、以色列人的不忠、義人受苦／惡人享福等）。對今天我們這些新約聖徒來說，這些預言與盼望也幫助我們更認識上帝的全知全能、公義智慧、信實慈愛，和祂大能的憐憫。不錯，在這充滿罪惡與敗壞的世界中，天國仍然在進行中，這使我們俯伏敬拜。

1 應許彌賽亞君王的來臨（以賽亞先知）

以賽亞書是論及彌賽亞預言最清楚和最豐富的一卷先知書，其中三方面尤其突出：

A. 受苦的耶和華僕人

先知預言被父上帝所差遣的聖子，將會降臨，為萬國帶來公平公義的國度（賽四十二 1～4），成為子民與上帝立約的中保（四十二 5～7），作外邦人的光（四十九 1～7），為選民受苦贖

IVP, 1988), 33～35。

16 見 Waltke, “The Kingdom of God in Biblical Theology”。

17 有關舊約中「天國」的啟示與進程，可參閱 Schreiner, *Kingdom of God and the Glory of the Cross*, 13～82。

罪，並從死裏復活（五十二 13 ～五十三 12）。

B. 審判後的全面復興

以色列民族由於背叛上帝，要面對上帝的審判——藉亞述和巴比倫兩大強國入侵，使北國和南國皆淪陷（分別是公元前 722 年及公元前 586 年），以色列人被擄，經歷災難和羞辱（二十八～三十九章）。但耶和華上帝、立約的主，守約施慈愛，差遣了以賽亞先知去傳講復興、悔改、救恩的信息（四十～六十六章）。而整個復興信息的高峯，不單指向耶城重建的榮耀（六十二 1 ～ 12），更是一個新世界（＝新天新地）的遠景：

> 看哪，我造新天新地；從前的事不再被記念，也不再追想。你們當因我所造的永遠歡喜快樂，因我造耶路撒冷為人所喜，造其中的居民為人所樂。我必因耶路撒冷歡喜，因我的百姓快樂；其中必不再聽見哭泣的聲音和哀號的聲音。……他們尚未求告，我就應允；正說話的時候，我就垂聽。豺狼必與羊羔同食；獅子必吃草與牛一樣；塵土必作蛇的食物。在我聖山的遍處，這一切都不傷人，不害物。這是耶和華說的。（賽六十五 17 ～ 19、24 ～ 25；另參六十六 22；林後五 17；啟二十一 1 ～ 5）

C. 天國公義君王的降生[18]

「童女生子」的預言（七 14），是先知向猶大王亞哈斯說的，

18 Mark J. Boda and J. Gordon McConville, eds., *Dictionary of the Old Testament Prophets* (Downers Grove: IVP, 2012), 372 ～ 376；Edward J. Young, *The Prophecy of Isaiah*, vol. 1 (Grand Rapids: Eerdmans, 1965), 322 ～ 346.

為要鼓勵他依靠上帝，不要怕敵國的攻擊（七 1 ～ 16），而並非直接預言耶穌的降生。但這女子與小孩，卻可以是一個象徵（symbol），甚至是預表（type），指向耶穌由童女馬利亞所生（參太一 21 ～ 23）。事實上以賽亞先知也直接預言到君王基督將降生：

> 因有一嬰孩為我們而生；有一子賜給我們。政權必擔在他的肩頭上；他名稱為「奇妙策士、全能的上帝、永在的父，和平的君」。他的政權與平安必加增無窮。他必在大衛的寶座上治理他的國，以公平公義使國堅定穩固，從今直到永遠。萬軍之耶和華的熱心必成就這事。（賽九 6 ～ 7）

這預言的背景是公元前八世紀的以色列北國，當時充滿內憂外患，特別是要面對亞述的入侵、國家的淪亡。九章 1 至 2 節論及加利利黑暗日子及後來的復興，而這應驗於基督在加利利的事奉（太四 12 ～ 17）。3 至 5 節論及爭戰的始束與和平的來臨。6 至 7 節則預言嬰孩的降生：（1）這嬰孩是一個兒子、一件禮物（上帝所賜）；（2）這嬰孩是一個君王，將坐在大衛王的寶座上；（3）這君王的名字，反映了祂的屬性與作為：

- 奇妙：藉大能的手領子民出埃及且深不可測的上帝（創三十二 29；士十三 18）。
- 策士：滿有智慧和知識（西二 3、9 ～ 10），祂是「道」（約一 1 ～ 18），是「上帝的智慧」（林前一 18 ～ 30）。
- 全能的上帝：祂是上帝、祂在地上有聖靈的能力（賽十一 2）、勝了世界（約十六 33）；並且現今在天上，掌權並為子民代求（來七 25）。

- 永在的父：祂有為父之心：拯救、供應、憐憫、關懷、牧養（來四 14～16；約十 10～16；結三十四 23～31）。
- 和平的君：天國君王所帶來的和平（*shalom*），是個人、家庭、羣體、國家、宇宙全面救贖的平安（弗一 9～10；西一 20）。
- 這君王的統治是公平公義的：祂當然會要求天國領袖和國民也表現出公平和公義，而上帝要求子民實踐社會公義（social justice），也是不少舊約先知（如：阿摩司）所看重的。
- 這君王的統治是永恆的，並且其政權與平安，必不斷的加增，直到永遠。這與世界其他地上暫時的政權，有很大的分別。

2 盼望「榮耀新約」的來臨（耶利米書及以西結書）

耶利米約於公元前六百年，在猶大南國作先知四十年，目睹國家三次被巴比倫入侵、並於公元前五八六年淪陷，而他一直忠實地傳講不受歡迎的信息，受盡一眾領袖和民眾的反對，加上假先知（他們人數眾多！）的攻擊，使他非常痛苦。然而，上帝所賜予他的審判和盼望信息，不但在歷史中得到證實，就是直到今天，仍然向我們說話。

A. 以色列蒙恩、背叛與受審判

上帝藉先知提醒以色列人，他們曾領受了聖約的豐富恩典（耶二 2～3、6～7），並曾承諾會遵行上帝的律法（十一 4～5），但其後卻背棄這約，行不義、拜偶像（二 20，七 8～11），所以耶和華責備、警告他們。因此，以色列將會敗亡，成為外邦列國的笑柄（二十二 1～9），而巴比倫，一個外邦的強國，將成為上帝審判以色列人的工具（二十一 1～7）。上帝甚至要耶路撒冷的領袖和居民作出選擇，以明示祂必審判聖城：

> 你要對這百姓說：「耶和華如此說：看哪，我將生命的路和死亡的路擺在你們面前。住在這城裏的必遭刀劍、饑荒、瘟疫而死；但出去歸降圍困你們迦勒底人的必得存活，要以自己的命為掠物。耶和華說：我向這城變臉，降禍不降福；這城必交在巴比倫王的手中，他必用火焚燒。」(耶二十一 8～10)

B. 上帝賜恩典與盼望

以色列人被擄至巴比倫，應驗了上帝藉「摩西之約」所宣告的制裁：背約違命必受懲罰(申二十八 15～68)；祂也曾藉「大衛之約」宣告：背棄上帝的人與殿，必被上帝所棄絕(王上九 1～9)。

然而，上帝要在全地建立「一個大國、一個子民」的心意和目標，並沒有因以色列背約受懲罰而改變。祂在宣告「審判、毀壞」信息的同時，也宣告那些願意歸向祂的剩餘之民，將有一個「歸回故土」和「新約實現」的未來。

(i) 歸回故土

上帝應許這些餘民，被擄後七十年必歸回故土，只要他們呼求禱告上帝、一心尋求祂，祂必賜他們平安和美好的未來(耶二十四 5～7，二十九 10～14，三十 1～20)；而為表達對上帝應許的信心，先知耶利米按上帝指示買了一塊田地(耶三十二 1～44)。上帝對餘民的應許，內容豐沛。從消極方面看，上帝應許他們，巴比倫必淪陷(耶五十～五十一章)，祂必為以色列伸冤報仇(耶五十一 10～11、36)，並為以色列人回歸故土鋪路；從積極方面看，上帝應許諸般的祝福，包括：回歸享受上帝所賜的美地、重建敬拜和信仰（包括聖殿和律法）、和平康泰的生活（包括家庭、物質和社會環境）、再迎來「大衞君王」的統治等。

（ii）另立新約

上帝應許的高峯，是祂將與子民立一個全新的聖約，在歷史中藉彌賽亞君王實現天國的榮美，正如耶利米先知預言：「耶和華說：當那日子，那時候，以色列人要和猶大人同來，隨走隨哭，尋求耶和華—他們的上帝。他們必訪問錫安，又面向這裏，說：『來吧，你們要與耶和華聯合為永遠不忘的約。』」（耶五十 4～5）

「耶和華說：『日子將到，我要與以色列家和猶大家另立新約，不像我拉著他們祖宗的手，領他們出埃及地的時候，與他們所立的約。我雖作他們的丈夫，他們卻背了我的約。這是耶和華說的。』耶和華說：『那些日子以後，我與以色列家所立的約乃是這樣：我要將我的律法放在他們裏面，寫在他們心上。我要作他們的上帝，他們要作我的子民。他們各人不再教導自己的鄰舍和自己的弟兄說：「你該認識耶和華」，因為他們從最小的到至大的都必認識我。我要赦免他們的罪孽，不再記念他們的罪惡。這是耶和華說的。』」（耶三十一 31～34；另參結三十六 25～27，三十七 15～28；賽五十五 1～5，六十一 1～9）

從先知的預言可見，這個另立的「新約」，將有以下特徵：

1. 以色列人回歸上帝應許之地，再次享受這地的一切豐盛（見上文）；
2. 上帝會實現過去神人聖約之承諾：(1) 亞伯拉罕之約：「子民」與「地土」的應許；(2) 摩西之約：「遵守律法」的諾言（耶

三十一 33）；（3）大衛之約：大衛王朝統治的應許（結三十七 24 ～ 25）；

3. 聖靈內在的更新（耶三十一 33；結三十六 27，三十七 14）；
4. 完全赦罪之恩（耶三十一 34，三十三 8，五十 20）；
5. 以色列（北國）與猶大（南國）的復和與統一（耶三十一 31，五十 4；結三十七 15 ～ 24，三十四 23 ～ 24）；
6. 永遠不忘之約（五十 4）。

問題：我們都知道，「新約」是永遠之約，但為何聖經又說，其他的約 —— 亞伯拉罕、摩西、大衛 —— 也是「永遠」的呢？（創十七 7；詩一〇五 10；出四十 15；利十六 34；撒下七 13、16；詩八十九 3 ～ 4 等）究竟新約的「永遠」與其他聖約的「永遠」有何分別？

回答：最主要的分別是：新約的「永遠」是永恆的（eternal），因為上帝建立天國子民的心意，藉著這最後的約 ——「新約」就完全實現了！舊約聖經所載的聖約，不錯也是天國進程的一部分，但從天國整體的角度看，它們都是「預備性」的。它們都各有其歷史意義和價值，但它們的永恆價值，乃基於它們與「新約」的關係。就是預備並指向那永恆的國度。上帝藉基督君王與子民所立的「新約」，不單確立（confirm），也超越（transcend）了過去的聖約，有實現和成全的雙重意思（參太十七～十八章；來八 1 ～ 13；林後三 3 ～ 18）。[19]

19 參 Robertson, *Christ of the Covenants*, 271 ～ 279。

六 歸回故土＝天國更新的復興？（以斯拉記及尼希米記）

1 以色列回歸的歷史敘述

公元前五五〇年，瑪代波斯國王塞魯士，擊敗巴比倫，為波斯王國二百年的統治打好根基。塞魯士王於公元前五三九/五三八年下詔通告全國，授權以色列被擄的子民可以回國，重建聖殿（拉一1～4），這應驗了上帝藉耶利米先知所說，以色列民被擄後七十年，將歸回故土的預言（耶二十四5～7，二十五11～12，二十九10～11）。這回歸的過程，從塞魯士王元年到亞達薛西王三十二年後（公元前464～424年），歷一百多年才完成。在這個過程中，以色列的餘民（超過五萬人），不單重建了聖殿和城牆，也經歷了一個以色列民族、一個天國羣體的復興。這復興包括了回歸（return）、重建（restoration）和改革（reformation）。[20]

這「回歸重建」的歷程，分作三個階段完成：

1. 被擄後回歸和聖殿的重建（拉一～六章）；
2. 以斯拉領導回歸和羣體的重建（拉七～十章）；
3. 尼希米領導回歸和城牆的重建（尼一1～七3）。

2 以色列「回歸故土」的意義

A. 顯明耶和華是守約的上帝

祂是大而可畏的上帝，一方面向跟祂立約的子民守約施慈

20 參 Waltke, *Old Testament Theology*, 771～802；Bill T. Arnold and H. G. M. Williamson, eds., *Dictionary of the Old Testament: Historical Books* (Downers Grove: IVP, 2005), 485～497。

愛，另一方面亦向犯罪叛逆的以色列民施行審判管教。然而至終祂會按自己所應許的，重新建立他們（拉三 11，七 28；尼一 5，四 14，九 32）。

B. 上帝掌管外邦君王的心

波斯的君王（塞魯士、亞達薛西、大流士等），雖然都不是猶太信徒，但都支持、協助、推動以色列人回歸重建的工作，因為耶和華上帝感動他們的心（拉一 5，七 6、9、27～28）。這是上帝管治（providence）的一個歷史明證。

C. 回歸的餘民：天國的子民

他們都是真心相信耶和華，又樂意事奉祂的子民。除了積極參與敬拜（尼十二章）以外，他們還十分願意堅守摩西律法，以顯示他們上帝子民的身分，當中包括：守安息日、實行十一奉獻、與不信又拜偶像的妻子分開等。此外，他們雖生活在外邦人中，卻仍努力管治耶路撒冷，使她像一個聖城（尼十二 27～43，十三章）。這些行動都使這「回歸」過程，成為以色列一個真正的「復興」（true revival）。

3 七十年回歸是否「天國」的實現？

問題：這「回歸復興」，是否就是耶利米、以西結先知等，有關回歸和天國預言的應驗？

除了上述所提的正面現象外，支持者還會提出其他的理由，如：有外邦的君王支持鼓勵建殿；回歸者有出自大衛家的領袖，例如設巴薩和所羅巴伯等；還有許多利未人和祭司（出自亞倫家）在聖殿中參與事奉，哈該和撒迦利亞等先知忠心的領導等。

回答： 不錯，上述都是上帝子民復興的現象，也是耶和華上帝恩典和權能的彰顯，但這些都只能算是被擄前後，先知預言初步的應驗，是天國在歷史中一次小型的展現，原因在於：

1. 在這段期間，子民仍會失敗背約，以致以斯拉和尼希米要他們悔改他們的罪、更新與耶和華所立的約（拉九章；尼九32～37，十三章等）；其次，雖有悔改，與異族通婚仍然繼續（拉九～十章）；還有，回歸的以色列民仍是在異邦統治下生活（拉九6）。以色列需要一個更大、更徹底的復興和重建，才可以完全實現上帝藉耶利米和其他先知所預言的。
2. 當時回歸的子民，只是猶大和便雅憫兩個支派的餘民，卻並非大部分選民的歸回（耶三十一7下）；而當日他們所建的聖殿規模也很小。先知哈該勸勉他們從軟弱和懶惰中起來，為主建殿事奉，他也藉上帝的應許鼓勵他們，聖殿雖小，乃指向將來一個更偉大榮美的聖殿，以色列亦將有一位更偉大的大衛後裔（基督）作王（該二1～9）。可見，按先知哈該所言，天國預言的完全實現，還要期待未來，而非那被擄後七十年回歸的世代。這也解釋了為何尼希米記的結束，並不是宣告使命已達成，或天國已臨，乃是以尼希米向上帝的一個祈求作結：「我的上帝啊，求你記念我，施恩與我。」（尼十三31）這反映了一個現實，就是他知道，雖然部分子民已回歸故土，但天國使命尚未完成，「新約」要實現，還看未來。

3. 當代新約學者畢爾（G. K. Beale）正確地指出，[21]「回歸故土」是以色列民在心靈上的復興和更新，卻不是先知預言的完全實現。事實上，有不少預言，在當時仍未兌現，其中包括：

- 猶太人與外邦人和好合一（賽十一 1 ～ 12）；
- 一個比所有過去聖殿更偉大的聖殿（結四十～四十八章）；
- 以色列不再受外邦政權管治（詩二 1 ～ 9；但二 31 ～ 45）；
- 一個新的創造（賽六十五 17，六十六 22）；
- 聖靈的澆灌與臨在（珥二 28；賽三十二 15）；
- 醫治疾病的神蹟（賽三十五 5 ～ 6）；
- 大批外邦人歸向上帝（賽二 3 ～ 4）；
- 以色列從死裏復活（賽二十六 11 ～ 19；結三十七 1 ～ 14）。

基於上述仍未實現的應許和預言，我們可以確定，被擄後七十年的回歸故土，只是這些先知所預言、將來榮耀國度的一個「小規模、初步」的實現。上帝子民的全面復興，仍須等待那稱為「大衛後裔、天國君王」者，道成肉身、降臨人間，鄭重宣告：「天國近了，你們應當悔改！」（太四 17）以正式啟動那「天國實現」（realized kingdom）的歷史旅程。

21 參 G. K. Beale, *A New Testament Biblical Theology: The Unfolding of the Old Testament in the New* (Grand Rapids: Baker, 2011), 743 ～ 749。

討論問題

1. 創世記三章15節中，上帝預言「女人的後裔」的應許，在救恩歷史中，是如何實現？
2. 創世記六至七章展示了上帝對罪的公義審判，但上帝為何不制止人犯罪？其後又與人立「普世恩典之約」，祂豈不是「自相矛盾」？為甚麼？
3. 何謂「普世恩典」？試簡述創世記八至九章中「普世恩典之約」的內容、律例、記號，和它「特殊之約」的關係。
4. 上帝與亞伯拉罕立「恩典之約」，這約的應許是甚麼？亞伯拉罕又如何以信心回應這約？他的信心經歷過甚麼階段？有何特徵？
5. 「亞伯拉罕之約」經歷多次的更新確立（創十五，十七，二十二章），試敍述及分析，每次更新的內容，如何加強和豐富了那起初原來的聖約（創十二章）。
6. 上帝與大衛立約（撒下七章），主要內容為何？這約是「律法之約」還是「恩典之約」？試討論之。
7. 「大衛之約」如何在基督耶穌裏實現？試引新舊約經文以說明之。
8. 舊約後期的先知（如：耶利米、以西結等），如何預言那未來的「新約」，試引經文說明，並描述這「新約」的特徵。
9. 以色列人因犯罪（＝違約）而被擄，君王上帝如何應許、帶領他們歸回？
10. 以色列人歸回故土，意義何在？這「歸回」是否就是「天國的實現」？

3

近現代「天國」神學研究

一 引言：耶穌傳講「天國的福音」

新約福音書記載了耶穌的降生（太一～二章；路一～二章），祂生於猶太地的伯利恆，在加利利的拿撒勒長大。到了三十歲，祂便在曠野接受施洗約翰的洗禮，並在曠野受魔鬼的試探（可一9～13），然後開始出來傳道。馬可如此記載：「約翰下監以後，耶穌來到加利利，宣傳上帝的福音，說：『日期滿了，上帝的國近了。你們當悔改，信福音！』」（可一14～15）

那時耶穌要等約翰下監以後，才出來傳道，因為施洗約翰是舊約時代的先知，耶穌稱他為舊約最偉大的先知（太十一11）。因此，約翰的下監受害，標誌了舊約先知時代的結束。

耶穌接續傳講上帝的福音，並帶來了一個新的時代。當施洗約翰像其他舊約先知一樣，預言彌賽亞君王將到，耶穌卻宣告：「日期滿了」（time is fulfilled），意思就是，上帝在舊約時代，揀選並拯救以色列，使他們作自己在地上「君尊的祭司」（出十九5～6），又向他們應許那將要來的榮耀國度。如今實現的時刻已到，因為天國的君王經已來臨。不過，耶穌繼續說：「上帝的國近了。」（＝快到，但仍未到）這「已到」卻又只是「臨近」的，是一個怎樣的國度？耶穌當時並沒有說明，但按照福音書的記載，耶穌是天國的君王，祂的臨在顯示「日期滿了」，但天國的事工只是快要來到，卻仍未啟動，直到祂靠著聖靈的大能，傳道、醫病、趕鬼，才在地上開始天國的聖工、宣講天國的福音。

天國的臨近（heavenly kingdom is near）是一個「福音」（好消息），但人若要得享這福音的好處，必須「悔改、信福音」，就是離罪歸向上帝，並信靠耶穌所成就的救贖。這信心的回應是迫切的，因為天國君王已到，國度快將實現，不肯悔改的人，將面臨上帝公義的審判與刑罰（太三 7～12）。換句話說，人悔改與否，將決定他是在天國裏有分，還是被拒諸門外。[1]

但甚麼是「天國」呢？簡單而言，天國是上帝藉耶穌基督（彌賽亞君王），帶來全面的救贖，就是包括個人、羣體和宇宙的更新。這完全是上帝主動、藉著祂的智慧和大能所成就的，而非人努力的成果。

有關「天國」的涵義，包括其實現的時間、方式，和內涵，我們將會在下文詳細探討，並加以闡釋。但從耶穌在地上的兩個宣告，我們已可得到一點提示。祂說：「我若靠著上帝的靈趕鬼，這就是上帝的國臨到你們了。」（太十二 28）又說：「我又告訴你們，從東從西，將有許多人來，在天國裏與亞伯拉罕、以撒、雅各一同坐席。」（太八 11）

這裏的第一個宣告，論及耶穌在地上行神蹟的能力，顯示當

---

1 William L. Lane, *The Gospel According to Mark*, NICNT (Grand Rapids: Eerdmans, 1974), 63～66.

時上帝的國度已來到。第二個宣告，是耶穌要告訴門徒，將來在天國裏，會有許多人從世界各地來，與先祖一同坐席，所指的是那未來的國度。這兩個宣告顯示，「天國」是現在的，也是未來的。

在過去的一百年，基督教神學家和聖經學者對「天國」的本質和實現時間，進行了不少研究和辯論。筆者相信，了解前人的研究成果，不但能推動我們進一步探討並確定「天國」的本質和意義，也有助校正我們的生活態度及事奉方向。

二 當代（二十世紀）神學的天國觀

1 自由主義：「天國」是道德的國度

A. 自由主義的歷史背景：啟蒙運動

近現代歐美的自由主義神學（theological liberalism），始於十七至十八世紀的「啟蒙運動」（Enlightenment）。從文化歷史角度看，十七世紀中葉至十八世紀末，是歐洲的「啟蒙時代」。隨著科學的發展、知識與文化的交流、歷史的研究，社會漸趨多元化，當代的人比過去更開放、更理性、更自主、更樂觀，因為這時代的人，感到自己已長大成人（man has come of age），不再需要依賴外來的權威，靠自己亦能作獨立的思想、適當的抉擇。這引致許多人在宗教信仰上，不再願意服從傳統的教義和規條，對宗教權威更是抗拒，反倒傾向崇尚科學，依靠理性、道德直覺，以此取代傳統的基督教信仰。[2]

「啟蒙運動」對基督教的影響十分巨大。在人本主義

2　參 James C. Livingston, *Modern Christian Thought: The Enlightenment and the Nineteenth Century* (Minneapolis: Fortress, 2006), 5 ～ 13；Immanuel Kant, *An Answer to the Question: What Is Enlightenment?*, trans. H. B. Nisbet (London: Penguin, 2009)。

（humanism）的氛圍下，傳統基督教以上帝和啟示為本的信仰，受到很大的挑戰，而歐洲文化自中世紀始，一直受羅馬天主教會傳統的影響。始於十六世紀的宗教改革，催生了更正教會（Protestant Churches），促進了福音信仰（evangelical faith）的復興，對歐洲社會文化和宗教信仰，產生了相當正面的影響。然而，到了「啟蒙運動」時期，無論是羅馬天主教，或是宗教改革後的更正派信仰，都備受挑戰。

「啟蒙運動」的人本主義精神，對當時的文化、哲學、基督教神學，都有深遠的影響，而其對基督教信仰的詮釋，大致上有三個進路，分別是：「理性主義」（rationalism）、「浪漫主義」（romanticism）和「道德主義」（moralism）。

(i) 理性主義

由於人崇尚理性，在啟蒙時代，「理性主義」抬頭，帶來自然神論（deism）的神學和護教潮流。自然神論是理性主義與自然主義（naturalism）的結合，被高舉為普世適用的理性宗教，甚至被視為足以取代那傳統以基督十架救贖為中心的信仰。[3] 此外，「理性主義」也隨之催生了聖經研究上的歷史批判（historical criticism），和對新約耶穌生平記載的懷疑和重新檢視，最終引發十八至十九世紀歐洲新約學者對「歷史中的耶穌」（historical Jesus）的追尋（＝重新詮釋）。[4] 從正面看，這些新的詮釋，也許為聖經學者帶來了新的研究亮光，但因著這些詮釋背後的預設（如：聖經只是一些歷史著作；耶穌只是一個人、不是上帝、神蹟是不合乎科學等）和批判

3　參 Livingston, *Modern Christian Thought*, 14～39。

4　參 Albert Schweitzer, *The Quest of the Historical Jesus: A Critical Study of Its Progress from Reimarus to Wrede*, trans. W. Montgomery (New York: Macmillan, 1971), 1～222。

方法，這些神學作品結果對信徒和一般讀者在信仰上都產生了負面的影響。

(ii) 浪漫主義

這是「啟蒙運動」的另一文化產物，它的特色是強調想像力、情感、直覺和個人的經驗。浪漫主義是對理性主義的反動，不願意把經驗局限在抽象的思維和狹窄的科學驗證中。而浪漫主義的精神，普遍地呈現於當時各個文化領域，如音樂、文學、藝術，甚至日常生活中，展現了新的姿采和大自然之美。浪漫主義者主張，人的生活與藝術，應反映大自然的創造性、多元性和神祕性，因為上帝是大自然的創造主。他們不贊成自然神論者 (deists) 所提倡的一個普世適用的宗教，因為宗教理應是多元性的。此外，浪漫主義者認為大自然、人類和上帝三者有密切的關係，因為：

1. 人與大自然雖然屬於世界這整體中的兩個不同的類別，卻是相連和合一的；
2. 上帝是大自然萬物中的生命力，是「靈」(Spirit)，因此上帝跟大自然和人類是不可分割的一體；
3. 浪漫主義者的宗教精義，在於與這永恆的靈（上帝）相交，帶來神人之間的契合。[5]

被稱為「自由神學之父」的十八世紀德國神學家士來馬赫

5　參 Alister E. McGrath, ed., *The Blackwell Encyclopedia of Modern Christian Thought* (Oxford: Blackwell, 1993), 573 ～ 579；Livingston, *Modern Christian Thought*, 83 ～ 86。

（Friedrich Schleiermacher, 1768～1834），就是在浪漫主義的文化潮流中建立他的神學和護教學。雖然出身於崇尚敬虔主義（pietism）的家庭，但士來馬赫的神學卻源於具體的宗教生活，而非抽象的思維。對他來說，神學是教會羣體救贖經驗的產物，而非從上帝啟示而來、命題式的教義。這教會羣體敬虔生活的核心經驗，就是「對上帝絕對依賴的感覺」（feeling of absolute dependence on God）。士來馬赫認為，這「感覺」不是一般的感覺，因為它是出於超越的上帝，是一種「依賴上帝的自覺」（self-consciousness of dependence on God），也是上帝藉以向我們（作為受造者）啟示祂自己的途徑，因此是一種獨特的「上帝的自覺」（God consciousness）。總的來說，士來馬赫的神學，與歷代正統神學（見初期教父和宗教改革者的著作）有著基本的分別；他以信眾的宗教經驗，取代了從上帝而來的啟示；以宗教人類學，取代了神學；也以人主觀上對上帝的自覺，取代了那客觀存在、自有永有、大能超越、管治萬有的上帝。[6]

（iii）道德主義

「啟蒙運動」時代的一眾知識分子當中，德國哲學大師康德（Immanuel Kant, 1724～1804）堪為典範。他的知識論，改變了近現代歐美哲學思想的方向。簡單地說，他認為人對一切感官事物的「看見」，都不是這些事物的本身，因為「物自身」（thing-in-itself）是人看不見，也是不能知的（unknowable）。人的感官所看見的，是經過他自己的「系統過濾」的現象，這自動過濾的系統，

6 參 Sinclair B. Ferguson and David F. Wright, eds., *New Dictionary of Theology* (Leicester: IVP, 1988), 619～621；Livingston, *Modern Christian Thought*, 83～105。

包括因果、秩序、一致、異同、進程等，是人感官功能的一種「預設」(pre-understanding)，就像人戴了「有色眼鏡」來看萬事萬物。其次，人所能知的事物，僅限於現象世界(phenomenal world)，有一些事物，如上帝、靈魂、死後生命等，是不可知的，因為超越感官的純理念世界(noumenal world)，這些非現象事物，如「永恆無限的上帝」，是人看不見，也是他「系統過濾預設」以外的東西，是不可知、不能證實、純理念的超然事物。對康德來說，許多宗教信仰的事物，都屬這類。由於上帝是不可知的，神學所要探討的，就不是上帝本身，乃是人的宗教經驗與感受。這樣，神學變成了以人為中心的宗教倫理學，這就是康德所謂「實用理性」(practical reason)的知識。實用理性的功能，就是藉「上帝、超越、自由意志、靈魂不滅」等信念，作為我們行事為人的基礎前設，使我們能過一個有道德的人生。這些前設包括一個「良善公義、全能全智的上帝」的信念，因為這樣的「上帝」，方能為人帶來「至善」(*summum bonum*)的境界。何謂「至善」? 康德認為，「至善」就是「天堂」: 當一個人能夠以「完美德行」配合「完全快樂」，就是達到了「至善」(=「天堂」)。這是基督徒的盼望所在。[7]

(iv) 結語

1. 康德的哲學思想，對基督教神學的影響極大。士來馬赫的「以宗教經驗為基礎的神學」，是從康德學來的。[8] 而下文介紹的自

---

7 參 Ferguson and Wright, *New Dictionary of Theology*, 361 ～ 363；Livingston, *Modern Christian Thought*, 58 ～ 69。

8 參 Friedrich Schleiermacher, *The Christian Faith*, trans. H. R. Mackintosh (New York: T&T Clark, 1999)。

第
3
章

由主義神學家立敕爾（Albrecht Ritschl, 1822～1889），也是師承自康德的，而他的知識論和道德哲學，對過去二百多年的東西方神哲學，都有深遠的影響。[9]

2. 如上所述，「啟蒙運動」的人本精神，不單影響了十八至十九世紀的文化和神學，在三百年後的今天，仍在影響著歐美以至全球社會和教會，包括基督教的神學思想。從聖經信仰的角度，我們可以接受「理性、情感、道德」皆上帝賜予人類的本能，全都是「上帝的形象」的一部分。但這些本能在人本主義的預設下，會被人誤用和絕對化，結果成了反叛上帝、否定上帝、批判上帝啟示的工具。面對這現代文化潮流（modern cultural trend），我們應慎思明辨，免被誤導。從較正面角度看，信徒也可藉這些人類的本能和恩賜，去理解上帝的啟示（包括自然啟示和聖經啟示），從而建立合上帝心意、並適切人需要的神學，達致廣傳福音、建立教會的目的。這是值得我們思考的。

B. 立敕爾：羣體性的道德國度

(i) 簡介

十九世紀德國神學家立敕爾承認，「天國」（又稱「上帝的國」），是基督教信仰的一個重要課題，教會作為蒙救贖的羣體，要參與在地上建立上帝的國度，就須「藉愛心的行動，建立有高尚道德的普世羣體」。立敕爾同樣受康德的道德哲學影響，看天國為一個道德的國度，是地上教會藉新約中的道德教訓，以及耶穌（天

---

9 有關康德的哲學對當代哲學和宗教的多元性影響，可參閱 Paul Guyer, ed., *The Cambridge Companion to Kant and Modern Philosophy* (Cambridge: Cambridge University Press, 2006)。

國創始人）的榜樣去建立的。[10]

(ii) 對立敕爾的評論

立敕爾指出，「天國」是耶穌宣講的重要信息，這話本是對的，只是他對「天國」本質的詮釋，卻是偏離了新約的啟示。雖然我們不應低估耶穌道德教訓和榜樣的重要性，但必須同時指出：基於人性的敗壞，耶穌的宣講常是「救贖在先、道德在後」，兩者不能本末倒置。此外，我們也應了解，新約所載耶穌和使徒對「天國」的詮釋，其範疇遠超人的道德情操與表現，特別是有關上帝所應許的、「末世」的天國觀，都是立敕爾所忽略的，因為他所指的「天國」完全是在今世人道德努力的成果。這其實與「啟蒙運動」的人本主義精神很吻合，可惜卻未能配合新約中以上帝和基督救贖為中心的天國觀。[11]

C. 哈納克：個人的道德國度

(i) 簡介

德國教會歷史學者哈納克（Adolf von Harnack, 1851 ～ 1930），繼承立敕爾的道德進路，以「天國」為一個道德的國度。他在一九○一年出版的書《基督教是甚麼？》(*What Is Christianity?*)，影響力極大。在書中，哈納克指出，從表面看，耶穌所傳講的「天國」，應許人一個未來、榮耀、戰勝一切仇敵的國度，但這只是一個外殼（husk）而已，真正的核心（kernel）是「天

---

10 參 Albrecht Ritschl, *The Christian Doctrine of Justification and Reconciliation*, ed. H. R. Mackintosh and A. B. Macaulay (London: Forgotten Books, 2012), 9 ～ 13。

11 參 Herman Ridderbos, *The Coming of the Kingdom* (St. Catharines: Paideia Press, 1978), 18 ～ 24。

國」，即：上帝在人心中的掌權。換句話說，哈納克認為，耶穌的「天國」，結合了宗教與道德，因為基督教基本上是一個道德的宗教，而「天國福音」的三重信息是：上帝是我們的父親、人的靈魂有永恆的價值、愛心是上帝對人的要求，綜合起來，就是「信、望、愛」。[12]

(ii) 對哈納克的評論

上述對立敕爾的評論，也適用於哈納克，兩人皆從道德角度看「天國」，只是前者看重羣體的道德意識和社會使命，而後者則專注個人的道德生活和愛心實踐。立敕爾的觀點與二十世紀初美國的社會福音（social gospel）接近，而哈納克的看法乃典型的「自由主義」立場，強調天國主觀的內心道德意義，卻輕忽其社會和宇宙意義。這與一些基要派信徒的看法相似。當然，基要派信徒持守「聖經是上帝的話」，這與自由主義很不同，但基要派信徒往往也只看重個人內心的道德，而忽略了「天國」的歷史性和整全性。自由派與基要派兩者的「信仰進路」雖不同，對天國看法卻很相似。

2 末世主義：「天國」是末日快臨的國度

A. 威斯

(i) 簡介

德國新約學者威斯（Johannes Weiss, 1863～1914），於一八九二年出版他的《耶穌所宣講的上帝國度》（*Jesus' Proclamation of the Kingdom of God*），開創了當代「末世主義」的天國觀。威斯認為，

---

12 參 Adolf von Harnack, *What Is Christianity*?, trans. Thomas Bailey Saunders (Eastford, Martino Fine Books, 2011), 79 ～ 80；Anthony A. Hoekema, *The Bible and the Future* (Grand Rapids: Eerdmans, 1979), 289 ～ 290。

耶穌並非一個道德教師，乃是一個宣講天國快將來臨的先知，期待上帝審判和拯救的日子，也即是末日的來到，而這完全是上帝的工作。因此威斯認為，康德和自由主義神學家都錯了，因為他們所構思的，是一個人本的道德國度，這與新約所載、耶穌所宣講的「天國近了」的信息，完全不同。他又認為，起初耶穌以為，這國度藉祂自己的事奉，很快便會來臨；祂也許沒有想到要藉死來達成，但基於當時形勢，祂終於了解，自己須為子民捨身，方可帶來天國的實現，就是末日的來臨。威斯認為，耶穌看自己是上帝國度的先鋒，要為將快臨的末日國度宣講福音（＝好消息），並為這天國的福音捨身。在威斯看來，耶穌的死，在歷史中並沒有帶來天國；而這表面雖看似失敗，但祂留給信徒羣體的，乃是上帝得勝的確據，就是魔鬼已失敗和上帝今天在世界中的掌權，顯明了天國（末日）將必實現。[13]

（ii）對威斯的評論

威斯處身的十九世紀末，正值自由主義盛行，他在當下極力提倡耶穌天國信息的「末世」意義，無疑將二十世紀新約神學帶進一個新的方向，實是難能可貴。受到這種「末世主義」的影響，當代二十世紀的新約學者，不得不正視耶穌「天國」信息的「末世」取向。這是一個當時備受忽略，卻又相當重要的神學課題，正好也挑戰了二十世紀初盛行的「自由主義」天國觀。然而，筆者認為，威斯的「天國末世神學」雖有創新獻之處，卻也有以下幾個問題：

13　參 Norman Perrin, *The Kingdom of God in the Teaching of Jesus* (Philadelphia: Westminster, 1963), 16～23。

1. 威斯受猶太啟示文學的影響，視耶穌為一革命失敗至死、以致所發預言未能應驗的「先知」；
2. 他那「將快臨到」（imminent future）的天國觀，也忽略了福音書所載，耶穌在地上論及「天國已臨」（already present）的經文（如：太十二 28）；
3. 根據威斯，耶穌的死將會帶來天國（＝末日），但這在歷史中並沒有實現，卻只有教會羣體的出現。這「天國未到」的現象，為威斯和之後跟隨他的新約學者留下一個難題，就是：他們應如何解釋「主再來的延遲」（delay of the *parousia*）這歷史現象？

B. 史懷哲

(i) 簡介

二十世紀著名慈善家、音樂家、醫生、宣教士、新約學者史懷哲（Albert Schweitzer, 1875 ～ 1965），接受威斯「快將臨的末日」天國觀，並將其作進一步闡釋。他在一九〇六年出版了《歷史中耶穌的追尋》（*The Quest of the Historical Jesus*）一書，在書中，他首先敍述十九世紀中，一些自由主義新約學者所提出的「耶穌生平」（lives of Jesus），並作出評論。他認為這些研究，皆未能找到那真正歷史中的耶穌，因為：(1) 這些作者皆受了他們所處之時代的文化、思想、宗教哲學影響，難免戴上了時代文化之「有色眼鏡」看耶穌；(2) 他們完全看不到新約所載，耶穌言行中濃厚的「末世」意識。而史懷哲則看耶穌是一個受猶太啟示文學影響的先知，期待並預言天國將很快地突然降臨，為子民帶來拯救，為仇敵帶來災難性的審判，且深信自己是上帝所差來的彌賽亞。史懷哲認為，由於耶穌相信天國快將降臨，於是差遣門徒到「以色列家迷失的羊」中傳道，勸他們悔改（太十 5 ～ 23），並且祂相信門徒行程未完之前，天國（＝末日）已臨（23 節）。但可惜得很，門徒宣教回來時，天國仍未降臨。史懷哲認為，耶穌發覺自己判斷錯了，就開始確信，天國將會延遲，而祂自己也必須經歷死亡，方能帶來天國的實現。史懷哲又認為，耶穌看自己的死，是為子民贖罪，承受「彌賽亞的苦難」（Messianic woes），因此是必須的。這使得祂定意往耶路撒冷去，受苦受死。最終的結果是：耶穌對自己的使命感到完全的失望，而祂在十架上「我的上帝、我的上帝，為甚麼離棄我？」的呼聲（太二十七 46），就是一個絕望的呼喊！

（ii）對史懷哲的評論

1. 史懷哲認為，耶穌的死亡和絕望的呼喊，證明了耶穌所期待的天國是一個幻象。他認為耶穌不單是一個失敗的先知，更是一個精神錯亂的瘋子，因耶穌以為自己是彌賽亞，會藉著死亡帶來天國。因此史懷哲認為，耶穌的死，是一個悲劇。[14] 史懷哲如此的詮釋，是在他的人本主義和自由主義的前設下，將新約的記載扭曲強解的結果。
2. 史懷哲與威斯皆未能為耶穌所期待的末世／天國，描述其內涵及實際意義，因為他們都過分依賴猶太的啟示文學，卻似乎輕看了福音書中耶穌的事工與教導，以及新約書信中有關教會的教導和盼望。筆者從整體新約啟示看，後兩者並非「天國」未臨的「另類」歷史發展，乃是「天國實現」進程的一部分。
3. 對史懷哲來說，耶穌所期待的天國既然是一個幻象，剩下來

14 Schweitzer, *Quest of the Historical Jesus*, 370 ～ 371.

的，就只有回到「自由主義」所看重的耶穌的道德教訓和榜樣了！如此，「末世主義」繞了一圈，至終仍是回到自由主義那「道德國度」的舊路！

3 天國實現主義（realized eschatology）：多特

A. 簡介

英國新約學者多特（C. H. Dodd, 1884～1973）回應了「末世主義」天國是在未來的觀點。他強調耶穌所宣講的（末世）國度經已來到，這在耶穌所宣講的比喻中尤其明顯（*The Parables of the Kingdom*, 1935）。多特認為，馬可福音一章15節中耶穌說天國「近了」（*eggizein*），和馬太福音十二章28節中耶穌說上帝的國「臨到」（*phthanein*），兩個動詞的意思是相同的，就是：天國已臨，而非將臨。同樣地，新約使徒在傳講福音時，也論及舊約所應許的末世新時代經已來臨，[15] 不必等到將來。而約翰福音中的「永生」，也不必等到未來，而是在今天，藉基督和聖靈，已經在實現中。[16]

或有人問，多特如何處理那些含有「未來」的經文？譬如馬太福音二十五章14至30節、路加福音十九章12至27節、馬太福音二十五章1至12節等，他會如何解釋當有關基督將會再來的經文？一般來說，多特運用「形式批判」（form criticism）的原理去解釋：他認為這些經文都是後來才加上去的，目的是向信徒交代耶穌為何遲遲未再來。事實上，多特並不相信耶穌真的會再來，多特看基督將會再來的教導，只是一個神話（myth）而已，並非真有

15 C. H. Dodd, *The Apostolic Preaching and Its Development* (London: Hodder & Stoughton, 1936), 204～214.

16 Dodd, *Apostolic Preaching and Its Development*, 156～157.

其事。[17]

最後，我們應明白，多特視天國本質為一個「靈界」(spiritual)的國度，與歷史和物質的世界無關，這也部分解釋了他為何堅持天國「只有現在，沒有未來」。[18]

B. 對多特的評論

1. 從字義的角度，*eggizein*（近了）和 *phthanein*（已臨）是兩個意思完全不同意思的動詞，不應將它們等同。[19]
2. 多特企圖修正史懷哲的「未來末世觀」，結果自己走向了另一極端：（天國是）只有現在、沒有未來的末世國度。對他來說，「未來的天國」只是一個柏拉圖式、無形的國度，是猶太啟示文學的遺物，與耶穌所宣講的天國信息無直接關係。而他以「形式批判」排拒那些有關「未來」的經文，也沒有足夠的客觀證據。
3. 多特並不相信耶穌會帶著身體再來（*parousia*），而「天國」沒有未來，只有現在，意思是今天上帝在人心中掌權為王——那是一個屬靈的國度，與有形的世界無關。因此，他不相信將來會有一個有形體的「新天新地」。他的「內在化」天國觀，其實是接近自由主義的概念，也與保守基要派的觀念相似。[20]

第 3 章

---

17 Dodd, *Apostolic Preaching and Its Development*, 240.

18 Ridderbos, *Coming of the Kingdom*, xxxi ～ xxxii.

19 參 Walter Bauer, Frederick W. Danker, W. F. Arndt, and F. W. Gingrich, *A Greek-English Lexicon of the New Testament and Other Early Christian Literature*, 3rd ed. (Chicago: Chicago University Press, 2000), 212, 864。

20 參 Ridderbos, *Coming of the Kingdom*, xxxi ～ xxxii。

4 實存主義（existentalism）：布特曼——「天國」是實存的國度

A. 簡介

德國新約學者布特曼（Rudolf Bultmann, 1884～1976），在二十世紀中期，結合海德格（Martin Heidegger）的實存哲學和新約的基督信仰，構想了一個超越歷史時空的（supra-historical）的天國（末世）觀，試圖為當時新約學術界探求出路。「自由主義」的道德天國觀，完全忽視耶穌宣講的末世天國信息，而「末世主義」則被他們所認為耶穌的「失敗」（十架）所否定了，至於多特的「末世已臨」的天國觀，由於否定了天國的未來和基督的再來，也基本上是變相的「自由主義」立場。

布特曼卻為「天國／末世」重新下定義：不是一個歷史的永恆國度（future eternal kingdom），乃是一個超時空的實存國度。他認為，新約的一些末世觀念，如：天堂地獄、耶穌復活、再來、審判等，都是神話故事，而當代信徒要真正了解這些故事的真義，必須把它們「去神話化」（demythologization）。因此布特曼認為，「福音」並非耶穌的十架代贖，乃是基督為我們帶來的新生活；同樣原理，「末世」也不是對世界末日的盼望，而是在基督裏實存的生命體驗，包括：藉著信心回應上帝的話語，對自己有新的了解，對上帝的未來開放，就是上帝藉祂的話，呼召我們回應祂，進入祂開放的國度。這就是耶穌「天國近了」的信息。

布特曼又認為，約翰福音的「永生」應許，也並非將來末日的祝福，乃是今天就能得著、活出來的「真實的存有」（authentic existence）。同樣，他認為保羅的「末世」教導也都是「神話」，需要按實存主義哲學作全新的詮釋，以帶出今日的天國信息：人應以信心回應上帝的話，與基督同死（＝拒絕與可見、可操控的世界認同）、同復活（＝與那不能見、不能操控的世界認同），決意過一個「真實的存有」的生活。對布特曼來説，這就是天國（末世）的真義。此外，他又認為，新約中論及「將來」的經文，都是後來的編者加上去的，而不是原本文獻的一部分。[21]

B. 對布特曼的評論

1. 可以肯定：人應以信心回應上帝的話，方能活出在基督裏那「真實的存在」，脱離那可見、卻是暫時的「擁有」。
2. 基本錯誤：他將聖經中的「歷史性末世」（historical eschatology），約化、壓縮為「一刻的抉擇」（instance of decision）。「時間」對布特曼而言已失去意義，而天國的未來也不復存在，因為每一個抉擇的時刻都是永恆的「末世」（eternal eschaton）。
3. 他的釋經進路值得商榷：（1）缺乏證據的形式批判方法；（2）與聖經歷史觀有矛盾的實存主義哲學；（3）將聖經啟示的敍述，定性為古代異教的「神話故事」，因此必須「去神話化」。
4. 海德格的實存主義哲學，幫助布特曼將福音重新詮釋，帶出一個主觀、靈意、非歷史性、沒有未來的福音。這是一個創新的福音，但可惜它不是那真正的福音，而是使徒保羅所説的「另一個福音」（加一 6 ～ 9），是使人滅亡的「人的智慧」（林前一 18 ～ 25）。

21　參 Rudolf Bultmann, *History and Eschatology* (Edinburgh: Edinburgh University Press, 1957)；Robert B. Strimple, *The Modern Search for the Real Jesus* (Phillipsburg: P&R, 1995), 103 ～ 126。

5「天國」是救恩歷史的國度：庫爾曼

A. 簡介

當布特曼在二十世紀中，努力發表他的實存主義神學之際，新約學者庫爾曼（Oscar Cullmann, 1902～1999）也在為他的救恩歷史神學著書努力，[22] 以回應布特曼的「新福音神學」。庫爾曼定義「救恩歷史」（salvation history）為：上帝在歷史中藉一連串的救贖行動（其中最重要的是：耶穌基督道成肉身、受死復活），啟示自己、並拯救子民。庫爾曼認為，在基督首次降臨時，上帝已開始實現祂在舊約所應許的「天國」，這國度在基督再臨時，將會完全實現。他認為聖經教導，「天國」有現在，也有未來。與布特曼不同，庫爾曼非常重視救恩的歷史進程。他看基督事件（包括祂的道成肉身、受死復活）為人類歷史的中間點（mid-point；以下簡稱 MP），就是「創造」（creation）與「主再來」（*parousia*）的中間點。在 MP 之前，人是活在舊時代（old age），在 MP 之後，人（指在基督裏的人）是在新時代（new age），但他仍未完全進入新時代，直到「主再來」。因此，活在 MP 和 *parousia* 之間的信徒，難免會有「張力」。為了説明這「天國的已然」（MP ——基督首次降臨）和「未然」（*parousia* ——基督再次降臨），庫爾曼用了一個歷史事件作比喻，就是二次大戰的 D-Day（1944 年 6 月 6 日：解放歐洲日）和 V-Day（1945 年 8 月 5 日：盟軍得勝日），前者代表一個決定性的戰役（類似基督的受死與復活），後者則代表一個至終完全的得勝（類似基督的再來）。而信徒已經歷 D-Day，他有盼望、也有確據，但由於 V-Day 仍未到來，因此會有張力，比

22 參 Oscar Cullmann, *Christ and Time: The Primitive Christian Conception of Time and History*, trans. Floyd V. Filson (Philadelphia: Westminster, 1950)；Oscar Cullmann, *Salvation in History*, trans. Sidney G. Sowers (London: SCM, 1967)。

方：我們是聖徒，但仍須追求聖潔；我們有聖靈，但仍須活在聖靈中；我們已從罪得釋，但仍須對付罪；死亡已被廢去（提後一10），但仍未被毀滅，直到主再來（林前十五 26）等。這是天國的已然（already）和未然（not yet），也是新舊兩個時代的重疊。在庫爾曼的構想中，天國的「已然」較「未然」的比重較大。但無可否認，天國有一個確實的應許、一個未來，這是多特所不願意承認的，卻是新約聖經清楚啟示的（林前十五章；羅八章；啟十九章等）。[23]

庫爾曼還有另一個重要的神學觀點，值得一提。就是他認為，聖經的時間觀念，是直線的（linear），不像希臘人看時間，是循環的（cyclical），即：世上的事物會不斷循環再現。其次，希臘人看救恩，是脫離了時間，進入那沒有時間的永恆中（timeless eternity）。庫爾曼則認為，上帝的計劃，是使萬物向前走，直達到祂所定的終極目標；救恩也是如此，有一個歷史的進程，即：有現在（今日教會）、過去（基督成就救贖），和未來（終末實現）。他拒絕一切「無時間的形而上學」（timeless metaphysics），包括教父奧古斯丁的「無時間的永恆」（timeless eternity）。對庫爾曼來說，永恆是「無盡的時間」（endless time），正如上帝在歷史時空中工作一樣。[24]

B. 對庫爾曼的評論

1.　庫爾曼從救恩歷史看「天國」，視基督首次來臨是天國實現（＝

23　參 Hoekema, *Bible and the Future*, 301～306。

24　參 Cullmann, *Christ and Time*, 51～69。

末世）的開始（inaugurated eschatology），這進路是正確的。這「已然—未然」的天國觀既符合新約的教導，也化解了多特與史懷哲在這問題上對立的死結，為福音信仰的新約研究，開拓了一個極佳的出路。

2. 他那「直線無盡時間」的觀念，無疑是具爭論性的，但它起碼挑戰了奧古斯丁、那受希臘哲學影響的「無時間的永恆」之傳統觀念，肯定了新約聖經對歷史的重視，確定救恩歷史中，「過去、現在、將來」的實在。然而，對一些人來說，庫爾曼的反奧古斯丁觀點，也有不足之處，就是把上帝的時間，本質上等同了人和受造物的時間，而其實前者是無盡的（endless），而後者是暫時的（temporary）。

3. 荷蘭神學家亨德里克斯．貝荷夫（Hendrikus Berkhof, 1914～1995）認為，上帝（和基督）的時間與人（和這世界）的時間是有分別的。基督是先存的（約八 58，十七 5），加上祂是預知、預定、得榮、掌管、預測、實現一切的上帝，祂的「時間」與（今生）人和世界的「時間」，雖然應是有其連續性（continuity），卻也肯定是有非連續性的（discontinuity），特別在「主再來、身體復活、天地更新」之後。以下將簡述貝荷夫提出的幾個要點：

- 「時間」（概念）是人類今生存有的模式。因著罪的影響，人在今生常感「沒有時間」和「空虛」，一生匆忙地、在過去和未來之間走過。
- 人生歷史的高峯，是基督在榮耀中再來，帶來身體復活，使我們的生命與時間，實現在祂的榮耀裏，進入上帝的永恆，就是「充實、豐盛、與上帝同在」的時間。與基督一同進入榮耀的聖徒，屆時雖仍有「過去、現在、未來」，但不同的是：過去帶給我們祝福，而未來則發出光芒，照亮現在；這樣，人雖忙於工作，卻不覺累，也不閒懶；人即使不斷往前進，也同時感到：我已到達目的地。「時間」在榮耀中，將被提升。

- 信徒在今生，已可先嘗這未來「榮耀中永恆的時間」，因為基督「昨日、今日、直到永遠，都是一樣的」，而信徒蒙了救贖，今天就可以脫離那空虛、無意義的人生，並可盼望那未來、永恆榮耀的國度。[25]

6 盼望神學：莫特曼

A. 盼望神學簡介

過去六十年，當代德國神學家莫特曼（Jürgen Moltmann, 1926～2024）都在倡導「盼望神學」，著作量極豐（單有英文譯本的，就超過四十五冊），對基督教神學（特別是末世論）的貢獻巨大。然而他的「終末論」神學集中探討在末日的盼望，指向的是一個終極、普世的未來。因此他與英美福音派學者倡導的，「已然—未然」的末世觀不太一樣（下文將會解釋）。[26]

---

25 參 Hendrikus Berkhof, *Christ the Meaning of History*, trans. Lambertus Buurman (Eugene: Wipf & Stock, 2004), 186～192。

26 莫特曼的主要著作包括：*Theology of Hope*（1964 年）、*The Crucified God*（1972 年）、*The Church in the Power of the Spirit*（1975 年）、*The Coming of God*（1995 年）、*The Spirit of Hope: Theology for a World in Peril*（2019 年）等。華人學者專研莫特曼神學的，首推鄧紹光的 *God's History in the Theology of Jürgen Moltmann*（1996 年）、《盼望 · 神學：莫特曼》（2014 年）。而英語神學界致力研究、闡釋和評論莫特曼著述的，有英國學者包衡（Richard Bauckham），其相關著作包括：*Moltmann: Messianic Theology in the Making*（1987 年）、*The Theology of Jürgen Moltmann*（1995 年）等。

以下將簡介莫特曼對基督教神學三方面的貢獻：

(i)盼望神學(終末論)(theology of hope [eschatology])

基督徒的盼望，建基於基督的復活和祂的再來，並信徒與主聯合的關係(彼前一3)。然而，基督的復活與祂的十架不可分割，復活會帶來榮耀的期盼，而十架則反映今天世界的敗壞與罪惡。因著復活，信徒可以快樂地迎接未來；因著十架，信徒同時要面對現實的醜陋，和社會的黑暗與不公。「盼望」幫助信徒有信心，過愛心的生活，並深信世界有可能變得更好，朝向「新創造」的未來，直到基督的再臨。莫特曼認為，基督教神學就是盼望神學，因為對終末的盼望，是基督教信仰最重要的元素，神學若缺少了盼望，就不是基督教神學了。

莫特曼又認為，創造與盼望有密切關係，因為上帝在首次創造後，一直有繼續進行「持續的創造」(continuing creation)，和終末的創造(consummation of creation)。這終末的「新創造」，就是一個更新的人類將會參與、完全清潔無罪的「新宇宙」。[27]

(ii)解放神學(liberation theology)

盼望神學帶來解放神學，是基於信徒在今生體會了現實的醜陋和黑暗，而上帝藉著十架提醒我們，人類需要復和(reconciliation)，無論是受壓迫者(奴隸)抑或壓迫者(主人)，最終目的是彼此解放。一方面，受壓迫者固然需要得解放，因為他們的人權、自由，曾受侵犯，他們有權要求重獲人應有的尊嚴和

---

27 參 Jürgen Moltmann, *Theology of Hope*, trans. James W. Leitch (London: SCM, 1967), 15～36。

權利；另一方面，壓迫者也需要「復和」，因為他們的罪，使他們與上帝、與人的關係破裂。他們須承認自己的罪，為受壓迫者提供補償和出路，更須從「暴力結構」(structures of violence) 退出，因為就是這些結構，破壞了受壓迫者的生命。這些壓迫者羣體包括：白人、男性、富裕階級與國家等。[28]

(iii) 三一神學 (trinitarian theology)

莫特曼強調三一上帝彼此內住、互滲互存 (*perichoresis*)，但父、子、聖靈各有不同之位格。他抗拒一個被獨裁政權和教會專權者利用的「一神觀」(monotheism)，他認為三一神觀是一個鼓吹「自由」的教義，因為上帝並非那獨一、絕對的主體，乃是父、子、聖靈彼此相愛，互相配搭的至高羣體。對比奧古斯丁的「心理三一論」(psychological trinity)，莫特曼的三一上帝觀常被稱為「社會三一論」(sociological trinity)，因為他把這三一觀念，與人類的三種「自由模式」(modes of freedom) 掛鉤，這包括：

1. 與政治自由 (＝專權) 模式掛鉤：莫特曼拒絕這模式，因為這種模式看上帝是獨一、專權的至高者，祂管治宇宙，但獨裁專制，行事目的只為提升自己。
2. 與羣體自由 (＝契通) 模式掛鉤：莫特曼喜歡這模式，因為這模式建立在愛的關係——就是上帝三個內住位格跟人與人之間的關係上，是促進自由與愛的。
3. 與宗教自由 (＝聖靈) 模式掛鉤：莫特曼最喜愛這模式，因為

---

28 參 Jürgen Moltmann, *Experiences in Theology: Ways and Forms of Christian Theology*, trans. Margaret Kohl (Philadelphia: Fortress, 2000), 186～188。

這模式促進人藉聖靈與上帝的溝通，使人與上帝為友。

B. 對莫特曼的評論

1. 莫特曼的盼望神學，為二次大戰後歐洲（甚至全球）的基督教會帶來鼓勵。他重新發現、詮釋、應用聖經中的「終末論」（eschatology），並將之與其他教義相連，如：創造論、人論、救恩論、基督論、聖靈論、三一論等，並具體應用在現代課題上，如：政治、倫理（個人和社會）、環保、教會見證和領導等，貢獻甚大，也具豐富多元性。此外，他強調終末盼望的宇宙性意義（cosmic significance），這也是傳統教會一直所忽略的。
2. 然而，在「末世」(eschatology)的詮釋上，莫特曼單單注重「未來、終末」層面，未有顧及新約中「已然」的天國末世觀（the already kingdom），是一大缺欠；其次，在論及未來榮耀的國度上，如：基督再來、最後審判、身體復活、新天新地等，莫特曼的描述較為模糊、不夠具體。[29] 此外，在某些教義上，他的立場值得商榷，如：莫特曼看重上帝的多元性（三個位格），但對其一性（unity）和主權（sovereignty），都不夠清晰和肯定；在救恩觀上，莫特曼有「普救論」（universalism）的傾向。這些都與新約的教導有差距。

7 福音信仰聖經神學：「天國」＝救恩歷史中的「末世」

現先來介紹兩位劃時代的聖經學者：霍志恆和理德博。

---

29 參 Hoekema, *Bible and the Future*, 311 ～ 316。

A. 霍志恒的貢獻

庫爾曼在二十世紀中期，於歐洲發表他的「救恩歷史」，掀起了他與布特曼的神學辯論。然而在這以先，於美國普林斯頓神學院擔任聖經神學教授的霍志恒（Geerhardus Vos, 1862～1949），已出版了他兩本主要著作：《保羅的末世觀》（*The Pauline Eschatology*, 1930）和《聖經神學》（*Biblical Theology: Old and New Testaments*, 1948），為北美和英語福音派神學界，開創了以「救恩歷史」為基礎的聖經神學。其後，相關研究成果也影響了當代的華人神學，直到今天。故此，霍志恒被稱為「二十世紀福音派聖經神學之父」，實在當之無愧。霍志恒為聖經神學所下的定義是：「研究聖經所載，上帝啟示的歷史進程」。[30] 這定義對比了自由主義以宗教經驗為基礎的神學，也確定了聖經神學的「歷史漸進」特徵，亦有別於布特曼的實存抉擇神學。霍志恒的聖經神學，致力探討展示每個救恩歷史時代的啟示特徵、時代與時代之間的關係，以及整體的歷史啟示進程。這是霍志恒研究方法論（methodology）之起點，而這聖經神學方法論，[31] 就是霍志恒聖經神學研究的一大貢獻。此外，他強調救恩歷史的重要，也為福音信仰的系統神學，帶來新的洞見與動力。論到耶穌在地上所宣講的天國信息，霍志恒指出這是一個「末世」的信息，是舊約以色列「神權政體」在基督裏的實現，而這國度在新約的實現，分兩個階段：（1）耶穌在地上時已開始、逐漸發展，但並未完全的階段；（2）耶穌再來，在榮耀中顯現、帶來完美的永恆國度。這兩個階

30 Geerhardus Vos, *Biblical Theology: Old and New Testaments* (Edinburgh: Banner of Truth, 2014), 5.

31 見 Vos, *Biblical Theology*, 3 ～ 26；Geerhardus Vos, *The Pauline Eschatology* (Grand Rapids: Baker, 1979), 1～41。

第
3
章

段的天國結構，與庫爾曼的構思是一致的。至於基督所帶來的，是怎樣的國度，霍志恆用三個名詞，作了精準的定位：（1）上帝「能力」（power）的管治：包括行神蹟、聖靈工作等；（2）上帝「公義」（righteousness）的管治：包括順服上帝、悔改、行公義等；（3）上帝「賜福」（blessedness）的國度：包括救贖、嗣子、生命等福氣。[32]

霍志恆論到保羅的末世觀時，正確地指出，符類福音書的「天國」，與約翰福音的「生命/永生」，和保羅書信的「末世」，都差不多是同義詞，因為都是指向上帝在舊約中的應許在新約基督裏的實現。「末世」這名詞，過去常被信徒誤以為，是指主再來前的一段很短時間，但霍志恆卻認為，新約聖經、特別是保羅書信，卻不是這樣看的（參來一1～3；提後三1～7等）。霍志恆在《保羅的末世觀》一書中，表達了一個很重要的立場：「闡釋保羅的末世觀，就等於說明保羅整體的神學，而非單單說明他有關主再來的教導。」[33]

霍志恆在《保羅的末世觀》中用了兩個圖表，清楚表達了保羅的末世觀結構（頁38），右圖（圖1A舊約猶太人的觀念）以一直線表達舊約猶太人「兩個時代、一個接一個」的傳統觀念：

---

32 參 Vos, *Biblical Theology*, 372～402。

33 Vos, *Pauline Eschatology*, 1.

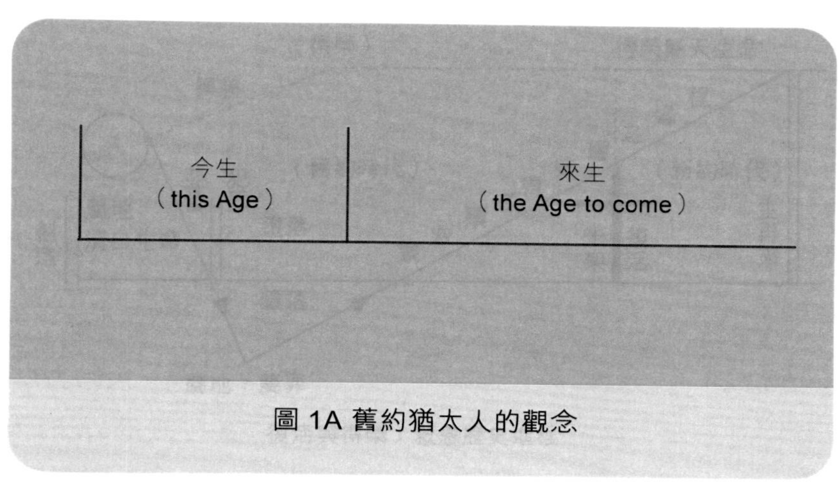

圖 1A 舊約猶太人的觀念

但這舊的圖表，到新約時代已不足表達「末世」的結構，因此霍志恆用下圖（圖1B 新約保羅的觀念），就是上下平行線條，去描述保羅「兩個時代重疊」的末世觀念：

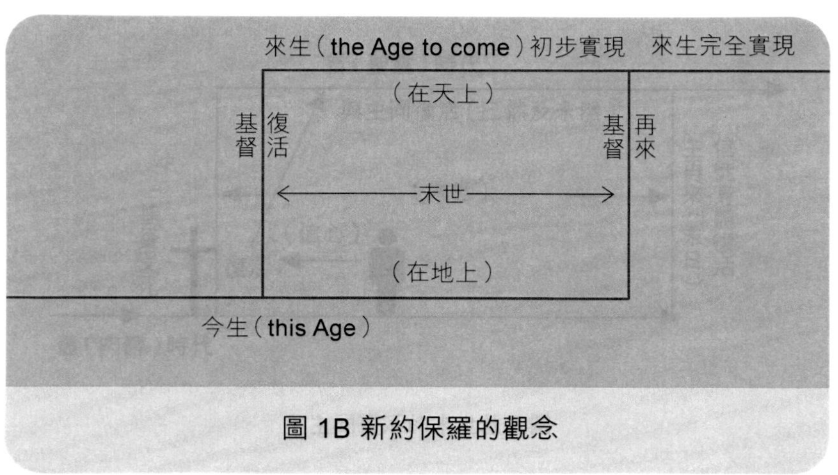

圖 1B 新約保羅的觀念

霍志恆在後圖所要表達的是：

1.　對新約信徒來說，末世（新時代）已開始，因為他們已經與基督一同復活、一同坐在天上（弗二 5～6；西三 1～3）。

2. 基督復活後，末世就開始了（inaugurated），但仍要待主再來，方可完全得到實現（fully fulfilled）（多二 11～13）。
3. 在教會時期，信徒是處於兩個時代的重疊（林後四 16），這「重疊」為信徒、教會、宇宙帶來諸般的張力，但同時也帶來盼望。

霍志恆又進一步闡釋，這更新的末世結構，呈現了今日信徒如何了解和體驗「救恩」，而究竟這「已然—未然」的末世現實，對新約信徒有何影響？他從以下四方面說明：[34]

1. **復活：**信徒今天的生命，已經與主同死、同復活，因此今天他們可以向罪的權勢死，也可活出基督復活的榮耀（羅六 1～14），得著釋放，不必作罪的奴僕，可以作義的奴僕（羅六 15～22）。
2. **救恩：**由於救恩有現在，也有未來，因此我們可以明白，為何保羅勸勉信徒，要「做成得救的工夫」（continue to work out your salvation）（腓二 12～13），因為救恩不單是來自過去「歸主」的抉擇，也是未來的目標。而這未來，也是我們信徒的盼望，這盼望使我們今天在患難中，仍有忍耐和喜樂（羅五 1～5，八 18～25）。
3. **稱義：**由於信徒在最後審判時，會得到完全稱義、身體得贖（羅八 22～23），因此他今天就無須活在恐懼中（羅八 1），因為主不單會赦免他過去和現在的罪，也會赦免他將來的罪。雖然在今生，他並不完全，但已可先嘗「完全稱義」的

34 Vos, *Pauline Eschatology*, 42～61.

喜樂。

4. **聖靈：**信徒今日有聖靈的內住，有聖靈的初結的果子，就有盼望，將來必能藉聖靈，經歷身體的復活、完全得贖（羅八 11、22～23），得以進入上帝不朽的國度（林前十五 42～57）。

霍志恒引導我們了解，今天信徒已經活在末世裏，而這「初步實現的末世」（inaugurated eschatology），與「完全實現的末世」（fully realized eschatology），是有連續性的。這與一般華人信徒，單強調今天與末日的「非連續性」關係，有很大的差別。

霍志恒《保羅的末世觀》一書，論述非常豐富，未能盡述，但有兩點不能不提：

1. 保羅的救恩論述，關注救贖歷史（history of redemption）遠超救恩次序（order of salvation），因為前者較後者更基礎性，而人領受救恩的「次序」，乃是根據救贖歷史（即：基督的受死與復活）去決定的。[35] 這打破了古典改革宗「重視救恩次序、輕看救贖歷史」的神學傳統。這是難得的，因為霍志恒自小於傳統的改革宗教會中成長。
2. 保羅看在基督裏的末世救恩，是超越個人，而涵蓋整個宇宙（cosmological）的。這涉及哥林多後書五章 17 節的 "new creation"，應譯為「新創造」，而不是「新造的人」。[36] 這一點對後來的新約學者（如理德博〔Herman Ridderbos〕、葛理齊

---

35 參 Richard B. Gaffin, Jr., *By Faith, Not by Sight: Paul and the Order of Salvation* (Pillipsburg: P&R, 2013)。

36 Vos, *Pauline Eschatology*, 46～49.

〔Richard B. Gaffin, Jr.〕、畢爾〔G. K. Beale〕等）有很大的影響。

B. 理德博的貢獻

荷蘭新約學者理德博（Herman Ridderbos, 1909～2007），對二十世紀歐美福音派神學貢獻很大，尤其是在「天國末世」神學方面。他繼承了前輩霍志恆「已然—未然」和「兩個時代重疊」的天國末世結構，加以發揚、闡釋和應用，也影響了新一代的華人學者。有關「天國神學」方面，理德博在《天國的來臨》（*The Coming of the Kingdom*, 1962）一書中，首先交代「天國」的舊約背景。他清楚地分辨上帝（在宇宙中的）一般王權和（在以色列子民中的）特殊王權，並從舊約中的未來救恩應許，看見上帝的天國計劃，包括：以色列（上帝子民）的重建、一個超然不朽的新天新地、一位彌賽亞和平之君、與世上列國對立的永恆上帝國（但七章）、詩篇中對終極王國的盼望（如：詩四十七，九十三，九十六，九十七，九十九篇等）。

理德博又提出了「天國」的五個基本特徵：[37]

1. **以上帝為中心（God-centered）：**「天國」不是人努力的成果，也不是人的道德生活或宗教經驗的彰顯，更不是以色列民族的復興，乃是上帝藉基督、藉救贖歷史中的進程，帶來救贖、審判與統治。
2. **是權能、也是領土（rule and realm）：**「天國」是上帝大能的作為——從基督的降生，到祂在地上傳道、醫病、趕鬼，到祂的復活、升天、再來，都彰顯上帝的能力。但「天國」也是

37　參 Ridderbos, *Coming of the Kingdom*, 18～60。

由基督君王掌權的領土，而聖徒在其中也有分，特別在那終極的國度中（太五 5，八 11，十三 43，二十 21，二十六 28 等）。

3. **是「彌賽亞」的國度：**「彌賽亞」是父上帝所差遣、藉聖靈膏立的救主和君王。祂是由聖子道成肉身，並實現了先知的預言（賽九 6～7）；祂也是那榮耀的「人子」（Son of Man；但七 13～14），祂的國度是永恆的。
4. **是「未來」（future）的國度：**耶穌所宣講的八福（太五 3～12），既描述了天國子民的八個特徵，也宣告這些人是有福的（blessed），因為「天國是他們的」——而這天國，是涵蓋那將來永恆、完美、快樂的國度；是耶穌、天國君王所悅納的人，將來得以進入的榮耀國度（太七 21，二十五 34～40）。
5. **是「現在」（present）的國度：**耶穌在地上出來傳道時，宣告說：「日期滿了，上帝的國近了！你們當悔改，信福音！」（可一 15）"the time is fulfilled" 意思是上帝國應許實現的時候已經到了，而天國就近在眼前，所以人當悔改、信福音，包括被稱為上帝子民的猶太人。路加福音四章 16 至 21 節記載了耶穌在自己家鄉的會堂講道，論到以賽亞書中有關天國的預言時說：「今天這經應驗在你們耳中了。」（21 節），這是在宣告天國的臨在，而耶穌在地上的工作，是直接彰顯了天國的到來。這是使當時的拿撒勒人驚訝的一個宣告。其實，耶穌彌賽亞的身分，早在約旦河畔的曠野，已被先知施洗約翰公開宣告了（太三 1～12；約一 19～38）。

在探討「保羅神學」方面，理德博在他的《保羅神學大綱》（*Paul: An Outline of His Theology*）一書中，清晰、全面和有系統地闡釋了使徒保羅所傳講的「福音」。理德博承認，要完成這寫作並不容易，因為保羅的思想，深奧而複雜，而且他的書信，大多是為回應不同教會的處境和問題而寫的，而非有條理的信仰闡釋。理德博對保羅神學的透視，展現了他的豐富學養，而他清晰有條理的詮釋，也凸顯了他的教導恩賜。

首先，理德博精簡地介紹並闡釋了近現代「保羅神學」的主要觀點，從宗教改革時期到布特曼，並加以分析、評論、比較，並指出各家（作為詮釋保羅）的不足和謬誤，又提出以「救恩歷史—末世」作為最佳的研究進路。[38] 藉此，理德博一方面認同兩位神學前輩（霍志恆和庫爾曼）的觀點，另一方面，也藉此為保羅所宣講的福音下了定義，就是：「宣講和闡釋上帝藉基督的降臨、受死與復活，展開那末世的救恩」。[39] 這定義既展示了「已然—未然」的末世觀（＝天國觀），也為保羅書信（和其他新約書信）作了清楚的定位。

接著，理德博對保羅的末世神學的基本結構，作了精彩的描繪，道出了保羅神學思想那豐富、系統性和多元合一性。可以說，掌握了這基本結構，就能更準確全面地詮釋保羅那錯綜複雜的神學思想。篇幅所限，筆者在此只簡單帶出幾個要點：[40]

1. **「末世」的起點是「日期滿足」（fullness of times）：**這是指救贖歷史，在基督降臨時，已經實現（加四 4），但這實現既有「初步開始」（provisional）的意思，也有將來完全實現的一天

---

38 參 Herman Ridderbos, *Paul: An Outline of His Theology* (Grand Rapids: Eerdmans, 1975), 13 ～ 43。

39 參 Ridderbos, *Paul*, 44。

40 參 Ridderbos, *Paul*, 44 ～ 90。

（弗一 10）。這初步實現並不虛假，乃是確實、具體的實現，因為末世救恩的日子已到（林後六 2），並且，若有人在基督裏，他就是「新創造」的一部分（林後五 17），舊的時代已成過去。還有，基督的降臨，也是福音「奧祕」的啟示（羅十六 25～26；弗三 4～5）。

2. **「末世論」與「基督論」是互相連結、互相依賴的：**這是因為基督的救贖工作，帶來末世時代的開始，而基督的兩次降臨，也與末世的初步和至終實現完全吻合。
3. **「首先」與「末後」亞當的對比：**兩位人類的代表（representatives），為人類帶來兩個不同的時代（two ages）和不同的命運。在亞當裏的是「舊人的時代」，而在基督裏的是「新人的時代」（弗二 15）。信徒「在基督裏」與主聯合；同時，也是「在聖靈裏」，有重生的生命（羅八 8～9；林後三 17）。
4. **救恩歷史的兩個時代：**肉體（flesh）與聖靈（Spirit）：基督親自經歷這兩個時代（羅一 3～4），而信徒藉信而「歸主」（conversion），也在基督裏經歷這兩個時代，就是先藉洗禮與主的死和復活聯合（羅六 1～10），然後從此藉聖靈過得勝的生活（加五 16～24）。
5. **基督是上帝的形象（image of God）：**這不單因為祂是父上帝永恆的愛子，更是因為祂完成了救贖，從死裏復活（林前十五章；西一章），帶來了榮耀的「新創造」，祂取代了亞當的舊時代，代表並帶領屬祂的人，進入新時代，以彰顯基督榮美的形象。
6. **基督是復活、高升、榮耀、宇宙的主：**這為基督徒帶來盼望，因為這個代表有形的宇宙將會被更新，而信徒也將有分在其中。這新約啟示的天國末日盼望，有別於希臘哲學家的

「靈魂不滅」，也與當代「實存主義」神學家（如布特曼）那非歷史性的「實存末世」的盼望，截然不同。

8 其他當代新約學者的貢獻

A. 導言：當代新約學者的共識與貢獻

當代新約學者賴德（George Eldon Ladd）在其一九七三年的著作中檢視了二十世紀有關新約「天國—末世」的研究後，得出一個結論，就是二十世紀新約學者們漸有共識：「天國」是現在、也是未來的，而這兩方面是彼此連結的。[41] 筆者同意賴德的觀察，並補充以下兩點：

1. 這「共識」在福音派（特別是在美國）新約學者中尤為明顯。福音派學者看新約聖經、是上帝在歷史中的啟示，雖多元卻是統一，雖然不同書卷的信息皆有分別，但在基本信仰上都有共識，且不自相矛盾。
2. 這「共識」在上世紀七十年代之後，並沒有減弱，反而更明顯加強了。這一點從過去五十年間的歐美新約神學家的著作中，就可看到。

B. 其他新約學者

除了上文介紹的霍志恒和理德博外，筆者也願意推介下列學者和他們的相關著作，供讀者參考和進一步研究（其中有 * 者表示已有中譯本）：

41 George Eldon Ladd, *The Presence of the Future: The Eschatology of Biblical Realism* (Grand Rapids: Eerdmans, 1974), 3, 38～39.

1. 賴德（George Eldon Ladd, 1911～1982）：
    - *The Presence of the Future: The Eschatology of Biblical Realism*, 1974.
    - *A Theology of the New Testament*, 1974. *

    貢獻：末世論的舊約及啟示文學背景、新約神學及末世論的全面概覽。
2. 貝斯尼—慕里（G. R. Beasley-Murray, 1916～2000）：
    - *Jesus and the Kingdom of God*, 1986.

    貢獻：舊約及猶太教背景、符類福音書中耶穌的「天國」教導。
3. 馬歇爾（I. Howard Marshall, 1934～2015）：
    - *Kept by the Power of God: A Study of Perseverance and Falling Away*, 1969.
    - *The Epistles of John*, NICNT, 1978.
    - *New Testament Theology: Many Witnesses, One Gospel*, 2004. *

    貢獻：新約各書卷多元豐富的啟示、彼此關係與合一，並其神學及宣教意義。
4. 葛理齊（Richard B. Gaffin, Jr., 1936～）：
    - *Resurrection and Redemption: A Study in Paul's Soteriology*, 1987. *
    - *By Faith, Not by Sight: Paul and the Order of Salvation*, 2006. *

    貢獻：保羅復活神學的精深解讀、救恩次序和救贖歷史的更新構思。
5. 賴特（N. T. Wright, 1948～）：
    - *The Resurrection of the Son of God*, 2003. *

- *Surprised by Hope*: *Rethinking Heaven, the Resurrection, and the Mission of the Church*, 2007. *
- *How God Became King: The Forgotten Story of the Gospels*, 2012. *

貢獻：令人耳目一新的新約詮釋，尤其是有關天堂盼望、耶穌王權、身體復活、保羅新觀等重要課題。

6. 畢爾（G. K. Beale, 1949～）：
    - *The Book of Revelation*, NIGTC, 1999.
    - *The Temple and the Church's Mission: A Biblical Theology of the Dwelling Place of God*, 2004.
    - *Commentary on the New Testament Use of the Old Testament*, 2007. *
    - *A New Testament Biblical Theology: The Unfolding of the Old Testament in the New*, 2011. *

    貢獻：提供詳細的啟示錄原文釋經、新約援引舊約的相關註釋、從整體聖經神學建立新約神學。

7. 穆爾（Douglas J. Moo, 1950～）：
    - *The Epistle to the Romans*, NICNT, 1996. *
    - *The Letters to the Colossians and to Philemon*, PNTC, 2008. *
    - *A Theology of Paul and His Letters: The Gift of the New Realm in Christ*, 2021.

    貢獻：保羅書信詳細釋義、保羅神學探討。

8. 史瑞那（Thomas R. Schreiner, 1954～）：
    - *New Testament Theology: Magnifying God in Christ*, 2008. *
    - *The King in His Beauty: A Biblical Theology of the Old Testament and New Testament*, 2013.

貢獻：從「天國君王治理」的角度，建立新約神學及聖經神學。

9 總結：「天國」的實現：「末世」的現在與未來

從救恩歷史看天國，上述二十世紀福音信仰新約學者的「共識」，是一個「已然—未然」的末世結構，既是很好的「總結」，也是研究的最佳「起點」，因為新約聖經中各經卷都假設及印證這救恩歷史結構，並用以闡釋新約各書卷的豐富末世信息。

此外，以上福音派學者的「共識」，也修正了當代華人福音派信徒的「末世觀」。華人信徒一般論及「末世」，是指向主再來，和祂再來前的一段短暫時間（如：數十年）裏會發生的事，但這些「末後的事」，卻與基督首次降臨的事（降生、十架、復活）沒有直接關係。然而，在過去一百年，這傳統的「末世觀」面臨著巨大的挑戰，因為不少聖經學者（包括上文所提及的）都發現，二十七卷新約聖經（不單是啟示錄）都充滿了「末世」的信息（eschatological messages），而當論及「末世」或「末後的日子」（the latter days）時，所指的並非局限在與「主再來」有關的事，也包括祂首次降臨的事。因此，傳統的觀念有必要作出修正。下文將列舉一些重要的新約經文，作為指標：

希伯來書一章論及上帝在舊約和新約時代的啟示時，開宗明義說：

> 上帝既在古時藉著眾先知多次多方地曉諭（啟示）列祖，就在這末世藉著他兒子曉諭（啟示）我們；又早已立他為承受萬有的，也曾藉著他創造諸世界。（來一 1～2）

耶穌首次降臨，是上帝在「末世」（these last days）對我們的

第 3 章

啟示。而使徒彼得也同意，他說：基督在創世以前已被上帝預先知道（揀選預定），卻是在這「末世」才為我們顯現（彼前一 20）。基督首次顯現的目的，是為了成就救贖。祂在十架上，一次過將自己獻上，為我們作了贖罪祭（來九 26；彼前一 19）。保羅也說：

> 及至時候滿足（＝天國實現、末世來到），上帝就差遣他的兒子，為女子所生，且生在律法以下，要把律法以下的人贖出來，叫我們得著兒子的名分。（加四 4～5）

基督的一生（包括被釘十架），是要成全律法、滿足律法的要求，使信祂的人可以脫離律法的咒詛與無能，得著釋放（參羅八 3～4）。這救贖工作不單是基督的十架，也包括祂的復活（林前十五 3～4、20～23），和這復活為信徒帶來的新生命（弗二 5～6）。不但如此，這救贖工作也包括基督升天後、賜下聖靈，就如彼得在五旬節講道中，引用先知預言明言末世已開始：

> 上帝說：在末後的日子，我要將我的靈澆灌凡有血氣的。你們的兒女要說預言；你們的少年人要見異象；老年人要做異夢。在那些日子，我要將我的靈澆灌我的僕人和使女，他們就要說預言……凡求告主名的，就必得救。（徒二 17～18、21）

聖靈降臨，是舊約末世預言的應驗。從使徒行傳和保羅書信，我們會清楚明白，聖靈的臨在，是「末世」最重要的標誌。[42]

---

42 參 Geerhardus Vos, "The Eschatological Aspect of the Pauline Conception of the Spirit,"

在其他新約經卷中，使徒們也常常提醒初期教會的信徒，他們都已經是活在「末世」中了。例如，保羅與哥林多信徒分享曠野時代以色列人的失敗經歷，並指出「他們遭遇這些事，都要作為鑑戒；並且寫在經上，正是警戒我們這『末世』(the end of the ages)的人」(林前十 11)；他又告訴提摩太，「末世」——他們所處的時代，會有假教師(提前四 1～3)，和品格敗壞的領袖(提後三 1～9)，因此勸勉提摩太要防備他們。雅各在那時亦曾警戒那些富足的人，不要在「這末世」只知積攢錢財(雅五 1～3)。而彼得就提醒信徒，「在末世必有好譏誚的人隨從自己的私慾出來譏誚說：『主要降臨的應許在哪裏呢？因為從列祖睡了以來，萬物與起初創造的時候仍是一樣。』」(彼後三 3～4)要他們小心防範。而約翰也清楚指出：「小子們哪，如今是末時(the last hour)了。你們曾聽見說，那敵基督的要來；現在已經有好些敵基督的出來了，從此我們就知道如今是末時了。」(約壹二 18)他勸勉信徒，要懂得分辨真偽，不可因輕忽而受騙。

以上的經文明確告訴我們，新約聖經中的「末世」，始於基督首次來臨、成就救贖、設立建造教會，而這「末世」(the last days / latter days)因此與「末日」(last day)不同，因後者是指信徒復活的時刻(約六 39～40、54)，也是基督再來、賜予信徒「尊貴、榮耀、稱讚」之時(彼前一 5、7)(留意：5 節的“the last time”應譯為「末日」)。這「末日」也是主審判之日，是信徒所盼望、將來「新天新地」降臨之日(彼後三 7～14)。當然，這「末世」與「末日」的分別，正如「天國」的「已然—未然」和「兩個時代重疊」等結構，

in *Redemptive History and Biblical Interpretation: The Shorter Writings of Geerhardus Vos*, ed. Richard B. Gaffin, Jr. (Phillipsburg: P&R, 1980), 91～125。

是在新約時代才顯明出來。這結構在舊約時代的先知預言中，是看不到的，因為處境不同。[43]

43 有關舊約聖經中的「末世」用詞和預言概覽，可參閱 Mark J. Boda and J. Gordon McConville, eds., *Dictionary of the Old Testament: Prophets* (Downers Grove: IVP, 2012), 178～185。

討論問題

1. 「天國何時開始」對這問題，福音書有何提示？請引經文說明之。
2. 十七至十八世紀的「啟蒙運動」，對當時歐洲的社會文化和教會信仰，帶來了甚麼挑戰？對基督教信仰的詮釋，又提供了甚麼新的進路？
3. 試比較士來馬赫、立敕爾、哈納克的天國觀。為何他們都被稱為「自由主義」的神學家？
4. 請簡述和評論史懷哲的「末世天國觀」。
5. 多特的「天國已臨」觀點，有何特色？你同意嗎？為甚麼？
6. 試比較布特曼和庫爾曼的天國觀，兩者中你會選擇哪一個進路？為甚麼？
7. 莫特曼的「盼望神學」，對各地神學有何影響？你又會如何評價他的立論？
8. 霍志恒和理德博的「天國／末世觀」，有何特色？對二十世紀福音派的聖經神學，又有甚麼貢獻？
9. 請就「天國／末世是現在，也是未來」這表述，引用新約說明之。而這對當代信徒的生活和事奉，又有何影響和意義？

4

新約中的「天國」進程（上篇）：從基督降生到十架代贖

一 引言：基督兩次降臨——天國實現的旅程

據新約聖經記載，「天國」實現的歷史進程，涵蓋基督君王兩次的降臨。基督首次降臨，是彌賽亞國度的初步實現，也帶來了「末世」（the last days）的開始；第二次降臨，則是這國度的完全實現，也是「末日」（the last day）的來到。兩次降臨，展現了天國救贖工作的「已然」和「未然」。希伯來書的作者說：「按著定命，人人都有一死，死後且有審判。像這樣，基督既然一次被獻，擔當了多人的罪，將來要向那等候祂的人第二次顯現，並與罪無關，乃是為拯救他們。」（來九 27～28）

正如當代福音派新約學者所共識的（參本書第三章），這救贖歷史的結構，展示了兩個時代（two ages）的先後次序、平行與重疊。按這結構，就可理解天國實現的進程。以下簡列這進程的大綱：

（1）基督君王首次降臨：天國初步實現（已然）

(a) 基督的道成肉身 (出生到成長)

(b) 基督地上的事奉 (受洗到十架)

(c) 基督榮耀的高升 (復活到掌權)

(2) 基督君王第二次降臨：天國完全實現 (未然)

(a) 基督與聖徒——同在樂園 (居間之境)

(b) 榮耀的再來——最後審判 (公義審判)

(c) 復活的更新——永恆國度 (新天新地)

本書的第四、五章，除了最後五分一篇幅外，主要是探討「天國」的「已然」，而「天國」的「未然」，則是本書六至十四章的主題，屬「盼望神學」的範疇。

二「天國」初步實現(之一)：基督的降生與成長

1 引言：耶穌是「基督」

「基督」一詞的希臘文是 *christos*，意思是「受膏者」，舊約聖經希臘文譯本《七十士譯本》(*Septuagint*)，將希伯來文的「受膏者」(*messiah*) 譯作 *christos* 共四十多次。在舊約時代，受膏者也包括了歷代的君王、先知、祭司。舊約中被擄後的先知曾清楚預言，將來有一大衛家的君王彌賽亞，蒙上帝差遣重建以色列，為上帝國帶來自主與公義(該二 20～23；亞九 9～10，十二 7～十三 1)，這些預言為被擄後的以色列人，帶來榮耀的盼望，也就是天國的實現與得勝。

四福音書的作者，皆稱耶穌為「基督」，因為他們相信，耶穌是上帝所膏立的彌賽亞君王，是舊約歷代以色列人所盼望的。他們如此相信是對的，也是耶穌所稱許的（太十六 15 ～ 17）。不過，對於耶穌時代（甚至在今天）的許多猶太人，要接受耶穌是彌賽亞，先要解決他們心中兩個疑惑：

1. 耶穌被釘十架而死，這豈不是與「彌賽亞得勝君王」的身分有矛盾的嗎？
2. 耶穌自稱是與父平等的超越上帝（transcendent God）；但對當時的人，祂只不過是木匠的兒子，若祂是彌賽亞，也只不過是一個人間的使者。

要解答上述的疑惑，可以先建議這些猶太人朋友翻開新約聖經，從有關耶穌降生和成長的記載（如：太一～二章；路一～三章）就會清楚看到祂「彌賽亞君王」的身分（請參閱下文）；接著，我們可以向他們解釋耶穌的道成肉身（約一 14）、十架捨命（可十 45；加三 13）和身體復活（路二十四章；徒二 32 ～ 36）等事跡，都是祂完成彌賽亞君王使命的歷史事實，是不容否認的。當然，面對反對基督的猶太人，我們必須祈求聖靈在他們心中工作，使他們心意更新、明白真道（約十六 13；林前二 9 ～ 11）。

其實，人若能用心閱讀四福音書和保羅書信，就必會了解到，信靠耶穌，以祂為基督（彌賽亞），就是在真正持守猶太人彌賽亞盼望的傳統；而拒絕耶穌，就是拒絕這猶太人歷代的信仰傳統。當然，這猶太傳統到了新約時代，已經不像當時大部分猶太人所想，單局限在猶太民族，乃是會延伸到普世的，因為耶穌不單要作猶太人的基督，也是萬民的基督（路二 10 ～ 11；太二十八 18 ～ 19）；祂不單是「末後的摩西」（second Moses；太二 13 ～ 15），更是那「末後的亞當」（second Adam；路三 23 ～ 38；羅五

12～19；林前十五 45）。

2 基督的降生：馬太的敘述（太一～二章）

馬太福音，與其他福音書一樣，不單是歷史與文學的作品，也是神學和信仰的宣言（confession）。而福音書，尤其是符類福音（馬太、馬可、路加）的一個重要主題，就是上帝的國（即：天國），藉耶穌基督的降生、工作、受死復活，經已在地上實現。馬太福音一至二章有關耶穌降生的記載，載滿了祂身為「彌賽亞君王」的證據，特別是耶穌的家譜（一 1～17）和五段引用舊約的經文（一 18～25，二 1～12、13～15、16～18、19～23）。這些經文，啟示了降生的耶穌的稱號和身分，而這些皆與「天國」和「聖約」有關。以下是經文中基督主要的稱號：

A. 亞伯拉罕的後裔、大衛的子孫（一 1）

猶太人看「大衛的子孫（son）」為他們「彌賽亞君王」盼望的實現者。耶穌雖非約瑟的「兒子」，但祂與大衛王的關係是基於養父約瑟對祂（和馬利亞）的接納（參一 16、18～20）。耶穌也是「亞伯拉罕的後裔（son）」，這身分帶出祂實現了上帝對亞伯拉罕恩典之約的應許（創十二 2～3），而其後教會的普世宣教使命，也可追溯至亞伯拉罕之約（參三 9，八 11；徒二 39）。

B. 耶穌（一 21）

> 她將要生一個兒子，你要給他起名叫耶穌，因他要將自己的百姓從罪惡裏救出來。

「耶穌」這名字的意思是「祂必拯救」；而「自己的百姓」，在舊約時代當然是指猶太人，但在新約時代，也包括外邦人（參九 6，二十 28，二十六 28，二十八 19～20），因為所有歸信祂的人，都是天國的子民，而祂就是天國的君王。耶穌的拯救，主要是有關「悔改赦罪」的恩典（而當時猶太人所最關心的是政治解放），而這「赦罪」之恩，正是上帝藉舊約先知，應許賜給子民的一個重要信息（賽五十三 4～12；結三十六 25～31）。

C. 猶太人的王（二 1～12）

有幾位東方的星象家（《和合本》譯為「博士」）到來尋找將要出生作「猶太人之王的」（2 節），羅馬帝國的地方官希律王聽見了，就心中不安，想辦法除滅耶穌，這是可以理解的。希律王是典型的極權統治者（參太二 16～18，有他濫殺當地兩歲以下男孩的記載），其實在過去兩千年，基督徒在極權統治者手下多受逼迫，甚至殉道，是常有的事。啟示錄就將這些敵基督的政治勢力，在異象中以「從海中上來的獸」作為象徵（參啟十三 1～10），向我們展示這歷史事實。

希律王請教猶太文士，彌賽亞君王在哪裏出生，他們回答說：「在猶太的伯利恆。因為有先知記著，說：『猶大地的伯利恆啊，你在猶大諸城中並不是最小的；因為將來有一位君王要從你那裏出來，牧養我以色列民。』」（太二 5～6 節；引用彌五 2）

伯利恆是大衛王的故鄉，也是先知曾預言的彌賽亞君王出生地。耶穌是大衛的子孫，但祂的王權卻是永恆的（撒下七 12～13），超越了所羅門和任何地上的君王；還有，祂治理的方式是「牧養」，即愛心的關顧、引導、服事（參約十 10～15），而非通過強權和殘酷的手段。耶穌降生為牧養萬民的天國君王，這與當時的羅馬地方官希律王，形成了強烈的對比。

那幾位東方星象家來朝拜耶穌，也許只是基於禮貌，他們的禮物雖然名貴（參王上十1～10，示巴女王贈予所羅門王的禮物），但作為外邦非信徒，他們大概不知何謂真正的敬拜，因為在朝拜時，他們大概都不知道，嬰孩耶穌其實是至高上帝的聖子、真正的天國君王。然而，他們在禮儀和獻禮物上所表達的敬意，也許比一些自稱為基督徒的人，在敬拜上帝的態度上，還要優勝哩！[1]

D. 上帝所呼召的兒子（二15）

約瑟得天使指示，帶耶穌到埃及逃難：「約瑟就起來，夜間帶著小孩子和他母親往埃及去，住在那裏，直到希律死了。這是要應驗主藉先知所說的話，說：『我從埃及召出我的兒子來。』」（二14～15；引自何十一1）

從救恩歷史的角度看，耶穌實現了舊約中「摩西、出埃及、以色列」這幾個預表：

1. 耶穌是新約的摩西（new Moses）：摩西在埃及逃避法老的追殺，而耶穌被帶到埃及，逃離希律的殺害；摩西逃離埃及避過法老的忿怒（出二11～15），耶穌在希律死後離開埃及返回以色列（太二20）；摩西是以色列人的領袖，帶領上帝子民出埃及，而耶穌則是新約子民的主，帶領他們離罪歸向上帝（加一4）。

---

1 參 R. T. France, *The Gospel of Matthew*, NICNT (Grand Rapids: Eerdmans, 2007), 59～76。

2. 基督的受死復活，也是一個「新出埃及」（new Exodus）的救贖事件。路加福音九章 31 節記載，在登山變像中，先知與耶穌談論祂「去世」（*exodos*；可譯為「出埃及」）的事；而約翰福音十九章 32 至 36 節也顯示，耶穌乃逾越節的羔羊（參出十二 42）。
3. 此外，耶穌也是「新以色列」（new Israel）。以色列是上帝所愛的兒子（出四 22），蒙上帝呼召，出埃及、得拯救、作子民，這指向作為上帝獨生愛子的耶穌，從埃及回歸（太二 15）、完成救贖、進入榮耀，並使一切在祂裏面的人皆成為「新以色列」，至終將與祂同得榮耀。

3 基督君王的降生：路加的敘述（路一～三章）

與馬太福音一樣，路加福音在耶穌降生的記載中，同樣凸顯了祂彌賽亞君王的身分，以及實現了舊約中的聖約和預言。

A. 童女馬利亞生「雅各家的王」

1. 路加福音一章 30 至 33 節，天使加百列對馬利亞說：

> 馬利亞，不要怕，你在上帝面前已經蒙恩了。你要懷孕生子，可以給他起名叫耶穌。他要為大，稱為至高者的兒子；主上帝要把他祖大衛的位給他。他要作雅各家的王，直到永遠；他的國也沒有窮盡。

馬利亞將要生的，是至高上帝的兒子，是那將會繼承大衛國位的彌賽亞君王（賽九 7；彌四 7），祂將治理雅各家（賽二

3、5），而祂的國位將是永遠的（撒下七 13）。初期教會在五旬節後，把耶穌的王權與大衛之約，跟耶穌的復活升天連繫起來（徒二 30～36），也印證了這天使給馬利亞的信息。

2. 在一章 54 至 55 節及 71 至 73 節，馬利亞和祭司撒迦利亞，不約而同地為上帝施憐憫、記念祂與先祖亞伯拉罕所立的恩典之約，獻上感恩稱謝。
3. 在一章 68 至 69 節和二章 30、38 節，祭司撒迦利亞、敬虔人西面和女先知亞拿，都為上帝藉基督（彌賽亞）所帶來的救贖稱頌祂。撒迦利亞更特別指出：「（上帝）在他僕人大衛家中，為我們興起了拯救的角」。原來上帝為祂子民興起的，不單是君王，也是一位「大能的救主」。

B. 基督君王降生伯利恆（二 1～20）

1. 1～3 節：凱撒奧古斯都的聖旨，決定了耶穌降生時的歷史環境，可見一位地上君王的決定，成了上帝實現祂救贖旨意的工具，顯出祂歷史主宰的身分。
2. 5～8 節：耶穌降生伯利恆這個大衛王的城（4、11 節），因為祂是出自大衛家的天國君王；祂出生在馬槽，一個卑微的環境，而且首批知道耶穌降生的人，竟是卑微的牧羊人。而巧合地，大衛王也是牧羊出身的！這些都顯示出耶穌是「降卑」的君王。
3. 9～14 節：天使帶著主的榮光報喜訊、大隊天兵和天使讚美上帝，均配合著那降生者的尊貴身分（11 節）：祂是救主（拯救者）、主（耶和華上帝）、基督（彌賽亞君王）；並且天兵天使的頌詞是：「在至高之處榮耀歸於上帝！在地上平安歸於他所喜悅的人！」（14 節）除從天上被差到地上來的彌賽亞君王以外，還有誰有資格得到天兵天使的讚美歌頌，帶出至高之處上帝的榮耀，並宣告地上的選民同享真正全面的「平安」（*shalom*＝整全的救恩）？（參賽九 5～6；彌五 4）

C. 耶穌成全律法：受割禮、取名、被獻（二 21～24）

1. 21 節：「割禮」是屬於猶太民族的聖禮，這表明了耶穌的猶太人身分，更重要的是：這是上帝與亞伯拉罕立約的記號與印證——在耶穌未上十架前（即：藉死亡為子民行了新約的割禮；參西二 11），身體的割禮仍是「亞伯拉罕恩典之約」的記號。而「起名叫耶穌」，則是天使對馬利亞的吩咐（路一 31），耶穌父母這順服的行動，顯出他們的敬虔，和對耶穌救贖者身分的認同。
2. 22～24 節：作為長子，耶穌要被獻予主耶和華（出十三 1～2、11～16），這顯示了耶穌是生在律法之下，且一生成全律法，為要救贖在律法以下的人，得著自由，並作上帝的兒女（加四 4～7）；基督的一生，包括祂在地上三十三年的生活、工作、事奉，和祂的受死，都完全滿足了律法的要求，因此耶穌是實現了上帝與摩西所立的「律法之約」，為我們帶來完全的救贖。這經文還結合了馬利亞生產後須行的潔淨之禮（利十二 1～8），從而表現了她對律法的謹守遵行，和對上帝的敬畏。[2]

第 4 章

2　參 Raymond E. Brown, *The Birth of the Messiah: A Commentary on the Infancy Narratives in the Gospels of Matthew and Luke* (New Haven: Yale University Press, 1999), 447～451。

D. 耶穌：完全人性、成全律法（二 40～52）

1. 40、52 節兩次描述耶穌的成長：「孩子漸漸長大，強健起來，充滿智慧，又有上帝的恩在他身上」（40 節），「耶穌的智慧和身量（或作：年紀），並上帝和人喜愛他的心，都一齊增長」（52 節）。我們可看見少年耶穌「全人」的成長，且祂有完全的人性：需要學習，要面對試探、且向父上帝祈禱（來四 14～五 8），經文突出了耶穌的智慧和祂與父上帝的關係，而耶穌蒙上帝和人的喜愛，則反映了祂在進入成年階段時的優厚潛質。
2. 41 至 51 節記載耶穌十二歲時在聖殿中的表現：

   - 祂與父母同到耶路撒冷聖殿守節，遵行律法，滿足律法的要求。
   - 父母折返耶路撒冷，在殿中與耶穌對話：「過了三天，就遇見他在殿裏，坐在教師中間，一面聽，一面問。凡聽見他的，都希奇他的聰明和他的應對。他父母看見就很希奇。他母親對他說：『我兒！為甚麼向我們這樣行呢？看哪，你父親和我憂慮地來找你！』耶穌說：『為甚麼找我呢？豈不知我應當在我父的家裏嗎？』」（46～49 節；筆者修訂自《和合本》）耶穌在殿中有聽有問，表示祂在學習律法，這不單表現了祂的人性，也顯出祂對律法的興趣；而當時在場的人，也驚訝祂的理解和回答。父母花了好幾天才找到祂，馬利亞對祂表達了希奇和責備，反映了母親的關心和不滿，表面看很合理，卻引來耶穌兩個反問：

耶穌的問題一：為何找我呢？——難道你們還不知我是誰嗎？
耶穌這反問是帶有難過的心情。祂是「上帝的兒子」，他們難道不知道嗎？（參一 32、35）不難估計，耶穌這身分，其實他們是知道的，只是這種身分所表現的形態，他們也許仍未完全的掌握（參二 50）。

耶穌的問題二：你們豈不知，我必須在我父的家裏嗎？
這反問帶出了耶穌與父上帝的親密關係，不僅是職位和工作的關係。首先，「在父的家裏」意思是：聖殿就是父上帝的家，所以很自然上帝的兒子應當在殿中。其次，這「必須」表達了一種「神性的必然」（divine necessity），具體地說，就是「彌賽亞使命」（Messianic mission）的必然性（參路四 43，九 22，二十二 37，二十四 7、26 等）。耶穌藉這行動，表達了祂在關係上、使命上，皆以天父的家為重。

3. 51 節描述了回家以後的表現：雖然在殿中，耶穌表達了祂的優先次序，但回到拿撒勒後，祂還是盡上了兒子的本分，順服父母。這是祂對律法誡命的委身，定意滿足律法的要求，與祂忠於父上帝的使命，是沒有矛盾的。[3]

E. 路加的另類耶穌家譜（三 23 ～ 38）

馬太的耶穌家譜（太一 1 ～ 17）是從亞伯拉罕起，到約瑟為止。路加的家譜卻是完全倒轉，由約瑟起，到上帝為止，而亞當則被稱為「上帝的兒子」。這裏路加家譜帶給我們三個信息：

---

3 參 Brown, *Birth of the Messiah*, 493 ～ 495；I. Howard Marshall, *Commentary on Luke*, NIGTC (Grand Rapids: Eerdmans, 1978), 125 ～ 130。

1. 以「上帝和亞當」為耶穌家譜的源頭（路三38），是配合了路加「救恩臨到全人類，而不單是猶太人」這一信息（二30～32）。
2. 亞當是上帝的兒子，既帶出人類源出於上帝，也將耶穌與全人類連起來，是一體的（solidarity），也為日後使徒稱耶穌為「末後亞當」（如：林前十五45）提供了歷史依據。
3. 耶穌是「上帝的兒子」這身分，表明祂的出生無須藉約瑟追溯至亞當，乃是源於聖靈「童女生子」的神蹟（路一35），亦間接帶出了耶穌超然的身分與使命。[4]

三「天國」初步實現（之二）：從受洗到十架

1 問：歷代教會有沒有錯解福音書？

英國著名新約學者賴特（N. T. Wright），在他近年的著作《耶穌作王，什麼意思？》（*How God Became King: The Forgotten Story of the Gospels*, 2012）中指出，歷代正統基督教會對新約的四卷福音書都理解錯了。這似乎是一個很嚴厲的批判，但賴特的立論有他的理據。按他的分析，初期大公教會的信經，如使徒信經、尼西亞信經等，在論及耶穌時，都從祂的出生，一下子就跳到祂的受死復活，對「中間」的事迹（如：太三～二十五章；路三～二十一章等），卻完全不提。這導致歷代信徒有一種錯解，就是以為福音書的重點只是「道成肉身」和「十架贖罪」，其餘的事（包括耶穌在地上的工作與教導），都是次要的。因為明顯地，其

4　參 Joel B. Green, *The Gospel of Luke*, NICNT (Grand Rapids: Eerdmans, 1997), 188～190。

後正統神學在處理基督論和救贖論時，重點都放在基督道成肉身（incarnation）和贖罪論（atonement）上，對耶穌出生後、受死前的事迹，卻似乎不大重視，研究也不夠深入，部分原因也許就是受了初期教會信經的影響。

首先賴特認為，大公教會在公元三至五世紀期間，面對異端和諾斯底主義（gnosticism）的攻擊，在信經中著重宣告上帝的創造、基督的完全神性和人性，實有其必要。然而，其後正統教會全以信經作為信仰教導的規模，而因此忽略、錯解了福音書中間部分的信息，這是有可能的，而也是很可惜的。[5]

賴特進一步指出，福音書敍述耶穌降臨的目的，乃是強調祂以彌賽亞君王的身分，成就天國的事工，但信經則側重於敍述耶穌的降生、受死、復活、升天等「重要事件」，是關注了祂的神人二性和帶領人「上天堂」的工作，但卻忽略了祂的君王身分和天國的職事。

那末，一般的正統（福音派）教會如何看福音書的中間部分？據筆者在華人教會多年的事奉所見，觀察到以下常見的看法：

- 耶穌是一個偉大的道德教師，因為福音書記載了祂的許多道德教訓。
- 耶穌是信徒的道德榜樣，祂的愛心、智慧、聖潔、公義、真誠，都值得我們效法；當然，耶穌傳福音樹立的榜樣，更是信徒的典範。
- 耶穌所行的（特別是祂的神蹟），都證明祂是真神，值得我們全心信靠，以致得永生。

5　參 N. T. Wright, *How God Became King: The Forgotten Story of the Gospels* (New York: HarperOne, 2012), 3 ～ 24。

- 福音書記載的人物和故事，都為信徒提供榜樣、鑑戒，和屬靈的功課，有助提升信徒的靈命。[6]

其實，這些看法也不是完全錯誤的，因為福音書中所載，耶穌的教導、榜樣、神蹟、救恩信息等，都是寶貴和有意義的。然而，這一切若忽略了「天國君王帶來天國實現」的大前提，就只是一些零碎的教訓與屬靈故事，失去其原來深遠、整全的意義，這樣就很容易以偏概全了。

2 基督為天國的事奉受裝備（太三 1 ～ 17）

A. 施洗約翰與基督

（i）彌賽亞君王的先鋒

> 那時，有施洗的約翰出來，在猶太的曠野傳道，說：「天國近了，你們應當悔改！」這人就是先知以賽亞所說的，他說：「在曠野有人聲喊著說：預備主的道，修直他的路！」（太三 1 ～ 3）

這應驗了以賽亞書四十章 3 節的預言，就是宣告主耶和華將帶領子民，從巴比倫回歸以色列，經歷「新出埃及」，但當中並沒有提及「彌賽亞中保」，乃是上帝親自來臨帶領的。新約的實現，進一步作出啟示，被差者是「彌賽亞君王」，並且祂就是主耶和華。耶穌是那被差、立約的君王基督，而先知約翰就是祂的先鋒。當時有人在猜疑約翰是否彌賽亞，他就明言：「我是用水給你

6 參 Wright, *How God Became King*, 41 ～ 58。

們施洗。但有一位能力比我更大的要來，我就是給他解鞋帶也不配，他要用聖靈與火給你們施洗。他手裏拿著簸箕，要揚淨他的場，把麥子收在倉裏，把糠用不滅的火燒盡了。」（路三 16～17）

約翰在此所說的，並不是謙卑的說話，乃是事實！「聖靈的洗」就是指五旬節聖靈的降臨，而「火的洗」則指末日的審判；兩者都是彌賽亞的工作，卻是先後有別，代表了天國的「已然」和「未然」。

（ii）祂必興旺、我必衰微（約三 30）

施洗約翰下了監以後，曾錯誤地期待基督來救他，並審判希律。顯然他這錯誤的期待（當時不少猶太人也有此觀念），其後被基督（對施洗約翰門徒）的回應修正了（太十一 1～6）。雖然耶穌的工作確展現了祂是彌賽亞，但最後審判之日仍未來到，而且祂也沒有計劃拯救約翰出獄。跟著，耶穌對著祂自己的門徒稱讚約翰說：

> 你們出去究竟是為甚麼？是要看先知嗎？我告訴你們，是的，他比先知大多了。經上記著說：「我要差遣我的使者在你前面預備道路」，所說的就是這個人。我實在告訴你們，凡婦人所生的，沒有一個興起來大過施洗約翰的；然而天國裏最小的比他還大。（太十一 9～11）

作為舊約最後一位先知，約翰是耶穌（即：末世天國君王）的先鋒，因此，耶穌稱他為最偉大的先知。但為何耶穌說「天國裏最小的比他還大」呢？在此，耶穌並不是從約翰個人的品格、忠心、事奉果效等去看，乃是從救贖歷史的角度去評價他。作為舊約（天國的應許時代）的先知，他還不如新約（天國實現的時代）裏最小的信徒，因為後者所領受（和享受）的天國權利和祝福，會遠遠超過約翰！這是藉兩個時代的對比，指出了新約（比較舊約）的超越性（參來八 6 ～ 13）。[7]

所以，當施洗約翰跟自己的門徒提到，耶穌的興起與興旺、對比自己的逐步退出（約三 22 ～ 30），就帶出了「祂必興旺、我必衰微」（30 節）這句名言。約翰這話並非要顯出他謙遜的美德，乃是出於他對自己歷史地位的了解和接受。對約翰來說，基督必然會興旺，因為這是上帝的旨意和計劃，而約翰自己的事工則即將結束，因這是歷史發展的必然結果。這也解釋了，為何約翰鼓勵自己的門徒跟隨耶穌（參約一 29 ～ 37），並且他將自己比喻為耶穌的伴郎（＝朋友、助手、婚禮的籌備者）。所以，他對那些為他抱不平的門徒，如此解說：「若不是從天上賜的，人就不能得甚麼……娶新婦的就是新郎；新郎的朋友站著，聽見新郎的聲音就甚喜樂。故此，我這喜樂滿足了。」（約三 27、29）

對今日的信徒，施洗約翰為基督作的見證，有以下的意義：

1. 約翰了解，並接受自己在歷史中的位分，忠心作基督的先鋒，值得稱讚！
2. 約翰帶出基督、彌賽亞天國君王的榮耀，是歷代子民所期盼的：這榮耀在基督十架的陰影下，表面上是隱藏了，卻是在基督復活後，逐步明朗化。我們應為今天得以活在基督復活後的時代，滿心感謝上帝，並以獻上自己作為回應（羅十二 1 ～ 2）。
3. 約翰對門徒說：「祂必興旺、我必衰微」，但耶穌卻對祂的門

7 France, *Gospel of Matthew*, 428 ～ 429.

徒（包括我們）說：「我必興旺、你們也要興旺」，正如祂曾預言：「我實實在在地告訴你們，我所做的事，信我的人也要做，並且要做比這更大的事，因為我往父那裏去。」（約十四12）這預言在五旬節聖靈降臨後，經已應驗，並且這福音已傳遍天下，就是基督所說「更大的事」。作為新約聖徒，我們要感恩讚美，實踐使命，等候基督新郎的再臨。

B. 基督君王接受差遣與裝備

耶穌來到約旦河，要受約翰的洗禮，約翰感到不配，想要攔住祂，說：「我當受你的洗，你反倒上我這裏來嗎？」耶穌回答說：「你暫且許我，因為我們理當這樣盡諸般的義。」於是約翰許了祂（太三 4 ～ 15）。

「盡諸般的義」（fulfill all righteousness），按耶穌當時的處境，大概是指順服天父的旨意。具體內容，按新約學者法蘭斯（R. T. France）分析，有可能指基督「彌賽亞使命」的兩方面：

1. 耶穌藉領受約翰的洗禮，以示對約翰的使命的認同，就是宣講那「天國臨近、人應當悔改」的信息。
2. 耶穌藉領受約翰的洗禮，以示對當時受洗者的認同，因為耶穌是彌賽亞，是上帝子民的代表，應與他們的渴望和需要認同。祂一方面要承擔他們的軟弱（太八 17），作他們的贖價（太二十 20，二十六 20）；另一方面，作為耶和華受苦的義僕（賽五十三章），祂的認同也能使他們「在基督裏」（in Christ），得稱為義（參賽五十三 11）。[8]

8　France, *Gospel of Matthew*, 119 ～ 121.

除此以外，耶穌的受洗，也是祂那快將開始的天國事奉的必要裝備，就如16至17節的記載：「耶穌受了洗，隨即從水裏上來。天忽然為他開了，他就看見上帝的靈彷彿鴿子降下，落在他身上。從天上有聲音說：『這是我的愛子，我所喜悅的。』」

這洗禮有三方面的意義：

1. 對在場的人：「天開了」是一個見異象的經歷，在一些救恩歷史的特別時刻，這些異象會出現（如：結一1；約一51；徒七56，十11；啟四1，十九11等）。這「天開」的異象展示了上帝的作為，對在場的人是一個啟示。
2. 對君王基督：聖靈降在祂身上，是印證了祂的彌賽亞身分，正如先知所預言的（賽十一2，四十二1，六十一1）。這也是裝備及差遣祂，以完成天國使命，就是其後基督藉死和復活，成就救贖，並且賜下聖靈，為要建立教會（徒一3～5，二1～41）。要達成這天國使命，基督自己須先領受聖靈，而聖靈「像鴿子」降下，是一個有形的象徵，使在場的人得以看見。在聖經中，鴿子本沒有特別的象徵意義，但也許挪亞洪水後的鴿子（創八8～12），和上帝聖靈在六日創造前，像母鷹覆蓋在水面上（創一2），可以作為一些先例，以暗示聖靈的降下，有「新創造」的涵義。[9]
3. 對父上帝而言：天上的聲音是祂直接有聲的啟示，表達了祂對聖子的喜悅。這同時展現了聖父與聖子愛的關係，和聖父對聖子順服的悅納。而「我的愛子」乃引自舊約（創二十二2；賽四十二1）：以撒是基督的預表，而「耶和華僕人」的預言也

---

9 France, *Gospel of Matthew*, 121～122.

應驗在基督身上。當然，父上帝的宣告，也是對當時在場的人說，耶穌確是上帝的兒子，是祂所差來的彌賽亞，他們要聽祂，並跟從祂（參約一 31 ～ 34）。

C. 基督勝過魔鬼的試探（太四 1 ～ 11；可一 12 ～ 13；路四 1 ～ 13）

在受洗、領受聖靈後，耶穌被聖靈引領（＝「催」〔sent〕；可一 12）到曠野，受魔鬼的試探（temptations），同時也是接受天父的試驗（tests）（在聖經中希臘文 *peirazo* 一詞，可譯為「試探」或「試驗／試煉」〔參雅一 2 ～ 15；林前十 13；申八 2、6；見《七十士譯本》〕等）。從魔鬼企圖引誘耶穌犯罪的角度看，這些都是「試探」（temptations），但從父上帝安排引導耶穌經歷磨練、進一步完成使命的角度看，這些則是「試驗」（tests）。由於基督至終向魔鬼誇勝，這些「試探／試驗」都成為祂完成天國的使命的里程碑，因為祂至終得勝了。關於這三個試探是怎樣的試探，歷代學者有不同的詮釋。筆者認為，當中霍志恆為我們提出了最佳的進路，就是從耶穌引用的舊約經文了解這三個試探的本質。[10]

(i) 試探一：引誘耶穌用自己的方法，滿足自己的需要

他禁食四十晝夜，後來就餓了。那試探人的進前來，對他說：「你若是上帝的兒子，可以吩咐這些石頭變成食物。」耶穌卻回答說：「經上記著說：人活著，不是單靠食物，

10　參 Geerhardus Vos, *Biblical Theology: Old and New Testaments* (Edinburgh: Banner of Truth, 2014), 330 ～ 342。

乃是靠上帝口裏所出的一切話。」(太四 2～4)

據申命記八章 2 至 6 節記載，耶和華提醒以色列人，祂在曠野引導並試驗子民，要看看他們是否願意順服祂；祂為子民提供食物(嗎哪)，是藉祂的話(＝應許)，而非天然或人為的途徑，使他們知道上帝的能力與信實。可見，耶穌當時引用申命記八章 3 節，並非要對比屬物質和屬靈的食物，乃是要宣告，作為降卑為人的彌賽亞，祂願意信靠天父的供應(即使祂已餓了四十天)，順服天父供應的時間和方式，不會因為身體飢餓，就急於用自己的方法(＝魔鬼建議的方法)，去滿足自己的需要。就是這樣，耶穌拒絕將石頭變成食物，最終得到天父的供應，並得勝那惡者；降卑的君王基督，依靠聖靈、藉上帝的話(申八 3)，勝了第一仗。

(ii) 試探二：引誘耶穌試探父上帝的信實

魔鬼就帶他進了聖城，叫他站在殿頂上，對他說：「你若是上帝的兒子，可以跳下去！因為經上記著說：『主要為你吩咐他的使者用手托著你，免得你的腳碰在石頭上。』」耶穌對他說：「經上又記著說：『不可試探主你的上帝。』」(太四 5～7)

這裏魔鬼引用詩篇九十一篇 11 至 12 節，卻是錯誤的應用這經文，目的是企圖誤導耶穌。耶穌再次以曠野經文(申六 16)回應魔鬼。那時耶和華提醒以色列民，他們曾在瑪撒試探祂(出十七 1～7)，就是企圖用一些方法，確定上帝是否可靠，是否有能力領他們到達目的地迦南。由於是出於懷疑和不信，以色列人的行為是試探上帝；同樣，耶穌若是聽從魔鬼的話，從殿頂跳下去，看看天父會否保護祂，就會步以色列人的後塵，是試探父上帝。要知道，天父是差遣耶穌，並一直帶領保護祂，現在魔鬼卻建議耶穌要求天父用神蹟給祂保證，這樣祂便可安心。這將變成是不信任天父的行為，是錯誤地「試探上帝」。耶穌確知道，作為降卑的彌賽亞，應該時刻依靠天父，而非要求一次的保證。魔鬼表面上是為耶穌著想，其實是設了一個陷阱，要引誘祂重複子民在曠野的失敗，因此耶穌拒絕了這試探。君王基督又勝一仗！

（iii）試探三：引誘耶穌，藉敬拜魔鬼得到權力

> 魔鬼又帶他上了一座最高的山，將世上的萬國與萬國的榮華都指給他看，對他說：「你若俯伏拜我，我就把這一切都賜給你。」耶穌說：「撒但，退去吧！因為經上記著說：『當拜主你的上帝，單要事奉他。』」（太四 8～10）

魔鬼在此試探耶穌，藉敬拜祂，得到萬國與萬國的榮華。這明顯是很嚴重的罪（干犯十誡之首！），但魔鬼有他的策略：他讓耶穌突然清楚看見萬國的榮華，因他知道耶穌到世上來的目的，是要作王、得著天地的權柄（參太二十八 18）。魔鬼的建議是：耶穌可以走一條捷徑，就是敬拜魔鬼，就能達到目的，而不必走那艱難痛苦的十架道路。也許耶穌當時曾「眼前一亮」，但至終不為魔鬼所動。首先，祂知道魔鬼在地上的權柄是暫時和有限的；其次，祂也知道，作為彌賽亞，祂必須走順服和十架的道路，方能成就救贖；最後，耶穌藉上帝的話（申六 12～15），得到指引。對降卑的基督，父上帝才是祂惟一敬拜的對象。總的來說，耶穌

知道，拜偶像（特別是魔鬼）的罪，將會永遠奪去祂作為彌賽亞君王的資格，因此祂別無選擇，第三次向魔鬼說「不」，使那惡者落荒而逃！

（iv）小結：基督受試探的神學意義

1. 基督在曠野受魔鬼的試探，是經歷了一個天國的爭戰，也是接受了天父的考驗。舊約以色列人在曠野四十年失敗了，耶穌在曠野四十天得勝了，祂是那「新以色列」（new Israel），要帶子民經歷那「新出埃及」（new Exodus）；祂也實現為「末後的亞當」（the last Adam；參路三 23 ～四 13），藉順服與得勝，逆轉了首位亞當在伊甸園的失敗所帶來的後果，就是人類和宇宙墮落和受咒詛的光景。
2. **問題：基督得勝試探，是否因為祂是上帝的兒子，有完全的神性？**

   回答：非也！誠然，基督道成肉身，是神人二性完美結合的一個位格，但在得勝試探這事上，重點是放在祂降卑（復活之前）的人性上。第一、上帝（包括其神性）是不能被試探的（雅一 13）；第二、耶穌受苦（包括受試探）、受死，為人獻祭贖罪，是基於祂是人（來四 14 ～五 9）；第三、魔鬼的試探所針對的，是一些人性可能出現的軟弱，而非神性的特性，而耶穌是以人的身分接受試探的。不單如此，祂在面對試探時，是堅持其「降卑」人性的身分，如：拒絕走捷徑得榮耀、拒絕用神蹟得飽等，這正是「受苦僕人」的道路。
3. 耶穌得勝試探，有三個重要的元素。第一、是內住聖靈的加力；第二、是上帝在聖經啟示中的指引；第三、是耶穌對彌賽亞身分和使命的委身，甘願走那「順服—受苦—受死」的道路，不受魔鬼的誘惑，貪圖那即時滿足和表面光彩的捷徑。祂的得勝，為上帝所託付的「天國」使命作了最佳的準備。

4. 基督在曠野受試探而得勝，是救贖歷史中的重要環節，是不可重複的事件，像祂受死復活的事件一樣。這得勝的事件，當然也可以成為我們面對試探的榜樣，但「榜樣」必須建基於「救贖」，我們不可本末倒置。[11]

3 基督在地上的「天國」事奉

A. 基督行使天國的能力：神蹟奇事

基督得勝魔鬼的試探，通過了上帝的考驗，已經是顯出了天國的能力，但這能力更明確的彰顯，是祂在三年事奉中所行的神蹟。

(i) 神蹟、聖靈與天國的臨在（太十二 22～32）

耶穌對法利賽人說：「我若靠著上帝的靈趕鬼，這就是上帝的國臨到你們了。」（太十二 28；路十一 20）基督藉聖靈趕鬼，使人得釋放，表明末世的國度，透過彌賽亞（天國君王）的大能作為，已開始實現在他們中間，而祂自己就是猶太人所期待的「大衛的後裔」。但法利賽人卻說：「你只是靠鬼王趕鬼。」耶穌就回應他們，說：「凡一國自相紛爭，就成為荒場；一城一家自相紛爭，必站立不住。若撒但趕逐撒但，就是自相紛爭，他的國怎能站得住呢？

11 參陳若愚：《基督、聖靈與救贖：基督教要義導覽》（香港：基道，2010），頁 43～49。

我若靠著別西卜趕鬼，你們的子弟趕鬼又靠著誰呢？這樣，他們就要斷定你們的是非。」（太十二 25～27）

耶穌清楚地指出了他們的荒謬，因為若真的是鬼趕鬼，這鬼的王國必站立不住（＝會被毀滅）。此外，若法利賽人可以接受他們當中的人，是靠上帝能力趕鬼，為何不願意接受耶穌靠上帝的靈趕鬼？他們對耶穌的判斷，顯然是不合理的。耶穌進一步指出，祂有能力趕鬼，是由於祂已先捆住了魔鬼，正如祂所言：「人怎能進壯士家裏搶奪他的家具呢？除非先捆住那壯士，才可以搶奪他的家財。」（太十二 29）這「捆住壯士」的行動，已經在「曠野四十天得勝試探」開始成就。耶穌還向他們警告說：「人一切的罪和褻瀆的話都可得赦免，惟獨褻瀆聖靈總不得赦免。」（31 節）所以他們要特別小心，不要犯了褻瀆聖靈（即：明知是聖靈的工作，卻稱是鬼王的工作）這不得赦免的罪。

（ii）撒但從天上墜落（路十 17～19）

福音書又記載耶穌差遣七十門徒，傳講天國的福音，其後他們回來向主報告：「那七十個人歡歡喜喜地回來，說：『主啊，因你的名，就是鬼也服了我們！』耶穌對他們說：『我曾看見撒但從天上墜落，像閃電一樣。我已經給你們權柄可以踐踏蛇和蠍子，又勝過仇敵一切的能力，斷沒有甚麼能害你們。』」（路十 17～19）這對話顯示，在門徒出外傳道期間，耶穌已經確切向撒但誇勝，而由於撒但經已墜落，祂可以將天國的權柄與能力，賜予門徒，使他們也可以行神蹟、得勝仇敵。這是天國能力進一步的彰顯。換句話說，耶穌和七十個門徒，在天國的聖工可進一步擴展，因為撒但已經墜落，他的能力已受到限制。

（iii）神蹟與福音的宣講

這些神蹟奇事（如：醫病趕鬼），往往與宣講福音的事工互相配合（太四 23，九 35），因為天國的事工，是藉話語（words）和行動（deeds）一同配合的。不錯，神蹟行動是天國能力的外顯（參太十一 12，天國是帶著能力向前邁進），但必須與上帝的話語配合，因為話語不單可以解釋神蹟，也可以改變生命，使人信靠基督、悔改歸主、過新生活。典型的例子是那得醫治的瞎子（約九 1～7、35～38）、被鬼附的人（路八 26～39）、患血漏的婦人（路八 43～48）等，這些人都是先得到醫治和趕鬼，再領受耶穌的話語，清楚信靠祂的。

（iv）神蹟與復活的大能

在耶穌所行的神蹟中，叫死人復活的神蹟是很特別的（太九 18～26；路七 11～17；約十一 19～57）。首先，這些復活神蹟的聖經記載，往往受到自由主義學者的攻擊，認為是不可信的事情；其次，根據福音書的記載，這些復活神蹟帶來的反應，是強烈和廣泛性的，例子：耶穌使拉撒路復活的神蹟，對當時的猶太人，影響很大（約十一 45～57），因此引起祭司長和法利賽人的負面回應，謀劃殺害耶穌；還有，基督使人復活的神蹟，都是指向祂救贖工作的高峯——祂自己的復活。總的來說，神蹟不單彰顯上帝的能力，它們（特別是基督的復活）都有救贖的意義。

與復活神蹟相反的，是耶穌咒詛一棵無花果樹、使它永不再能結果子的神蹟（太二十一 18～22；可十一 12～14、20～24）。這神蹟象徵上帝對以色列民的審判，是由於他們的不信和不肯悔改。無花果樹受咒詛而衰萎，與天國救恩所帶來的復活生命，形成了強烈的對比。[12]

與復活神蹟有關的教導，見於耶穌對文士和法利賽人要求的回應：

> 當時，有幾個文士和法利賽人對耶穌說：「夫子，我們願意你顯個神蹟給我們看。」耶穌回答說：「一個邪惡淫亂的世代求看神蹟，除了先知約拿的神蹟以外，再沒有神蹟給他們看。約拿三日三夜在大魚肚腹中，人子也要這樣三日三夜在地裏頭。當審判的時候，尼尼微人要起來定這世代的罪，因為尼尼微人聽了約拿所傳的就悔改了。看哪，在這裏有一人比約拿更大！」（太十二 38～41）

這對話的背景是耶穌與法利賽人辯論，論及祂趕鬼的能力是藉聖靈，還是靠鬼王；耶穌且警戒他們，不要褻瀆聖靈（太十二 22～30），又責備他們是「毒蛇的種類」（31～37 節）。在此，文士（律法專家）和法利賽人（宗教領袖），要求耶穌行一個顯赫的神蹟（miraculous sign），以證明祂的教導權威，但這要求被耶穌拒絕了。其實，耶穌並不反對神蹟有印證的功能，因為祂也曾指向自己的神蹟，作為身分與權柄的證明（太九 6，十一 4～6、21、23）。耶穌之所以拒絕他們，是因為祂看出他們的要求是出於不信。這些人已經見過祂不少的神蹟，卻仍然不信，耶穌再多行一個，對他們也沒有作用。耶穌進一步指出，祂自己的復活就是最重要的神蹟，因為復活足以證明祂的身分與權柄（參徒二 32～

12　參 Herman Ridderbos, *The Coming of the Kingdom* (St. Catharines: Paideia Press, 1978), 68～69。

36，三 14 ～ 20 等）。

耶穌又比較古代的尼尼微人和這些猶太人，指出前者（外邦人）聽了先知的信息便悔改了（拿三 4 ～ 10），但後者（上帝的子民）卻硬心不信（太十一 20）。最後，耶穌以先知約拿三天在魚腹中，作為祂自己死後三天復活的預表，即：祂是「末後的約拿」（second Jonah），但有一個分別：祂自己比約拿更大，是「更大的約拿」（greater Jonah）。可見，對硬著心不信的猶太人，再多一些神蹟，並不能幫助他們悔改歸主。

基督這宣告，提醒傳福音的人，要宣講「基督從死裏復活」這最重要的神蹟，因為這復活的神蹟，不單（客觀上）顯明耶穌是「主」（萬有的主宰）、是「基督」（彌賽亞君王；徒二 36），亦帶出了耶穌復活的大能，使人藉聖靈重生（約三 3 ～ 5），且確信基督為主為王，悔改歸向主（羅十 9 ～ 10）。

B. 基督宣講天國的福音

(i) 天國福音應驗先知的預言

先知以賽亞看見未來天國實現的遠景，宣告說：

> 那報佳音，傳平安，報好信，傳救恩的，對錫安說：你的上帝作王了！這人的腳登山何等佳美！（賽五十二 7）

這實現也包括好消息（＝福音）的傳揚，而首位傳揚者就是天國的君王基督。而錫安（上帝的城＝天國子民）因這好消息，就大大喜樂，高聲（錫安的擬人化）宣告，說：

> 我因耶和華大大歡喜，我的心靠上帝快樂。因他以拯救為

> 衣給我穿上，以公義為袍給我披上，好像新郎戴上華冠，又像新婦佩戴裝飾。田地怎樣使百穀發芽，園子怎樣使所種的發生，主耶和華必照樣使公義和讚美在萬民中發出。（賽六十一 10～11）

基督不單是這福音的傳揚者，更是福音的成就者，因為祂自己就是福音（西一 28）。

(ii) 天國福音是救贖的恩典（redemptive grace）

路加福音記載了耶穌在拿撒勒會堂，宣講救贖恩典：

> 有人把先知以賽亞的書交給他，他就打開，找到一處寫著說：主的靈在我身上，因為他用膏膏我，叫我傳福音給貧窮的人；差遣我報告：被擄的得釋放、瞎眼的得看見，叫那受壓制的得自由，報告上帝悅納人的禧年。於是把書捲起來，交還執事，就坐下。會堂裏的人都定睛看他。耶穌對他們說：「今天這經應驗在你們耳中了。」（路四 17～21；其中 18～19 節引自賽六十一 1～2，五十八 6）

路加福音四章 18 節上聖靈的恩膏是彌賽亞的重要特徵（賽十一 2，四十二 1），18 節下至 19 節則描述了福音的特徵，解讀如下：

1. **是給貧窮人的：**「貧窮」不是單指經濟方面，但也包括經濟上的貧窮。從先知的處境看，「窮人」是指子民當中那些被人輕視和惡待的；此外，相比起一般「富人」的高傲自大、難以放下財富跟隨主的特性（太十九 23 ～ 26），「窮人」往往是較謙卑和感到缺乏而需要幫助的。當然，這對比並非絕對，所以在今生，「靈裏貧窮」（太五 3）是較為吻合今日處境的天國特徵。

2. **使被擄的得釋放：**讓人「蒙救贖、得釋放」，是傳講天國福音的重要目的。無論是個人的罪、集體（如：制度上）的罪，抑或是政治、經濟、心理、邪靈、疾病的捆綁，基督都能使人得著釋放，重獲自由。

3. **使瞎眼的得看見：**這是彌賽亞君王施予子民的另一大祝福（賽三十二 3），無論是指身體上的，或是內心的眼睛，主都能打開，使人得以看見。

4. **報告上帝悅納人的禧年：**引自利未記二十五章 10 至 55 節，這帶出了彌賽亞國度內，一切債務、奴隸合約、社會契約，皆在禧年得到免除，這是上帝救贖恩典的重要部分。

5. **其他：**馬太福音十一章 5 節記載了耶穌回答施洗約翰門徒的問題，論及祂自己彌賽亞的身分和工作，其中還包括：「瘸子行走，長大痲瘋的潔淨，聾子聽見，死人復活」等，這都是人可領受的天國福音的果效。

6. **「今天」的應驗（21 節）：**這天國福音的救贖恩典，在耶穌當日宣講時，已經開始應驗了（inaugurated fulfillment）。雖然天國的完全實現，如：社會制度的改變、田地的公平分配、天地的更新等，仍要等到將來，但當日耶穌宣講時，天國已開始實現，這是不容質疑的。（注意：路加並沒有引用以賽亞書六十一章 2 節下「我們上帝報仇的日子」，因為天國的最後審判，仍是將來的事！）

(iii)天國福音的禮物：豐盛的生命

基督在地上宣講天國的福音，呼召人悔改歸向上帝，並跟隨祂，作祂的門徒(太十六24～26，十九21)。對於那些憑信心而行的例子，如：回頭的浪子(路十五11～24)、悔改的撒該(路十九1～10)等，基督應許他們，天國諸般的福氣會臨到他們，其中主要的包括：

a)得享赦罪之恩：

- **基督有赦罪的權柄：**舊約先知預言彌賽亞降臨，設立新約，其中一個最重要的應許是「罪得赦免」(賽四十2，四十三25，四十四22；耶三十一34)，因為那被差的「受苦僕人」將為投靠祂的人承擔罪孽(賽五十三4～10)。罪是人類最痛苦的實況之一，而耶穌在拿撒勒宣告「被擄的得釋放」(路四18)，其中重要的一環，就是使人得以脫離罪的捆綁，重獲自由。耶穌形容，人在罪中，就像一個欠債者，需要求上帝(藉基督)免了他的債(太六12)，而他蒙赦免後，也該免了弟兄的債(太十八21～35)。

  耶穌醫治癱子的故事，也展示了祂作為「人子」(彌賽亞君王的尊稱)，擁有赦罪的權柄(可二1～12；路五17～26)。當耶穌對癱子說：「你的罪赦了」，文士就議論祂，說祂沒有資格作這宣告，因為祂不是上帝。耶穌的回應是：「或對癱子說『你的罪赦了』，或說『起來！拿你的褥子行走』，哪一樣容易呢？但要叫你們知道，人子在地上有赦罪的權柄。」祂「就對癱子說：『我吩咐你，起來！拿你的褥子回家去吧。』那人就起來，立刻拿著褥子，當眾人面前出去了。以致眾人都驚奇，歸榮耀於上帝，說：『我們從來沒有見過這樣的事！』」（可二 9 ～ 12）耶穌的行動與宣告，使文士啞口無言，使眾人驚訝，並都歸榮耀予上帝。

- **耶穌親近並呼召罪人：**人人都需要「赦罪」之恩，因為都是亞當的後裔。可是那些自以為義的法利賽人，卻認為自己是義人，不需要上帝的恩典，因此他們也不會得到赦免；反而那謙卑、認罪、求上帝憐憫的稅吏，可以得稱為義，因為他承認自己的需要，並真誠懇求上帝的赦免（路十八 9 ～ 14）。耶穌因此明言，祂來是要召「罪人」，而不是要召「義人」，因為後者自以為義。所以祂說：「一個罪人悔改，在天上也要這樣為他歡喜，較比為九十九個不用悔改的義人歡喜更大。」（路十五 7）

  耶穌所講「浪子與長子」的比喻，就是這兩類人最佳的描述：悔改的浪子，至終得到父親的歡迎，被重新接納為兒子；而自以為義的長兄，卻不願意歡迎弟弟，也不聽父親的勸告，在耶穌比喻的結束時，長兄仍在家的門外——他需要作一個決定，就是是否要進入家門（路十五 25 ～ 32）。[13]

b）耶穌與猶太拉比的分別：

拉比對罪和稱義的觀念是「數量性」（quantitative）和「規條主義」式（legalistic）的。他們認為，人有遵行律法的道德本能，而上帝判斷人是否義人，要視乎人守律法的次數，是否超過他違反律法的次數；因此，義人至終能否「得救」，在今生是很難確定的。然而，猶太拉比往往認為自己比他人好，因為他的善行（遵守

13　參 Timothy Keller, *The Prodigal God: Recovering the Heart of the Christian Faith* (London: Penguin, 2011)。

律法）比惡行多，因此是「義人」，配得上帝的稱讚和獎賞。[14]

耶穌則認為，罪並非「數量性」，乃是「質量性」（qualitative）的，因那是出自內心的動機；並且人犯罪，不單得罪人，更是得罪上帝。由於普世人類皆在罪中，所以人人都當悔改，就是決意改變人生方向，離罪歸向真神，並要結出悔改的果子，與悔改的心相稱（太三8）。由於耶穌強調上帝看重人內心的動機，和裏外一致的悔改（參太十九16～22，耶穌與年青富官的對話），因此有人會認為，人要悔改進入天國，是很難的事，特別是富有的人（23～24節）。當門徒問耶穌：「這樣誰能得救呢？」耶穌看著他們說：「在人這是不能的，在上帝凡事都能。」（太十九25～26）可見，人要悔改進入天國，還得靠賴上帝的恩典與能力。

c）獎賞：是功德抑或恩典？

耶穌在論及天國真理時，常提到「獎賞」（rewards）（太五11～12，六4～6，十41～42，十二36～37，二十五14～23、31～40），這有時會予人一個錯覺，就是以為這些「獎賞」是救恩以外一些「額外」（extra）的賜予，是出於人的功勞。這是錯誤的理解。天國的「獎賞」，其實都是上帝豐盛救恩的一部分（如：太十40～42，二十五34），都是恩典（太二十1～16），而非出於人自己的功勞。至於僕人忠心事奉，得主人稱讚（太二十五21、23），也沒有可誇的，因為事奉的生命（基於赦罪之恩和新生命）、恩賜與能力，皆出於上帝（參太二十五14～15；林前四7）。此外，子民的事奉，不過是盡一己的本分，並無可誇，正如路加記載主的提醒，說：

14　參 Ridderbos, *Coming of the Kingdom*, 222～226。

> 僕人照所吩咐的去做，主人還謝謝他嗎？這樣，你們做完了一切所吩咐的，只當說：「我們是無用的僕人，所做的本是我們應分做的。」（路十七 9～10）

罪的赦免，是上帝主權中白白的恩典，而基於這恩典的生活、事奉的能力和最終的獎賞，也都是恩典。這與猶太教的救恩觀和事奉觀分別很大。浪子比喻中的長子（路十五 28～30）和葡萄園比喻中埋怨家主的工人（太二十 10～16），正反映了傳統猶太教的偏差。

d）得以作天父的兒女：

- **誰是天父的兒女？**自由主義的答案是：「全人類！」但新約的答案是：「在基督裏領受天國福音、得以進入上帝國的人。」耶穌是上帝的兒子，祂是人，因此可作上帝兒女的中保（太十一 27）。當然，祂的「兒子」身分與信徒的「兒女」身分是不同的：祂是父上帝永恆的獨生子（約一 18），而信徒則是父上帝所收納的兒女（約一 12；加四 5），所以耶穌常常將「我的父」和「你們的父」分別出來（約二十 17）。但悔改信主者，都有資格作天父的兒女，正如約翰說：「凡接待祂的，就是信祂名的人，他就賜他們權柄，作上帝的兒女。」（約一 12）作上帝的兒女，是一個權柄（＝權利），是藉信靠耶穌（＝救主）之名、蒙祂恩賜的特殊身分，而不是人人都自動有的權利。又正如路加所載，浪子的比喻（路十五 11～32）所展示的，人要稱上帝為父，須先悔改回頭，蒙父上帝赦免接納，才可重獲兒子的身分，進入父上帝的家，與祂建立愛的關係。

- **兒女與天父的關係：**過去、現在、未來：過去在舊約時代，以色列被稱為上帝的兒子（出四 22；申十四 1，三十二 6、19～20），但這父子關係，一般指耶和華與祂的子民（以色列）立約，建立「神權社會」，而非單指個人關係。舊約後期的猶太作品，即便有提及父上帝與子民的個人關係，但往往是存著恐懼的心（參羅八 15）。[15]

  新約時代，福音書描述的父子關係，是確定和可經歷的；是個人性，也是羣體性的，因為天國藉基督的來臨，已開始實現（太五 3～12，十三 43），且有聖靈為印證（羅八 14～16）。在今天，父上帝是溫柔、可靠、慷慨的（太六 7～8，七 9～11，十 29～31，十八 14；路十二 32）。

  面對未來，父上帝會憐憫恩待祂的兒女（太五 4、5、7、8、12）。信徒與天父的關係，在永恆國度將完全體現，這包括與基督同作後嗣、同得榮耀（羅八 17），也是身體得贖、兒子名分最終實現的階段（羅八 23）。

- **得著天父每日的供應：**耶穌勉勵門徒，不要為日常所需的憂慮（太六 25～34），祂說：「你們這小信的人哪！野地裏的草今天還在，明天就丟在爐裏，上帝還給它這樣的裝飾，何況你們呢？所以，不要憂慮說吃甚麼、喝甚麼、穿甚麼。這都是外邦人所求的。你們需用的這一切東西，你們的天父是知道的。你們要先求他的國和他的義，這些東西都要加給你們了。」（30～33 節）

  何謂「先求他的國和他的義」？一般信徒的理解是，假若我們看重天國的屬靈事工，上帝就會獎勵我們，供應我們一切屬

15 參 Ridderbos, *Coming of the Kingdom*, 233～234。

世所需。如此理解是有問題的。首先，這樣將「屬靈」與「屬世」的分開對立，在聖經中是沒有根據的，例如：主禱文中有求上帝的國（六 9～10），同時也求「日用的飲食」（11 節）；其次，將「日用飲食」看為上帝的獎勵，也不合宜，因為祂是我們的父親；第三，這也容易引致物質富裕的信徒，產生某種「屬靈的驕傲」，認為自己富有，是由於自己夠虔誠（參路十六章所描述法利賽人的態度）。

在此，耶穌其實是要教導門徒，如何看今生的財富和需要：祂教導門徒要「積財在天」（六 19～24），也提醒門徒，「生命和身體，比飲食和衣裳更重要」（六 25～34），千萬不要輕重不分，因為「人若賺得全世界，賠上自己的生命，有甚麼益處呢？人還能拿甚麼換生命呢」（十六 26）？

耶穌進一步指出，信徒人生最重要的事，就是先求「他的國和他的義」這上帝至為看重的「終極現實」，其他事物（物質財富、日常所需、今生成就等），都必須在「天國」的亮光去看，才有價值和意義。而這「天國」，就是父上帝差遣耶穌來，在救贖歷史中要成就的榮耀國度。父上帝不但掌管萬有，也愛顧祂的兒女（太十 29～31；路十二 6～7），祂當然會、也能供應兒女的需要。祂會垂聽他們所有（包括有關日常需要）的祈求，只是不希望他們本末倒置、輕重不分，以日常需要（吃、喝、衣裳等）為優先努力和追求的目標。

（iv）基督吩咐門徒實踐天國的倫理（kingdom ethics）

悔改的正面表現，是成全律法（太五 17～20）、遵行天父旨意、實踐天國倫理，而這倫理的精要，就載於「登山寶訓」（太五～七章）。

a）天國倫理的直述式：

前者是描述天國子民的身分與特徵（五 3～14），而後者則是上帝對子民的道德要求（五 15～七 27）。自由主義認為，天國福音的信息，旨在勸人行善，所以「直述式」和「命令式」兩者並沒有分別，都是為了使人過合乎道德的生活；猶太教則認為，行律法的功德是得進天國之條件，所以命令式是優先的；路德宗思想則看登山寶訓的信息是：人沒有可能遵行天父的旨意（五 20、48），因此道德行為與救恩無關，人只可以藉信心得稱為義，因此「直述式」和「命令式」兩者互相對立，因為守誡命與福音無關。以上三個觀點，似乎都未能準確反映耶穌登山寶訓的倫理信息。

b）天國倫理的正面功能：

新約學者理德博雖然認為人稱義是藉信心，而非靠功德，但他視遵行天父旨意、實踐天國倫理，是天國福音的一部分，是上帝的禮物，其功能是正面，而非負面的。他的理據如下：

- 主禱文中首三個祈願，第一、二個是有關上帝的作為，第三個（願上帝的旨意行在地上，如同行在天上），卻是有關人對上帝旨意的遵行。可見，人須先祈求天父的賜予，然後才進一步祈求祂的旨實行在地上（即：人以自己的「義行」配合）。
- 舊約先知預言天國實現，其中包括人順服上帝的旨意（結三十六 23、27；耶三十一 34），而人能夠順服，也是上帝的禮物，因為將律法放在他們心裏的，是上帝自己。
- 登山寶訓教導門徒，他們有能力遵命（命令式），是由於從上帝那裏領受了門徒的身分，才有生命和能力（直述式）去順服上帝。這包括：他們是世上的光和鹽（太五 13～16）、有天國子民的生命特質（太五 3 ～ 12）、是天父的兒女（太五 45、48）等。可見直述式和命令式兩者有密切且正面的關係。

- 這也吻合保羅的教導，就是人得救本乎上帝的恩典，但也是為了遵行上帝的旨意，因為我們是祂的「新創造」。正如祂對信徒說：「你們得救是本乎恩，也因著信。這並不是出於自己，乃是上帝所賜的……我們原是他的工作，在基督耶穌裏造成的，為要叫我們行善，就是上帝所預備叫我們行的。」（弗二 8、10）

由此我們可以確定，遵行上帝的誡命律例，是天國福音這上帝的禮物的一部分，也是人（門徒）當盡的本分。[16]

4 十架與天國的進程

A. 十架所啟示的君王

(i) 十架的預告：彌賽亞君王的新形象

a) 基督拒絕猶太人擁立祂為王：

約翰福音第六章，記載耶穌在曠野講道，並藉神蹟餵飽五千人，結果是：「眾人看見耶穌所行的神蹟，就說：『這真是那要到世間來的先知！』耶穌既知道眾人要來強迫他作王，就獨自又退到山上去了。」（約六 14 ～ 15）

當時猶太人有一個盼望，就是上帝在末世會差遣一位先知像摩西，來拯救他們（申十八 15 ～ 19），而這先知也是一位彌賽亞君王，像大衛王一樣（撒下七 12 ～ 14）。耶穌當時卻拒絕了他們的要求，獨自退到山上。這並不是說，耶穌不知道自己被差遣去完成彌賽亞的天國使命，只是猶太羣眾的理解錯了，他們專注了

16 參 Ridderbos, *Coming of the Kingdom*, 241 ～ 259。

在食物（末世的嗎哪）和政治的國度，耶穌卻聚焦於祂藉十架與復活所帶來的「生命之糧」（約六 26～59）；猶太羣眾要求耶穌作他們的解放者，救他們脱離羅馬的統治，耶穌卻看自己是上帝的自我啟示、道成肉身的聖子，而非一個軍事革命領袖。可見，耶穌十分了解自己的使命，是要藉受死復活，為人類代受罪的審判和刑罰，實現並建立一個「新創造」（new creation）。這兩種不同的理念、途徑和目標，當中的差距實在太大了！[17]

b）基督受死前的十架預言：

馬可記載，耶穌在最後前往耶路撒冷路上，問門徒説：「人説我是誰？」他們説：「有人説是施洗的約翰，有人説是以利亞；又有人説是先知裏的一位。」祂又問他們説：「你們説我是誰？」彼得回答説：「你是基督。」（可八 27～29）

彼得的認信——耶穌是基督（彌賽亞君王）——是正確的，耶穌也稱讚他（太十六 17），但其實他並未真正了解，基督會如何建立祂的王權。馬可如此敍述：「從此，他教訓他們説：『人子必須受許多的苦，被長老、祭司長和文士棄絕，並且被殺，過三天復活。』耶穌明明地説這話，彼得就拉他，勸他。耶穌轉過來，看著門徒，就責備彼得，説：『撒但，退我後邊去吧！因為你不體貼上帝的意思，只體貼人的意思。』」（可八 31～33）

彼得接受了當時一般猶太人的彌賽亞觀念，期望耶穌實現舊約先知預言的「大衛後裔」，作以色列的末世君王（撒下七 14～16；賽五十五 3～5；耶二十三 5），因此他完全不能接受一個受

17　參 D. A. Carson, *The Gospel According to John* (Grand Rapids: Eerdmans, 1991), 271～273。

苦、受死的基督。耶穌的責備好像很嚴厲，但從天國使命的角度看，彼得的行動確是在攔阻這天國使命的實現，不經意地成了撒但的差役：試探耶穌逃避十架。假若耶穌聽從彼得，上帝的救恩計劃，便會完全被破壞（可八 38）。

其他門徒也和彼得一樣，並不了解耶穌的十架使命。耶穌第二次的啟示也幫不了他們（參可九 31 ～ 32），而在耶穌第三次宣告前後，門徒仍不斷在爭論：「在天國中誰應為首？」（可九 33 ～ 35，十 32 ～ 40），顯示了他們仍不了解耶穌的使命、當中的天國領導原理，和十架的意義。

c）君王基督騎驢進聖城（約十二 13）：

基督最後一次進耶路撒冷守節，是騎著驢駒，在猶太羣眾的歡呼聲中，聽見他們呼喊說：「和散那（＝今天賜救恩）！奉主名來的以色列王是應當稱頌的！」（13 節；參詩一一八 25 ～ 26）這行動也應驗了先知撒迦利亞的預言：「錫安的民哪，應當大大喜樂；耶路撒冷的民哪，應當歡呼。看哪，你的王來到你這裏！他是公義的，並且施行拯救，謙謙和和地騎著驢，就是騎著驢的駒子。」（亞九 9）

這是一個表面的矛盾：榮耀的天國君王，並非騎著駿馬，或坐著馬車進京。這騎著小小的卑微驢駒的彌賽亞，並不是當時那些愛國的猶太羣眾所切望的，卻是上帝精心設計、為要顯明上帝藉降卑的基督，將要成就的「天國十架救贖」。

（ii）基督主張「政教分離」嗎？

福音書記載，當耶穌在耶路撒冷與猶太人談論「天國」的真理時，一些反對祂的宗教政治領袖，趁機向祂提出有關納稅的問題。馬可如此記載：

> 後來，他們打發幾個法利賽人和幾個希律黨的人到耶穌那裏，要就著他的話陷害他。他們來了，就對他說：「夫子，我們知道你是誠實的，甚麼人你都不徇情面；因為你不看人的外貌，乃是誠誠實實傳上帝的道。納稅給凱撒可以不可以？我們該納不該納？」耶穌知道他們的假意，就對他們說：「你們為甚麼試探我？拿一個銀錢來給我看！」他們就拿了來。耶穌說：「這像和這號是誰的？」他們說：「是凱撒的。」耶穌說：「凱撒的物當歸給凱撒，上帝的物當歸給上帝。」他們就很希奇他。（可十二 13～17）

在十八世紀歐美啟蒙運動時代，人們提倡「政教分離」的原則，其背後的理念是：政治是屬於公共事務，而宗教則屬於私人信仰道德的事，兩者屬不同範疇，不應互相混淆、彼此干預。這種解釋，對當時的人，和今天一些基督徒來說，都是可接受的。這些信徒認為，既然耶穌說了「凱撒的物當歸給凱撒，上帝的物當歸給上帝」，那麼「政教分離」自然是對的。結果是，在過去二百多年，西方社會和教會（包括華人教會）中，人們普遍接納了「政教分離」的原則。就這樣，基督教信仰被「私人化」（privatized）了，被排斥在公共事務以外，而基督教信仰對社會和政治的影響，也因此大大減少，從而加速了歐美社會的「世俗化」（secularization）。這「政教分離」的理念，深深地影響了不少歐美和華人信徒，直到今天。他們認為，教會和信徒若參與政治，就是干犯了「政教分離」的原則。其實這樣理解耶穌的說話，並不正確，那並不是耶穌教導的原意，因為：

- 首先，按這經文所載，耶穌顯然是贊成猶太人納稅予管治他們的羅馬政府的，即便祂沒有直接説出來。當時的處境是這樣：面對法利賽人和希律黨人，耶穌不想給他們藉口，好控訴祂是在提倡政治獨立和帶領叛亂（路二十三 1～2 記載了他們的控訴）；但面對反羅馬的猶太人，耶穌又不想他們誤以為祂在鼓勵他們參與反羅馬的叛亂（耶穌並沒有如此企圖！）。因此，祂用了一個間接的方式作回應，既帶出自己的信息，同時又可避免節外生枝。[18]

- 其次，耶穌是贊成一個殖民地（像當時的以色列）的民眾納税予統治者（羅馬政權）的，這與使徒保羅的教導是吻合的：保羅在羅馬書十三章 1 至 7 節中指出，納税是順服政府的一個表現，是信徒應作的，因為政府的權柄是上帝所賜，是為了賞善罰惡。從聖經整體的教導看，國家政權是上帝賜予人類「普世恩典」（common grace）的一部分，若其運作正常，是有益的，因為它能遏止罪惡，增進人民幸福。這「普世恩典」的理念，應可幫助信徒在社會中，與未信者合作，在不同範疇中（如：法律、教育、醫療、福利、藝術、財經等）一起建設國家社會。這不單是上帝所容許的，也是有益和必須的。其實，歷史中啟蒙運動的「政教分離」觀念，其中一個重要目的，是將基督教信仰私人化（privatize），將它排斥在公共事務以外，信徒若接納了這觀念，也就間接排拒了「普世恩典」和「關心社會和政治」等信念，是有違聖經整體的教導的。

其實，耶穌在此並沒有將凱撒和上帝的權力，區分開兩個平行和互不侵犯的範疇，祂一方面肯定政府的角色和權力，另一方面也宣告了上帝的全面管治權，因為祂是萬有之主，因此

18　參 Wright, *How God Became King*, 147～151。

連凱撒的權力也是祂所賦予的，並且祂差耶穌來，至終是要實現全面的天國管治（個人、羣體、宇宙）。地上的政權若按上帝所賜的職分，按公平公義施行權力、賞善罰惡、造福人民，理應會得到教會信徒的尊重和順服。當然，若掌權者專橫無度、自稱為上帝，必遭上帝的審判，而上帝的國度至終會取代地上的一切王權（參但七章）。

- 或有人問，若政府道德敗壞、施政不公不義，信徒和教會可如何面對？在民主國家中，人民可藉投票改換領袖；若是此路不通，信徒就會問：人民是否可以進行革命？這要視乎國家的處境，和其他重要因素，不能一概而論，要按具體情況探討。其實在歷史中，也有不少個案可供我們參考。此外，有兩點是值得留意的：（1）假若一個政權強迫人民敬拜其領袖，信徒應誓死拒絕（參但以理書、啟示錄等）；（2）絕對的個人權力是不可取的，因為人性是敗壞的。使徒彼得也曾教導信徒（見彼前二13～17），應敬畏上帝、順服尊敬統治者，不應以「自由」作為犯罪行惡的藉口。
- 見證與盼望：耶穌從來沒有提出，那像啟蒙運動所倡導的，河水不犯井水的「政教分離」。今天的信徒，特別是在民主體制國家中的，應可以盡公民的責任，參政和論政，運用各人的專長，貢獻社會和國家。不過，信徒同時應以聖經的真理，作為一切政治參與的根基。同時，在教會中討論這些課題時，也要避免因政見的分歧，使教會的合一受到破壞（弗四1～3）。無論如何，作為天國的君王，基督的權柄是遠超任何地上的君王的。祂這權柄，藉著在地上的事奉、十架和復活、教會和聖靈，會不斷地顯明，直到祂的再來，設立新天新地，這是我們的終極盼望。

（iii）十架陰影中的基督君王（約十八 28～十九 16）

基督被猶太宗教領袖和差役解到衙門，受羅馬地方官彼拉多的審問及定罪。彼拉多問祂說：「祢是猶太人的王嗎？」基督回答說：

> 「我的國不屬這世界；我的國若屬這世界，我的臣僕必要爭戰，我不至於被交給猶太人。只是我的國不屬這世界。」彼拉多就對他說：「這樣，你是王嗎？」耶穌回答說：「你說我是王。我為此而生，也為此來到世間，特為給真理作見證。凡屬真理的人就聽我的話。」（約十八 36～37）

- 有人誤以為，耶穌是在說，天國是一個屬靈的國度，不單與世上的政治無關，也與這物質的世界無關。這之所以是錯誤的理解，是因為天國所牽涉的，不單是一羣將會「身體復活」的子民，也將涵蓋一個更新、有形有體的新天新地。耶穌這裏的意思是：祂的國度權柄不是從地上和人而來，乃是從上帝而來的。若是從地上而來，祂的臣僕必會像凱撒的臣僕一樣，起來為祂爭戰。
- 基督是猶太人的王嗎？當然是！祂不單是猶太人的王，更是宇宙和地上萬國的君王，正如祂在復活後所宣告說的：「天上地下所有的權柄，都賜給我了」（太二十八 18），這成了新約教會於普世宣教的基礎。當然，這權柄的完全彰顯，是在祂再來時，被尊稱為「萬王之王，萬主之主」（啟十九 6、16）！而諷刺的是，彼拉多在耶穌的十字架上，釘了一個「猶太人的王」的牌子，原是為了譏諷耶穌，卻反倒道出了祂真正的身分：天國的君王！（約十九 17～22）。

- 耶穌與地上的掌權者：該撒的王權，是藉武力爭戰，但耶穌卻是藉為真理作見證，因為凡屬真理的人都聽祂的話。耶穌自稱是「上帝的兒子」，該撒也如此自稱（約十九7），但誰的話是真的？該撒的王權是有限的，且有終結的一天，但耶穌的王權是卻是無限的，且是永恆的。彼拉多又如何？他宣稱自己有權柄宣判耶穌是否有罪，但耶穌提醒他，若不是上帝的賜予，他就毫無權柄審判耶穌。其實，當時彼拉多的權柄也是極為有限的，因為他要聽從該撒，而他的判決極受羣眾的左右（約八38～40，九14～16），並且他對耶穌判決，在三天後也被祂的復活逆轉了！

（iv）設立聖禮的君王：聖餐與新約

基督面臨十架，在與門徒吃逾越節晚餐時，設立了聖餐。馬太福音記載：「他們吃的時候，耶穌拿起餅來，祝福，就擘開，遞給門徒，說：『你們拿著吃，這是我的身體。』又拿起杯來，祝謝了，遞給他們，說：『你們都喝這個，因為這是我立約的血，為多人流出來，使罪得赦。但我告訴你們：從今以後，我不再喝這葡萄汁，直到我在我父的國裏同你們喝新的那日子。』」（太二十六26～29）

聖餐的餅和酒，是立新約的記號，象徵和印證基督的「身體和血」（藉死作為代贖的獻祭），實現並超越了舊約中代贖的祭牲，被獻上承擔罪的咒詛，使人可從罪中得著赦免和釋放。這聖餐不單是預告基督的十架，更是啟示救恩的本質，而門徒應有的回應，就是要「吃喝」，藉這杯和餅，經常「記念」（即：領受）這救贖恩典，直到祂的再來（參林前十一23～26）。

- 基督立約的血，實現了上帝與亞伯拉罕所立的「恩典之約」（covenant of grace），因為上帝是信實守約的。正如上帝曾自己從被燒的祭肉中經過（創十五 8～21），藉此向亞伯拉罕承諾，祂自己必然守約，否則會受咒詛。耶和華的立約行動，預表基督將會藉十架，代替罪人受咒詛。其後，上帝藉摩西帶領以色列人出埃及，並著他們設立逾越節的定例，以記念上帝大能的拯救（出十二 7、13、22～24）。這定例日後也成為舊約以色列人的聖禮，指向那新約時代、基督的十架救贖，和聖餐禮的設立。
- 路加福音二十二章 20 節加上「新」字，是顯示聖餐代表君王基督與子民所立的「新約」，應驗了耶利米先知的預言（耶三十一 31～34），實現了子民被重建、認識上帝、罪得赦免、神人復和等預言，也成全了耶和華在西奈山上，與以色列民所立的聖約（出十九 4～6）。這「新約」是天國新羣體的信仰根基。
- 「從今以後」（太二十六 29）表達了一個新時代的開始，就是天國進程的一個新階段（基督在天、教會在地），這是天國「已然—未然」的教會時代，而這時代將延展到基督與門徒，在父上帝的國裏同喝新酒之日，就是天國完全實現之時（申三十三 28；摩九 13；太八 11～12）。這豈不是新約信徒的榮耀盼望？[19]

（v）十架上得勝的君王

- 基督的十架，顯明了祂對天父完全的順服——祂完成彌賽亞的

19　參 France, *Gospel of Matthew*, 991 ～ 995；O. Palmer Robertson, *The Christ of the Covenants* (Phillipsburg: P&R, 1980), 297 ～ 300。

使命，成為多人得救的根源（腓二 6 ～ 8；來五 8 ～ 9）。而死亡，並不是耶穌的失敗，反而是祂的得勝。耶穌的一生，都是在順服中得勝，其中特別載於福音書的有三次：（1）祂在出來事奉前，足四十天在曠野勝過魔鬼的試探（太四 1 ～ 11）；（2）在凱撒利亞腓立比境內，責備彼得攔阻祂前往聖城受死（太十六 21 ～ 23）；（3）在客西馬尼園禱告，三次勝過自己的掙扎（太二十六 36 ～ 46），踏上十架之路，這是祂一生順服的高峯。故此，耶穌最後在十架上的呼喊：「成了！」（*tetelestai*），並非一個面對死亡者的絕望呼喊，乃是一個「完成使命」的得勝宣告（約十九 28、30）。[20]

- 基督「藉著死敗壞那掌死權的，就是魔鬼，並要釋放那些一生因怕死而為奴僕的人」（來二 14 ～ 15）。與這相應的，是基督「將一切執政的、掌權的擄來，明顯給眾人看，就仗著十字架誇勝」（西二 15）。這「十字架」當然涵蓋了祂的「復活」，正如耶穌的復活假設了祂的死亡。[21]
- 十架彰顯上帝的公義（羅三 21 ～ 26），包括上帝公義的屬性，和祂對罪人的「稱義」的賜予。這稱義的救贖，也是上帝「恩典的得勝」（triumph of grace），因為無人能控告被上帝揀選、稱義的人，也無人能定他們的罪（羅八 33 ～ 34）！
- 十架也彰顯了上帝的慈愛（約十三 1；羅五 8）。這愛是上帝使人得救的因由（約三 16），也是蒙恩者與上帝永不隔絕的連結，是他們至終得勝的把握，這是「愛的得勝」（triumph of love）。正如保羅藉那得勝的凱歌，可以與眾信徒同唱的：「⋯⋯然而，

---

20 參 Carson, *Gospel According to John*, 618 ～ 622。

21 參 Douglas J. Moo, *The Letter to the Colossians and to Philemon*, PNTC (Grand Rapids: Eerdmans, 2008), 214 ～ 215。

靠著愛我們的主，在這一切的事（包括：患難、困苦、逼迫、飢餓、赤身露體、危險、刀劍等）上已經得勝有餘了。因為我深信無論是死，是生，是天使，是掌權的，是有能的，是現在的事，是將來的事，是高處的，是低處的，是別的受造之物，都不能叫我們與上帝的愛隔絕；這愛是在我們的主基督耶穌裏的。」（羅八 37 ～ 39）[22]

22 參 Wright, *How God Became King*, 228 ～ 245。

討論問題

1. 馬太福音太一至二章，如何展示基督在降生時，已顯明祂是「彌賽亞君王」？這記載可如何解答不少猶太人心中的疑惑？
2. 路加福音一至三章，如何藉基督降生與成長的歷史，展示祂的「天國君王」身分？而人又當如何信靠、敬拜和事奉祂？（參詩二10～12）
3. 你是否同意賴特（N. T. Wright）的觀點，就是歷代教會錯解了福音書？若「否」，請提出理據，若「是」，請提出補救修正的方法。
4. 試評價施洗約翰在救恩歷史中的地位，和他與耶穌在歷史中的關係。「他必興旺、我必衰微」這話，我們今天可如何應用？
5. 耶穌的受洗，如何確定了祂的身分和使命？這洗禮又如何裝備祂，以完成天國的使命？
6. 試簡單詮釋耶穌四十天在曠野所面對的三個試探。天父為何在這時段藉聖靈，領祂到曠野受這些試探？有何目的？耶穌的得勝，對我們今天又有何意義？
7. 耶穌三年在地上的天國事奉，有何主要方式和目的，又帶來了甚麼果效？
8. 耶穌所行的神蹟，與其所傳的福音信息，兩者有何關係？
9. 耶穌所教導的天國倫理，與猶太領袖所教的，有何異同？當中有何重要的法則？今天的門徒又可如何應用這些倫理法則？
10. 耶穌在地上的時候，也有猶太人要擁祂為王，但祂不接受，為甚麼？這反映了他們與耶穌的天國觀，有何差距？
11. 面對十字架，基督如何彰顯「天國君王」的身分？祂又是否主張「政教分離」？祂的王權是否只屬信徒個人、屬靈的層面？

5

新約中的「天國」進程（下篇）：從基督復活到新天新地

一 十架與復活：「天國」進程之轉捩點

1 引言

基督在地上三年的工作，充分展現了天國的能力、恩典與智慧。祂藉天國的能力——聖靈，施行神蹟奇事，宣講天國的福音，教導天國的倫理，帶領罪人得享天國豐盛的恩典。但這一切的事工，卻使祂與當時的猶太宗教領袖產生衝突，至終受害，被釘十架而死。因著上帝的管治，這些事卻是配合了上帝的救恩計劃，當然也反映了人性的醜惡。

基督的十架與祂的復活，新約啟示看兩者一同構成「救恩歷史的轉捩點」。十架是基督降卑（humiliation）的最低點，而復活則為祂高升（exaltation）的起點。使徒保羅在描述「福音」時，就有以下精簡的說明：「論到他兒子我主耶穌基督，在肉體（亞當）的時代，是從大衛後裔生的；在聖靈的時代，藉從死裏復活，被立為上帝大能的兒子。」（羅一3～4；作者另譯）

這描述指出，基督道成肉身，共經歷了兩個時代：舊的「肉體」(＝在亞當裏)的時代，和新的「聖靈」(＝在聖靈裏)的時代。前者以基督的十架為終點，而後者則以基督的復活為起點。藉此救恩歷史的工作(焦點在基督的受死與復活)，信徒得蒙救贖，宇宙得以更新。[1]

不錯，保羅曾在哥林多前書二章2節對信徒說：「我曾定了主意，在你們中間不知道別的，只知道耶穌基督並他釘十字架」，但這「十架」並不排斥，而是涵蓋「復活」的；同樣地，希伯來書二章14節說：「(基督)特要藉著死敗壞那掌死權的，就是魔鬼」，也不是排斥，而是包括「復活」的。因為基督若不復活，十架就不是得勝，而是一個徹底的失敗，正如使徒保羅對哥林多信徒說：「基督若沒有復活，你們的信便是徒然，他們仍在罪裏。就是在基督裏睡了的人也滅亡了。我們若靠基督只在今生有指望，就算比眾人更可憐。」(林前十五17～19)

可見，基督從死裏復活，是救贖歷史的轉捩點，也是天國進程的轉捩點，因為基督的復活，是祂得勝的開始，跟著就是「升天、加冕為王、再來、復活聖徒、更新天地」，至終帶來天國全面的實現。

2 復活：君王的明確彰顯

如上文所言，基督作為彌賽亞君王，在成就救贖工作上，祂的受死和復活，兩者是不可分割的。因此，上文所提有關基督十架的救贖意義，也可應用在祂的復活上，正如理德博一語道出了保羅書信的主旨——「宣講並闡釋藉基督藉降臨、受死、復活所

---

1 參林前十五1～4；Richard B. Gaffin, Jr., *Resurrection and Redemption: A Study in Pauline Soteriology* (Phillipsburg: P&R, 1987), 98～114。

帶來的末世救恩的開始」——就清楚指出了兩者的密切關係，[2] 另一方面，復活逆轉了基督降卑的救恩歷史方向，開始了祂高升的天國進程，藉基督的升天、登基、賜下聖靈，開始了天國初步實現的「第三階段」，就是「基督在天、教會在地」的新時代。

A. 四福音書對「基督復活作王」的詮釋

歷史告訴我們，在羅馬帝國統治下的猶太民族，年青人因叛亂而被羅馬兵釘十架的，數以千計，他們的結局都是失敗，甚至有被定罪處死的，因此他們的「天國夢」，沒有一個可以實現。而耶穌是惟一的例外，因為祂的復活，使一個一般人看為「失敗」的事件（十架捨命），變為一個「得勝」。其實，四卷福音書記載耶穌的復活事迹，除了要確定耶穌的身體真的復活外，也帶出了一個重要的信息：祂是得勝的天國君王。

1. 馬可記載，耶穌預告自己受死復活後，對門徒說：「我實在告訴你們，站在這裏的，有人在沒嘗死味以前，必要看見上帝的國大有能力臨到。」（可九 1；參太十六 28；路九 27）這不是指基督的再來，乃是指祂死後復活升天，彰顯天國的能力、榮耀與權柄。這與馬太福音二十六章 64 節和路加福音二十二章 69 節等經文，論及人子（即：彌賽亞君王）登基（即：升天掌權）有密切關係。[3]
2. 約翰記載，耶穌進入耶路撒冷後，預告自己的受死是一個「得

---

2 Herman Ridderbos, *Paul: An Outline of His Theology* (Grand Rapids: Eerdmans, 1975), 44.

3 參詩一一〇 1 和但七 13 等經文中的預言；Ned Bernard Stonehouse, *The Witness of the Synoptic Gospels to Christ* (Grand Rapids: Baker, 1979), 239 ~ 243。

榮耀」的時刻，祂說：「人子得榮耀的時候到了。我實實在在地告訴你們，一粒麥子不落在地裏死了，仍舊是一粒，若是死了，就結出許多子粒來。…… 現在這世界受審判，這世界的王要被趕出去。我若從地上被舉起來，就要吸引萬人來歸我。」(約十二 23～24、31～32) 耶穌預告自己的死和復活，就像一粒埋在地裏的種子，最終結果纍纍，使多人歸向祂。作為彌賽亞君王，祂的死不是一個失敗，乃是得榮耀和得勝的時刻，因為十架後有復活和聖靈，帶來普世歸主的美好結果。[4]

3. 路加記載，復活後，耶穌向以馬忤斯路上的門徒顯現，並教導他們，說：「『…… 基督 (彌賽亞君王) 這樣受害，又進入他的榮耀，豈不是應當的嗎？』於是從摩西和眾先知起，凡經上所指著自己的話都給他們講解明白了。」(路二十四 26～27) 對當時的猶太人，「藉受死復活，進入榮耀的天國君王」的觀念似乎是難以想像的，卻是 (按耶穌的講解) 猶太人的聖經 (舊約) 早已啟示的，而門徒要了解到，這「新」觀念的關鍵，就是基督的復活。復活帶來的，是天國視野的拓展、使命的傳承 (參路二十四 44～48)、能力的彰顯。這同時也與聖靈的降臨與澆灌 (路二十四 49；徒一 8，二章) 有密切的關係 (見下文)。

4. 馬太記載，耶穌在復活後，往與門徒約定的山上，向門徒說：「天上地下所有的權柄都賜給我了。所以你們要去，使萬民做我的門徒，奉父、子、聖靈的名給他們施洗 ……」(太

---

4 參 Lawrence Yeuk-yue Chan, "An Easter Impartation of the Spirit in John 20:22" (unpublished thesis, 1975), 28～59。

二十八 18～19）作為彌賽亞君王，基督藉十架完成使命，得著天地所有的權柄。如今祂運用這權柄，差遣並授權予門徒，往普天下傳揚天國的福音，領萬民歸向祂，尊祂為主為王，並且跟祂一同建立普世教會，就是末世天國子民的羣體。

二「天國」初步實現（之三）：基督在天、教會在地

1 基督復活、升天、登基

A. 彼得的詮釋：基督登基為王（徒二 14～41）

基督復活後五十天，聖靈降臨，使徒彼得傳講基督的復活，引領了三千人歸主，為普世新約教會拉開序幕。從那時起，所有使徒行傳記載的講道，皆以基督的復活為主要信息（參徒三 12～26，四 8～12，五 29～32，十 34～43，十三 16～41，十七 22～31，二十二 3～21，二十六 1～23 等）。這與近代福音派的神學與佈道信息——重十架、輕復活——的傳統，分別相當大。至於彼得在五旬節的信息（徒二 15～36），重點如下：

- 15～21 節：他宣告聖靈降臨，顯示舊約先知所預言的「末世」，已經開始。
- 22～23 節：他指出，雖然耶穌的死是上帝的計劃，但在座的一些猶太人在這事上，也難辭其咎。
- 24～32 節：上帝叫耶穌從死裏復活，應驗了大衞王的預言（詩十六篇）。
- 33～36 節：信息的高峯，包括：耶穌復活、升天、登基、賜下聖靈（注意：並沒提耶穌的死）；耶穌被立為「基督」，這是彌賽

亞君王登基的時刻。同時，耶穌被立為「主」(*kurios*)，也是實現了那位舊約立約的上帝耶和華的應許。

- 父上帝守約施慈愛，藉愛子耶穌，成就救贖，並將耶穌升為至高為主為王，人若求告祂，就必得救。可見，人要領受救恩，不單接受耶穌基督為「拯救者」(Savior)，也須承認祂為主為王（羅十 9；林前十二 3)。基督若不是從死裏復活、升天，不是登基的王（Lord-King)，那祂就不可能是大能的拯救者！
- 37～38 節：總結及邀請在場聽見者歸主：包括悔改、受洗、領受聖靈，並成為末世羣體的一分子。

B. 保羅的宣告：基督蒙父稱義、高升為主（腓二 6～11）

基督本是上帝，卻甘願降卑為人、順服至死（6～8 節)，因此父上帝「將他升為至高，又賜給他那超乎萬名之上的名，叫一切在天上的、地上的，和地底下的，因耶穌的名無不屈膝，無不口稱『耶穌基督為主』，使榮耀歸於父上帝」(9～11 節)。這高升的行動，不單是父上帝稱耶穌為義（＝為祂伸冤；參提前三 16；羅四 25)，更是耶穌「天國君王」身分的確立與實現。

C. 聖徒將會復活，與基督同作「得勝的君王」（林前十五 41～57）

哥林多前書十五章這段經文，保羅詮釋基督的復活，使祂成為「末後的亞當」，即：新人類（new humanity）的代表，將在亞當裏的舊人類（old humanity)，帶進一個新時代（new age)！將那原本是必朽壞的、羞辱的、軟弱的、屬地的身體，改變成為不朽壞的、榮耀的、強壯的、屬聖靈的身體，是可以進入上帝永恆的國度的（林前十五 50～55)。作為這新人類（＝在基督裏的子民）的代表，基督既是長兄、元帥，也是君王（羅八 29；來二 9 ～ 11）。[5]

在這論述的最後，保羅鄭重宣告：

> 這必朽壞的既變成不朽壞的，這必死的既變成不死的，那時經上所記「死被得勝吞滅」的話就應驗了。死啊！你得勝的權勢在哪裏？死啊！你的毒鉤在哪裏？死的毒鉤就是罪，罪的權勢就是律法。感謝上帝，使我們藉著我們的主耶穌基督得勝。（林前十五 54 ～ 57）

這結論所展現的，是一場勝仗，就是天國的君王，藉自己的復活，帶領全體子民，在這場歷世歷代、宇宙性的爭戰中得勝！請注意：這不是一場「靈體」（即：單單影響靈界、單單拯救人的靈魂）的戰爭，而是一場有關聖徒身體復活、宇宙更新的爭戰——那復活的君王基督，帶領聖徒和整個創造，打了一場大勝仗，使每一位屬祂的子民，生命改變，身體復活，有資格進入上帝的永恆的國度，就是那將被更新的天地！

2 基督高升為王：今日的統治

A. 基督高升的意義

基督的高升是一個三部曲，就是：復活（resurrection）、升天（ascension）、登基（enthronement）。高升，就是指基督成就救贖、回到天上聖所、與父同享榮耀（約十七 4 ～ 5；來八 1 ～ 2，九 11 ～ 12、24 ～ 25），並且坐在父上帝的右邊，繼續彌賽亞君王的工作。如今，基督人性的身體雖進了天堂，不再在地上，但祂作

5　參 Gaffin, *Resurrection and Redemption*, chap. 3。

為聖子，仍是一直繼續跟聖父和聖靈掌權，進行天國的事工，直到祂再來之日（徒一 9～11；來九 28）。因此，祂並不是一位「缺席的救主」（absentee Savior），乃是藉聖靈，將救恩施予信祂的人（林後三 3、16～18）。[6]

基督君王時刻用祂權能的話語，托住萬有（來一 3～4），而宇宙萬物都須依賴祂的大能和管治，方得存活，不致在混亂中失落（西一 17）。況且，宇宙間萬物的運作，不是盲目的，而是有方向和目標的。按新約作者們的描述，這宇宙君王的統治乃是一個：（1）公義的管治：一切邪惡仇敵皆被祂制服（來一 13；林前十五 25～28）；（2）永遠的管治：作為大衛的後裔，基督一方面繼承大衛的國位，另一方面又以永恆的天國，取代並超越大衛的王權（撒下七 12～13；徒二 22～36）；（3）有聖靈恩膏的管治：在個人生命、教會、宇宙中，基督都是管治的君王，而祂的管治也是在聖靈裏的：帶給人安慰、鼓勵、能力和智慧（林前十二 3、7～11；啟五 6；羅八 16～39）。

基督登基，既作管治宇宙的君王，也同時作教會的元首，正如保羅所言：「他是身體的頭，這身體就是教會。他是元始，是死人中首先復生的，好讓他在凡事上居首位；」（西一 18；《新譯本》）

基督也是教會的「頭」，「頭」指的是治理的「主」或「君王」，上帝的子民要尊基督為主，順服於祂、遵祂的話、作好領袖、彼此交往、合一配搭、愛上帝愛人、完成使命、施行紀律，並好好領受聖餐（林前五 3～5，十一 23～34，十二 12～27；弗一 22，

---

6 參 Ralph P. Martin and Peter H. Davis, eds., *Dictionary of the Later New Testament and Its Developments* (Downers Grove: IVP, 1997), 359 ～ 363；Philip E. Hughes, *A Commentary on the Epistle to the Hebrews* (Grand Rapids: Eerdmans, 1977)。

四 1 ～ 3、15，五 24 ～ 27；西一 18）等。可見，基督升到天上，不單是管治宇宙的君王，也是普世教會的君王，這是基於祂是首先復活的，有資格「在凡事上」（包括宇宙及教會）居首位。[7]

B. 基督在天：榮耀君王的異象（啟一章）

或有人問：自從基督升天以後，我們都看不見祂了，如何敬拜事奉祂？

新約的回答很清楚，就是：升天的基督，今天帶著榮耀的身體，與父上帝一同掌權，藉祂管治的大能托住了萬有，又透過聖靈的能力和智慧，引導祂的教會成長，完成使命。

在啟示錄第一章，作者約翰將他所見，「基督在天堂」的榮耀異象，為我們描繪，使在地上的聖徒，可以一睹天國君王的風采。

啟示錄這封信，是約翰在約公元九十五年，按著主耶穌在拔摩島向他啟示的多個異象，寫給至小亞西亞七個教會的。其中的內容，是藉圖像啟示有關基督復活和再來之間，曾發生和將發生的事，從而警戒、安慰、鼓勵眾信徒和教會，要堅守信仰，作忠心的見證，因為基督是歷史的主宰、得勝的彌賽亞君王。

而如何詮釋啟示錄的異象，是一件不簡單的事。在本書第十章，筆者會提出一個頗合理，又能顧及書中不同元素的詮釋進路，就是將啟示錄所載的異象，看為七個「平行而有進度的循環」（progressive parallel cycles），每個循環皆以「基督首次來臨」，成就救贖作開始，並以「基督再來」作結束，最後以「新天新地／新耶路撒冷的異象」作為全書的總結。[8]

第 5 章

7　參馮蔭坤：《歌羅西書、腓利門書註釋》，卷上（香港：明道社，2012），頁 225 ～ 232。

8　參 Anthony A. Hoekema, *The Bible and the Future* (Grand Rapids: Eerdmans, 1979),

約翰聽見主吩咐他說：「把所看見的和現在的事，並將來必成的事，都寫出來。」(一 19)以下簡要闡釋啟示錄第一章這異象，展示「基督在天上」的榮耀，也正好說明祂並沒有放棄祂所創造的世界(cosmos)，更沒有放棄祂所拯救的子民。

(i)頌讚與預言(4～8節)

a)祝福與頌讚(4～6節)：

約翰代表那升到天上的主，寫信給小亞細亞的七教會，並祈願上主祝福他們，將恩惠平安歸與他們(5節)。這「恩惠平安」的源頭，是至高父上帝，和復活得榮的基督。而這祝福引發出敬拜的頌讚：「但願從那昔在、今在、以後永在的上帝，和他寶座前的七靈，並那誠實作見證的、從死裏首先復活、為世上君王元首的耶穌基督……他愛我們，用自己的血使我們脫離罪惡，又使我們成為國民，作他父上帝的祭司。但願榮耀、權能歸給他，直到永永遠遠。阿們！」(一 4～6)

父上帝是誰？祂是那永恆、超越時空、掌管歷史的上帝，祂與七(＝完全的)靈、聖子，將祝福賜予眾聖徒，使他們在困苦中，有能力堅忍得勝。

基督是誰？祂是「至死忠心的見證人」，卻亦是值得稱頌的天國君王：第一、祂是那首先從死裏復活，帶來「新創造」的末後亞當(參啟三 14)；第二、祂是大衛的後裔，藉死和復活被立為王，實現天國的應許，成為世上君王的統治者(詩八十九 27、37)，而這些「世上君王」，是指啟示錄所載，在教會歷史中敵擋基督的眾

---

223 ～ 226；G. K. Beale, *The Book of Revelation*, NIGTC (Grand Rapids: Eerdmans, 1999), 121 ～ 151。

君王，和他們背後的黑暗勢力（啟六 15，十七 2，十八 3）；第三、祂也藉十架和忠心的見證，帶來赦罪，和新約教會羣體、即普世「祭司的國度」，實現上帝在舊約中的應許。但願一切榮耀權能都歸給祂，直到永遠！

b）預言與自白（7～8 節）：

「看哪，他駕雲降臨！眾目要看見他，連刺他的人也要看見他；地上的萬族都要因他哀哭。這話是真實的，阿們！主上帝說：『我是阿拉法，我是俄梅戛，是昔在、今在、以後永在的全能者。』」（一 7～8）約翰作為新約的使徒和先知（apostle-prophet），在此預言基督的再來。他引用但以理書七章 13 節及撒迦利亞書十二章 10 節，前者預言人子（彌賽亞君王）登基為王，遠超列邦；後者預言以色列民之得勝，和他們的哀哭悔改。但在此新約時代，「子民」是普世性的，包括世上的萬族，因為新約實現了舊約，又同時超越了舊約。此外，前者的異象，就是預言基督的高升登基，在啟示錄一章這裏也實現了：雖然基督仍未再來，但按照新約中「已然—未然」的天國觀，基督的復活升天，經已帶來天國的初步實現（inaugurated kingdom）。

（ii）升天榮耀基督的異象（9～20 節）

a）上帝的吩咐（10～11 節）：

「當主日，我被聖靈感動，聽見在我後面有大聲音如吹號，說：『你所看見的當寫在書上，達於以弗所、士每拿、別迦摩、推雅推喇、撒狄、非拉鐵非、老底嘉那七個教會。』」（一 10～11）約翰「在聖靈裏」，這是舊約先知共有的經驗（如：結二 2，三 12、14、24），加上大聲音如吹號（出十九 16～20）。上帝委託他、藉文字見證上帝啟示的前奏（參出十七 14；賽三十 8）。七教會是當時小亞細亞較重要的羣體，而數字七也有象徵性意義，代表了當時和其後（即：歷代）所有的教會。

b）異象的描述（12～16 節）：

「我轉過身來，要看是誰發聲與我說話；既轉過來，就看見七個金燈台，燈台中間有一位好像人子，身穿長衣，直垂到腳，胸間束著金帶。他的頭與髮皆白，如白羊毛，如雪；眼目如同火燄；腳好像在爐中鍛煉光明的銅；聲音如同眾水的聲音。他右手拿著七星，從他口中出來一把兩刃的利劍；面貌如同烈日放光。」（一 12～16）約翰首先看見七個金燈台，就是七個教會（20 節），代表著普世教會，藉著聖靈（七個燈台；參一 4，四 5），去建立末世的新約教會（eschatological Church）。

約翰看見了榮耀基督（人子）以詳細的描述展示祂的多重身分。首先，基督是那屬天的祭司，在燈台（教會）中間，負責修正、勸勉眾教會（啟二～三章）；其次，基督是那審判官（眼目像火燄；參啟十九 12；但十 6、16），祂在教會中間，完全了解他們的情況，在勸勉之後，教會的回應，將會帶來祝福或審判；第三，基督是那聖潔的主（腳好像在爐中鍛煉光明的銅），這表達了祂的屬性和對教會的要求（參啟三 18）；第四，祂是上帝（頭與髮皆白；參但七 9）、大能的上帝（聲音如同眾水的聲音；參結一 24，四十三 2）；第五，祂的權柄上達於天（祂右手拿著七星；參啟一 20）；第六，祂是大能的審判官（從祂口中出來一把兩刃的利劍；參賽十一 4，四十九 2），而審判範圍是包括教會（啟二 16）和世界（啟十九 15）；第七，祂是大能得勝的戰士（面貌如同烈日放光；參士五 31）。

總的來說，基督顯現的身分，主要是祭司和君王，後者特別指向君王的榮耀、審判、能力、得勝。這一切描述都兼有象徵性和真實性（兩者並存，不相矛盾！），且有深遠的舊約背景，這正展示了舊新約之間的「連續性」。

c）約翰對異象的反應（17 節上）：

「我一看見，就仆倒在他腳前，像死了一樣。」（啟一 17 上）約翰對主基督顯現的即時反應，是恐懼、仆倒、面伏於地。然而主加他力量，又賜他更多的啟示，並差遣他。約翰的經歷與先知但以理的經歷相類似（但八 16 ～ 19，十 7 ～ 12）。

d）基督親自詮釋異象，並差遣約翰（17 下～ 20 節）：

「他用右手按著我，說：『不要懼怕！我是首先的，我是末後的，又是那存活的；我曾死過，現在又活了，直活到永永遠遠，並且拿著死亡和陰間的鑰匙。所以你要把所看見的，和現在的事，並將來必成的事，都寫出來。論到你所看見、在我右手中的七星和七個金燈台的奧祕，那七星就是七個教會的使者，七燈台就是七個教會。』」人子（彌賽亞君王）對約翰的鼓勵是：「不要懼怕，因為我是掌管人類歷史的主宰，我是上帝！」（參二十二 13）不但如此，祂也是復活的主（18 節：存活的……死過……又活了）——祂在歷史中，藉死和復活，完成上帝的救贖。所以，祂是歷史的主，且活到永永遠遠！同時，基督在此宣告，祂掌管死亡：祂不單自己脫離死亡，也有權柄使人從死亡中得釋放。這對當時在苦難和試煉中的信徒，是極大的安慰。

在 19 節，約翰更蒙復活得勝的主差遣，將主所要啟示他的一連串異象（載於啟四～二十二章），包括現在的事和將來的事，都寫出來。前者是指當時藉基督所成就的，而後者則是指一些仍未成就、主再來的事。基督這裏的宣告又展示，新約看「末世」(＝天國的實現)，是一涵蓋「已然—未然」，即橫跨基督兩次降臨的歷史進程，而非單指基督的再來前的一段短時間。

20節，主所提的「奧祕」，其背景是但以理書二章27至35節的天國預言。首先，這「奧祕」在此是指七金燈台(＝七教會)和七星(＝代表七教會的天使)。「七星」提醒我們，基督的教會不單是在地，也是屬天的，因此每當教會敬拜時，會眾不可忘記，作為屬天的羣體，應以天使和屬天羣體，和天上敬拜羔羊的模式為典範(以啟四～五章為例)。其次，這「奧祕」也帶出了教會在今日天國「已然」的階段，而不是如當時猶太人所期待的，一個藉政治軍事勝利所要帶來的政治王國。還有，上帝的子民在主再來前，必須經歷與基督一同受苦(參西一24；提後三10～12)，而對當時的猶太人來說，一個與「苦難」相連的「天國」，似乎是難以想像的，因此對他們來說，這天國是一個「奧祕」。但從啟示錄的內容看，這「奧祕」卻是基督對約翰和讀者們，一個清楚的異象和啟示(即：不再是祕密了)。[9]

C. 教會在地：基督君王的聖靈羣體[10]

(i)五旬節聖靈降臨：實現基督君王的應許

a)復活後的基督——與門徒論天國：

使徒行傳是路加福音的續集。在書卷的開頭，路加有這樣

---

9 參 G. K. Beale and D. H. Campbell, *Revelation: A Shorter Commentary* (Grand Rapids: Eerdmans, 2015), 35～52。

10 參 Martin and Davis, *Dictionary of the Later New Testament and Its Developments*, 494～496。

的話：「提阿非羅啊，我已經作了前書，論到耶穌開頭一切所行所教訓的，直到他藉著聖靈吩咐所揀選的使徒以後，被接上升的日子為止。他受害之後，用許多的憑據將自己活活地顯給使徒看，四十天之久向他們顯現，講說上帝國的事。」（徒一1～3）

路加福音則是記載耶穌在地上傳講的信息，是以「天國」或「天國的福音」為主題，而在祂復活後、升天前，向門徒顯現了四十天，講論的仍是「上帝國的事」，延續了祂在受死前的信息主題。在使徒行傳的結尾，路加敍述保羅在羅馬坐牢時，宣講的信息也是「天國」（徒二十八 23、31），這與他在宣教行程中宣講的主題，是完全一樣的（十九 8，二十 25）。由此可見「天國」這主題的重要性。

然而，在論及福音信息時，路加福音和使徒行傳有一個分別，就是前者稱之為「天國」或「上帝的國」，而後者則改變為或加上「主耶穌基督」（徒五 42，八 35，十 36，十一 20，十七 18 等）。可見，在基督復活升天後，「天國的福音」就是「耶穌基督的福音」。為何有這改變？可能的原因是：在路加福音中，耶穌是天國福音的宣講者，但在使徒行傳中，耶穌卻是被宣講的信息，因為祂已藉死和復活，成就了救贖。兩者沒有矛盾，只是基督的角色，在救贖歷史兩個時段中，稍有不同而已。

b）福音要傳到地極——這是應許，也是命令：

門徒在基督復活後升天前，再次問祂有關天國的時間表：「他們聚集的時候，問耶穌說：『主啊，你復興以色列國就在這時候嗎？』耶穌對他們說：『父憑著自己的權柄所定的時候、日期，不是你們可以知道的。但聖靈降臨在你們身上，你們就必得著能

力，並要在耶路撒冷、猶太全地和撒馬利亞，直到地極，作我的見證。』」（徒一 6～8）

門徒的提問，顯示了他們心中的期盼：耶穌既已復活得勝，天國的實現是否就在此時？但他們仍是停留在猶太人舊的觀念：天國＝以色列國。耶穌當時並沒有否定他們的問題，乃是修正了他們的天國期盼。祂清楚指出，天國完全實現的日期，權柄在天父，人不要猜測（參太二十四 36），卻要心存盼望（徒三 19～21）。耶穌在這裏所強調的是：天國實現的下一步，是福音藉聖靈的能力，在普世被廣傳，而門徒就是這福音（基督）的見證人（witnesses）。當然，這「作見證」，基本上不是以人的經歷為主，乃是「為基督的受死復活作見證，勸人悔改歸主」（路十七 30～31，二十四 46～49）。耶穌向門徒說的這話，也顯示了天國的「已然」和「未然」的結構。[11]

這天國的福音，藉聖靈的能力，會在耶路撒冷（二～七章）、猶太全地和撒馬利亞（八～十二章）、直到地極（十三～二十八章）被傳開。這是使徒行傳的大綱，就是福音從耶路撒冷開始，達至猶太全地、撒馬利亞（半外邦地區）、直到地極（外邦人的世界），實現了先知以賽亞的預言。其後保羅到了羅馬傳道，代表福音原則上藉著使徒，經已傳到了「地極」（外邦世界），實現了基督在一章 8 節所預告的宣教藍圖。當然，這並非否定這普世的福音使命，至今仍在進行中，正如馬太記載，復活的主在頒佈「大使命」時，也應許「祂將與教會同在，直到世界的末了」（太二十八 19～20）。今天我們已在「地極」宣講福音，全因使徒們已忠心地完成

11 參 N. T. Wright, *How God Became King: The Forgotten Story of the Gospels* (New York: HarperOne, 2012), 147～148。

了主所交託的使命（徒一 8），也忠實地履行了「新約教會根基」的職分（弗二 20）。[12]

（ii）基督應許的聖靈，也是新約教會的聖靈

約翰福音十四至十六章，記載了耶穌在上十架前，向門徒啟示，祂離開他們以後，會差遣另一位保惠師（another *Paraclete*）來教導、幫助他們，並與他們同在。有人問：這第二位保惠師，是否就是那在五旬節降臨，之後一直在新約教會中工作的聖靈？答案是肯定的！

基督在受死前，對門徒的應許（約十四 16～17、26，十五 26～27，十六 7～15）。當時祂對門徒預告了五旬節聖靈，具有幾個主要的特徵：

1. **末世天國的靈（eschatological Spirit）：**耶穌說：「我去是於你們有益的；我若不去，保惠師就不到你們這裏來；我若去，就差他來。」（約十六 7）聖靈是末世（天國實現）的最大特徵（賽十一 1～10，四十四 1～5；結三十六 24～27；珥二 28～32）。基督領受約翰的洗禮後，聖靈立刻降在祂身上，印證祂是彌賽亞君王（約一 29～34），並裝備祂承擔天國使命、完成救贖。基督受死後，復活升天，到了五旬節，祂從天上將聖靈澆灌予子民，創造了末世新時代的新羣體，就是教會（徒二 17～47）。基督曾應許，聖靈將與教會永遠同在（約十四 16；太二十八 20）。

12 參 Richard B. Gaffin, Jr., *In the Fullness of Time: An Introduction to the Biblical Theology of Acts and Paul* (Wheaton: Crossway, 2022), 51 ～ 56；David G. Peterson, *The Acts of the Apostles*, PNTC (Grand Rapids: Eerdmans, 2009), 110 ～ 113。

2. **真理的聖靈（約十四 17、26，十五 26，十六 13）：**聖靈傳達真理，並為真理（＝基督；參十四 6）作見證，以及引導信徒進入一切的真理，使他們想起基督向他們所説的話（十四 26）。世人不能接受祂（聖靈），一方面是因為看不見祂，另一方面也是因為他們的心沒有被改變，所以不認識祂（十四 17；林前二 14），但當時在場的門徒卻已認識聖靈，並且祂也將會（在五旬節後）住在他們裏面。
3. **榮耀基督的靈（約十六 14～15，十五 26～27）：**聖靈的工作是榮耀和高舉基督，而不是與基督競爭。這包括為基督作見證、使門徒明白主的旨意、撰寫新約聖經（參林前二 11～13），而門徒也將與聖靈同工、為主作見證、使人歸主作門徒。當然，他們作見證的能力，都是從聖靈而來的（參徒一 8）。
4. **使人知罪悔改的靈（約十六 8～11）：**人必須知罪悔改，才可得著上帝的赦免，得享永生（參路二十四 46～47）。然而，人原是死在罪中、與上帝隔絕，須靠上帝藉聖靈在心中工作，方能知罪、悔改信主、得著新生（弗二 1～6）。耶穌如此説：「他（聖靈）既來了，就要叫世人為罪、為義、為審判，自己責備自己。為罪，是因他們不信我；為義，是因我往父那裏去，你們就不再見我；為審判，是因這世界的王受了審判。」（約十六 8～11）聖靈的來臨，首先會叫世人為「不信耶穌的罪」自責，而這自責會引領他們歸主；其次，世人會為「義」自責，因為基督藉復活升天、「往父那裏去」，顯明天父稱基督為義（＝為祂伸冤）（參提前三 16；羅四 25），這自然也會感動世人，叫他們歸信那復活升天的基督；第三，世人會為「審判」自責，因為若敵擋基督的魔鬼受審判，那些跟隨魔鬼的人,也會同受審判,這對於不信的世人,也是一個嚴重的警告,催使他們認罪悔改。[13]

5. **永遠與子民同在的靈(約十四 16～17):**聖靈與子民同在,就是基督與子民同在,因為「主就是那靈」(林後三 17)。

(iii)五旬節降臨的聖靈

約翰福音十四至十六章所載,耶穌的聖靈應許,在五旬節及以後的日子,都全部應驗了。何以見得?使徒行傳二章的敘述,就足以印證:

1. **末世天國的靈(徒二 17～21):**聖靈會澆灌普世子民(不單是猶太人),使他們說預言、作異夢;上帝藉聖靈會顯出神蹟奇事(43 節);而在這末世中,凡求告主名的,都必得救。
2. **真理的聖靈(徒二 14～36):**彼得的講道,是真理的宣告,涵蓋新舊約聖經,將上帝的救贖計劃,和祂對聽者的心意,都表達了。聖靈不單是真理的啟示者(提後三 16),也是真理的教導者,藉宣講使人明白真理,悔改歸主。
3. **榮耀基督的靈(徒二 22～36):**聖靈藉彼得,宣講基督的十架、復活、升天、賜下聖靈,高舉和榮耀基督。其次,聖靈也感動人心,使人歸信基督,這也是榮耀基督的,因為使徒和教會的見證都以基督為中心。
4. **使人知罪的靈(徒二 37～41):**會眾聽道後,被聖靈光照,知罪悔改、當天歸主受洗者有三千人。這是聖靈大能的作

---

13 參 D. A. Carson, *The Gospel According to John* (Grand Rapids: Eerdmans, 1991), 537 ～ 539;陳若愚:《基督、聖靈與救贖:基督教要義導覽》(香港:基道,2010),頁 149～150。

為，因為若非聖靈光照人心，人是不會承認自己有罪，需要十架赦罪之恩，和聖靈的重生（參約三 3 ～ 6）。

5. **永遠同在的靈：**舊約時代的聖靈，在人身上的影響是暫時的，並集中在少數領袖身上，但五旬節及以後的聖靈，卻是內住、永久地賜予教會。聖靈創建了新約教會，並為教會帶來愛心團契、真理教導、神蹟奇事、敬拜生活，與教會人數的增長（徒二 41 ～ 47，四 4，六 1、7 等），直到今天。
6. **聖靈如活水江河、湧流不息！**聖靈的工作，豐富多采，舉例如下：

- 聖靈賜使徒們勇氣和智慧，以傳基督復活的救恩，使當時的宗教領袖們驚訝、無言以對（徒四 1 ～ 14）；
- 聖靈賜一些人特殊異象，看見未來，推動他們作他人所不能作的事（徒七 55，十一 28，二十 22 ～ 23）；
- 聖靈阻止傳道者往原定方向走，卻指示他們走新的方向，至終成就上帝的宣教旨意（徒十六 6 ～ 8）；
- 聖靈幫助人分別真假、明辨是非（約壹二 20 ～ 21、27，四 2、6）；
- 聖靈使人成聖、心靈更新（加五 16 ～ 24；彼前一 2）；
- 聖靈賜人有先知恩賜，能以說預言（徒二十一 9 ～ 11；林前十四 1 ～ 3、26 ～ 40）；
- 聖靈指示教會差派領袖，往海外作普世宣教（徒十三 1 ～ 3）；
- 聖靈為教會設立長老，帶領牧養教會（徒二十 28）；
- 聖靈賜教會信眾有合一的心（弗四 3；腓二 1 ～ 2）；
- 聖靈賜教會信徒在逼迫中得安慰（徒九 31），又賜傳道者在惡劣的環境中滿心喜樂（徒十三 48 ～ 52）。

D. 基督的教會：天國在地上的實現

從整體聖經的啟示來看，教會是天國在末世中實現的一個重要階段，因為她是舊約先知所預言的「新約」（耶三十一 31 ～ 34；結三十六 24 ～ 18）之實現。教會並非上帝看見猶太人拒絕天國福音，臨時引進的措施，也不是史懷哲所言，是耶穌死後「天國不來」的代替品。本書第二章也曾提到，歷史記載以色列人被擄後七十年歸回故土、重建城牆與聖殿，帶來一個小小的復興；但這復興卻非先知應許的全面實現。當時，上帝的子民仍須忍耐等候，那應許的彌賽亞君王（耶穌基督）的到來，藉十架復活成就救贖，建立教會（＝天國的羣體）。

(i) 教會有「新約末世羣體」的榮耀

a) 普世性的末世子民：

耶利米書三十一章 31 至 34 節的預言，在新約時代，實現於普世性的末世子民(universal eschatological people)中，就是教會。這是因為舊約先知預言上帝子民的復興，一方面是指向以色列，更深遠的是指向新約的教會。請看以下提示：

- 教會被稱為「上帝的以色列民」（加六 16），他們因著信，都成了「亞伯拉罕的子孫」（加三 7、9、14、29）；而新約中真正的割禮，並非只有外表，乃是內心藉著聖靈作成的（羅二 28 ～ 29；腓三 3）。
- 在新約時代，因著基督的十架，外邦人與猶太人信徒，都成為一個新人、一個國度、一個子民（弗二 11 ～ 22）。

• 啟示錄中的十四萬四千人、十二支派、十二使徒等，皆象徵上帝藉基督所拯救的普世子民。[14]

b）錫安山上的敬拜羣體：

希伯來書作者，為我們描繪了一幅美麗的教會圖畫：「你們乃是來到錫安山，永生上帝的城邑，就是天上的耶路撒冷。那裏有千萬的天使，有名錄在天上諸長子之會所共聚的總會，有審判眾人的上帝和被成全之義人的靈魂，並新約的中保耶穌，以及所灑的血；這血所說的比亞伯的血所說的更美。」（十二 22～24）

這圖畫是一個異象，描述新約教會，是末世的以色列，在屬天的聖城/聖山（耶路撒冷—錫安）上，聚集敬拜上帝。當中有環繞著上帝寶座的千萬天使、普世眾聖徒的羣體、上帝審判官、被稱義者的靈魂，和新約的中保耶穌，祂藉十架實現了「更美之約」。今天這聖城，雖仍未至終實現於新天新地（參啟二十一 10～27），但藉這末世的教會羣體，天國的榮耀已開始彰顯（參啟四～五章，另一幕新約教會敬拜的異象。）

c）上帝所揀選的「活石靈宮」和「真以色列」：

「主乃活石，固然是被人所棄的，卻是被上帝所揀選、所寶貴的。你們來到主面前，也就像活石，被建造成為靈宮，作聖潔的祭司，藉著耶穌基督奉獻上帝所悅納的靈祭……惟有你們是被揀選的族類，是有君尊的祭司，是聖潔的國度，是屬上帝的子民，要叫你們宣揚那召你們出黑暗入奇妙光明者的美德。」（彼前二 4～5、9）新約教會，與基督聯合，成為靈宮，並藉祂獻上聖靈的

---

14 Beale, *Book of Revelation*, 418～423.

祭（4～5 節），因為基督藉自己受死復活，已重建上帝的聖殿（約二 18～21）。此外，教會作為「被揀選的族類」，也成全了舊約的以色列，成為天國在地上的君王和祭司（參出十九 5～6），在世界中宣揚上帝的美德，至終實現先知以賽亞「新創造」的預言（賽四十三 18～21）。

E. 教會得享「新約」永恆完全的救贖[15]

1. 對比那暫時和將會廢去的舊約（來八 13），新約是永恆的（耶三十二 40；來七 22，八 6）；這除了因為以色列人不守約外，舊約本身也是有其限制的（來八 7）。
2. 信徒個人對上帝的認識，正如希伯來書八章 11 節所言：「他們不用各人教導自己的鄉鄰和自己的弟兄，說：你該認識主；因為他們從最小的到至大的，都必認識我。」
3. 信徒內心對上帝的認識，正如耶和華說：「我要將我的律法放在他們裏面，寫在他們心上；我要作他們的上帝；他們要作我的子民。」（來八 10）
4. 新約有絕對和完全的赦罪之恩，上帝應許：「我要寬恕他們的不義，不再記念他們的罪愆。」這對比舊約禮儀暫時的潔淨和重複的獻祭（來八 12，九 13～14、22～26）。
5. 小結：「新約」（更美之約）的特徵：

- 有「民主化」的方向：由於新約子民對上帝的認識，是個人

15 參 G. K. Beale, *A New Testament Biblical Theology: The Unfolding of the Old Testament in the New* (Grand Rapids: Baker, 2011), 730～742。

性（individual）和內在性（internal）的，這帶來「傳道—教導」職事的民主化（democratization）。不像舊約時代，只有祭司、先知、父母和上帝特派的人，才可進行教導（申四 1、5、10、14，六 1，十一 19，三十一 19 等）。個人化，加上聖靈來臨並內住於普世聖徒的心中（珥二 28～32；徒二 16～21；羅八 9～10），這「民主化」的方向就更明顯了。

- 有完全的赦免：新約子民領受上帝所賜予、絕對和完全的赦罪，從而得以與上帝直接溝通。因此，舊約律法中的禮儀和祭司也不再需要了，因為這些都指向基督，而基督就是聖殿、大祭司，祂一次獻上自己，作永遠有效的祭牲。不錯，新約教會仍需要牧者、領袖、教師，但他們與一般信徒的分別是相對性（relative），而非絕對性（absolute）的。聖職人員（clerical officers）承擔裝備信眾（laity）的責任，但兩者都應一同事奉，彼此配搭（弗四 7～15）。
- 邁向完美的羣體：基於兩個時代的重疊，今天的新約教會不是完美的：信徒和教會往往須經歷諸般的艱難、軟弱、爭戰，而當中也會有假信徒、假師傅。因此，信心的堅忍是必須的。當然，新約聖徒也活在盼望中，深信既然蒙上帝恩召，開始了末世的旅程，上帝也必保守教會，至終得著完全的重建、復和與更新（腓一 6；徒三 19～21；太十九 28；林前十一 26；約壹三 2～3）。

三 基督君王的再來：「天國」的完全實現

基督君王第二次降臨，將會帶來天國應許的完全實現，這是基督徒的終極盼望，其中要探討的重要題目，包括：死亡、居間之境、基督再來、聖徒復活、天地更新、最後審判、永生與永刑等。這些都是本書下半部「盼望神學」將會詳細探討和闡釋的。以下是「天國完全實現」就是「基督徒盼望」的初步探討。

1 耶穌在地上，有預言天國的「未來」嗎？

A.「天國」真的有未來！

英國著名新約學者多特（C. H. Dodd），看「天國」只在今天。他認為，耶穌在地上事奉時，天國已經完全實現（already realized）。這一面倒的觀點，是絕大部分當代新約學者都不能認同的，他們認為因為天國的未來，在新約的各書卷中都有明確的展示，這是不容否認的。此外，多特的「天國觀」，主要是指「個人、內在、道德性」的國度，這也明顯忽略了「新約天國觀」的「外顯、羣體、宇宙」等層面，因此可說是以偏概全的。我們若稍為檢視福音書中耶穌的教導，就可看見天國的寬度與榮耀。作為祂的子民，信徒也將在永恆國度中，與基督同享這榮耀：

- 太八 11～12：子民將在天國裏與亞伯拉罕、以撒、雅各一同坐席；惟有不信的猶太人，將被趕到外邊黑暗裏去，哀哭切齒；
- 太十三 43：義人在上帝的國裏，要發出光芒；
- 太十九 28：門徒在萬物更新復興時，要與主一同掌權、審判以色列十二支派；
- 太二十二 23～33：耶穌與撒都該人辯論，並確定身體復活的可信性；
- 太二十五 14～30：天國子民，因他們忠心的表現，將同享主人的快樂，並得主人的稱讚和獎勵（＝在未來天國中，有更多治理的責任）；

- 太二十五 31～40：綿羊（天國子民）愛心的行動，將得到天國君王的稱讚，並賜予祂為他們所預備永遠的國。

B.「未來」與「現在」不可分割

許多信徒看「現在」與「未來」，有很大的差異，特別在救恩、成聖、榮耀等方面。對於今天所不能作的，信徒往往會期望，主再來時，一切問題都會得到解決。對未來懷有這盼望，固然是好的，但我們千萬不要忽略了「天國」的現在，以致對今生過分消極悲觀。其實天國的現在與未來，兩者關係密切，因為「現在」是「未來」的先嘗。

登山寶訓中，耶穌宣講八福（太五 3～12），描述天國子民的八個特質（品格），和表明這些特質會得到上帝的獎賞。其中第二至七福的獎賞——得安慰、承受地土、得飽足、蒙憐恤、得見上帝、得稱為上帝的兒子，都以將來式（future tense）表達，給人的印象是屬於「未來」的天國福氣；然而，第一福和第八福的獎賞：天國是他們的，卻是以現在式（present tense）表達。這提醒我們，這些獎賞不單是將來的（完全實現），也有其現在（即：主再來前）的實現，因為天國的「現在」與「未來」是相連的，正如耶穌所教導的主禱文，有這樣的祈求：

> 我們在天上的父，願人都尊你的名為聖，願你的國降臨，
> 願你的旨意行在地上，如同行在天上。（太六 9～10）

這些祈求正帶出了門徒的期望，就是將來天國完全實現時，上帝的旨意會通行無阻。這祈求是重要的，但我們也不可忽略「天

國」在今日的意義，就是門徒也為這國度能在今天彰顯祈求，包括：每天飲食、罪得饒恕、面對試探等。天國的現在與未來，都是我們應同樣關注的現實，我們不應顧此失彼。[16]

C.「天堂」是客觀真實存在的嗎？

福音書記載，耶穌在傳講福音和教導門徒時，常暗示「天堂」是真實存在的。祂曾勸勉年青的富官，放下一切跟從主，並變賣一切分給窮人，積財在天，可惜他不肯放下錢財，最後憂愁地走了（太十九 16 ～ 22）。耶穌也常教導門徒要賙濟窮人，積財寶在天上，因為在天堂，沒有盜賊來偷、蟲子來咬（太六 19 ～ 21；路十二 33）。這並不是一種「積德上天堂」的觀念，而是主對慕道者和門徒的教導，鼓勵他們擺脱錢財的轄制，關心窮人，並專心跟隨祂，走天國的道路。主的教導顯示，「天堂」是真實存在的，因乃上帝的居所。這與新約其他書卷的教導吻合，比方，希伯來書指出，彌賽亞君王在復活後，是進了「天堂」（來九 24），在那裏掌管宇宙萬有，作大祭司，為信徒祈求，直到他們至終得救（來一 3，四 14 ～ 16，七 20 ～ 25）。使徒彼得也宣告，在五旬節後，復活的耶穌已被高升，在天上坐在父上帝右邊，為主為基督（徒二 33 ～ 36）。而最後在啟示錄，使徒約翰也記載，他在異象中看見聖城（代表天堂）從天而降，帶來終極的天地更新，就是上帝與人同在的新創造（啟二十一 1 ～二十二 5）。

可見，按福音書記載，耶穌在地上傳講天國福音時，雖沒有詳細描述天堂的樣貌，但祂和使徒的信息，常是根據天堂的真實

16　參 R. T. France, *Matthew*, TNTC (Carol Stream: Tyndale House, 1986), 107 ～ 111, 133 ～ 135；Herman Ridderbos, *The Coming of the Kingdom* (St. Catharines: Paideia Press, 1978), 20 ～ 22, 36 ～ 56。

性，使信徒得著鼓勵、安慰，和警告。

D. 末日的國度：有祝福，也有審判

- 太七 13～14：在登山寶訓中，耶穌勸告人要進天國，就必須進窄門，「因為引到滅亡，那門是寬的，路是大的，進去的人也多；引到永生，那門是窄的，路是小的，找著的人也少」。窄門與小路，代表少數人的選擇，卻是引到永生（天國的未來），而寬門與大路，代表多數人的選擇，卻是引到滅亡（審判與永刑）。可見人在今天的選擇，會影響以後人生道路的方向，和至終未來的結局。
- 太七 15～27：耶穌預測將來有些人想進天國，卻不得其門而入，請聽耶穌的宣告：「凡稱呼我『主啊，主啊』的人不能都進天國；惟獨遵行我天父旨意的人才能進去。當那日必有許多人對我說：『主啊，主啊，我們不是奉你的名傳道，奉你的名趕鬼，奉你的名行許多異能嗎？』我就明明地告訴他們說：『我從來不認識你們，你們這些作惡的人，離開我去吧！』」（太七 21～23）為何這些似乎是事奉主的人，將被拒諸天國門外？原因是：主不認識他們（＝與主沒關係）——這是基於他們的行為，證明他們的生命並非屬主（七 15～19）；他們聽見主的話卻不去行，把生命建立在沙土上。結果是：一有試驗，生命就會倒塌（七 24～27）。耶穌這番話帶出了天國的真實，和世人必須面對的審判和祝福。

E. 歷史的終局：從聖徒復活到萬有之主

使徒保羅在論及歷史的終局時，有這樣的預言：

> 在亞當裏眾人都死了；照樣，在基督裏眾人也都要復活。但各人是按著自己的次序復活：初熟的果子是基督，以後，在他來的時候，是那些屬基督的。再後，末期（即：終局）到了，那時基督既將一切執政的、掌權的、有能的都毀滅了，就把國交於父上帝。因為基督必要作王，等上帝把一切仇敵都放在他的腳下。儘末了所毀滅的仇敵（the last enemy）就是死，因為經上說：「上帝叫萬物都服在他的腳下。」既說萬物都服了他，明顯那叫萬物服他的（＝上帝）不在其內了。萬物既服了他，那時子也要自己服那叫萬物服他的，叫上帝在萬物之上、為萬物之主（so that God may be all in all；參 NIV）。（林前十五 22～28）

- 基督再來後，所有在基督裏的聖徒（all in Christ），都要復活。這是承接著上文（林前十五 20～21）基督是「初熟果子」原理的推論。跟著就是歷史的終局：基督完成天國使命，把這國交予父上帝（24、28 節），叫父上帝在萬有之上，完全掌權。
- **問題：這裏有否暗示，如一些「前千派」學者所言，在「主再來後、終局前」，會有一個「千禧年」和「兩次復活」?**

  回答：新約學者理德博認為，從釋經角度看，這論點難以確立，因為前文後理皆指向「一次復活」；而 24 節的「末期」，也很清楚是指「世界終局」而不是「事情結果」，根本無法加插「一個千禧年＋兩次復活」在其中，因為這經文對這構想既沒有明言，也沒有暗示。[17]

第5章

17　參 Ridderbos, *Paul*, 556～559；Geerhardus Vos, *The Pauline Eschatology* (Phillipsburg: P&R, 1991), 226～260。

- 林前十五 24～25：在將天國交予父上帝之前，基督先要把「執政的、掌權的、有能的」（靈界中邪惡的勢力）都毀滅了。這些勢力早已藉基督的「受死—復活—升天」被誇勝了（西二 15），而在主再來時，其剩餘的勢力將會被完全消滅。
- 林前十五 26：基督的再來與聖徒的復活，標誌著死亡的權勢（最後的仇敵）將會結束，它將會被基督復活的生命所誇勝（參林前十五 53～57）。
- 林前十五 28：至終父上帝將完全掌權，宇宙萬物都會蒙救贖、得更新；祂在萬有之上（羅九 5，十一 36；林前八 6）；連聖子基督也服在父上帝的權下。

問題：有人會問兩個問題：（1）十五 25 節說，基督必要作王，而 28 節又說，父上帝在萬有之上，兩者有沒有矛盾和衝突呢？（2）24 節又論到，基督把國交予父上帝，這是否一個權力的轉移，顯示基督不再掌權呢？

回答：兩者都不是！因為：（1）24 節說，基督將國度交予父上帝，是表達了祂自己已完成父所交託予祂的救贖使命；而 28 節又說，基督自己也服在父上帝的權柄下，反映了聖子在完成救贖工作後，仍樂意順服天父的權柄，但這並非表示祂已停止與父一同掌權（啟二十二 3）；（2）父上帝與基督的權柄是並存的，兩者並沒有矛盾，反而彰顯了三一上帝權力的多元姿采。本段是以父上帝其至高、全面的權柄為主題，但在其他相關經文中，也有以基督的權柄為主題的，如：羅五 17，八 17；帖前四 17；弗五 5；提後二 12 等。基督的榮耀與王權，與天父的並存，都是永恆的（腓二 9～11；弗一 21），並且基督也與父上帝一同，將恩典賜予子民（羅八 29；西一 16～17）；(3) 父上帝與基督的掌權，是互相配合，沒有衝突的。比方，信徒雖然是從基督的復活得生命（羅六 1～10），但都是為了彰顯父上帝的榮耀（羅六 11、13）；信徒與基督同為後嗣，也都成了父上帝的後嗣（羅八 17；西一 12）；信徒承受基督的國，也同享父上帝的國（羅十四 17；弗五 5）；信徒在創世前被父上帝揀選，也是「在基督裏」蒙揀選的（弗一 4）。[18]

F. 天國完全實現：聖徒與父上帝和基督一同掌權

(i) 啟示錄中「第七號」的異象

使徒約翰在拔摩海島上，領受上帝所啟示的天國異象。其後約翰將這些異象寫下，成為「啟示錄」，為新約正典最後的一卷。正如本書第十章所言，「啟示錄」中七幕的異象，每一幕都以基督（天國君王）的再來、並祂的審判與拯救作結。每次都有天上的聲音，宣告天國君王的尊貴與榮耀。以下是其中一幕：「七號」（七個災難）中的「第七號」異象的描述：

第七位天使吹號，天上就有大聲音說：世上的國成了我主和主基督的國；他要作王，直到永永遠遠。在上帝面前，坐在自己位上的二十四位長老，就面伏於地，敬拜上帝，說：昔在、今在的主上帝—全能者啊，我們感謝你！因你執掌大權作王了。外邦發怒，你的忿怒也臨到了；審判死

---

18 參 Ridderbos, *Paul*, 559 ～ 562；David E. Garland, *1 Corinthians*, BECNT (Grand Rapids: Baker, 2003), 713 ～ 714。

> 人的時候也到了。你的僕人眾先知和眾聖徒，凡敬畏你名的人，連大帶小得賞賜的時候也到了。你敗壞那些敗壞世界之人的時候也就到了。當時，上帝天上的殿開了，在他殿中現出他的約櫃。隨後有閃電、聲音、雷轟、地震、大雹。」（啟十一 15～19）

這宣告顯示，「天國」至終是屬於父上帝和基督的。新約學者咸美頓（James M. Hamilton, Jr.）說得好，這經文表達了啟示錄最重要的主題，就是：「上帝藉審判祂的仇敵和拯救祂的子民、彰顯祂自己的榮耀。」以下是咸美頓把啟示錄各部分，與這主題簡要地連起來：

- 國度是屬於上帝和基督的（十一 15～19），上帝保護教會，使她能以宣講福音，直到時候滿足（十一 1～14，十二 1～十三 10）。
- 約翰是那真正的先知（十 1～11），而撒但則藉假先知迷惑世人（十三 11～18）。
- 上帝子民有屬上帝的印記（七章），他們在祂藉兩幕災難審判世界後（七～八章，十五～十六章），得蒙拯救、與羔羊一同站立在錫安山上（十四章）。
- 基督藉十架與復活已得勝（五 5～6），並將騎著白馬，藉口中的利劍，完全得勝（十九 11～21）。
- 教會在世上蒙主呼召，得勝罪惡仇敵（二～三章），以至能在新天新地中，作基督在榮耀中的新婦（十九 6～9，二十一 1～二十二 5）。

是的，以上的一切：上帝的保護、印證、審判、救贖，都大大彰顯了祂的榮耀。[19]

（ii）啟示錄中「新天新地」的異象

啟示錄異象的最後一幕，聖靈向使徒約翰，清楚展示未來在新天地（新聖城、聖殿）之中，將會有上帝和羔羊的寶座。經文有此預言：「以後再沒有咒詛。在城裏有上帝和羔羊的寶座；他的僕人都要事奉他，也要見他的面。他的名字必寫在他們的額上。不再有黑夜，他們也不用燈光、日光，因為主上帝要光照他們。他們要作王，直到永永遠遠。」（二十二 3～5）

在那裏，聖徒作為僕人，都要敬拜事奉上帝（二十二 3 下），且要與祂一同作王（4 節下），實現上帝造人時所賜予人的天國使命（創一 28）。亞當起初在伊甸園，是奉命修理看守園子（創二 15），以祭司和君王的身分治理這園子，就是那起初神人相會的聖殿。耶和華與人立約，要求人須通過順服上帝的試驗，生命方能被提升，成全使命，使上帝的國遍及全地（賽十一 9）。先祖失敗後，被逐出園，直到基督（彌賽亞祭司—君王）降生，成就救贖，重建榮耀的新伊甸園。基督作為天國的君王、末後的亞當，將會帶領祂的子民，至終實現天國的臨在，並和祂一起掌權，完成上帝為祂的創造和聖民，所要成就的救贖與使命更新。

有關啟示錄整卷書的預言和異象，並信徒榮耀盼望的重要課題，筆者將會在本書第二部分（六～十四章）有關盼望神學的主題中，進行較詳細的探討。

19　參 James M. Hamilton, Jr., *God's Glory in Salvation Through Judgment: A Biblical Theology* (Wheaton: Crossway, 2010), 546。

討論問題

1. 「十架與復活，是天國進程的轉捩點」，這話的意思是甚麼？有何聖經依據？與保羅「兩個時代」的觀念又有何關連？
2. 十字架如何彰顯基督「天國君王」的身分？祂又是否主張「政教分離」？
3. 四福音書如何表達了「基督藉復活作王」的身分，請闡釋之。
4. 使徒行傳二章 14 至 41 節的信息，如何展示基督的復活升天，帶來天國進程的一個新階段？
5. 啟示錄一章的榮耀異象，描述升天的基督是一個怎樣的君王？祂的榮耀、能力、主權，是怎樣的？對今天信徒又有何意義？
6. 耶穌在約翰福音十四至十六章有關聖靈的預言，如何在五旬節後應驗？作為聖靈的羣體，教會又如何顯出她是天國君王（基督）的屬天子民？
7. 作為「新約末世羣體」，教會有何特徵、權利、榮耀，這會如何影響我們的事奉？
8. 耶穌在地上，有否預言天國的未來？又有否向人啟示「天堂」是真的存在？試引經文證明及說明。
9. 耶穌再來時，將帶來末日的國度，這國度的權力、榮耀將會是怎樣的？請引用聖經，特別是啟示錄，作一簡單描述。

第二部

盼望神學主題

6

死亡與生命

一「死亡」是甚麼？

一般人看「死亡」，就是人生命的終結：他/她的氣息停頓了，不再繼續生存於世上。從聖經的啟示來看，「死亡」大致上可包括以下情況：[1]

1 肉身的死亡（physical death）

智慧婦人對大衛王說：「我們都是必死的，如同水潑在地上，不能收回。」（撒下十四 14），這句說話是大衛王自己，甚至任何人都會同意的。

從現代醫學的角度看死亡（medical death），可以從兩方面考量：（1）人的心臟停止跳動（即：沒有脈搏、沒有血壓），而肺部也停止呼吸（即：沒有氣息）；（2）人的腦死亡（brain death）。由

1 Sinclair B. Ferguson and David F. Wright, eds., *New Dictionary of Theology* (Leicester: IVP, 1988), 188.

於現代醫學已進步到，可以幫助心肺停止運作的人，在心肺功能停止後，也有可能復甦（resuscitation），人仍可存活一段時日。因此，從當代（上世紀六十年代以後）醫學角度看，一個人的心肺功能停止，也不一定能確定他已「死亡」，因為復甦者仍有機會繼續生存。其中一些情況，則須藉生命支援系統（life supports），令心肺繼續運作，但其大腦系統已部分、或全部失去功能，因此是處於昏迷(coma)狀態中。因此，「腦死亡」就成為今天醫生宣告人「死亡」的新標準。美國加州現行的法律，容許一些腦死亡的病人，可以在合法的情況下，讓醫生拔除生命支援系統的儀器，而不致觸犯任何法律。[2]

新約希伯來書作者，將死亡與上帝的審判連接，鼓勵讀者依靠基督的救贖，說：「按著定命，人人都有一死，死後且有審判。」（來九 27）使徒保羅則將死亡與罪連起來，帶出福音的信息：「這就如罪是從一人入了世界，死又是從罪來的，於是死就臨到眾人，因為眾人都犯了罪。」（羅五 12）

上述兩處經文都道出：「死亡」不單是生理機能（biological-physiological)的停頓，也是人因罪，導致與上帝關係破裂的結果；並且，人今生身體的「死亡」，也不是一切事情的結束，更不是好像一些不信上帝的人，看死亡為「人死如燈滅」。因為人死後還有審判，而按聖經其他經文的教導，審判也將帶來永恆的結局（啟二十 11～二十一 8）。其實，人類憑自己有限的經驗和理智，確是難以洞悉死亡的奧祕，惟有藉賴創造萬物、掌管生命的上帝，透過聖靈的啟示，方能解開死亡和生命之迷，因為聖靈是上帝，祂

2　參 Markus Mühling, *T&T Clark Handbook of Christian Eschatology*, trans. Jennifer Adams-Maßmann and David Andrew Gilland (New York: T&T Clark, 2015), 172～177。

能看透萬事（林前二 10～12）。

2 屬靈的死亡：與上帝隔絕（spiritual death）

這是指人因為自己的罪，與上帝（生命的主）的關係斷絕，且與上帝為敵。這是「死亡」最基本的意思，因為人若與生命的主隔絕，還有甚麼「生命」可言呢？

在創世記二章 17 節，上帝在伊甸園告訴亞當，他若違背上帝的禁命，吃了分別善惡樹的果，就必會死亡，即：與上帝隔絕，這當然包括肉身的死亡。

以弗所書二章 1 至 10 節，罪人「死在罪惡過犯之中」，因為他們與上帝隔絕。這並非說，他們像死人般，不能運用自己的意志去作決定、有所行動；乃是說，他們的行為完全受世俗、魔鬼，和自己的罪性所控制（2～3 節），因此他們沒有能力，也不願意「行善」（＝行上帝要求他們行的），直到他們蒙恩歸主，有了上帝所賜的新生命（弗二 8～10；約三 1～8）。換句話說，罪人也是一個自由的個體（free agency），他有自由意志，也要為自己的決定負責任；但他卻失去了道德的自由（moral freedom），直到聖靈重生他的生命。

雅各書五章 20 節則指出，信徒幫助一個罪人悔改，就是救亡的工作——帶領人重建與上帝（生命之主）的關係。

啟示錄三章 1 至 3 節，耶穌告訴撒狄教會信眾說：「我知道你的行為，按名你是活的，其實是死的。」這是由於他們的罪，致使他們與上帝隔絕。所以耶穌勸告他們要遵守主道，並要悔改。

3 第二次的死（second death）

這是指不信、不悔改的罪人，在主再來時，將被審判定罪，然後「被扔在火湖裏」（啟二十 14～15），永遠與上帝隔絕。這是永恆的死亡（eternal death），是人最應懼怕的結局，正如耶穌對門徒說：「那殺身體不能殺靈魂的，不要怕他們；惟有能把身體和靈魂都滅在地獄裏的，正要怕他。」（太十 28）

誰是那殺身體又殺靈魂的呢？當然是上帝！所以要敬畏上帝，怕祂過於怕人，因為人頂多能殺門徒的身體，使他們為主殉道，但落在永生上帝的手裏，卻是非常可怕的（來十 31）。這些進入第二次死的人，是至終不能進入新天新地（＝新耶路撒冷）的（啟二十一 8、27）。

4 向罪死（death to sin）

這是指一個人藉洗禮（即：信主歸正），與基督聯合，就是與主「同死同復活」（羅六 1～10；弗二 5～6）。洗禮所代表的歸主（conversion），在新約中涵蓋四方面：相信、悔改、洗禮、聖靈。[3]「向罪死」，就是向罪的權勢死，可以勝過罪，不再作罪的奴僕（羅六 3～7、17～19），這是基督徒的身分和權柄的實現。當然，信徒在今生仍有軟弱，但在主再來、身體復活後，在基督裏的人將會完全的「向罪死」（約壹三 2）。

從以上四方面，可以較全面看「死亡」，其實當中都是互相關連的。而「死亡」最基本的意思是：人與上帝（生命之源）隔絕了，關係斷絕了。接下來，主要是探討人作為人（不單是一個生化有機體〔biochemical organism〕），在今生必須面對的生命終結，另外也會提到「死亡」的其他方面。

---

3 參陳若愚編：《神學與事奉》（台北：天恩，2019），頁 17～18。

二 人類為何必須面對死亡？

1 死亡是罪的刑罰

美國福音派神學教授霍安東．何克滿（Anthony A. Hoekema）認為，先祖亞當犯罪，遭受上帝的審判，因此要面對死亡的刑罰，也導致全人類都會死亡（參創二 17，三 19；羅五 12～19，八 10，六 23；來二 14～15；提後一 10；林前十五 21～22、25～26 等）。何克滿因此不接受一些神學家如蘇西尼（Faustus Socinus, 1539～1604）等的看法，他們視人的死亡只不過是自然的現象，因為上帝造人，是自然界的一部分，因此人是會自然死亡的（naturally mortal），無論他有沒有犯罪。何克滿也不同意瑞士神學家巴特（Karl Barth）的論點，就是人的死亡有其「天然」（natural）的層面，也有其「審判」（judgement）的層面，前者是人與生俱來的，乃上帝創造的一部分，而後者則可藉基督的十架，被完全消除。巴特同意人的罪帶來死亡，這是上帝審判人的標記，但他認為，這審判的刑罰，在基督裏（＝在十架上被審判）已被完全除掉，帶來普世人類的蒙恩得救，並將在永恆的榮耀中，與上帝同在。這是巴特神學中所提到的，上帝「恩典的得勝」。

何克滿卻看人的死亡，完全是上帝對人類犯罪的審判，並非一個自然的現象。因此，罪與上帝原來的創造無關，這也是大部分福音派信徒的觀點。在下文，我們會就其觀點作出評論。[4]

4　參 Anthony A. Hoekema, *The Bible and the Future* (Grand Rapids: Eerdmans, 1979), 79～84；G. C. Berkouwer, *The Triumph of Grace in the Theology of Karl Barth* (Grand Rapids: Eerdmans, 1956), 153～165。

2 死亡也是自然現象？

首先筆者同意何克滿所言，在聖經中，人的死亡，是上帝對人的罪的審判和刑罰，因此不會贊同自由神學學者的觀點，就是看人的死亡完全是一個自然的現象。同時，我們對巴特傾向「普救論」(universalism)的救恩觀點，也不能苟同。但筆者卻認為，從聖經神學角度，人的死亡，除了是「罪的審判」之外，還可以同時是「自然現象」，兩者其實可以並存，不一定有矛盾，原因如下：

1. 何克滿正確地指出，從科學和考古學看，在人類未出現在地上以先，已有動植物死亡的化石紀錄，也有其被殺害或被消滅的紀錄，這些自然界生命的死亡，顯然與人的罪無關。[5] 筆者進一步推想，我們若能確立，人被造的生命，是與其他「自然界生命」類似，就能為「人的死亡也是自然現象」這觀點，提供一個空間。
2. 亞當被造時，是一個屬地(天然)的生命。創世記二章7節記載：「耶和華上帝用地上的塵土造人，將生氣吹在他鼻孔裏，他就成了有氣息的生命(a living being；參 NIV)，名叫亞當。」「塵土」(the dust of the ground)，是上帝造人的材料，所以人在亞當裏也是「屬土」的，對比那將來在基督裏復活「屬天」生命的樣式，正如保羅所言：「頭一個人是出於地，乃屬土；第二個人是出於天。那屬土的怎樣，凡屬土的也就怎樣；屬天的怎樣，凡屬天的也就怎樣。我們既有屬土的形狀，將來也必有屬天的形狀。」(林前十五 47～49)

   此外，由於人是從土而出，所以在亞當犯罪後，上帝就

---

5 Hoekema, *Bible and the Future*, 79～80.

對他說：「你必汗流滿面才得糊口，直到你歸了土，因為你是從土而出的。你本是塵土，仍要歸於塵土。」（創三 19）

「塵土」既是亞當被造時的本質，他死後「歸於塵土」也是理所當然的。正如舊約學者華爾基所言：「首先的亞當被造，是一個天然的身體、一個屬地的生命。」[6]

3. 亞當被造時，從上帝領受一個天然的生命，創世記二章 7 節說，上帝將生氣（the breath of life；參 NIV）吹在他鼻孔裏，他就成了「有氣息的生命」（a living being）。

一方面，人的生命氣息，是上帝親自吹氣進去的，這是很特別的方式，沒有其他生物是如此領受氣息的，配合了（一 26 ～ 28）所述，人是「上帝的形象」的尊貴身分，這顯出人的獨特。另一方面，人的生命氣息，也同時與動物的氣息相類。《和合本》錯誤地將 *nephesh khayah* 譯作「有靈的活人」，其實原文的意思是：「一個有氣息的活物」（a living being）；同樣的文字 *nephesh khayah*，也用作描述被造動物的生命（living creatures；創一 24；參 NIV）。可見創世記二章 7 節及一章 24 節，同時展示人與動物的「生命氣息」本質：兩者皆上帝所賜、也都是天然屬地的生命。若人的天然生命與動物的相類，這天然生命會經歷自然的死亡（即：並非由於罪）這構想，也是合理的。[7]

4. 但這並非說，人的生命與動物的生命完全一樣。正如上文所言，人在萬物中是至尊貴榮耀的，因為他是按上帝的形象被造，被委派參與上帝「治理大地」的使命（創一 26 ～ 28；啟

6 Bruce K. Waltke and Cathi J. Fredricks, *Genesis: A Commentary* (Grand Rapids: Zondervan, 2001), 85.

7 參 Gordon J. Wenham, *Genesis 1 ～ 15*, WBC (Waco: Word, 1987), 59 ～ 61。

二十二 3～5），人與萬物（包括動物）的基本分別，就是在於這「形象」，而並非因為他是：「有靈的活人」。當然，聖經中「上帝的形象」有豐富的內涵。[8] 其中一個重要的特徵是：人是有位格的個體（personal being），可以與上帝、與人建立「我一你」關係（I-Thou relation），也可以領受上帝藉基督所賜予、那豐富的救贖。所以人的生命（與死亡）有兩個層面：（1）天然的層面（與動物相類似），包括生理需要、身體機能衰敗，甚或停頓（即：死亡）；（2）超然的層面：人位格性（personal）的特徵，包括與上帝、與他人的關係，特別是蒙救贖後，超然榮耀的生命（林前十五 35～54）。

5. 使徒保羅在闡釋基督復活榮耀的形態時，清楚指出，首位亞當的生命是屬地的、即：天然（屬血氣）的生命（林前十五 45 上、46～49），但末後亞當（基督）復活的生命，卻是屬天的、即：榮耀屬聖靈的生命（林前十五 45 下、46～49），而惟有復活的基督，方能使信祂、與祂一同經歷復活的人，得著不朽壞的榮耀生命，可以進入天國（林前十五 42、50～56）。很顯然，基督的復活，為信徒解決了信徒進天國的雙重攔阻：其一，是天然屬地、會朽壞的生命（physically corruptible）；其二，是犯罪、道德敗壞（morally corrupted）、不能與聖潔上帝同在的生命。這雙重攔阻，使人不得進天國。然而，這兩方面的問題，藉著基督的復活，都得以完全解決：那會朽壞的身體，變成不朽壞的身體（林前十五 50～54），而犯罪敗壞的生命，變成聖潔、榮耀的生命（林前十五 43～44、56～57；約壹三 2）。這是上帝大能的作為、何等

8 參陳若愚：《系統神學：基督教教義精要》，上冊（香港：天道，2001），第五章。

奇妙的救恩！

6. 從上文可見，人的死亡因由，可以兼容「天然生命會朽壞」和「因罪而死」兩個層面。只是，前者由於人已不再停留在「清白時期」(state of innocence)和「被試驗時期」(probation stage)(見創一 27～二 25)，因此「天然生命會朽壞」的死亡原因，對犯罪後的人類來說，頂多只是一個次要的考量，人死亡的主要原因，是人的罪。到了末日，所有死了的人皆會復活，扭轉了「人的天然生命必朽壞」的命運；但至終「行善者」與「行惡者」的結局，則完全不同(但十二 2；約五 28～29)，實現了「罪的工價乃是死，惟有上帝的恩賜，在我們的主基督耶穌裏乃是永生」(羅六 23)所反映的原理：罪乃人死亡的主因。

3 為何信徒仍須經歷死亡？

有人會問：若人的死亡，是因為人(特別是亞當)的罪，為何蒙救贖、在基督的人，仍須經歷身體的死亡？何克滿引用《海德堡要理問答》第四十二問，帶出兩點：(1)死亡是使人「向罪死」：信徒死後，罪再也不能影響、控制他；(2)死亡乃信徒進入永生之門：信徒死後，立刻得享天堂的福樂；換句話說，死亡原是信徒的仇敵(林前十五 26)，卻在他死時成了他的僕人，為他開了樂園天堂的門。[9]

何克滿的回答，也有道理，因為信徒的身體死亡，確有「向罪死」和「通往永生福樂」的結果。至於何克滿所言，死亡成了「開門進天堂的僕人」，我們就不同意了。更重要的問題是：為何必

9 Hoekema, *Bible and the Future*, 84～85.

須通過身體死亡，才能「向罪死」和「通往天堂福樂」？基督已為我們死了，祂為我們贖罪（羅三 23～26）、救我們脫離死亡（來二 14～15），這還不夠嗎？況且在聖經中，也記載了一些聖徒，沒有（或將不會）經歷死亡便進入永生的，包括以諾（創五 23～24）、以利亞（王上二 8～12），和主再來時仍未死的信徒（帖前四 14～17）等。這些例子都說明，信徒要「向罪死、進入天堂福樂」，不一定要經歷身體的死亡，只要主接他去就可以了。所以，我們仍是要問：為甚麼上帝命定，信徒必須與非信徒一樣，經歷身體死亡的痛苦？（來九 27）

從新舊約聖經看，可以有兩方面的回應：

1. 上帝救恩分兩個階段實現：保羅在論及他為主和福音使命所遭遇的苦難後，對哥林多信徒有鼓勵的話，說：

> 所以，我們不喪膽。外體雖然毀壞，內心卻一天新似一天。我們這至暫至輕的苦楚，要為我們成就極重無比、永遠的榮耀。……我們原知道，我們這地上的帳棚若拆毀了，必得上帝所造，不是人手所造，在天上永存的房屋。我們在這帳棚裏歎息，深想得那從天上來的房屋，好像穿上衣服；倘若穿上，被遇見的時候就不至於赤身了。我們在這帳棚裏歎息勞苦，並非願意脫下這個，乃是願意穿上那個，好叫這必死的被生命吞滅了。（林後四 16～17，五 1～4）

他清楚指出，信徒內心的更新（重生＋成聖），與「外體的毀壞」，在今生是並存的。這是救恩首階段的實現（四

16）。在這階段中，身體的衰敗和死亡是免不了的，除非信徒在主再來時仍在生。雖然如此，信徒不必喪膽，因為有「極重無比、永遠的榮耀」在等待著他（17 節）。這榮耀就是身體復活的盼望（五 1～4），保羅形容為「天上永存的房屋」（1 節），此乃救恩實現的第二階段，乃主再來時信徒將會穿上的，使「這必死的被生命吞滅了」（2～4 節）。當然，信徒要面對肉身的死亡，並不快樂，卻是不可避免的事實，也是通往「向罪死、與主同在」美景的必經之路（腓一 21～23）。這亦是天國救恩「已然—未然」的現實。

2. 人的天然生命必然有一個結束：亞當被造的天然生命，包括「塵土＋屬地的生命氣息」（參創二 7），是信徒與非信徒所共有的（留意：亞當被造時，他仍未犯罪），這生命是屬地和會朽壞的（林前十五 42、45～49），因此不能承受上帝的國，除非人在死前，悔改信主，有重生的生命，並在主再來後，經歷身體復活、更新、成為榮耀不朽壞的（林前十五 50～54）。換句話說，重生得救的信徒，因有天然、屬地的生命，仍須先經歷「塵歸塵、土歸土」的死亡（創三 19），直到在復活之日，得著榮耀不朽壞的身體，方能進入基督榮耀的國度。

4 罪的工價乃是死：是「公義的刑罰」抑或「實存的體驗」?

A. 穆爾的觀點

使徒保羅看人的死亡，是上帝對人犯罪的懲罰（羅五 12～19，六 23）。新約學者穆爾（Douglas J. Moo）根據經文的前文後理，解釋保羅所展示的對比：

> 你們現今所看為羞恥的事，當日有甚麼果子呢？那些事的結局就是死。但現今，你們既從罪裏得了釋放，作了上帝的奴僕，就有成聖的果子，那結局就是永生。因為罪的工價乃是死；惟有上帝的恩賜，在我們的主基督耶穌裏，乃是永生。（羅六 21～23）

在這對比中，「永生」就是永恆、復活的生命（林後五 4），而「死」乃指「永遠的滅亡」，即「第二次的死」。這生死源頭的對比，就是「耶穌基督的能力」和「罪的威力」的對比。而最終的後果，展示了基督能力的優越性，和沒有基督的人永遠死亡的必然性。「工價」（wages）一詞有「必然後果」、「罪有應得」的意思。當然，保羅並非從人的罪，就立刻跳到永死，他也清楚指出，最終「死亡」的人，一生也都作了「罪的奴僕」（16～20 節）。基本上，穆爾肯定了基督教的傳統教義：罪人的死（包括永刑），是人犯罪所帶來的懲罰；但同時，他也指出這「死」在罪人今生的表現，是使人作了罪的奴僕，這是罪人在今生實存的現況。穆爾兼顧了兩方面，但其重點在於「公義的刑罰」。[10]

B. 韋伯的觀點

當代德國神學家韋伯（Otto Weber），則極力抗拒「上帝審判、刑罰罪人」的觀念，他看「死亡」是上帝（創造主）與罪人（受造者）關係的全面破壞（comprehensive destruction）：死亡是罪的後果，即：罪行本身（人與上帝對立、隔絕）就已經含有「死亡」的意

10 參 Douglas J. Moo, *The Epistle to the Romans*, NICNT (Grand Rapids: Eerdmans, 2008), 298～308。

思，而永遠與上帝隔絕，就是死亡的至終實現。韋伯從實存的角度（existential perspective）看罪的後果，非常有動感，也很真實：罪就是與上帝隔絕，這就是「死亡」，因此，後果與本質是彼此配合的。[11] 然而，筆者認為，韋伯的觀點是以偏概全的，因為他否定了保羅在闡釋救恩真理時，常用的法律和法庭的比喻（例如：羅四 3，三 21 ～ 24，五 18，八 1 ～ 4、33 等）。對保羅來說，救恩是上帝對信的人「稱義」的恩典；而對不信的人，卻是「定罪」和「刑罰」的判決，新約所展示這方面的真理，是不容否定的。

C. 理德博的觀點

比較來說，荷蘭新約學者理德博的觀點，就較為全面。理德博看「死亡」，一方面是上帝對人的罪的公義判決（羅五 12、16 ～ 18），祂是公平的審判官，因此，祂所宣判的刑罰也是公正的。然而，另一方面，理德博看羅馬書六章 23 節中的「公價」一詞，是較全面「罪的後果」，這後果除了法庭公義的判決外，還包括：

1. 罪在罪人身上得勝作王（羅五 21），結出死亡和敗壞（corruption）的果子（羅七 5；加六 8），使人作罪的奴僕，結果就是「永遠死亡、與上帝隔絕」（羅六 16）。
2. 不悔改的罪人的至終境況，不是完全消滅，乃是沉淪（腓三 9）、被毀壞（羅九 22）、受痛苦（羅二 8 ～ 9），就是離開上帝和基督的面。在這境況中，人可說是「雖生（＝仍有感覺）

---

11 參 Otto Weber, *Foundations of Dogmatics*, vol. 1, trans. Darrell L. Guder (Grand Rapids: Eerdmans, 1981), 618 ～ 622。

猶死」。

3. 就是在今天，這死亡的果子已在罪人身上發動（羅七 5、10、11）。如保羅所說，人的身體是罪的工具，因此是一個「罪身」（body of sin）（羅六 6），也是「取死的身體」（body of death）（羅七 25）。罪的後果——死亡，在今天已在人身上發動，這是「死亡」的實存表現。而當主再來、施行審判後，「死亡」的後果，將會完全的顯明。

理德博的詮釋，正好綜合了穆爾和韋伯二人的不同觀點，為「罪的後果」這問題，提供了一個較完整的答案。[12]

5 總結：亞當、罪與死亡

亞當被造時，是一個有天然氣息的生命（創二 7），同時也是上帝的形象（創一 26～28），乃一個有超然生命潛質（potential）的人。前者使他與動物一樣，有許多天然的特徵，和生理的需要，也有自然死亡的可能性（參上文）；後者使他能與上帝溝通，與人建立羣體，並藉順服上帝生命得以被提升。作為有上帝形象的受造物，這時的亞當，是處於「清白」（innocence）的階段，即「無罪，但未得榮耀」的情況。上帝要試驗亞當，給他一個禁令（創二 16～17），要看他的回應。他若順服，就可以吃生命樹的果子，生命提升，進入上帝榮耀的國度（參創三 22；啟二 7，二十二 1～2）；他若不順服，就必「死亡」，即與上帝隔絕，包括被逐出樂園、不得吃生命樹的果子、終身勞苦、經歷死亡，若不蒙救

---

12 參 Herman Ridderbos, *Paul: An Outline of His Theology* (Grand Rapids: Eerdmans, 1975), 112～113。

贖，將永遠滅亡（創三 17～19、23～24；啟二十 11～15）。身體的死亡：「歸回塵土」（創三 19），就是一個指標，提醒每一個罪人，他不能逃避上帝的審判，和終極的死亡，除非他抓住上帝的憐憫（弗二 1～7）。

而上帝實在憐憫先祖亞當和夏娃，在向蛇和先祖宣判懲罰之際，祂仍向先祖施恩：（1）向先祖發出「女人後裔的應許」（創三 15），遙指彌賽亞的十架救贖；[13]（2）為先祖預備獸皮衣服，遮蓋他們赤身的羞恥（創三 21），表達了上帝的愛顧，也象徵祂藉獻祭，恢復他們與上帝和彼此之間的交通；[14]（3）制止先祖在犯罪後吃生命樹的果子（創三 22～24），免得他們絕了蒙恩得救之路。[15]

從這些上帝的行動，我們可以看到，先祖雖然犯了罪，為自己和後裔帶來罪的懲罰，上帝仍然愛顧憐憫他們，使他們在基督裏，至終也可以蒙救贖。上帝在歷史中的行動，為亞當和他的後裔帶來救恩的盼望，也改變了人對「今生死亡」的恐懼。不錯，對蒙恩得救的人，今生的死亡仍是一個威脅，包括：心願未償、與家人分離、前路不清等。但他在基督裏也得了安慰，因為是上帝收回他的氣息（詩一〇四 29；傳十二 7），因此他可以將靈魂交託予主（參路二十三 46；徒七 59），得以息了地上的勞苦（啟十四 13），正如保羅所言，信徒離世，可以與主同在，實在好得無比（林後五 8；腓一 23）。當然，上帝賜予信徒最大的應許，是身體復活和天地更新（約十一 25～26；林前十五 52～54；提前六

13 參 Cornelis P. Venema, *The Promise of the Future* (Edinburgh: Banner of Truth, 2009), 14～16。

14 參 Waltke and Fredricks, *Genesis*, 95。

15 Geerhardus Vos, *Biblical Theology: Old and New Testaments* (Edinburgh: Banner of Truth, 2014), 28～29.

16；啟二十一1～二十二5）。對今天的信徒，若相信上帝所應許的盼望，必不致失望，因為有聖靈在他心中，將上帝的愛澆灌作為印證（羅五1～5）。

三 有位格的人如何面對死亡？

雖然人作為自然創造（natural creation）的一部分，他的死亡也有其天然層面（natural level），他作為上帝的形象、他的死亡就與動物的死亡不一樣。因為動物的死亡，純粹是天然現象（purely natural phenomenon），但人作為有位格的創造（personal creation），他的死亡，與他的自我身分（self identity），包括他和上帝的關係，都是不可分割的。特別在亞當犯罪以後，人如何面對死亡（作為罪的後果），就更顯出人的位格性和獨特性。

1 死亡的現實、陰影的壓抑

古今中外社羣，對死亡的現實和陰影，都有心理的抗拒，華人社會也不例外。一般華人（也許基督徒除外），對死亡和有關的事物，都趨向忌諱，或用委婉的言辭表達；在社交場合中，也會盡量不提疾病、死亡、喪葬有關事宜，因為都是「不吉利」的；一般來說，醫院、殯儀館、墳場等，都是一些較特殊的地方，不是一般人經常出入的場所。對於離世的親人，民間宗教團體常會鼓勵後人以禮儀、祭祀，為先人求福，使他們在陰間活得更快樂。現代的青年人，在面對死亡的陰影時，也會為自己構想一個可以接受的結局：「人死如燈滅」、「去了極樂世界」、「輪迴：來生更好」，或「與天地合而為一」等。

希臘哲學大師柏拉圖（Plato），構思人有永恆存在、不朽的靈魂（immortal soul）。他認為，人的靈魂是那看不見、不會消滅、永存不朽的部分，是真正的身分（true identity）所在。在人出生時，靈魂就與身體結合，而當人死時，靈魂便離開身體，重獲自由。德國神學家提力奇（Helmut Thielicke）認為，柏拉圖的「靈魂不滅論」，是西方社會壓抑死亡的表現。此說頗有道理。其實，柏拉圖這思想，透過教父奧古斯丁（St. Augustine）的著作，影響了歷代基督教的人觀。柏拉圖看人的死亡，只是身體的終結，而靈魂（人的真正、高等生命）卻仍繼續、永遠、自由的存在；身體只是那「較低等的暫時存在」，是那高貴靈魂暫時的居所，沒有永恆的價值，因此也無須復活。今天，基督徒可以肯定，這「靈魂不滅論」，與聖經所啟示的「整全人觀/復活救贖」，存在很大的差距，信徒實應慎思明辨。[16]

十九世紀德國哲學家黑格爾（G. W. F. Hegel），看個人的生命和死亡（individual life and death），只是宇宙中不斷運作的靈（或稱：理性、上帝）的轉折點。黑格爾這靈（Spirit）是一個超越個人、在宇宙中真正具永恆價值的生命動力，而人的生命與死亡，對比起宇宙中的靈，根本是微不足道的。黑格爾的哲學，貶低了個人死亡的重要，是人「壓抑死亡」的另類表現。這與聖經所啟示，上帝對人的生命與死亡之重視，大相徑庭（參賽四十三1～2；詩一一六 15，一三九 1～18）。其後，黑格爾的哲學影響馬克思（Karl Marx），致使他構思出一個共產主義的「集體人觀」（collective anthropology），就是將階級、黨和國家的意願和利

16 參 Helmut Thielicke, *The Evangelical Faith,* vol. 3*: The Holy Spirit, the Church, Eschatology*, trans. and ed. Geoffrey Bromiley (Grand Rapids: Eerdmans, 1982), 386～387。

益，淩駕於個人權利和意願之上。這樣一來，對比集體的利益與光榮，個人的生死與得失顯得並不重要，因為對馬克思來說，集體的成就與光榮，才是永恆的。而他的「集體人觀」，與聖經中的「屬靈羣體」（spiritual community）也迥然不同，因為「集體人觀」的特徵是：「強迫性、階級性、非位格性、機械性的」（coercive, hierarchical, impersonal, mechanical）；而「屬靈羣體」的特徵則是：「自願性、羣體性、位格性、屬聖靈的」（voluntary, communal, personal, spiritual）。[17]

2 數算日子、得著智慧（詩九十篇的啟迪）

A. 有位格的人：他知道人必會死

詩篇九十篇的作者（並非摩西），認識上帝的永恆、人生的短暫（1～6節）。他面對死亡，不期然向上帝發出懇切的禱告：「求你指教我們怎樣數算自己的日子，好叫我們得著智慧的心。」（12節）

人為何要數算日子？因為知道人會死亡，而一生年日有限。他又為何要求上帝指教？因為人的心會逃避、壓抑死亡的真實，就如人面對上帝在自然界中的啟示，卻一直壓抑否定一樣（羅一18～25）。因此，人惟有祈求上帝除去愚昧、無知和自欺，方能得著智慧的心，面對死亡的現實。

人有位格、是「上帝的形象」，因此他心中是知道有上帝的（參羅一19～21）。同樣，人若是誠實的話，也會知道死亡的真實。這「知道」不是單指死亡的一刻，也是指死亡的陰影，時刻影響著

---

17 參徒二38～47和弗四7～16；Thielicke, *Evangelical Faith*, 387～388；Ferguson and Wright, *New Dictionary of Theology*, 288～289, 413～415。

人每天的生活和抉擇。比方說：我們都希望有生之年，能完成一些我們認為重要的工作，而我們又不知年日多長，因此必須趕緊去完成；就算是年青人，也會好像與時間競賽，因為他們說：「人一生只有一次機會作年青人！」這種時刻對死亡和時限直覺的感應，惟有人類是如此，動物是沒有的，因為動物都是活在當下，牠們沒有未來感，也不會讓未來可能發生的事，影響牠們今天的行動。

認識死亡的事實，乃建基於一個有「過去、現在、未來」、以聖經作根據的歷史觀。基督教相信的，是一個向前、不回頭、有方向和目標的歷史概念，而不是一個循環、不斷重複的歷史觀。而這概念最重要的元素，是上帝的信實，和人對祂有正確的回應，願意將一生交託予上帝，這就是智慧的人生（12節；另見詩三十一15；雅四13～15）。

「數算日子」不單是因為人生年日有限，也是因為人是上帝的形象，有無限的價值。人生若只是為了吃喝、得著財富，和擁有一些暫時有限的事物，就失卻了上帝創造他原有的目的，就會像保羅所說，那些沒有復活盼望的人，他們的心態是：「我們就吃吃喝喝吧！因為明天要死了。」（林前十五32）

反過來說，人若了解自己的身分：（1）他被創造為上帝的形象，應彰顯祂的榮耀、與祂一同治理全地；（2）他是被主重價買贖的（林前六20，七23），所以應委身、敬拜祂，過聖潔的生活，活出有永恆價值的人生。除了上帝以外，任何其他事物，包括：財富、享樂、權力、成就、崇拜偶像等，可能給予人有暫時的安全感，但至終使人失望。比方說財富，雖然常會為人帶來短暫的滿足，但人在死亡時，這夢將會幻滅（詩四十九17；提前六7；路十二16～21）。惟有專心信靠上帝者，能以面對死亡，並超越死亡，展望永恆。[18]

B. 有位格的人，如何超越上帝對罪的審判？

(i) 正視上帝的忿怒

詩人對上帝說：「我們因你的怒氣而消滅，因你的忿怒而驚惶。你將我們的罪孽擺在你面前，將我們的隱惡擺在你面光之中。我們經過的日子都在你震怒之下；我們度盡的年歲好像一聲歎息。」(詩九十 7～9)

人面對死亡會感到驚惶，因為死亡是上帝對罪的審判，而人是知道自己有罪的，因為上帝會向他顯明，使他無法推諉(參羅一18～二 16)。作為上帝所造、大自然的一部分，人的生命氣息終有一天是會結束的，這是人的天然生命。然而，作為上帝的形象、有位格的人，他也有可能進入榮耀、屬天的國度。但他犯罪，背叛了造他的主，引致上帝的審判與刑罰，就是死亡，不單是肉身的死，也是第二次的死(啟二十 14)。這「死亡」的前景，使他「度盡的年歲，好像一聲歎息」，表達了人的無奈、疲乏與絕望。

罪是甚麼？從實存的角度，罪包括「不虔」(ungodliness)和「不義」(unrighteousness)(羅一 18)。「不虔」是指人不以上帝為上帝，企圖與上帝平等，甚至超越上帝(參創三 4～5，十一 1～9)，並向上帝宣告獨立：不依靠、不榮耀、不感謝祂(羅一 21；林前四 7)。結果就是拜偶像，以自己為上帝。而「不義」則是指人不以上帝的旨意為歸依，行出各樣對人有害的事(創六 5～6、11～12；羅一 24～32)。這兩方面的罪帶來上帝的義怒，結果是，活

18 參 Thielicke, *Evangelical Faith*, 388 ～ 390；Marvin E. Tate, *Psalms 51 ～ 100*, WBC (Dallas: Word, 1990), 440 ～ 443。

在罪中的人，必須面對死亡的前景、陰影，和死後的審判（詩九十 7～11；羅一 18～二 16；來九 27）。[19]

（ii）向上帝祈求智慧

然而，詩人「數算日子」的禱告，若蒙上帝應允，他便可得到「智慧的心」（詩九十 12）。他繼續祈求上帝轉回，不再向他們發怒，使他們（上帝的僕人）在久經困苦後，仍可享受上帝的慈愛，可以一生一世歡呼喜樂，好像經歷在黑夜後之黎明（13～15 節）。最後，詩人以光明盼望的禱告作結：「願你的作為向你僕人顯現；願你的榮耀向他們子孫顯明。願主──我們上帝的榮美歸於我們身上。願你堅立我們手所做的工；我們手所做的工，願你堅立。」（16～17 節）

這是一個超越「死亡」（短暫人生、罪與審判）的禱告！有甚麼比「上帝的作為與榮耀，在我們和我們子孫中顯明」，更能體現人生的意義？有甚麼比「上帝堅立我們手所作的工」，更能確定我們今生的努力，雖然微小，但在基督復活的亮光中，卻絕不是徒然的呢？（林前十五 58）[20]

3 如何活出真正的生命（authentic life）

A. 財主和拉撒路的比喻（路十六 19～31）

耶穌這比喻，一方面帶出「人死後到哪裏去？」這問題的答案，另一方面，也道出了人應如何在今生過活。第一方面，財主在生前極盡奢華，令人羨慕（19 節），而討飯的拉撒路卻是窮苦無

19　參 Tate, *Psalms 51~100*, 441～442；Moo, *Epistle to the Romans*, 99～103。

20　參 Tate, *Psalms 51~100*, 443～445。

依，混身生瘡，極為可憐（20～21 節）。但二人死後的命運，就完全地顛倒過來：財主在陰間受痛苦（23～24 節），而拉撒路則在樂園（亞伯拉罕懷中）享受安慰、祝福（22、25 節）。這與他們二人生前的處境，形成強烈的對比。故事的發展是，財主在陰間，遙遙地向亞伯拉罕提出兩個要求，但都被拒絕（24～31 節），這帶出了這「居間之境」的一些特徵：（1）陰間與樂園之間，無法互通往來；（2）死了的人不能被派回人間，傳遞福音信息。這比喻的結束，是對財主一個很嚴肅的宣告：「若不聽從摩西和先知的話，就是有一個從死裏復活的，他們也是不聽勸。」（31 節）這裏清楚指出，舊約也有福音信息，而人若是不接受這信息，死後復活的拉撒路，也不能改變他們，這是一個可怕的現實。

第二方面，我們也要問：「為何財主要到陰間受苦，而拉撒路卻可以進樂園？」拉撒路得以蒙恩，比喻中有一點提示，就是「拉撒路」這名字（注意：財主沒有名字！）的意思是：「他是上帝幫助的」，這名字象徵性表達了他對上帝的信靠。至於財主為何到陰間受苦，比喻並沒有提供資料。有人可能會問：上帝是否偏愛窮人，不喜歡富人？耶穌豈不是形容福音是「給貧窮人的福音」嗎？（太十一 5；路四 18，七 22）是否上帝特別關心窮人（賽一 16～17；雅一 27）？但這說法看似合理，卻不符合聖經和實情。比方：在耶穌的門徒中，也有富人（如保羅、尼哥德慕、哥尼流等）；而世上的貧窮人，也不都是謙卑信主、依靠主的人。其實，要回答這問題，我們須了解耶穌講這個比喻的處境。

路加福音十六章 1 至 18 節記載，耶穌和一些法利賽人對話，論及如何在今生積財在天，作金錢的好管家（1～12 節），然後祂又勸勉他們：「一個僕人不能事奉兩個主；不是惡這個愛那個，就是重這個輕那個。你們不能又事奉上帝，又事奉瑪門。」（13 節）

法利賽人當時如何回應耶穌的勸勉？14 節記載：「法利賽人是貪愛錢財的；他們聽見這一切話，就嗤笑耶穌。」

為何嗤笑？首先，他們「貪愛錢財」，即：以錢財為人生之優先次序；其次，他們認為，事奉上帝和事奉瑪門是可以兼容並進的，因為很多猶太人都認為，財富是耶和華所賜的福。在這處境中，耶穌講了這比喻，對象是這些「又想事奉上帝，又要事奉瑪門」的法利賽人。有人會問：財主是法利賽人嗎？答案是：應該是！原因：他很有錢，他又稱亞伯拉罕為「我祖」；他的兄弟（家人）都有摩西和先知的話可以聽。可以肯定的是，財主看自己是上帝的子民，又是上帝所祝福的富人，所以，當他發現自己在死後去了陰間，他真是又驚訝、又恐懼、又為他的兄弟們擔心。財主的疑問是：自己既是「上帝的選民」，為何結果還是去了陰間？耶穌藉比喻展示財主（與當時的法利賽人一樣）的問題所在：他雖有上帝選民的稱號，卻沒有選民的生命表現。面對每天躺在他家門口的拉撒路，財主沒有半點關心、憐憫和幫助，他所有的，都是為了自我滿足。這與上帝的心意背道而馳。[21] 耶穌的比喻，對當時有錢有勢、又是宗教領袖的法利賽人來說，猶如當頭棒喝。

B. 基督君王對子民的要求

舊約時代的先知，常代表耶和華，責備以色列的權貴，欺壓窮人、帶來社會不公、財富不均；基督在地上也常關心貧窮的、受欺壓歧視的人。財主的故事使我們想到，君王基督再來時，祂會將人分為「綿羊」（蒙父賜福者）和「山羊」（被咒詛者）。祂對

21　參 Joel B. Green, *The Gospel of Luke*, NICNT (Grand Rapids: Eerdmans, 1997), 604～610。

山羊會如此說：

> 「你們這被咒詛的人，離開我！進入那為魔鬼和他的使者所預備的永火裏去！因為我餓了，你們不給我吃，渴了，你們不給我喝；我作客旅，你們不留我住；我赤身露體，你們不給我穿；我病了，我在監裏，你們不來看顧我。」他們也要回答說：「主啊，我們甚麼時候見你餓了，或渴了，或作客旅，或赤身露體，或病了，或在監裏，不伺候你呢？」王要回答說：「我實在告訴你們：這些事你們既不做在我這弟兄中一個最小的身上，就是不做在我身上了。」（太二十五 41～45）

這不是律法主義，乃是上帝要求選民，活出選民生命的表現。沒有這生命表現的人，就顯出他不是選民，當然至終他進不了天國，無論他怎麼說（太七 15～27）。舊約先知彌迦，也曾代表耶和華，向選民宣告，他們在今生應有的表現：「世人哪，耶和華已指示你何為善。他向你所要的是甚麼呢？只要你行公義，好憐憫，存謙卑的心，與你的上帝同行。」（彌六 8）

可見，「追求社會公義、存愛心、憐憫人」等美德，並不是起源自二十世紀初的美國「社會福音運動」（social gospel movement）的專利，而是新舊約聖經所啟示，上帝對祂子民的一貫要求，亦是祂對所有信徒所懷的美意。

C. 與基督同死同復活：新生的樣式

悔改歸主、受洗的信徒，就是與基督同死同復活的人，是與祂聯合了。有了這新的身分，就不應活在罪中，這是保羅對羅馬信徒（和所有新約信徒）的信息：

> 豈不知我們這受洗歸入基督耶穌的人是受洗歸入他的死嗎？所以，我們藉著洗禮歸入死，和他一同埋葬，原是叫我們一舉一動有新生的樣式，像基督藉著父的榮耀從死裏復活一樣。我們若在他死的形狀上與他聯合，也要在他復活的形狀上與他聯合；因為知道我們的舊人和他同釘十字架，使罪身滅絕，叫我們不再作罪的奴僕；因為已死的人是脫離了罪。（羅六 3～7）

信徒「向罪死」，主要的意思是：向罪的權勢死（2～3 節），目的是要活出榮耀的新生命（4 節），脫離罪的權力。結果是：有基督「復活的形象」（5 節）；目的是：生命更新、脫離舊人，不再作罪的奴僕（6 節）。保羅進一步教導說：

> 這樣，你們向罪也當看自己是死的；向上帝在基督耶穌裏，卻當看自己是活的。所以，不要容罪在你們必死的身上作王，使你們順從身子的私慾。也不要將你們的肢體獻給罪作不義的器具，倒要像從死裏復活的人，將自己獻給上帝，並將肢體作義的器具獻給上帝。罪必不能作你們的主；因你們不在律法之下，乃在恩典之下。（羅六 11～14）

信徒要先確認，自己與主聯合的事實（11 節）。然後，在成聖的過程中，要具體的對付罪（12 節）、將自己和肢體獻給上帝（13 節）；而得勝的把握在於：（1）信徒不在律法之下：律法在成聖的事上，是無能的（參羅七章）；（2）他乃在恩典之下，即：有主復活的生命（羅六 1～10；弗二 5～6），和聖靈的能力（羅八章）。[22]

使徒保羅在論及自己「在基督裏」的生命時，有如此的宣告：

> 我已經與基督同釘十字架，現在活著的不再是我，乃是基督在我裏面活著；並且我如今在肉身活著，是因信上帝的兒子而活；他是愛我，為我捨己。（加二 20）

這與主同死同活的生命，並不是他自己（作為使徒）的專利，乃是所有因信基督而得稱義者所共享的新生命。還有，這新生命是在不斷成長，並且盼望將來榮耀的生命，就是身體復活，正如保羅另一宣告所言：

> 使我認識基督，曉得他復活的大能，並且曉得和他一同受苦，效法他的死，或者我也得以從死裏復活。（腓三 10～11）

信徒藉洗禮（也是信心）與基督聯合，展開「向罪死、向上帝活」的生命，並且一生經歷這聯合，直到主再來，完全實現這聯合。這樣的人生，是充滿信心、愛心、盼望的人生，也是人面對死亡現實、生命奧祕時可獲取的最佳答案。

22　參 John Murray, *The Epistle to the Romans*, NICNT (Grand Rapids: Eerdmans, 1973), 211～229。

討論問題

1. 何謂「死亡」？醫生怎樣判斷？聖經中論「死亡」，主要涵蓋哪幾方面？你會如何評價「全面死亡觀」的重要性？
2. 人類必須面對死亡，是由於這是「罪的刑罰」，還是因死亡是「自然的現象」？試討論之。
3. 若「罪」是人死亡的主因，那蒙赦罪的人，為何仍須經歷死亡？
4. 看死亡是「公義的刑罰」和看它是「人實存的光景」，兩者有何分別？是互相排斥，抑或可以並存？
5. 創世記三章記載，亞當犯了罪，接受上帝怎樣的懲罰？他是罪有應得，也連累後代，但上帝在定罪時，是否仍有恩典？試討論之。
6. 歷代人類如何逃避死亡的陰影和威脅？這些逃避對人類有何益處、有何害處？
7. 詩篇九十篇，詩人如何指導古今讀者，正視死亡的現實，活出人生的真義？
8. 從耶穌的比喻（路十六 19 ～ 31；太二十五 31 ～ 46），人可以得到甚麼啟迪，以活出有價值的生命，並作好準備，面對死亡？
9. 從保羅的教導（羅六 1 ～ 14；林後四 16 ～ 五 10），我們可如何在今生，面對外體的衰敗和死亡的現實，仍心存盼望，迎接那榮耀的未來？

7

居間之境

一「居間之境」：歷史導言

歷代正統基督教會，一般都是藉「居間之境」(intermediate state)這教義，去解說人在「離世後、主再來前」所處的生存狀態，因此不少教會信眾，也渴望更清楚了解「居間之境」這傳統教義，以幫助他們對「我死後會到那裏去」、「不致滅亡、反得永生」等經文，有一個較清晰和完整的理解。

教父奧古斯丁教導信徒，人的靈魂在這段時間，會經歷安息或痛苦(視乎他們與主的關係)，等候至終復活得榮或受審被定罪，[1] 而中世紀的神學家阿奎那(Thomas Aquinas)也有相同觀點。但在中世紀時期，另一個羅馬天主教會的教導——煉獄(purgatory)——逐漸興起，並發展成為一個重要的教義，並載於天主教會天特會議(Council of Trent, 1945～1963)的信條中。[2]

---

1 Angelo Di Berardino, ed., *We Believe in One Holy Catholic and Apostolic Church*, Ancient Christian Doctrine, vol. 5 (Downers Grove: IVP, 2010), 248～249.

2 湯清編譯：《歷代基督教信條》(香港：基督教文藝，2008)，頁 294～296。

不過，自十六世紀宗教改革以來，更正教會都不接受「煉獄」的教義。改教先鋒馬丁．路德（Martin Luther）對「居間之境」的詮釋，就傾向「靈睡」（soul sleep）的觀點。[3] 重洗派教會也是一樣。而加爾文則緊隨奧古斯丁路線，認為聖徒在「居間之境」是處於「有知覺、蒙福、期待」的狀態。[4] 加爾文的觀點，其後成為近現代改革宗神學家（如赫治〔Charles Hodge〕、巴文克〔Herman Bavinck〕、伯克富〔Louis Berkhof〕等），和一連串改革宗信條（如《比利時信條》、《韋斯敏斯德信條》、《海德堡要理問答》等）的共同觀點。因此，「居間之境」是自宗教改革以後，正統基督教會大致上都接受的觀念。其中英國教會於一六四七年通過的《韋斯敏斯德信條》，就有很清楚的表達：

> 人的身體死後歸土，而見朽壞。但靈魂（既不死，又不睡眠）卻永存不滅，所以立刻歸返賜靈的上帝。義人的靈魂，既在那時在聖潔上得以完全，就被接入高天，在榮光中得見上帝面，在那裏等候身體完全得贖。惡人的靈魂要被拋在地獄裏，留在痛苦與完全黑暗中，等候大日的審判。除此兩處以外，《聖經》並未言及靈魂離開身體，別有所歸。[5]

---

3 參 Paul Althaus, *The Theology of Martin Luther*, trans. Robert C. Schultz (Philadelphia: Fortress, 1966), 412～417。

4 John Calvin, *Tracts and Treatises in Defense of the Reformed Faith*, trans. Henry Beveridge and ed. T. F. Torrance, vol. 3 (Grand Rapids: Eerdmans, 1958), 413～490.

5 載於《歷代教會信條精選》第 32 章。見《歷代教會信條精選》，趙中輝等譯（台北：改革宗出版社，2002），頁 124～158。

二「居間之境」教義的聖經基礎

1 舊約的啟示

A.「陰間」：死人的地方

舊約聖經展示，人死後會去到「陰間」而非完全消滅（不存在）。「陰間」（*sheol*），一般是指「死人的地方」，這適用於所有人，包括選民與非選民，義人和惡人。例如：

- 創三十七 35：他（雅各）的兒女都起來安慰他，他卻不肯受安慰，說：「我必悲哀著下陰間，到我兒子（約瑟）那裏。」約瑟的父親就為他哀哭。
- 創四十二 38：雅各說：「我的兒子不可與你們一同下去；他哥哥死了，只剩下他（便雅憫），他若在你們所行的路上遭害，那便是你們使我白髮蒼蒼、悲悲慘慘地下陰間去了。」
- 撒上二 6：哈拿禱告說：「耶和華使人死，也使人活，使人下陰間，也使人往上升。」

「陰間」偶爾也會指死人安葬之處，即：「墳墓」。例如詩篇一四一篇 7 節，他們會說：「我們的骨頭散在墓旁，好像人耕田、刨地的土塊。」

B. 義人與惡人有別

在一些較後期的舊約經文中，也會展示惡人和義人有別：前者死後一直服在陰間的權下，而後者則能脱離陰間的權勢，例如：

- 詩四十九 14～15：「他們如同羊羣派定下陰間；死亡必作他們

的牧者。到了早晨，正直人必管轄他們；他們的美容必被陰間所滅，以致無處可存。只是上帝必救贖我的靈魂脫離陰間的權柄，因他必收納我。」詩人認為，惡人會被陰間管轄，不得自由；而義人卻會從陰間的權勢中得釋放。

- 詩十六 10：大衛對耶和華說：「因為你必不將我的靈魂撇在陰間，也不叫你的聖者見朽壞。」從大衛的歷史處境看，這話可能是指他雖身處危險，耶和華卻能救他脫離死亡；然而，從預言彌賽亞的角度看（徒二 25～32），這是大衛在預告基督的復活，並間接地指向自己：他作為上帝所膏立的君王（受膏的聖者），與基督一樣，也有復活的盼望。[6]
- 詩十七 14～15：「耶和華啊，求你用手救我脫離世人，脫離那只在今生有福分的世人。……至於我，我必在義中見你的面；我醒了的時候，得見你的形象，就心滿意足了。」對比那些只在今生有福分的人，詩人渴望在睡醒時，得見上帝的形象。這「睡醒」是直接指他在今生得脫仇敵的追殺。但從聖約神學的角度看，也可應用在他得脫終極仇敵的手，從死亡中得以醒過來，表達了舊約詩人也有「死後復活」的盼望。[7]
- 詩七十三 24～26：詩人亞薩對耶和華說：「你要以你的訓言引導我，以後必接我到榮耀裏。除你以外，在天上我有誰呢？除你以外，在地上我也沒有所愛慕的。我的肉體和我的心腸衰殘，但上帝是我心裏的力量，又是我的福分，直到永遠。」亞薩的信心超越死亡：雖然惡人在今生似乎興旺，但至終必滅亡

---

6 參 Anthony A. Hoekema, *The Bible and the Future* (Grand Rapids: Eerdmans, 1979), 97～98。

7 Peter C. Craigie and Marvin E. Tate, *Psalms 1～50*, WBC (Nashville: Thomas Nelson, 2004), 164～165.

（19、27 節），而他自己（一個敬虔的選民），雖在今生常受災難困苦（14 節），但至終必蒙上帝賜福，不單有力量面對困苦，且有上帝為他永遠的分，他至終會被接到榮耀裏（24、26 節）。

小結：從舊約所展示的「居間之境」描述可見，人死後，並非完全消失，乃是去了 *sheol*。而「陰間」一般是指「死人去的地方」，偶爾也指「墳墓」。在舊約時代後期，會區分惡人與敬虔人死後的結局。而於兩約之間，根據猶太拉比及啟示文學所展示，義人（敬虔人）與惡人，死後亦有不同的結局：惡人會去到「陰間」（受懲罰的地方），而敬虔人則可脫離「陰間」的轄制，與上帝同在。而新約聖經也承接了猶太人這傳統。[8]

2 新約的啟示

A. 陰間（＝死亡）的權勢與基督的得勝

1. **耶穌對不信者的責備：**耶穌說：「迦百農啊，你將要升到天上嗎？將來必墜落陰間；因為在你那裏所行的異能，若行在所多瑪，它還可以存到今日。但我告訴你們：當審判的日子，所多瑪所受的；比你還容易受呢！」（太十一 23～24；參賽十四 13～15）陰間（*hades*＝死亡）是死人的地方，是迦百農墜落所要去的「蒙羞、被棄」之境地，因為他們拒絕了父上帝所差來的彌賽亞（基督）。墜落也包括了受審（24 節）。
2. **耶穌的預言：**耶穌對彼得說：「你是彼得，我要把我的教會建造在這磐石上；陰間的權柄（the gates of *hades*）不能勝過他。

8　參 Hoekema, *Bible and the Future*, 99～101。

我要把天國的鑰匙給你，凡你在地上所捆綁的，在天上也要捆綁；凡你在地上所釋放的，在天上也要釋放。」（太十六 18～19）

在此，陰間（＝死人的地方）被喻為一個「鐵門深鎖、死人被拘禁」的堅固監牢（參賽三十八 10；伯三十八 17；詩一〇七 18）。雖是這樣，基督藉彼得和眾使徒所建立的新約教會，卻不會被陰間所勝，因為基督君王是教會的主，祂已藉復活，向死亡誇勝！因此，教會不單永遠不會被消滅，反能藉基督所賜的聖靈，得著「捆綁」和「釋放」人的權柄（太十六 19；參約二十 21～23）。

3. **彼得的信息：**在五旬節那日，使徒對眾人說：「弟兄們！先祖大衛的事，我可以明明地對你們說：他死了，也葬埋了，並且他的墳墓直到今日還在我們這裏。大衛既是先知，又曉得上帝曾向他起誓，要從他的後裔中立一位坐在他的寶座上，就預先看明這事，講論基督復活說：他的靈魂不撇在陰間；他的肉身也不見朽壞。」（徒二 29～31）

   彼得在此引用詩篇十六篇 10 節，作為耶穌基督從死裏復活預言的應驗，以證實耶穌是彌賽亞君王（徒二 32～36），陰間（＝死亡）的力量，不能拘禁祂（徒二 24 節），因為祂已藉復活向死亡誇勝。

   其後，保羅也清楚指出，基督的復活，也將帶來所有信徒的復活和得勝（林前十五 20～22、45～57），這與彼得的觀點是一致的。

4. **榮耀基督的異象：**復活的基督向約翰顯現，對祂說：「不要懼怕！我是首先的，我是末後的，又是那存活的；我曾死過，現在又活了，直活到永永遠遠；並且拿著死亡和陰間的鑰匙。」（啟一 17～18）陰間（死亡）是一個拘禁死人的監牢，連基督也曾在十架上死了、為人贖罪，服在它的權下。但現今（約翰寫啟示錄時，大約是公元 95 年），基督已從死裏復活、升天掌權、拿著死亡和陰間的鑰匙，使一切信靠祂的人，可以脱離死亡（陰間）的掌控，得到釋放。

5. **災難的預言：**使徒約翰描述他所看見的異象：「揭開第四印的時候……我就觀看，見有一匹灰色馬；騎在馬上的，名字叫作死，陰府（*hades*）也隨著他；有權柄賜給他們，可以用刀劍、饑荒、瘟疫、野獸，殺害地上四分之一的人。」（啟六 7～8）

　　第四印描述人類歷史中，一個很大的災難，結果是地上四分一的人都死了。這災難顯示陰間掌權，使人類無法逃避，直到基督再來（啟七 1～17）。到那日，坐寶座的上帝和羔羊將會拯救、蔭庇、牧養祂的子民，而他們也將會讚美敬拜祂。

6. **有關末日的預言：**「於是海交出其中的死人；死亡和陰間也交出其中的死人；他們都照各人所行的受審判。死亡和陰間也被扔在火湖裏；這火湖就是第二次的死。」（啟二十 13～14）當末日基督再來時，祂會向陰間和死亡誇勝。首先，所有死了的人，都必須被交出來，在基督台前受最後審判；其次，死亡和陰間也將被扔在火湖裏，代表那些一直被困陰間（不信）的罪人，將永遠進到火湖中受刑，這是非常可怕的結局！

B. 居間之境：等候復活的狀態

（i）惡人在陰間受苦

a）不義的財主：

他（財主）在陰間受痛苦，舉目遠遠地望見亞伯拉罕，又

> 望見拉撒路在他懷裏，就喊著說：「我祖亞伯拉罕哪，可憐我吧！打發拉撒路來，用指頭尖蘸點水，涼涼我的舌頭；因為我在這火燄裏，極其痛苦。」（路十六 23 ～ 24）

這比喻中的財主，代表耶穌時代那些有名無實的「亞伯拉罕的後裔」（如：當時的法利賽人）。他死後在陰間經歷「火燄裏的痛苦」，希望得到一點舒緩，卻是不能。為甚麼呢？因為人死後，命運已定，不能逆轉；[9] 再者，財主在生前，完全沒有一點憐恤人的行動，顯然缺乏屬上帝子民的生命表現，因此在死後也得不到上帝的憐恤。這比喻是耶穌對當時宗教領袖的一個警告。財主在陰間受痛苦，與拉撒路（依靠上帝的人）在亞伯拉罕懷裏受安慰（在樂園中），形成很大的對比。然而，兩人都同處於死亡和身體復活之間的「居間之境」。另外，比喻中財主的兄弟，仍有機會悔改（27 ～ 31 節），可見當時，末日（即：復活之日）仍未到來。

b）不義的人：

> 主知道搭救敬虔的人脫離試探（或：試驗），把不義的人（惡人）留在刑罰之下，等候審判的日子。（彼後二 9）

彼得論及當時一些不義的人（即：假師傅），指出上帝有能力把他們「留在刑罰」（原文：*kolazomenous*）之下，等待至終的審判。分詞「被留在刑罰」是現在進行的時態，指向從今天直到主再來大審判之日這段時間，與人死後受審前的「居間之境」重疊。彼

---

9 參 Joel B. Green, *The Gospel of Luke*, NICNT (Grand Rapids: Eerdmans, 1997), 608。

得在此的信息是：不義的人會在「陰間」受刑罰，等待主再來的大審判，進入永遠的刑罰。[10]

(ii) 義人會進入樂園中 (paradise)

a) 十架上的強盜：

耶穌被釘十架時，有兩個強盜與他一同被釘，其中一個強盜對另一個說：

> 「我們是應該的，因我們所受的與我們所做的相稱，但這個人沒有做過一件不好的事。」就說：「耶穌啊，你得國降臨的時候，求你記念我！」耶穌對他說：「我實在告訴你，今日你要同我在樂園裏了。」(路二十三 41 ~ 43)

當時這悔改歸主的強盜，為自己的罪深深懊悔。他知道耶穌是猶太人所期盼的彌賽亞君王，將有一天會得國降臨，因此他懇求耶穌記念、悅納他。當時他並不知道，耶穌死後將會復活、進入榮耀，甚至與他在樂園裏相會。耶穌當時這句預言，極有可能令強盜驚訝，因它啟示了基督對悔改的罪人（＝義人）極大的恩典：進入一個「居間之境」的樂園。這「樂園」乃是新約多處所展示的，是信徒死後將會進入的美景，直到主再來。屆時，這更新的美景將會涵蓋整個天地，帶來「新的創造」(啟二十一 1 ~ 二十二 5)，而聖徒將在其中，享受永遠與上帝同在的福樂。

第
7
章

10　參 Hoekema, *Bible and the Future*, 101 ~ 102。

b）使徒保羅的「三層天」經歷：

我認得一個在基督裏的人，他前十四年被提到第三層天上去……他被提到樂園裏，聽見隱祕的言語，是人不可說的。（林後十二2、4）

這是保羅對哥林多人說的話，也是保羅的個人經歷，他形容十四年前自己曾去到「第三層天」，就是親身體驗那猶太人傳統中的「樂園」。他當時也不知道，自己究竟是「身體」抑或「靈魂」處身當中，但他肯定那是一種超然、屬天的經歷。在「樂園」中，他聽到一些說話，是不可用人的言語解說的，就是上帝只向他說的一些隱祕言語，因此，保羅也從來沒有透露其內容。這顯然是一個很特殊的經歷。我們不知道為何上帝要給予保羅有這特別的經歷。新約學者休斯（Philip E. Hughes）認為，有可能是上帝讓他先嘗未來（在居間之境和永恆）的福樂，以鼓勵他面對前面一切苦難，憑著勇氣努力完成上帝交託予他的艱巨福音使命吧！這是有可能的。[11]

c）保羅面對未來的自白：

因我活著就是基督，我死了就有益處。但我在肉身活著，若成就我工夫的果子，我就不知道該挑選甚麼。我正在兩難之間，情願離世與基督同在，因為這是好得無比的。（腓一21～23）

---

11 參 Philip E. Hughes, *Paul's Second Epistle to the Corinthians* (London: Marshall, 1962), 429～439。

這是保羅囚於羅馬監牢時向腓立比人坦露的心聲：生死不要緊，最要緊的是：基督被顯為大，因為他（保羅）活著，乃是基督在他裏面活著（加二20），而他死了就有「益處」，因為能立刻與主同在，而他認為這是「好得無比的」（腓一23）。當然，對保羅來說，繼續存活亦能結出更多福音的果子（加二22），但死亡對他個人來說更具吸引力（23節），這是使徒保羅對「居間之境」（樂園）的信念，也是所有（特別是為主受苦）信徒的盼望。

d）殉道者的禱求：

> 揭開第五印的時候，我看見在祭壇底下，有為上帝的道、並為作見證被殺之人的靈魂，大聲喊著說：「聖潔真實的主啊，你不審判住在地上的人，給我們伸流血的冤，要等到幾時呢？」於是有白衣賜給他們各人；又有話對他們說，還要安息片時，等著一同作僕人的和他們的弟兄也像他們被殺，滿足了數目。（啟六9～11）

> 我又看見幾個寶座，也有坐在上面的，並有審判的權柄賜給他們。我又看見那些因為給耶穌作見證，並為上帝之道被斬者的靈魂，和那沒有拜過獸與獸像，也沒有在額上和手上受過他印記之人的靈魂，他們都復活了，與基督一同作王一千年。（啟二十4）

約翰所見的這兩個異象，都是有關殉道者死後境況的描述（啟六9～11）：他們的靈魂，是仍活著、有自我意識、又能與上帝對話的人。他們大聲向上帝呼求，求祂快快的為他們伸流血的冤。

上帝的回應是：賜他們「白衣」(代表他們稱義的身分)，並請他們暫時安息，直到其他僕人和弟兄的數目添滿了。這些人(只有靈魂)，就是在死亡後、復活前的「居間之境」中，期待得到伸冤的殉道者。上帝賜予他們暫時的安息，就是在「居間之境」、樂園中的安息(啟十四13)。而二十章4節所描述的，也是已死的殉道者、活著的靈魂。在此，他們是與基督一同作王，等待身體復活之日。他們與上述聖徒，都是處於「居間之境」，但涵蓋的範圍比較廣，因當中也包括所有受逼迫的聖徒。無論如何，這「得勝與主一同作王」的異象，對初期教會處身苦難的聖徒，是極大的鼓勵(參啟二10，三21)。[12]

e)使徒經歷救恩的兩個階段：

在哥林多後書四章16節至五章10節，當保羅論及信徒可如何勇敢面對艱難困苦時，帶出了救恩的兩個階段，他這樣說：「所以我們不喪膽，外體(外面的人)雖然毀壞，內心(裏面的人)卻一天新似一天。我們這至暫至輕的苦楚，要為我們成就極重無比、永遠的榮耀。」(四16～17)

第一階段，指向今日內在生命不斷的更新(聖靈重生＋漸進成聖)，但外體卻不斷的衰敗(四16)。外體與內心，是人一體兩面的生命，兩者表面看似有矛盾，其實是一個歷史進程。

第二階段，指的是未來身體必然復活，得著永遠的榮耀(四17～五4)。新約中的人觀，是全人的(holistic)，卻同時是「一體兩面」(unity in duality)的，包括身體與靈魂。保羅在此指出，

---

12 參 Hoekema, *Bible and the Future*, 234 ～ 235；G. K. Beale and D. H. Campbell, *Revelation: A Shorter Commentary* (Grand Rapids: Eerdmans, 2015), 434 ～ 438。

基於聖靈所賜予、今天內在生命的更新（四 16，五 5），加上未來外體的復活（四 17～五 4），信徒所領受的，是一個全人的救贖（holistic salvation）。今天信徒有復活的榮耀盼望，因此即使面對身體不斷的衰敗，和種種艱苦危險（參四 8～12，十一 23～28），仍能勇往直前，絕不喪膽退後（四 8～15）。

然而，信徒在主裏安息後、主再來（復活）前，會是怎樣的情形呢？保羅也有所交代：「為此，培植我們的就是上帝，他又賜給我們聖靈作憑據。所以，我們時常坦然無懼，並且曉得我們住在身內，便與主相離。因我們行事為人是憑著信心，不是憑著眼見。我們坦然無懼，是更願意離開身體與主同住。所以，無論是住在身內，離開身外，我們立了志向，要得主的喜悅。因為我們眾人必要在基督台前顯露出來，叫各人按著本身所行的，或善或惡受報。」（五 5～10）

這就是信徒在「居間之境——離開身體與主同住」的情況。上帝拯救的目的，是使聖徒至終得著復活的榮耀。然而祂在今天也賜予聖靈，作為信徒得基業的憑據，叫他們有勇氣面對今生一切艱難困苦（四 16）。雖然不知應許何時實現，也不知生命何時結束，但仍可「憑信心、不憑眼見」，勇敢地活著（7 節）。保羅提醒信徒：我們今天若仍活著（即：住在身內），便是與主相離（6 節），若是死了（即：離開身體），便是與主同住（8 節）。而後者就是處於「居間之境」的階段。保羅又進一步表達自己的心志：有了復活的盼望，和主再來的前景，在任何處境，他都要討主的喜悅（9 節），因為當主再來時，祂會叫各人按著本身所行的、或善或惡受報（10 節）。故此，信徒對自己今生所作的事，絕不能掉以輕心。

(iii) 小結：「居間之境」的救贖意義

「居間之境」對每一位信靠基督的人而言，都是莫大的安慰，因為他們知道，在基督裏死了的人是有福的（帖前四 16；啟十四 13），他們將與主同在，那是好得無比（腓一 23；林後五 8），他們將經歷到與基督的愛永不隔絕（羅八 38）。屆時，他們將完全脱離屬亞當的舊時代，包括今生一切的困難、罪惡、痛苦、疾病、死亡，得享主裏的安息，等候至終復活的榮耀。從救恩歷史的角度，「居間之境」是信徒身體死亡與復活之間，一段短暫的靈魂與主同在的時期。這「居間之境」也可稱為「樂園之境」（paradise），為面對死亡的信徒帶來安慰鼓勵。加上，它是未來復活生命的先嘗，也與復活的盼望相連。新約學者理德博説得好，「居間之境」本身，並沒有獨立的救贖意義，惟有連於基督再來後復活的榮耀，才可顯出它的價值，因為它為信徒帶來永恆的祝福。[13]

三 有關「居間之境」的神學探討

1 兩個重要的問題

問題：靈魂脱離身體：這豈非希臘的二元論（dualism）的翻版？

上述從聖經啟示探討的「居間之境」，是一個「離開身外」，即：「脱離身體、只有靈魂」的生存狀態。因此有人會問：這是否等同採納了希臘哲學家（如：柏拉圖）的二元論？這二元論的構想是：人是「身體＋靈魂」，主張屬物質的

13 參 Herman Ridderbos, *Paul: An Outline of His Theology* (Grand Rapids: Eerdmans, 1975), 499 ~ 508。

身體是暫時的，在人死時便朽壞、不復存在，但靈魂卻是人永存不滅、高貴真實、不可或缺的部分（essence of the person）。柏拉圖的二元論更高舉靈魂，看它是從永恆就存在，比身體真實、高貴，且是永恆不朽的，在人死後，這靈魂將得脱身體的束縛，重獲自由。這二元論的哲學，其後影響了基督教神學，催生「靈魂不朽」（immortality of the soul）的神學觀念。[14] 在公元二世紀，希臘異教諾斯底主義（gnosticism）為這二元論加上「物質是邪惡的」這元素，進一步貶低「身體」的地位，這同樣影響了歷代的基督教神學思想。

回答：根據聖經，基督教的人觀跟希臘二元論的人觀相比，兩者分別甚大。聖經看人是一個上帝所創造、整全而統一的個體，人既有身體，也有靈魂，兩者不能分割，也不分高低，因都是上帝的形象，也都是好的，但也同樣需要救贖。聖經認為人作為一個整體（包括身體），都不是邪惡的，反倒是「上帝的形象」（創一 27），甚至在亞當犯罪後，人墮落了，這形象受損，但人仍然是尊貴的「上帝的形象」（創九 6；雅三 9～10）。聖子基督是「上帝本體的真像」（來一 3），祂道成肉身，完成救贖，使信的人有重生的生命（約三 1～8），有聖靈的內住，因此信徒的身體都是「聖靈的殿」，所以應藉身子榮耀上帝（林前六 19～20）。換言之，上帝看重人的身體，祂差遣聖子穿上人性（包括身體），降生為人，受死復活，並應許信祂的人，身體將會復活得

14　參 Oscar Cullmann, *Immortality of the Soul or Resurrection of the Dead?: The Witness of the New Testament* (Eugene: Wipf & Stock, 2000)。

榮，直到永遠。這顯明上帝是何等看重人的身體，這也是基督教整全人觀（holistic anthropology）的最佳證明！

問題：當基督教的神學家們，論及居間之境和復活，是如何回應這希臘二元論的人觀？

回答：大致上，神學家們有三種不同的回應：[15]

1. 人是一個單元體（即：只有身體）：部分當代神學家反對希臘式的「二元論」和「靈魂不滅」論。此觀點構想人基本上是「物質身體」，所以「復活」只是身體復活，靈魂是不存在的，稱為「人性一元論」。這觀點的好處是：構思簡單，也配合一些現代心理學家和科學家的理論；其缺點就是：不能合理地解釋人在「死後至復活」這期間，其身分之 連續性（identity continuity）。而這觀點更大的問題是：它不能容納聖經所啟示，人死後會立刻進入的「居間之境」（即：樂園或陰間）的觀點。
2. 復活是「屬靈的復活」：這是希臘式「二元—靈魂不滅」論的當代基督教版本。持這立論的神學家承認，雖然人有靈魂，也有身體，但身體在死後已消失，僅留下那永不消滅的靈魂，而這靈魂也正是人格不可或缺的部分。他們解釋聖經中的復活是「屬靈的復活」（林前十五 44）。然而，這立論產生的問題是：（1）有違聖經啟示中的「整全人觀」；（2）不能容納聖經所啟示，也是歷代正統信徒所堅信的，（耶穌和信徒的）身體復活的教義；（3）肯定錯解了哥林多前書十五章 44

15 參 Stephen T. Davis, *Risen Indeed: Making Sense of the Resurrection* (Grand Rapids: Eerdmans, 1993), 86 ～ 109。

節「屬靈的」的意思，以為保羅是指「非物質的」；從前文後理看，這應解為「屬聖靈的」，即：被聖靈改變/榮耀的身體，所以不在「靈體」(參本書第八章)。

3. 「居間之境」為人死後「暫時沒有身體」(temporary disembodiment；以下簡稱 TD)的狀態：這是歷代正統教會的看法。美國福音派神學家戴維斯(Stephen T. Davis)，在《真的復活》(*Risen Indeed: Making Sense of the Resurrection*)一書中，對此有清楚的闡釋，[16] 筆者也同意。以下是戴維斯提出的要點：

- 人是上帝美善的創造，一個整全的個體，包括身體與靈魂，兩者互動配合：身體為靈魂提供意向的表達、具體的行動，而靈魂則為身體提供方向與動力。
- 信徒在死亡時，身體衰敗，但靈魂仍然會藉上帝的大能存活，會脫離身體(林後五 6～8，十二 2～3)。這非物質的存有，是人處於「不完整」(incomplete)的狀態。基督再來時，聖靈會更新改變他的身體，成為榮耀的身體，使其與靈魂再次聯合，成為完整的人，進入永恆。
- 人的靈魂與身體，兩者是有分別的(參太十 28)，因此在「居間之境」中，兩者可以暫時分開。在這段「只有靈魂」的時期，信徒雖然暫時不是一個整全的人，但他個人的身分(personal identity)，仍得以保存，等候身體的復活。
- 這 TD 的理解，也與其他新約的經文相配合，如：悔改的強盜(路二十三 43)，將會在死後(以 TD 形式)，立刻

16　參 Davis, *Risen Indeed*, 86～109。

與主同在樂園，直到身體復活之日；另有兩段經文（林前十五 51～54；帖前四 14～17），清楚展示復活之日是在未來，因此在這日以前死的人，顯然仍未有榮耀的身體，而只有靈魂仍然活著；保羅也明言（林後五 8；腓一 23），死亡對他（和信徒）而言，意味著離開身體，並立刻與主同在，是「有益處、好得無比」的情況。

2「靈睡」與「煉獄」：是否「居間之境」的另類選擇？

A.「靈睡」的構思

(i) 簡介

有一些學者認為，信徒在死亡後、復活前，他的靈魂是處於「睡眠」、「沒有知覺」的狀態中。[17] 支持這構思的神學家，當中包括著名改教先鋒路德，他的主要論點如下：

1. 路德相信，信徒死亡是「在基督的懷裏享安息」，並等待復活：不單是身體，乃是全人復活。這安息就是「靈睡」，人的靈魂沒有知覺，也沒有感覺，只等待主再來時叫醒他。
2. 路德同意保羅聖經中所說，信徒死後，立刻與主同在（林後五 6～8；腓一 23），而主在末日再來時，將會帶給信徒一個新的（復活）身體（約十一 25～26；林前十五章）。路德認為，這兩件事在時間上似乎相距很遠，實際上卻可能是很接近，因為人死後，地上一切時間觀念和差距都會消失，一切事情都會在永恆的瞬間發生，如此，便將傳統的「居間之境」和主

17 參 Jerry L. Walls, ed., *The Oxford Handbook of Eschatology* (Oxford: Oxford University Press, 2008), 388；Cullmann, *Immortality of the Soul or Resurrection of the Dead?*, 48～57。

再來兩個事件的時間距離拉近，甚至可以合而為一呢！

3. 路德又認為，基督徒最大的盼望是「基督的再來和全人復活」，而非「居間之境和靈魂享福」，因此不應過分強調後者。[18]

(ii) 評論

- 聖經說，信徒死亡，是在主裏「睡著了」(*koimaomai*)，這是一個「委婉話」(euphemism)，意指他死了，停止了今生的活動和關係，而並非說，他的靈魂睡了，失去了知覺。「睡了」這話也暗示，他將會「醒過來」。
- 信徒死後，立刻「與主同在」(林後五 8；腓一 23；路二十三 43)，這些描述，都包含有「快樂、有知覺、與主有溝通」等意思，而不是一個毫無感覺的生存狀態。使徒保羅的形容：「好得無比」、「樂意離開身體」，顯然都不是「進入靈睡」的狀態！
- 財主和拉撒路，在路加福音十六章的比喻中，身處居間之境，也是在清醒和有知覺、有記憶、有理性思維的情況，而不是在睡眠中(23～25、27～28 節)。這與啟示錄(啟六 9～11)中，殉道者的靈魂在禱告鳴冤(而並非在「靈睡」)的情況，也是互相吻合的。
- 至於路德認為，人死後便不再有時間的先後，而進入了永恆的瞬間，這觀念也是不能確定的。人在永恆(新天新地)中與時空的關係，多年來仍是學者們一直辯論的課題；而人在「居間之境」中，是否處於無時間觀念的情況(timelessness)，當然更不能確定了(請參閱本書第十二章有關時空的討論)。

18 參 Althaus, *Theology of Martin Luther*, 410～417。

總的來說，「靈睡」的構思，與聖經所啟示「居間之境」的情況頗有出入。「靈睡」亦未能合理地解釋，人在死亡後、復活前，「身體在衰敗、靈魂仍活著」那種特殊狀態。[19]

B.「煉獄」的天主教教義：基督徒該接受嗎？

(i) 源起與教義特徵

「煉獄」(purgatory)的觀念，源於一些初期教會教父的教導。他們認為，一些信徒死後去了陰間，卻仍未完全成聖，因此未有資格進入天堂，須留在陰間接受火的煉淨，再加上在世聖徒的代禱和獻祭，方能得釋進入天庭。中世紀的經院學派神學家(scholastics)，將這觀念發揚、闡釋，並為之辯護，且於天主教天特會議的信條中，作出清楚表述，使之成為過去數百年，羅馬天主教會不可或缺的教義。[20]

根據這教義，天主教會的信徒相信：

- 人死後，被咒詛者(＝沒有蒙恩的罪人)的靈魂，會直接進入地獄，承受永遠的刑罰。
- 那些藉洗禮蒙受上帝恩，並在洗禮後沒有被罪污染、或已得赦免(藉悔罪聖禮〔sacrament of penance〕)的聖徒，死後靈魂可直接進入天堂，享受永遠的福樂。
- 那些在受洗後，犯了可赦免的罪(venial sins)，卻沒有在今生

19　參 Sinclair B. Ferguson and David F. Wright, eds., *New Dictionary of Theology* (Leicester: IVP, 1988), 339 ～ 340；G. C. Berkouwer, *The Return of Christ*, trans. James van Oosterom (Grand Rapids: Eerdmans, 1972), 59 ～ 64。

20　見 Philip Schaff, *The Creeds of Christendom: With a History and Critical Notes*, vol. 2 (Grand Rapids: Baker, 1993), 117, 198 ～ 199, 209。

為罪作補償者，死後靈魂會到煉獄，一個天堂與地獄之間的地方，不是去積德，乃是藉火的刑罰，除掉障礙，使人的靈魂得潔淨，至終可進天堂。

- 進入煉獄的信徒，可以藉在世信徒的禱告、獻祭（彌撒）、善行、贖罪券（indulgences）等，縮短他們在煉獄中受苦的年日。
- 煉獄是一個暫時停留的地方；經過煉獄的人，雖然會經受痛苦，卻亦肯定會進天堂，所以在煉獄的信徒，是有盼望的。
- 除了少數的人，如：殉道者、聖母、聖者（saints）等以外，絕大部分的信徒，在死後都會先去煉獄一段年日，然後才有資格進天堂。[21]

(ii) 天主教學者支持「煉獄」的原因

當代天主教神學家基夫斯（Paul J. Griffiths），極力主張基督徒應持守「煉獄」的信仰，理由如下：[22]

1. 「煉獄」確定，活著的信徒與離世信徒有一個持續、親密、生命更新的關係：基夫斯認為，藉著為已死的信徒代求，我們可以體驗聖徒相通，幫助被罪重壓的肢體可早些進天堂，享受永生之福。基夫斯並引用次經《馬加比二書》（*2 Maccabees*, 12.38～46），論到為死人代禱贖罪的行動、初期信徒為已死家人代求的故事，和保羅論及為已死的人施洗（林前十五 29）等例子，支持在世與離世的信徒之間，有一種屬靈的關係，特別在禱告方面。基夫斯說，離世者若不是進了

---

21 Herman Bavinck, *Reformed Dogmatics*, vol. 4: *Holy Spirit, Church, and New Creation*, trans. John Vriend (Grand Rapids: Baker, 2008), 607～611.

22 Walls, *The Oxford Handbook of Eschatology*, 430～433.

煉獄，為他代禱就沒有任何意義了。

2. 「煉獄」似乎與傳統基督教的「居間之境」觀念吻合：基夫斯認為，傳統基督教看人死後，會先進入樂園/陰間為第一階段；經過一段時間，會有復活、審判、天堂/地獄，為第二階段。而在兩個階段之間的「居間之境」，先後出現不同的詮釋（如：靈睡、靈魂活著、煉獄等）；他看「煉獄」的構思，是自第三世紀以來，一般信徒的信念，其後也成了羅馬天主教會的正式教義。
3. 「煉獄」可以合理地處理信徒「洗禮後犯罪」的問題：基夫斯從天主教信仰角度理解罪：洗禮使人與基督同死同復活，除去其罪污。然而，人受洗後仍然犯罪，會因罪污而不得進天堂，那該怎辦？建議一：重洗？這是不行的，因為洗禮是「入門之禮」（initiation rite），不應重複；建議二：悔罪聖禮？這是天主教會的傳統處理方式。犯罪者藉著不同的「悔罪形式」，例如：賠償金錢、法律行動、禁食、慈惠行為、與人和好等，使罪得赦。「悔罪」行動之目的是除去罪惡，重建與上帝的關係，使人配得進入天堂。在十一世紀，悔罪之禮與「告解」（confession；向神父認罪）的制度結合，成為天主教信徒恆常實踐的「悔罪」形式。

十一至十三世紀也正是「煉獄」教義發展至成熟的時期。天主教會視「煉獄」為「悔罪聖禮」的延續：信徒在今生未能得赦的罪，可以在死後繼續悔罪得赦，直至完全潔淨，配得進天堂。換句話說，「煉獄」是天主教會為那些「未有資格進天堂，但也不該下地獄」的人，提供一個可行的出路。

(iii)福音信仰對「煉獄」的評價

「煉獄」的教義，自中世紀以來，不但是羅馬天主教會的核心教導，更成為廣受天主教徒歡迎的信條。中世紀詩人、哲學家但丁（Dante Alighieri, 1265 ～ 1321），撰寫長篇詩《神曲》（*The Divine Comedy*），詳細生動描述人死後「地獄、煉獄、天堂」的三重境界，不單成了西方文學名著，更廣傳了「煉獄」的信息，其中富想像力的內容，也吸引了無數讀者（包括信徒和非信徒），和啟發了法國畫家多里（Gustave Doré）的畫作（1857 ～ 1868 年間）。[23]

然而，十六世紀的改教者（reformers），和隨後的更正派信徒（Protestants），都一致否定這羅馬天主教的「煉獄」教義。路德和加爾文皆對之表達強烈的反對，連一般較溫和的英國聖公宗的《三十九條信綱》（Thirty-nine Articles of Religion, 1563），也清楚地宣告：

> 羅馬教關於煉獄、解罪、跪拜聖像、崇敬遺物，並祈求聖徒的教理，均屬虛構，不但經訓無據，反大背乎聖經。（第二十二條）[24]

從聖經和福音信仰的立場看，「煉獄」的教義明顯缺乏理據：

1. 它的聖經基礎很弱：天主教學者常用以支持「煉獄」教義的經文，其實都與「煉獄」無關，如：

---

23 Dante Alighieri, *The Divine Comedy*, trans. John Ciardi (London: Penguin, 2003), 271 ～ 581；Gustave Doré, *The Dore Illustrations for Dante's Divine Comedy* (New York: Dover, 1976).

24 湯清編譯：《歷代基督教信條》，頁 220。

- 林前三 12～15：保羅在此論及人的工程被燒，是指傳道者用不佳的材料，去建造福音與教會的事工，到主再來時，這些工程將經不起考驗而被燒，並非指煉獄的火！
- 太五 22：耶穌說：「凡罵弟兄是魔利的，難免地獄的火。」（太五 22）這裏 *geennan* 譯為「地獄」（即 *gehenna*, hell；參 YLT, NIV）是對的，指人在審判後會遭受的永遠的刑罰（可參閱本書第十四章），而非天主教學者所言，是指「煉獄的火」。
- 林前十五 29：保羅在此為「復活」辯護，指出當時有人「為死了的人施洗」的行動，這就假設了他們相信死人會復活，否則這行動便沒有意思了。其實，這經文本身並沒有支持為死人禱告，以達致「縮短他們在煉獄年日」之目的；而這經文的內容本身，也沒有直接或間接支持「煉獄」的教義。
- 《馬加比二書》12.41～45：這舊約「次經」只是敘述一些猶太人，為去世的家人代禱的故事，當中並沒有一句提及「煉獄」!

2. 它基於錯誤的「稱義」和「救恩」觀：天主教的「稱義」觀是，人藉聖洗禮，得著上帝「注入恩典」（infused grace），使他得赦罪（洗禮前的罪），並有能力行善，也有資格進入永生。然而，天主教認為，這恩典在洗禮後會有所增減：人若犯了致死的罪（mortal sins），他會失去這恩典，在死後將會沉淪；相反，人若守上帝的誡律，達到完美，便在死後可進天堂，但這只是極少數人的成就；第三類人（屬大多數），在洗禮後犯了小罪（即：venial sins），可藉「悔罪」聖禮得赦免，但一些未得赦免的罪，仍須在死後在煉獄中還清罪債，方可至終進入天堂、得享永生。總的來說，這是一種「恩典＋功德」的救恩觀，有違使徒所傳「白白稱義」的救恩觀（羅三23～27）。

相反，聖經中的稱義，卻是「在基督裏，就不再被定罪」的恩典（羅八 1、33～34），是白白地憑信心領受，而不是靠人的行為（羅三 24；弗二 89）。此外，基督所賜的，是一種「宣告的義」（declared righteousness；羅三 25～26），而非「注入的義」（infused righteousness）。還有，天主教的「悔罪」聖禮、「煉獄中還清罪債」等，都是不必要的，因為基督的十架，已為依靠祂的人「還清罪債」，而祂的復活，也帶給我們新生命和全備的救贖。不錯，在今生我們仍未達致完全，但我們有聖靈作印記，是上帝所賜「得基業的憑據」（弗一 13～14）。至於信徒「完全成聖」的目標，並非靠人一己之努力可達致，乃是到主再來時，祂將完全更新改變我們，正如使徒約翰所言：「親愛的弟兄啊，我們現在是上帝的兒女，將來如何，還未顯明。但我們知道，主若顯現，我們必要像他，因為必得見他的真體。」（約壹三 2；參腓三 20～21），這是信徒的盼望所在。

3. 它提倡信徒「為死人代禱、獻祭、行善、買贖罪券」等天主教不良的傳統：這些與「煉獄」教義有關的教導，都是沿自中世紀羅馬天主教會的傳統。為死人代禱和獻祭，更是源於異教的傳統習俗，其後被一些猶太人用作記念死去的親友，但都不是聖經的教導。當「煉獄」教義在中世紀教會中逐漸成形，這些行動很自然就與之掛鉤，作為一些「功德」，企圖幫助在煉獄中的人更快脫離煉獄之火，其中「買贖罪券」更是長期被誤用和濫用，成了教會籌款的工具。總的來說，這些宗教活動，不單缺乏聖經的依據，更會誤導信徒和慕道者，以為人可靠功德得救，用金錢贖罪，實在是羞辱了上帝的名字。因此十六世紀的宗教改革者，特別是先鋒路德，對當時羅馬教會這方面的敗壞行為，皆予以強力的譴責。

若有人問：人在死後是否可以憑自己和他人的行動，去改變自己永恆的命運？聖經的答案是否定的。對蒙恩得救者，死亡是他息了地上的勞苦，進到樂園中與主同在（參詩七十三 24～25；路二十三 23、25；徒七 59；腓一 23；啟十四 13）；對不信者，死亡是他今生的結束，等待上帝最後審判之日的來臨（參來九 27；路十二 16～21，十六 19～31；林後五 10；啟二十 12～13）。以此看來，天主教傳統的「煉獄」教義，不單沒有任何正面意義，更會誤導信徒，使他以為死後仍可到煉獄，修補今生的罪行，然後至終可上天堂。這是絕對不可取的，因為如此誤信「煉獄」的人，在見主面之日，必然後悔莫及，倒不如早日悔改信主，得享完全的赦罪（羅八 1）！[25]

---

25 參 Bavinck, *Reformed Dogmatics*, vol. 4, 609～611, 632～643。

討論問題

1. 試簡述從奧古斯丁至宗教改革時期，「居間之境」教義之發展。
2. 舊約聖經對人死後的歸宿，有何啟示？論到義人和惡人的最終結局，有分別嗎？
3. 新約記載耶穌和使徒彼得，如何看基督得勝「陰間的權勢」？（太十六章；徒二章）
4. 啟示錄六章及二十章對「居間之境」有何啟迪？對受苦的信徒又有何鼓勵？
5. 財主和拉撒路的比喻（路十六章），和耶穌對十架上強盜的應許，如何展示「居間之境」的實在？對今生仍活著的人（包括信與未信），又有何警戒？
6. 保羅書信中的見證和教導（林後十二 2 ～ 4；腓一 21 ～ 23；林後四 16 ～五 10），對信徒的人生觀有何啟迪？
7. 「人死後，靈魂脱離身體」，是否希臘二元論的觀點？神學家如何構思人的「靈魂與身體」之關係，試評論之。
8. 路德如何看人死後「靈睡」的光景，你認為他的觀點有説服力嗎？為甚麼？
9. 天主教的「煉獄」教義，在歷史中是如何發展出來的？有何特徵和理據？你又如何評價它？

8

我信身體復活

一 身體復活：基督教的核心信仰

1 復活：歷代的信仰

基督復活的信仰，是過去二千年，正統基督教會所持守傳揚的基本要道。新約正典四福音書(寫於公元60～90年)，詳細敍述耶穌死後復活、向門徒顯現的事迹(太二十七62～二十八20；可十五42～十六20；路二十三50～二十四53；約十九28～二十一22)，而這些都是極可靠的歷史文獻。[1] 使徒保羅早於公元五十五年，在致哥林多教會的書信中，確定復活是新約教會的核心信息：「我當日所領受又傳給你們的：第一，就是基督照聖經所說，為我們的罪死了，而且埋葬了；又照聖經所說，第三天復活了。」(林前十五3～4)

基督的受死與復活，特別是祂的復活(有多次顯現的印證)，

---

1 參 F. F. Bruce, *The New Testament Documents: Are They Reliable?* (Grand Rapids: Eerdmans, 2003)。

是使徒領受又傳予信眾的美好傳統（good tradition）。這「傳統」其後成為二十七卷新約聖經寫作的材料，也是新約教會信息的根基。事實上，若基督沒有從死裏復活，新約教會就沒有信仰基礎，而她的信息也變得空洞了。

基督與信徒的復活，不單在新約聖經中，也在初期教會的信經中，佔有重要的地位。富有代表性的《尼西亞—君士坦丁堡信經》（Nicene-Constantinopolitan Creed, 381），如此宣告說：

> （我信基督）在本丟彼拉多手下，為我們釘於十字架上，受難，埋葬；照聖經第三天復活；並升天，坐在父的右邊；（我信聖徒）罪得赦免；身體復活；並來世永生。[2]

宗教改革及以後，各宗派的信條及信仰宣言，均肯定基督的身體復活，及其與信徒的重大意義。一五六三年德國的《海德堡要理問答》就是典型例子：

> 四十五問：我們從基督復活得了甚麼益處？
> 答：第一，祂藉復活戰勝了死亡，叫我們分享祂藉死為我們所取得的公義。第二，我們現在也因祂的權能復蘇得新生命。第三，基督的復活為我們將來蒙福的復活作確實的保證。[3]

---

2 參湯清編譯：《歷代基督教信條》（香港：基督教文藝，2008），頁 20～21；有關初期教父的「復活神學」，可參閱 Angelo Di Berardino, ed., *We Believe in One Holy Catholic and Apostolic Church,* Ancient Christian Doctrine, vol. 5 (Downers Grove: IVP, 2010), 139～174。

3 湯清編譯：《歷代基督教信條》，頁 189～190；其他代表性的教會信條，包括：英國聖公宗的《三十九條信綱》（n.4）；《韋斯敏斯德信條》（n.8.4）；《比利時信條》

2 復活：信徒的盼望

首先，讓我們重溫，基督復活與信徒所存盼望的三重關係。

A. 信徒復活的「過去」

使徒保羅在論及聖徒的生活和事奉時，常常提醒他們那「在基督裏」與主「同死、同復活」的身分（羅六 1～11）。因著上帝愛的憐憫，當他們死在過犯中的時候，就叫他們「與基督一同活過來……與基督耶穌一同復活，一同坐在天上」（弗二 5～6），這亦正是他們在歸主受洗（conversion-baptism）時所經歷的（參西二 12，三 1）。這是聖徒在基督裏復活過來的「過去」（6 節中的「一同復活，一同坐在天上」，兩個動詞都是過去不定式〔aorist indicative active〕，因此不是指那將來的復活）。當然，以弗所信徒在歸主時所領受、與主同復活的身分，在他們收信時仍然是真實的。而今天已歸主的信徒，也有同樣的「過去」。

B. 信徒復活的「現在」

基於他們與主聯合的身分，聖徒「今天」得以不斷經歷內在更新、在聖靈裏漸進的成聖（progressive sanctification），正如保羅所說：「主就是那靈；主的靈在哪裏，那裏就得以自由。我們眾人既然敞著臉得以看見主的榮光，好像從鏡子裏返照，就變成主的形狀，榮上加榮，如同從主的靈變成的。」（林後三 17～18）

復活的主藉著聖靈，更新信徒內在生命，使他們愈來愈像主／聖靈，榮上加榮，就如哥林多後書四章 16 節所言，外面的人不斷

（n.20）；《奧斯堡信條》（n.3）；東正教《非拉熱大問答》（Q.212～213）等，都清楚明確的宣告，「復活」是教會的重要信仰：請參湯清編譯：《歷代基督教信條》。

衰敗，裏面的人卻天天更新。這個似乎矛盾的現象，卻是信徒今天真實的寫照（參羅六 4～5；林後四 10～11）。這漸進成聖的旅程，是基督復活大能的工作，但也要求信徒有所行動，就是不斷地「對付罪惡，並將肢體獻給上帝」（羅六 12～13）。若是這樣，上帝就應許他們：「罪必不能作你們的主，因你們不在律法之下，乃在恩典之下。」（羅六 14）

可以說，信徒一生「漸進的成聖」歷程，就是一個經歷基督復活大能的進程。

C. 信徒復活的「未來」

使徒保羅向腓立比人分享他的心願，說：「使我認識基督，曉得他復活的大能，並且曉得和他一同受苦，效法他的死，或者我也得以從死裏復活。」（腓三 10～11）

這裏的「或者」，並非是指他不肯定，乃是表達了他的渴求，期待未來身體的復活。不過，保羅的盼望有一前設，就是今生不斷地「與主同死同復活」。換句話說，保羅今生經歷主的十架復活，跟他將來身體復活，兩者不可分割，即：要得著後者，先要經歷前者。當然，這復活的盼望，也是所有信徒共享的，正如保羅進一步解說：「但基督已經從死裏復活，成為睡了之人初熟的果子。死既是因一人而來，死人復活也是因一人而來。在亞當裏眾人都死了，照樣，在基督裏眾人也都要復活。」（林前十五 20～22）

「初熟的果子」，就是指復活的基督，這不單是最早的收割，也是豐收的先兆，標誌和保證了眾聖徒的復活。其後，保羅在他的第二封書信中，更清楚闡釋這盼望的內涵，他說：「我們原知道，我們這地上的帳棚若拆毀了，必得上帝所造，不是人手所造，在天上永存的房屋。我們在這帳棚裏歎息，深想得那從天上來的房屋，好像穿上衣服；倘若穿上，被遇見的時候就不至於赤身了。我們在這帳棚裏歎息勞苦，並非願意脫下這個，乃是願意穿上那個，好叫這必死的被生命吞滅了。」(林後五 1～4)

「地上的帳棚」(earthly tent)，就是指今生那屬地上、會朽壞的身體；而「天上永存的房屋」(eternal heavenly house)，是指那未來屬天復活的生命；「心想」(longing) 則是表達了保羅和信徒共同的渴求：可以得著那屬天、榮耀、不朽、永恆的生命。為何有這渴求？一方面是渴望脫離會朽壞的生命 (林後四 16 上)，更重要的是，信徒在今生，已經可以先嘗那聖靈內在的更新；因此，有了對身體復活、全人得贖的渴望 (林後四 16 下，五 5)。

二 基督身體復活：新約文獻的見證

歷代正統教會，根據新約啟示，皆確信基督從死裏復活，又帶給信徒復活的盼望，但歷代仍有不少人，對基督身體復活的真實性，存有疑問，我們又應如何面對這些疑問？

1 新約文獻的主要證據

正如上文所言，基督身體復活的歷史事實，建基於新約可靠的歷史文獻。這些文獻提供了兩個有力的歷史證據，都是不容否認的：

- 埋葬耶穌的墳墓，從耶穌復活到今天，仍是空的；
- 耶穌復活後，在不同場合，有形有體地向許多人顯現。

這兩個重要的歷史事實，為歷代教會建立了堅固的福音傳統（tradition），幫助許多信徒和非信徒，確定基督身體真的復活了，從而引導人信靠祂為主（羅十 9）。有關基督身體復活的敘述，以下路加的記載尤為清晰。

2 路加的見證：「是身體，不是靈體！」

A. 耶穌向往以馬忤斯路上的門徒顯現

> 耶穌對他們說：「無知的人哪，先知所說的一切話，你們的心信得太遲鈍了。基督這樣受害，又進入他的榮耀，豈不是應當的嗎？」於是從摩西和眾先知起，凡經上所指著自己的話都給他們講解明白了。（路二十四 25～27）

> 到了坐席的時候，耶穌拿起餅來，祝謝了，擘開，遞給他們。他們的眼睛明亮了，這才認出他來。忽然耶穌不見了。（二十四 30～31）

> 他們就立時起身，回耶路撒冷去，正遇見十一個使徒和他們的同人聚集在一處，說：「主果然復活，已經現給西門看了。」兩個人就把路上所遇見，和擘餅的時候怎麼被他們認出來的事，都述說了一遍。（二十四 33～35）

1. 兩個門徒起初認不出耶穌（路二十四 16），到吃晚餐時才認出祂（30～31 節），到最後還向其他門徒宣告耶穌真的復活了（34～35 節），可見他們經歷了一個很大的改變（正如多馬的改變；約二十 24～28）。這改變過程幫助他們確信，被釘十架的耶穌，真的復活了。這過程中：主指出他們的信心遲鈍（路二十四 25）；向他們講解舊約如何預言基督的復活（26 ～ 27 節）；和在晚餐時，在他們眼前擘餅（30 ～ 31 節）。

2. 這過程也讓我們看到，從起初的「絕望、無知、憂傷」，到後來主顯現後的「盼望、知識、喜樂」，門徒經歷了很大的改變。這改變，完全是因復活的主向他們顯現（主是真的復活了！），且也向西門顯現（類似的改變，也可見於其福音書記載，如：太二十八 5 ～ 9；路二十四 36 ～ 41、51 ～ 53；約二十 11 ～ 18、19 ～ 20、24 ～ 28 等）。有人會問：這些改變，是否由於門徒過於想念主，以致構想耶穌復活了，這會否是「心理作用、無中生有」？答案是：可能性不大！因為：

- 他們本來做夢也想不到，耶穌會死而復活，並且從墳墓裏跑出來見他們。
- 若耶穌的復活，只是門徒自己「心理作用、無中生有」，不可能會幫助他們這些原是膽怯的人，有勇氣冒生命危險，去宣講耶穌復活的福音，改變整個世界。況且，若「耶穌復活」只是一個沒有事實基礎的夢想，這做夢者終有一天會醒過來；同樣，若這只是一個謊言，也不可能維持太久。其實，由使徒行傳所載初期教會的興起，到過去二千年普世基督教會的蓬勃發展，都印證了耶穌復活的真實性和影響力，而一切皆始於使徒們見證了主基督真的復活了，以致他們的生命和使命，都經歷了極大的轉變。

B. 耶穌復活後向門徒顯現

> 正說這話的時候，耶穌親自站在他們當中，說：「願你們平安！」他們卻驚慌害怕，以為所看見的是魂。耶穌說：「你們為甚麼愁煩？為甚麼心裏起疑念呢？你們看我的手，我的腳，就知道實在是我了。摸我看看！魂無骨無肉，你們看，我是有的。」說了這話，就把手和腳給他們看。他們正喜得不敢信，並且希奇；耶穌就說：「你們這裏有甚麼吃的沒有？」他們便給他一片燒魚。他接過來，在他們面前吃了。（路二十四 36～43）

這段敘述強調耶穌的復活，乃是身體的復活，因為耶穌把手和腳給他們看，又邀請他們摸祂，以證實自己並非鬼魂（37～39 節）。當時的猶太人，部分是受著希臘二元論的人觀影響，相信人有一個暫時的身體，和一個永恆不滅的靈魂。當門徒看見復活的主，可能會以為那只是耶穌死後的靈魂，他們有一個觀念：人死後靈魂到處走動，而身體則仍在墳墓。耶穌要改變他們的看法，當祂顯現的時候，祂便要特別帶出一個信息：祂是帶著身體復活的主；而在他們面前吃燒魚的行動（42～43 節），正是要強化這方面的信息。[4]

4　參 Joel B. Green, *The Gospel of Luke*, NICNT (Grand Rapids: Eerdmans, 1997), 840 ～ 855；Ted Peters, Robert John Russell, and Michael Welker, eds., *Resurrection: Theological and Scientific Assessments* (Grand Rapids: Eerdmans, 2002), 115～123。

C. 耶穌升天前與門徒的四十天

路加醫生在使徒行傳中，記載了耶穌復活後，與門徒相處了一段頗長的時間。他說：「他（耶穌）受害之後，用許多的憑據將自己活活地顯給使徒看，四十天之久向他們顯現，講說上帝國的事……說了這話，他們正看的時候，他就被取上升，有一朵雲彩把他接去，便看不見他了。」（徒一 3、9）

復活後的主，帶著身體與門徒一起生活四十天，講述上帝國的事，正如祂在復活前所行的。而最後祂也是帶著復活的身體，在他們面前升天的，而不是只有祂的靈上升（spiritual ascension）。可以想像，若耶穌沒有身體復活，路加就是說謊話，而眾門徒也會印證這記載是假的，這謊話也會不攻自破。但明顯地，當時沒有人提出這些反對。相反地，若耶穌真的身體復活，而祂復活後又向多人顯現，這些人也會見證祂真的復活了。使徒保羅就是這樣，印證了耶穌身體復活的真確性，他說：「（基督死後）第三天復活了，並且顯給磯法看，然後顯給十二使徒看；後來一時顯給五百多弟兄看，其中一大半到如今還在，卻也有已經睡了的。以後顯給雅各看，再顯給眾使徒看，末了也顯給我看；我如同未到產期而生的人一般。」（林前十五 4～8）

保羅的話，使當時那些懷疑及反對基督身體復活之說的人，都無話可說。

三 基督復活：當代神學家的不同觀點

1「身體甦醒」論（resuscitation）

一些學者認為，耶穌被埋葬時，只是昏了過去，其後祂在墓中甦醒過來，推開墓口大石；隨後耶穌自己解開細麻布，穿上園丁衣服，離開墳墓，向門徒顯現。[5]

評論：這說法意圖避過「身體復活」，去解釋為何「墳墓是空的，和耶穌帶著身體、被釘的傷痕，向門徒顯現」等記載。但這觀點的可信性不大：首先，受了重傷、昏了、甦醒過來的耶穌，哪有力氣推開墓口大石，並逃過墓口兵丁的守衛？（太二十七 57～66）其次，若耶穌只是甦醒過來，也必會再死，但祂死後的屍體和墳墓在哪裏？至今仍未有人找到。其實，羅馬人只要找出相關證據，耶穌門徒有關「耶穌復活」的宣告，便不攻自破了。最後，這論點也缺乏任何新約文獻的支持。新約聖經記載，耶穌並非帶著舊的身體甦醒過來，若是這樣，耶穌的身體仍會再死（像復活的拉撒路、睚魯女兒、拿因城寡婦的兒子）。相反，據新約記載，耶穌復活後，有一個新的、榮耀的、不再死亡、升到天上的身體；這反而可以合理地解釋，為何耶穌死後的屍體消失了且墳墓是空的。

2「死人不可能復活」論（resurrection of the dead is impossible！）

A. 不信者的版本

一些不信者（unbelievers），或懷疑論者（skeptics），會直接了當說：死人復活是不可能的，因此耶穌復活的故事，只是民間宗教傳說或神話故事而已，而非真正的歷史事實。他們看耶穌復活的信仰，只是出於第一世紀猶太人的迷信。當時的原始社會，不講求科學，不懂得分辨事實與迷信、歷史與神話，況且門徒在耶穌死後，心中懷念祂，希望祂仍活著，於是逐漸發展出一個「耶

5　參 George Eldon Ladd, *I Believe in the Resurrection of Jesus* (Grand Rapids: Eerdmans, 1975), 134～136。

穌復活」的宗教傳說，形成了日後基督教會的傳統。他們認為，在這科學昌明的時代，不應再相信第一世紀、前科學（pre-scientific）時代的迷信思維。

評論：這些人坦白率直，承認不相信耶穌復活，因為他們認為，從科學角度看，死人是不會復活的。然而，這是一種基於自然主義的世界觀，它排斥並否定一切超自然和靈界事物，視之為「原始」（primitive）、不合乎科學，是不可信的；他們不會去考據歷史，去確定耶穌復活是否真的發生了，因為他們心中已有「預設」（presuppositions），立場已定：「這些事情不可能發生！」而預設決定了結論。此外，按照新約有關耶穌復活的記載，耶穌的門徒在耶穌死後，都沒有想到祂會復活。往以馬忤斯路上的門徒，在路上一直認不出耶穌；門徒看見復活顯現的耶穌後那驚訝的表現（路二十四 1 ～ 5、36 ～ 37）；多馬的不信（約二十 24 ～ 25）。這些例子都告訴我們，當時的門徒，並非「朝思暮想耶穌復活」，倒是面對復活的耶穌向他們顯現時，都表現得很驚訝，甚至難以置信。這些情況，與上述不信者的構想，是完全相反的。若加上耶穌復活的豐富歷史證據，這些不信者和懷疑者對耶穌復活所持的論點，就更難以成立了。

B. 新神學家的版本

當代一些自由主義和實存主義神學家，也是基於自然主義的世界觀，排斥耶穌復活的可能性。他們認為，這些「神蹟」只是原始、前科學時代社會的迷信，是今天科學時代的人所不可能接受的，神學家也不應例外。其中著名新約學者布特曼，視聖經中的神蹟記載，只是一些神話故事（mythological stories）。他說，今天我們必須將這些神話重新詮釋，才能道出其現代真義，而他稱這重新詮釋，為一個「去神話化」的過程。他又認為，新約作者若是說：「耶穌已復活」，他真正的意思是：「耶穌的救恩工作，今天仍在進行中。」或是：「我的信心源頭是耶穌。」對布特曼來說，原始社會的神話故事，不能按其字面意思直接了解和應用，必須加以「去神話化」，才可在這科學時代中明白其真義。所以他說：「相信耶穌復活其實等於說，我相信十架的救恩功效。」[6] 同樣地，哈佛學者加夫曼（Gordon Kaufman）也認為，耶穌復活的信仰，在今天應該重新詮釋為：「上帝在耶穌身上所開始的工作，今天在信徒羣體中仍然繼續。」[7] 觀乎之，這一類神學家，不會直接否定耶穌的復活，但卻會以科學為名，不接受復活的神蹟。他們又以神學為名，將復活重新詮釋，避過「復活」的歷史層面，將其約化為（reduced to）：「在我們的記憶中，耶穌仍與我們同在」、「藉著耶穌，我們的生命得著更新和釋放」、「耶穌復活，其實是邀請我們，活出基督生命的樣式」等堂而皇之、似是而非的論點，間接否定聖經的歷史記載，和正統基督教的信仰，並遮掩他們內心的不信。

評論：這些自由主義和實存主義神學家，與上述不信、懷疑論者一樣，都不相信耶穌真的復活了，不過神學家還穿了一件「神學外衣」，表面看似相信，實際上仍是不信，只是沒有承認自己的不信，卻將聖經所載「耶穌復活」的信息，重新詮釋，使之變得「面目全非」。這是一種思想「約化」（reductionism）的行為。這些所謂「基督教神學家」的行為是虛偽的，也是可悲的，正如保羅明

6 Rudolf Bultmann, *Kerygma and Myth: A Theological Debate*, ed., rev., and trans. R. H. Fuller (New York: Harper & Row, 1961), 41.

7 Gordon Kaufman, *Systematic Theology: A Historicist Perspective* (New York: Charles Scribner's Sons, 1968), 467 ~ 468.

言：「基督若沒有復活，你們的信便是徒然，你們仍在罪裏。就是在基督裏睡了的人，也滅亡了。我們若靠基督只在今生有指望，就算比眾人更可憐！……若死人不復活，我們就吃吃喝喝吧！因為明天要死了。」(林前十五 17～19、32)[8]

3 天主教神學家的「屬靈復活」論(spiritual resurrection)

A. 孔漢斯

支持「屬靈復活」論的神學家，都願意接受「基督復活」的信仰(Easter faith)，但卻不接受「身體復活」的歷史事實(Easter history)。天主教神學家孔漢斯(Hans Küng)認為，基督是「復活」了，而祂在復活前後，乃同一個身分(identity)、同一個位格(person)，但身體(body)卻有所不同——復活前是「物質」的身體，而復活後則是那「非物質」的「我」(self)。他又認為，耶穌的「復活」，不是身體的復活，而是位格和影響的延續。故他不接受「身體復活」，卻強調「復活信仰」的力量。[9] 孔漢斯看復活不是一個歷史事件(historical event)，而是一個歷史現實(historical reality)，是上帝從死亡帶出超然的能量，是那新創造的生命力，使人有信心去依靠上帝。孔漢斯眼中的「復活信仰」，是拿撒勒人耶穌，就是那被釘、與上帝永遠活著的基督，可以使人有盼望，願意跟隨祂、作祂的門徒、與祂同死同復活，並建立信徒羣體(教會)。對孔漢斯來說，「永生」並非從死裏復生，回到以往肉身生活的舊模式，乃是進入一個超然、更新的存在形態；而所謂「耶穌

8　參 Stephen T. Davis, *Risen Indeed: Making Sense of the Resurrection* (Grand Rapids: Eerdmans, 1993), 34～42, 60～61。

9　Hans Küng, *On Being a Christian*, trans. Edward Quinn (Garden City: Doubleday, 1984), 351.

復活」，也不是回到過去舊環境、舊關係，乃是以新人的身分（new identity），進入新環境、新關係。他看「永生」是超越時空的，因此「復活」對基督和信徒來說，都不是身體、生理上的復活，而是一個超然、屬靈、進入永生的生命。[10]

評論：孔漢斯受希臘二元論的影響，視身體為今生、暫時的，而靈魂則是超然、永恆的。這與聖經中的整全人觀（一體兩面：有身體、靈魂，卻是結合為一的）有分別；其次，他視身體復活為「回復到舊時代的形態」，與屬天的生命是對立的，這就忽略了新約所展示的，復活的雙重真理：身體復活與聖靈更新，兩者並不對立，而是並存的，因為復活的基督是「榮耀的身體」（腓三 21）；第三，孔漢斯贊成「死人復活」，但復活的不是身體，而是「位格的我」（personal self），但這個不是身體的「我」是甚麼，他並沒有說明；第四，孔漢斯似乎沒有正視，新約歷史文獻（特別是四福音書）中有關耶穌身體復活的記載，和其中兩個身體復活的有力證據：空墳墓和耶穌復活後的顯現；最後，孔漢斯的末世觀也是有缺欠的：他認為「永恆生命」跟身體和物質無關。這跟聖經的末世觀有出入：上帝對人的救贖不單是整全的人（包括身體；參羅八 21 ～ 23），也是整個宇宙的更新，否定信徒身體復活，也必然否定宇宙的更新（可參閱：賽六十五 17 ～ 25；啟二十一 1 ～二十二 5；及本書第十二章的討論）。

B. 奧哥連斯

另一位當代天主教學者奧哥連斯（Gerald O'Collins）認為，

---

10 Hans Küng, *Eternal Life?: Life After Death as a Medical, Philosophical, and Theological Problem*, trans. Edward Quinn (Garden City: Doubleday, 1984), 96 ～ 118.

基督真的是從死裏復活了，但祂的「復活身體」是從天而來，因此是屬靈的，而人要看見祂的「復活身體＝靈體」，必須有聖靈所賜、特殊的能力，才能看得見，一般人（未信、沒有聖靈幫助者）是看不見的，因為他們只有一般視象（normal vision），沒有特殊的異象（special visualizing）。這特殊的異象，跟主觀的幻象（hallucination）不同，因為主觀幻象，是看見一些客觀不存在的事物（人心中的假象），但特殊異象所看見的，是客觀存在的事物（耶穌真實的靈體）。可見奧哥連斯將人的看見，分為一般視象和特殊異象，但卻引出一個問題，就是當保羅說：「我不是見過我們的主耶穌嗎？」（林前九 1）和一班門徒對不信的多馬說：「我們已經看見主了。」（約二十 25）這「看見」屬於一般視象，還是特殊異象？前者是人人都可見的，但後者則限於有聖靈賜予能力者，才可看見。究竟聖經所指的，是哪一種看見？[11]

福音派神學家戴維斯（Stephen T. Davis）經過研究考量，認為新約所載，耶穌復活後向人顯現，看見祂的人，都是以「一般視象」看見祂，所以當時的人見到的，是耶穌復活的身體，而不是靈體。筆者也同意戴維斯的立場。以下簡單介紹奧哥連斯所持「特殊異象—靈體復活」的六個理由，並嘗試逐一作出回應：[12]

（i）復活的耶穌，只向信徒顯現？

支持理由：只有信徒得蒙上帝賜予，有能力看見特殊的異象，就

11　參 Gerald O'Collins, "What Are They Saying about the Resurrection?" in *The Resurrection: An Interdisciplinary Symposium on the Resurrection of Jesus*, ed. Stephen T. Davis, Deniel Kendall, and Gerald O'Collins (Oxford: Oxford University Press, 1998), 5 ～ 40。

12　O'Collins, "What Are They Saying about the Resurrection?," 126 ～ 147.

是基督那屬天、復活的靈體。

筆者回應：看見復活基督的人，當中也有未信者，包括：(1)多馬：耶穌向他顯現時，他仍未信(約二十 24～28)；(2)保羅：在大馬士革路上見復活的主時，他仍未認識耶穌(徒九 1～5)；(3)耶穌的兄弟雅各：復活耶穌向他顯現時，他有可能仍未信主(林前十五 7；可三 21、31～35，六 3；約七 5)。

(ii)耶穌是復活，不是復甦：因此一般人是看不見的？

支持理由：一個邏輯辯證：(1)一個復甦的身體是可見的；(2)耶穌的身體是復活，不是復甦；(3)因此，耶穌(復活)的身體是不可見的(即：是靈體)。

筆者回應：這是一個錯謬的邏輯辯證。首先，第一句的假設是錯誤的，因為就算不是復甦(即：是復活)的身體，也不必是「看不見的靈體」，耶穌就是一例；若是如此，第二、三句也不能成立。結論是：就算耶穌是身體復活，也可以是「可見的，可印證的」。

(iii)「顯現」(*ophthe*)這動詞的用法？

支持理由：*ophthe* 是 *horao* 的過去不定式被動語態，用在耶穌復活後向門徒顯現事件中(如：路二十四 34；徒九 17；林前十五 5～8；提前三 16 等)，強調復活的主，主動向一些人啟示。由於是上帝的啟示，所以不是一般人用一般的視象可以看到的，因為這是一種屬靈的看見。

筆者回應： *ophthe* 這詞其實也可以指一般事物或人物的看見（如：徒七 26），而不是上帝特殊的啟示。一個詞的意思，必須察其上下文（context）才能較準確掌握，不應只看這詞本身，或只考慮部分聖經經文，便確定它的意思。當然，單根據一個動詞的語文分析（linguistic analysis），便確定耶穌復活身體的形態，也不合適。

（iv）門徒認不出復活後顯現的耶穌？

支持理由： 福音書記載，耶穌向門徒顯現時，他們認不出是祂，其後藉上帝的幫助，方能「看見」耶穌，證明他們的看見是特殊的異象，而非一般的視象（參太二十八 17；路二十四 16、31、37；約二十 14～16，二十一 4～7 等）。

筆者回應： 根據路加福音二十四章 13 至 35 節所載，兩個門徒起初認不出耶穌，也許是心理上沒有想到耶穌會出現，因為他們根本不相信耶穌會復活，正如耶穌所說，他們無知的心「信得太遲鈍了」（foolish and slow of heart to believe；25 節）；還有，他們的眼睛本可看見，但當時被攔阻（16 節），直到耶穌擘餅時才認出祂來（30～31 節）。可見，門徒認不出主，可能是基於他們當時的心理狀態、對舊約和基督預言缺乏認知，並非因復活後的耶穌是「不可見的」（因為祂是靈體）。其他「認不出」的原因可能是：（1）距離太遠（約二十一 4）；（2）耶穌突然出現（路二十四 36～37；約二十 14～15）；

（3）耶穌的形象有點改變（可十六 12）等。總的來說，福音書的記載，並沒有提供任何資料，支持耶穌復活後以「靈體」顯現這觀點，也沒有明示或暗示，看見祂的人是看見了特殊異象，而非一般視象。還有一點：復活後耶穌的身體，與復活前的比較，也許有些改變，包括：樣貌不同、「出入來去自如」等。這一點下文再作交代。

（v）保羅歸主時所見的耶穌，是「靈體」?

支持理由：保羅說自己看見了主（林前九 1，十五 8；加一 12、16），是指在往大馬士革路上，與復活的主相遇，歸信了耶穌，並蒙召作使徒（徒九 1 ～ 22，二十二 6 ～ 16，二十六 12 ～ 18）當時保羅似乎是看見客觀的視象（objective vision），但同行的人卻「聽見聲音，卻看不見人」（徒九 7）。會否保羅所見的是「特殊異象」，而耶穌是以「靈體」向保羅顯現（spiritual appearance）?

筆者回應：從傳統新約教會來看，耶穌的「復活後顯現」（post-resurrection appearance），是指祂死後復活四十天內（即升天前）的顯現；而在祂帶著身體升天以後，與人相遇、或向一些人的顯現（如：向司提反〔徒七 53 ～ 56〕、約翰〔啟一 12 ～ 18〕、保羅〔徒九 1 ～ 22〕等），都不再是傳統「復活後的顯現」，因為當時耶穌的身體已升到天上，祂的顯現有可能是從天上，藉聖靈向保羅等人的顯現（參徒二十六 19；林後三 17，十二 1 ～ 7），與祂復活後升天前的顯現不大相同。因此，保羅在大馬士革路上見到主耶穌，並不能等同福音書所載，那些「耶穌復活後顯現」的同類事件來看，因為這次是「升天後的顯現」（post-ascension appearances）。

(vi) 保羅說：「復活的是靈性的身體」?（林前十五 44；參《和合本》）

奧哥連斯和一些信徒認為，這裏譯作「靈性的身體」，就是「靈體」，就等於說：人需要有特殊眼光才看得見，而一般人則是看不見的了。

筆者認為，這翻譯其實是錯誤的：從哥林多前書，特別其十五章的前文後理看，「屬靈」（spiritual）一詞是指「屬聖靈」（of the Holy Spirit），是相對於「屬地／屬血氣」（十五 45～50），而非指「屬於靈界」（＝與「屬物質」對立）。還有，經文在 44 節重複（四次）說，這復活的是「身體」（*soma*），即：是有形體而可見的物質。若是如此，這裏耶穌復活的身體，不應被錯解為「靈體」！

小結：由於上述六個支持「屬靈復活」的理由，都不能成立，我們可以確定：耶穌復活後的顯現，是物質身體的顯現，而非靈體的顯現；看見祂的人，是藉著一般的視象，而不是透過特殊的異象。這是新約中可靠的歷史文獻，特別是四福音書，所清楚展示的。[13]

13 參 Gerald O'Collins, *The Resurrection of Jesus Christ* (Valley Forge: Judson Press, 1973)；O'Collins et al., *Resurrection*, 126～147；Ladd, *I Believe in the Resurrection of Jesus*, 74～153。

四 基督復活的身體：有聖靈更新的榮耀

1 身體復活前後的異同

從福音書的記載，我們都可確定，基督的身體，是真的復活了，而非如一些人所想像的：屍體留在墳墓中，而靈魂則到處顯現，至終升天回到天父那裏，門徒就看不見祂了（參路二十四50～53；徒一6～11）。這「靈魂復活」的構思是錯誤的，不僅因為耶穌復活後，是帶著身體向人顯現外，還有「空墳墓」的歷史印證（路二十四1～12；約二十1～9）。這「空墳墓」的歷史證據，到今天仍在，支持印證耶穌身體已復活、離開墳墓、向人顯現，並且正如路加所載，在眾門徒的目光下，升天去了(徒一9～11)。

此外，福音書的作者，也很著意地指出，復活後與復活前的耶穌，是同一個人，同一個身分（same identity），兩者有連續性（continuity），就如祂對不信的多馬顯現，說：「伸過你的指頭來，摸我的手；伸出你的手來，探入我的肋旁。不要疑惑，總要信！」多馬說：「我的主！我的上帝！」（約二十27～28）

復活的主手上仍有釘痕，肋旁仍有傷口，可以確定，祂就是被釘的耶穌。同樣地，路加福音二十四章的記載（30～31、39節），也印證了復活前後的耶穌身分相同有「連續性」。其實，基督復活後，升天前的四十天裏，門徒一直認得祂，並受教於祂，就像以往一樣（徒一3～5）。

然而，復活後與復活前的耶穌，也有相異之處，即有「非連續性」（discontinuity）。復活後的耶穌不會再受苦，也不會再死亡，祂的外表亦似乎有些改變（可十六12），以致門徒有時認不出祂來（路二十四31；約二十14～15，二十一4～5）；祂也似乎來去自如，不受時空的限制（如：路二十四31、36、51；約二十 19、26）。這些復活身體的特徵，是不難了解的，正如保羅對腓立比人說：「我們卻是天上的國民，並且等候救主，就是主耶穌基督從天上降臨。他要按著那能叫萬有歸服自己的大能，將我們這卑賤的身體改變形狀，和他自己榮耀的身體相似。」（腓三 20～21）

由於基督復活後榮耀的身體，與復活前的身體不一樣，因此我們可以理解，為甚麼在以馬忤斯路上的門徒，認不出與他們同行的耶穌，直到他們的眼睛被打開（路二十四 16、31）。換句話說，基督身體復活，並不是回復到祂死前、那屬於亞當舊時代（old age）的生命，乃是進入聖靈新時代（new age）的生命（羅一 3～4；林前十五 45）。因著與祂聯合（羅六 1～10），信徒將來也可以有榮耀的復活生命，而不是歸回那舊時代的亞當樣式，因為正如保羅所言：「然而，叫耶穌從死裏復活者的靈若住在你們心裏，那叫基督耶穌從死裏復活的，也必藉著住在你們心裏的聖靈，使你們必死的身體又活過來。」（羅八 11）[14]

將來復活聖徒的，與那曾復活基督的，是同一位聖靈，這使信徒的復活，與基督的復活，緊扣相連在一起：都是身體，但也有聖靈改變的榮耀。

論及復活前後身體形態的分別，保羅有這樣的對比：「死人復活也是這樣：所種的是必朽壞的，復活的是不朽壞的；所種的是羞辱的，復活的是榮耀的；所種的是軟弱的，復活的是強壯的；所種的是血氣（屬地）的身體，復活的是屬聖靈的身體。若有血氣（屬地）的身體，也必有屬聖靈的身體。」（林前十五 42～44；筆

14　參 Richard B. Gaffin, Jr., *Resurrection and Redemption: A Study in Pauline Soteriology* (Phillipsburg: P&R, 1987), 78～92。

者修譯自《和合本》）

顯然地，復活後的身體是：永不朽壞、榮耀美麗、強壯有力、聖靈更新的，那與復活前的身體：會朽壞、羞辱、軟弱、屬地的，是完全不一樣的。這是「屬天」和「屬地」生命的分野（45～49節），而惟有這屬天的生命，才配進入承受上帝永恆的國度，正如保羅對信徒道明這奧祕，指出聖徒復活後的身體，與復活前的，大為不同（林前十五50～54）。

可見，在復活這事上，聖靈的角色，非常重要，因為祂是那使人復活的上帝。基督道成肉身，在受洗時聖靈降在祂身上，使祂有能力得勝撒但，並在地上完成彌賽亞使命（太三13～17，四1，十二28等）。基督降卑，經歷了「肉體的舊時代」（the age of the flesh；參羅一3；提前三16），服在死亡和罪的權勢下，被釘十架（羅八3），然而藉聖靈的大能，祂得以復活，進入了「聖靈的新時代」（羅一4；林後十三4）。基督藉聖靈身體復活，為祂的子民帶來雙重的更新：（1）今生內在生命的更新（林後三17～18，四16）；和（2）主再來時外體復活的榮耀（腓三20～21；林後五1～4）。就此，保羅如此解釋：「如果上帝的靈住在你們心裏，你們就不屬肉體，乃屬聖靈了。人若沒有基督的靈，就不是屬基督的。基督若在你們心裏，身體就因罪而死，心靈卻因義而活。然而叫耶穌從死裏復活者的靈若住在你們心裏，那叫基督耶穌從死裏復活的，也必藉著住在你們心裏的聖靈，使你們必死的身體又活過來。」（羅八9～11）

信徒今天有基督的內住（＝聖靈的重生），是要預備將來在聖靈裏的復活。基督的救贖，在祂復活升天後，是藉聖靈施行在人的身上，因為基督在復活後，祂的救贖工作與聖靈的完全重疊一致（林後三17；林前十五45；羅八9～10）。祂是那末後的亞當，帶來普世聖徒的復活，和宇宙的更新。[15]

2 基督的身體復活：但靈魂去了哪裏？

上述的討論，使我們肯定，基督的身體藉聖靈復活了，但祂的靈魂去了哪裏？

我們相信，聖子道成肉身（約一 14），有完全的人性（humanity），包括身體與靈魂。初期教會的主教亞波里拿留（Apollinaris）看耶穌的人性，只是祂的身體，因此被教會判為異端，因為他否定了耶穌完全的人性（有身體和靈魂）。路加記載，耶穌在十架上最後的呼喊是：「『父啊，我將我的靈魂交在你手裏！』他說了這話，氣就斷了。」（路二十三 46）可以這樣說：耶穌死時，祂的身體被埋葬在墓裏，等候三天後復活，而靈魂卻立刻去到天父那裏，與父同在，等候三天後與復活的身體復合，跟著以榮耀的整全人性，在地上四十天，與門徒一起，然後升天。這構思配合耶穌對悔改強盜的應許：「今日你要同我在樂園裏了。」（路二十三 43）而殉道者司提反，效法主耶穌，在死前也禱告說：「求主耶穌接收我的靈魂！」（徒七 59）

信徒的情況又如何？正如上一章所言，在基督裏死了的人，他的身體會被埋葬，但靈魂將進入「居間之境」的樂園（參路十六 23），身體則等候主再來時復活更新（林前十五 51 ～ 54），與靈魂復合，以榮耀的全人，進入新天新地（啟二十一 1 ～二十二 5）。可見信徒與基督的情況是相類似的，只是基督在「居間之境」只

15 參 Herman Ridderbos, *Paul: An Outline of His Theology* (Grand Rapids: Eerdmans, 1975), 537 ～ 545。

有三天，而信徒則是「從身體死亡到主再來」一段可長可短的時間。

可以如此說，基督復活所帶給信徒的，是全人的復活更新（holistic transformation）。

五 有關「聖徒復活」：四個重要的問題

1 問：聖徒身體復活，會在甚麼時候發生？

答：耶穌向猶太人宣告，在主再來的時候：「我父的意思是叫一切見子而信的人得永生，並且在末日我要叫他復活」（約六 40；參 39、44、54 節）；當中「末日」是指耶穌再來的那一天。而保羅則更具體地指出，在耶穌從天降臨的時候，那會朽壞的身體，將變成不會朽壞的「榮耀的身體」（腓三 20～21）。在回應帖撒羅尼迦人的疑問時，保羅同樣很具體地告訴他們：「因為主必親自從天降臨，有呼叫的聲音和天使長的聲音，又有上帝的號吹響，那在基督裏死了的人必先復活，以後我們這活著還存留的人，必和他們一同被提到雲裏，在空中與主相遇；這樣，我們就要和主永遠同在。」（帖前四 16～17）

2 問：聖徒將會復活，非信徒也會復活嗎？

答：聖經預言，在主再來後、大審判前，信徒會復活，而非信徒也會復活。

- 「睡在塵埃中的，必有多人復醒。其中有得永生的，有受羞辱永遠被憎惡的。」（但十二 2）這經文展示：以色列人盼望（個人和民族）將來得以向仇敵一雪前恥（參詩六，六十九，七十九篇），看見上帝使有權位的失勢，而弱者卻得以高升。[16] 經文同時指向未來身體復活的盼望，和這盼望所帶來的永生和永刑。[17]

- 耶穌說：「你們不要把這事看作希奇。時候要到，凡在墳墓裏的，都要聽見他的聲音，就出來：行善的，復活得生；作惡的，復活定罪。」（約五 28 ～ 29）

「時候要到」(the hour is coming)，是指那將來最終的末日，所有在墳墓裏的死人（包括信徒和非信徒），都會聽到聖子大能的呼聲，就出來。「行善的」（指那些曾經歷聖靈新生命者；約三 1 ～ 15）將會復活得生，以確定他們在世時已活出的新生命；而「作惡的」（指那些不愛光倒愛黑暗的不信者；約三 19）將會復活被定罪，判定他們在世時已被定罪的身分（約三 18）。[18]

- 保羅在腓力斯面前自辯，論到自己的猶太背景，說：「我正按著那道事奉我祖宗的上帝，又信合乎律法的和先知書上一切所記載的，並且靠著上帝，盼望死人，無論善惡，都要復活，就是他們自己也有這個盼望。」（徒二十四 14 ～ 15）

這裏可見，舊約猶太人的宗教傳統也支持所有死人（信與不信）都會復活。但信徒與不信者的復活，是在同一時間，還是分隔開一千年的呢？「復活」這名詞，在此是單數(a resurrection)，配合相關經文（但十二 2；約五 28 ～ 29）的描述，這意味著信與不信的「復活」，是在同一時間發生；而並非如「前千禧年派」(premillennialism) 學者所言，是兩次分開的

16 John E. Goldingay, *Daniel*, WBC (Nashville: Thomas Nelson, 1989), 307 ～ 308.

17 參本書第十四章；賽二十六 19；Anthony A. Hoekema, *The Bible and the Future* (Grand Rapids: Eerdmans, 1979), 205。

18 D. A. Carson, *The Gospel According to John* (Grand Rapids: Eerdmans, 1991), 258 ～ 259.

事件，中間相隔一千年（千禧年）。[19] 此外，該學派的學者也引用啟示錄二十章12節，支持審判前的復活，是單指不信者的復活。然而，從此章經文11至15節的上下文可看到，這裏所描述的，是指所有死了的人（包括信和不信）都復活了，他們將站在上帝面前，憑案卷（生命冊）和行為受審。這符合使徒保羅的說法，就是每一位信徒也將會按各人的行為，接受上帝最後的審判（參林後五9～10）。

• 也許有人會問：不信者若沒有領受基督的救恩，也沒有聖靈的更新，他們的復活是怎樣的復活？他們是否也能得救，並進入上帝的國？這豈不等同「普救論」嗎？

首先，我們要認定，「普救論」並非聖經的教導。此外，不信者既沒有聖靈的重生（約三3～5），又沒有藉聖靈更新的身體（林前十五50～56），當然不得進天國。若是這樣，未信者的「復活」，極有可能就不是「在聖靈裏、榮耀的復活」，乃是上帝使他身體「復生」，讓他可以「面對大審判，進入永刑」。正如在基督裏的人，上帝救贖他的「全人」，進入永恆榮耀的國度；不信的罪人，也是以「全人」面對上帝公義的審判和刑罰（啟二十11～15）。這是合理的推論。

3 問：信徒身體復活更新，在新天地中將會如何運作？

答：運作的模式，應該是基於保羅在哥林多前書十五章中，對復活身體的描繪（35～49節），和福音書中有關基督復活顯現的敘述。一方面，復活的是物質的身體，而不是靈體，與舊的身體有連續性；另一方面，復活的是聖靈更新的身體，是「不朽壞、

---

19 參 Hoekema, *Bible and the Future*, 239～245。

榮耀、強壯、屬聖靈」的，因此與舊的身體不同，兩者同時有非連續性。屆時這可能會帶來以下的情況：

- 人會完全受聖靈的管治，並會彰顯聖靈的榮耀，結出聖靈的果子，卻不必經過掙扎（加五 16～24）。這也是約翰所說：「我們知道，主若顯現，我們必要像他，因為必得見他的真體」（約壹三 2 下），一個完全成聖的階段。
- 人仍會有身體的需要，包括衣、食、住、行（即：衣服、飲食、房子、交通工具等）。這些日常用品和活動，在新天新地中，將會是生活的一部分，也反映了人在「新創造」中，上帝所賦予的供應與自由。此外，人與人之間，仍會有身體的接觸和交往，但不會有衝突、痛苦、疾病、死亡（啟二十一 4）。當然，人的身體將會是美麗、沒有缺陷、也是不會變老的，因為在更新的天地中，人不會衰老。
- 聖徒的個人身分（personal identity），與復活前的是一樣的。家人、朋友、弟兄姊妹之間，仍能彼此相認、交往（參路二十四 30～31、36～40；約二十 16、19～20、24～28，二十一 4～7）。當然，在新天新地中，將會有不同的羣體，和睦共處、彼此相愛、互相建立，效法三一上帝那完美「愛的團契」。
- 聖徒會跟上帝和基督一同治理大地，實現上帝在創造後所賜予人的使命（創一 28；啟二十二 3～5），各人會有不同的位分，都是主按照各人在今生的忠心程度，由祂指定安排的（太二十五 19～23；林前三 8～15）。
- 當耶穌與撒都該人辯論有關復活的事（路二十 27～38），祂對他們說，將來復活的人，不娶也不嫁，「因為他們不能再死，和天使一樣；既是復活的人，就為上帝的兒子」（35～36 節）。耶穌並非說，復活的人是「靈體」(像天使)，乃是說，他們不會再死(像天使)，因此無須處理因死亡而引致的「遺產誰屬」問題；當然，這連帶另一問題是：復活的人若不嫁娶，是否將不會再有新的後代？若是，這將會是復活後與今生的一大分別。

- 人在新天新地中，最大的祝福，是親眼看見三一上帝、敬拜祂、與祂交通團契(啟二十一 3～7、22～23，二十二 3～5)。聖徒會看見那復活、帶著榮耀身體的耶穌。當然，在那裏不會看到「有形的聖殿」，因為上帝和羔羊，將會是上帝的殿(啟二十一 22，二十二 3)。
- 聖徒復活的身體，因有聖靈更新改變，將是完美無缺的。可以想像，人的行動會是輕快敏捷的。但人會否像復活後的耶穌——「來去自如、不受時空和關閉的門限制」？這也許是我們在今生，不能確定的，因我們須先了解，耶穌在復活後顯現時，所表現的特殊功能，究竟是出於祂大能的神性(祂是上帝)，還是基於祂那榮耀的人性(祂是人)。若是前者，就不是我們(受造的人)可以效法的了。

以上只是一些較為明顯、我們可以預測的例子。筆者相信，將來復活之日，還會有許多情況，是我們今生不能預測的，到時肯定會帶給我們不少的驚喜。

4 問：將來信徒復活的身體，會是舊身體元素的重組，還是上帝賜予的新元素？

答：教父時代的學者(如：奧古斯丁)，和一些中世紀神學家(如：阿奎那)都認為，一個人復活後的身分(identity)，既與復活前的相同，兩者身體的元素(elements)也必須是一致的。但若問：

如何保證這些元素在復活時能找回來？又如何保證它們能夠被組合，成為同一個人的「復活版」？從科學的角度看，這是一件極複雜、幾乎是不可能的事，因為人死後，身體會有不同的遭遇，如被洪水沖走，被野獸吃了等，如何尋找並重整其元素，不是簡單的事。但對這個問題，我們可以同意，奧古斯丁和阿奎那的答案是：上帝既是大能、創造管治萬有的主，祂便有能力作成此事。[20]

戴維斯卻認為，身分一致（identity consistency），也不一定需要尋找並重整舊身體本來的元素，因為信徒死後進入「居間之境」，他的個人身分（personal identity），藉他的靈魂（soul / spirit）就得以保存和延續（參本書第七章）。雖然身體衰敗、仍未復活，靈魂所有的功能（包括：知、情、意、良知等），藉上帝的能力，仍然有正常的運作，這就足以保證「我」（self）的存在和延續，直到主再來，與復活的身體復合，全人得贖。如此看來，若上帝在復活聖徒時，藉著新的元素，為他建構一個全新的身體，應該不會影響他在永恆中的屬上帝兒女的身分。[21] 其實，當代科學家也許會提醒我們，每一個人的身體元素，每天都經歷新陳代謝，因為人身體中的原子（atoms），一生每天都在不斷的更換中，但個人的身分卻是始終如一。可見，「全新的復活身體」的論點，也不一定與「身分一致」的原則有矛盾。若是這樣，上帝在復活聖徒時，藉著祂的大能，有兩個可能：其一是找回並重整他們舊身體本來的元素，其二是藉新的元素，為他們建構一些全新的身體。當然，上帝是主，祂當然也有主權，運用其他我們想像不到的方法，去重建/更新聖徒的身體與身分，我們且拭目以待。

20　St. Augustine, *The Enchiridion on Faith, Hope, and Love* (Washington, D. C.: Regnery Gateway, 1996), 88.

21　Davis, *Risen Indeed*, 94 ~ 102.

六 聖徒「復活盼望」的今日意義

1 確定「身體」的重要

基督道成肉身（incarnation）和身體復活（resurrection），證明人的身體，並非如希臘哲學所言，是人暫時（temporary）和下層（lower）的部分；又非如諾斯底主義（gnosticism）所言，是人性惡（evil）的部分，乃是與靈魂（soul / spirit）連於一體，都是上帝美善的創造。不錯，在「居間之境」，靈魂與身體會暫時分開，但靈魂是在樂園中與主同在，是處於一個不完整的狀態。當主再來時，這靈魂與復活之身體將會復合，全人得贖，進入永恆的新天新地。因此，信徒在今生當尊重、保養、顧惜身體，因為那是聖靈的殿。換句話説，信徒不應重靈魂、輕身體，乃要藉身體榮耀祂（林前十 31）。此外，在傳福音時，也不應罔顧別人身體的需要（如約翰福音九章記載，耶穌使瞎子開眼），單單關心人的靈魂是否得救，因為信徒的身體將會復活更新，有永恆價值，存到永遠。

2 領受宣講整全的救恩（holistic salvation）

救恩並非單單「信耶穌、靈魂在死後上天堂，進入一個沒有時間、沒有身體的屬靈境界」。若真是如此，今生一切身體的活動（除了傳福音，領人進天堂外），都沒有意義了。其實不然，信徒今生藉身體、在時空下所作的，因著耶穌的復活，都是有價值的。況且，今天「新創造」已經開始（林後五 17；加六 15），信徒為主所作的，都是上帝天國的聖工，是上帝救贖工作的一部分。至於「靈魂上天堂」的觀念，也須更新修正，領受「整全救恩觀」，包括全人得贖、教會羣體、天地更新。而信徒在復活後，將會進入那從天而降的「新耶路撒冷」（啟二十一章）。今天信徒已經與基督一同復活（弗二 6），可以享受這初步實現的「新創造」，並期待「新創造」的完全實現，也可帶領他人同享此福。[22]

3 信徒積極事奉的因由

保羅對我們說：「所以，我親愛的弟兄們，你們務要堅固，不可搖動，常常竭力多做主工；因為知道，你們的勞苦在主裏面不是徒然的。」（林前十五 58）由於基督已復活，而信徒身體和宇宙也必復活更新，信徒就當在今生，持守信仰、堅定跟隨祂、活在聖靈裏。還有，要全心盡力，獻上自己作主工，建立上帝的國度，事奉復活的主。「作主工」不單是指傳福音、建立教會，還包括一切愛心的行動、文化藝術的創作、對社會公義施憐憫人的行動，和對大自然的愛護和培育等，這一切都不會徒然，因為在新天新地，這一切善工都會延續，並且得以加強。今天信徒有基督復活的生命、聖靈的能力與恩賜，若能在今生作上帝「新創造」的好管家、好見證，不單會得到主的讚賞（太二十五 23、25），更會看到自己勞苦的功效，在天國中被彰顯，且在永恆國度中，進一步得以發展。[23]

4 爭取社會公義（social justice）

因為基督已復活，信徒得著復活的盼望，教會的使命必須更新。「搶救靈魂，使人死後上天堂，已不足表達整全的使命。」當代新約學者賴特（N. T. Wright），在其著作《天堂，有什麼好期待？》（*Surprised by Hope: Rethinking Heaven, the Resurrection, and the*

22 參 N. T. Wright, *Surprised by Hope: Rethinking Heaven, the Resurrection and the Mission of the Church* (New York: HarperCollins, 2008), 194 ～ 205。

23 參 Wright, *Surprised by Hope*, 208 ～ 212。

Mission of the Church）一書中，就用了三分之一的篇幅，闡釋「教會整全使命」的涵義，內容豐富，值得我們參考。[24] 當中賴特特別提出的一個當代倫理課題——普世貧富懸殊問題，是福音派教會一直忽略，卻是理應正視的現象，因為這也應是教會整全使命的一部分。

當今世界貧富懸殊現象是眾所周知的，而第三世界國家，長期欠了西方先進國家巨額債務，也是事實。這不單是貧富不均，更是西方資本主義所導致「全球不公義」（global injustice）的情況。作為西方先進國家的教會，是否有責任發出公義的聲音，甚至進行一些社會行動，去修正這不公平、不公義的現況？面對這問題，基督教教會通常持兩種立場：

1. 二十世紀的「社會福音」認為，耶穌是一個革命者，因此基督教會應努力，藉社會、政治、文化革命，建立上帝在地上的國度，即：公平公義的社會，這就是救恩。
2. 保守基要派（conservative fundamentalism）卻認為，這世界很混亂，我們沒有能力，也沒有需要修正這些制度和現象，因為當耶穌再來時，祂必會將一切擺平，我們今天只要等候，並努力搶救靈魂。

以上兩個立場，各有其道理，但似乎也都各走極端。筆者認為：

1. 「社會福音」企圖靠人的努力建立一個完美的地上神國，這

24 參 Wright, *Surprised by Hope*。

其實是不可行的。「社會福音」信徒大多不相信「耶穌身體復活」、「新天新地」等聖經教導。因此，他們缺乏對未來「新創造」的盼望，也未能支取（今天）在基督裏復活的生命，和聖靈的超然能力。因此，他們的「福音」，不能真正改變人的生命和宇宙的秩序，而其「地上神國」的理想，單靠人的努力，也無法實現。

2. 「保守基要派」信徒的內聚和消極心態，也不符合聖經的「整全世界觀和人生觀」。他單看重靈魂得救，對社會中，有關愛心、公義、公益性的事，都不去參與，因為覺得這些與信仰無關，只是一些「屬世事物」。其實，活在這「已然—未然」的末世時代中，基督既已從死裏復活，作為祂的門徒與教會，公開宣告祂是彌賽亞君王，是世界真正的主，便應該靠主在社會中實踐公義、造福人羣、榮耀上帝，並且努力去改變一些不公平的制度、不合理的現象。

當然，有些西方「保守福音派」（conservative evangelicals）也許會以下列理由，去支持他們對當今世界上貧富懸殊的現象，採取「不行動」（inaction），其中包括：

1. 他們有意無意接受了「物競天擇、適者生存」的所謂自然原理，視社會中的弱者為「不能適應環境、應該被淘汰的失敗者」。其實這只是西方先進國家用作支持「貧富懸殊」（包括經濟和武力）的達爾文原理（Darwin principle），並沒有事實和道德的依據。
2. 他們習慣了一種將事物分為「屬靈」（高等）和「屬世」（低等）的二元論，因此提倡專注屬靈事物，輕看屬物質（屬世）的事物。此種傾向希臘二元論的世界觀，其實是不符合聖經教導的（參上文）。

3. 他們認為這個世界的情況會愈來愈壞，且日走下坡，乃「主必快來」的預兆。既然主再來時會帶來完全的公義，我們今天又何必浪費時間精力，企圖改變一些我們永不能改變的現實？這些似是而非的論調，不過是予人藉口，不去面對和處理社會的不公，以致許多貧窮、弱小和受欺壓的羣體，繼續得不到較公平待遇，甚至令情況變本加厲。

以下是筆者簡單的評論：

1. 達爾文原理有違人乃「上帝的形象」的身分。根據聖經，每一個人都是尊貴的，也有權利分享上帝創造的資源；況且上帝多次向人宣告，貧富懸殊、欺壓弱勢羣體等現象，都是祂所憎惡的。
2. 「屬靈—屬世」二元論，也有違聖經教導：這個物質世界，包括大自然和人的身體，都是美善和上帝所看重的，不單是由祂創造，也是祂藉「道成肉身」的聖子所要拯救、復活更新，最終成為永恆的「新天新地」。而人的「靈魂」和「身體」都是人性的一部分，並不分高下，在救恩與復活的大前提下，「屬靈」（林前十五 44）並非指「非物質」，乃指「被聖靈改變、更新、掌控」的意思。
3. 基督再來這前景，不會免去信徒在今生當盡的本分，就是活出、見證基督復活的形象（羅六 3～14），包括建立一個更有仁愛、和平、公義的社會，正如約翰所言，信徒盼望主再來時，得以完全聖潔，不會免去他今生追求聖潔的本分，反倒是他追求聖潔的一個動力（約壹三 2 ～ 3）。今天我們要盡主門徒的本分，在各方面竭力活出討主喜悅的生活（林後五 7 ～ 9）。

4. 上帝賜予人類「普世恩典」（參本書第二章），因此信徒應可與非信徒合作，聯手建立一個更公平公義、仁愛和平、互助互惠的社會，使世界更和平，亦令世人更有機會聽信福音。

要知道，在當今世代要活出「行公義，好憐憫，謙卑與上帝同行」的生命（彌五 8），並非易事。但信徒領受了上帝所賜予、聖靈裏的新生命（參羅八章），又有教會羣體彼此配搭同工，更有榮耀的復活盼望在前引路（羅五 1 ～ 5；林前十五 50 ～ 57；啟二十一 1 ～二十二 5），相信復活的主基督必能引領我們得勝，使我們今生的一切勞苦，在祂裏面都不會是徒勞的（林前十五 58）！[25]

25　參 Wright, *Surprised by Hope*, 213 ～ 222。

討論問題

1. 基督的復活與信徒的「過去、現在、未來」有何關係？哥林多後書五章所提及的，地上和天上的帳棚所指為何？兩者與我們又有甚麼關係？
2. 基督身體復活的歷史證據何在？路加福音和使徒行傳，如何展示基督的身體果真復活了？請引相關經文說明之。
3. 有人認為耶穌的「復活」，不過是從昏暈中醒過來，又有人認為「相信耶穌復活」的人是迷信和不合乎科學精神的，你同意嗎？為甚麼？
4. 孔漢斯、奧哥連斯等天主教神學家，看基督的復活，是「屬靈的復活」，試分析他們的立論，並作出你的評價。
5. 基督的復活，是聖靈的工作。這會如何影響那復活的新形態？這新形態的目的為何？
6. 基督的身體死了，又復活了，但祂的靈魂去了哪裏？信徒死後，靈魂又去了哪裏？與身體的離合關係又是如何的呢？
7. 信徒死後將會復活，非信徒也會復活嗎？若是會的話，是否說，後者也會有永生的盼望？
8. 信徒將會復活更新，進入新天新地，屆時的生活形態，會是怎樣的呢？
9. 信徒將來復活的身體，是由今生舊身體元素重組，還是上帝賜予全新元素？
10. 復活的盼望，對信徒今日的生活和事奉，有何意義？試論述之。

9

耶穌末世預言：聖殿被毀與主再來

一 引言：耶穌末世預言的歷史處境

馬太福音二十四至二十五章，記載了耶穌在受死前，預言聖殿被毀與祂的再來，這段預言也常被稱為「橄欖山論說」(Olivet discourse；參可十三章及路二十一 5 ～ 36)。這是耶穌的末世預言，而在新約聖經中，「末世」則是涵蓋「耶穌復活後、再來前」的一段時期，也是天國開始實現，即「已然—未然」的張力時代。

1 耶穌為耶路撒冷哀哭(太二十三 29 ～ 39)

「橄欖山論說」的背景是：耶穌受死前，最後一次進入聖城耶路撒冷，憤怒地潔淨聖殿(太二十一 22 ～ 26)，繼而在聖殿中教導眾人，宣講天國的真理，並與猶太宗教領袖(文士、法利賽人)進行對話和辯論(二十一 23 ～二十三 12)；最後，祂直斥這些宗教領袖的假冒為善，宣告他們的「七禍」，就是他們七種偽善、上帝所憎惡的表現(二十三 13 ～ 36)。在最後一禍，耶穌從這些領袖的缺德行為，轉到耶路撒冷城和以色列民集體的罪，就是他們在過往的年代，一直逼迫殺害上帝的使者（二十三 29～36）。至此，耶穌鄭重宣告，上帝的審判不單要臨到當時的宗教領袖，也將會臨到那個時代（that generation）的以色列人。祂明言：

> 你們這些蛇類、毒蛇之種啊，怎能逃脫地獄的懲罰呢？所以我差遣先知和智慧人並文士到你們這裏來，有的你們要殺害，要釘十字架；有的你們要在會堂裏鞭打，從這城追逼到那城，叫世上所流義人的血都歸到你們身上，從義人亞伯的血起，直到你們在殿和壇中間所殺的巴拉加的兒子撒迦利亞的血為止。我實在告訴你們，這一切的罪都要歸到這世代了。（太二十三 33～36）

跟著，耶穌更為耶路撒冷而哀哭，預告這城將遭遇的悲慘結局，說：

> 耶路撒冷啊，耶路撒冷啊，你常殺害先知，又用石頭打死那奉差遣到你這裏來的人。我多少次願意聚集你的兒女，好像母雞把小雞聚集在翅膀底下，只是你們不願意。看哪，你們的家成為荒場留給你們。我告訴你們，從今以後，你們不得再見我，直到你們說：「奉主名來的是應當稱頌的。」（二十三 37～39）

耶穌在此悲歎，在舊約時代的耶路撒冷，常殺害上帝的先知（在新約時代亦然，如：司提反）。而耶穌自己作為彌賽亞，在歷史中出現，本應成為選民的祝福、合一和保護，但由於他們背叛上帝，拒絕耶穌，甚至會將祂交予羅馬政權處死（參徒二22～23），上帝的審判必然臨到他們，使他們的家成為荒場（參王上九6～9；耶十二7，二十二5）。若有人問：上帝的審判會在何時結束？答案是：當以色列民歡迎耶穌為他們的彌賽亞君王之時（太二十三39）。但這將於何時實現，耶穌卻沒有道明，似乎暗示了這是「遙遙無期」的。眼見耶路撒冷將要面對黑暗的前景，耶穌的心極為沉痛悲哀。

耶穌這宣告和哀哭，也為祂接著對門徒預言（太二十四～二十五章），聖殿將被毀和祂會再來，作為一個歷史的導言。

2 耶穌的末世預言和門徒的提問（太二十四1～3）

> 耶穌出了聖殿，正離開的時候，門徒前來，把殿宇指給他看。耶穌對他們說：「你們不是看見這殿宇嗎？我實在告訴你們，將來在這裏沒有一塊石頭留在石頭上，不被拆毀了。」耶穌在橄欖山上坐著，門徒暗暗地來說：「請告訴我們，甚麼時候有這些事？你降臨和世界的末了有甚麼預兆呢？」（太二十四1～3）

耶穌離開聖殿，象徵祂對「以色列家」的放棄，因為聖殿象徵整個以色列民。這個背叛上帝的子民羣體將會被棄，不得再見他們的彌賽亞君王，直到他們悔改歸向祂，敬拜稱頌祂（太二十三39）。雖然耶穌此時並沒有說明，這猶太民族歸主是在何時，但從歷史發展可見，其初步實現是在祂復活後的五旬節（徒二～八章），而至終實現則是在主再來前，屆時「以色列全家都會得救」

（羅十一 25～26）。[1]

當耶穌離開聖殿之際，門徒興奮地向祂指出，這希律王（為討好猶太人、在公元前 20 年）所重建的殿是何等宏偉美觀。從外表看，這殿確是宏美，連猶太歷史學家約瑟夫也同意，但耶穌對這殿的評價卻是相反的：祂先是稱它為「賊窩」（太二十一 13），此刻更預言它將完全、徹底地被毀壞（二十四 2）。這負面的回應，肯定是門徒始料不及的。

在橄欖山上，門徒私下問耶穌兩個問題：

- 耶穌所預言的聖殿被毀，「何時發生」?
- 耶穌再來（*parousia*）和世代的終結，「有何預兆」?

歷代聖經學者對耶穌如何回應這兩個問題，意見不一：究竟祂是一起回應，還是分開去回應？耶穌如何看待這兩個事件（聖殿被毀和主再來）之間的關係？要得到合理的解答，我們須先了解整段經文所載（太二十四 4～二十五 46），看看耶穌如何回答門徒；而當中的二十四章 4 至 35 節，又是一段難解且富爭論性的經文。當代英國新約學者法蘭斯在其馬太福音的註釋中，就為我們提供了一個頗為合理，又包含釋經和神學原理的詮釋，相當值得參考。[2]

簡單而言，法蘭斯認為，門徒所問的兩個問題，耶穌是分開

---

1 參陳若愚：《教會、使命與聖禮：基督教要義導覽》（香港：基道，2018），頁 113～115。

2 參 R. T. France, *The Gospel of Matthew*, NICNT (Grand Rapids: Eerdmans, 2007), 889 ～ 931；參 Sam Storms, *Kingdom Come: The Amillennial Alternative* (Fearn: Mentor, 2013), 229～281。

來回答的：

- 回答第一個問題：「聖殿被毀，何時發生？」（二十四 4 ～ 35）
- 回答第二個問題：「耶穌再來和末日，有何預兆？」（二十四 36 ～ 二十五 46）

為這「分開回答」的觀點，法蘭斯提出了幾個有力的支持：

1. 在二十四章 4 至 31 節，耶穌具體回答了門徒「何時」（when）的問題，並在 34 節清楚地作了總結：「我實在告訴你們，這世代還沒有過去，這一切都要發生。」歷史告訴我們，「聖殿被毀」乃於公元七十年發生，是聽者當時世代（that generation）的人仍在的時候。這與在末日「主再來」的事件（至今過了二千年，仍未來到），完全是兩回事。
2. 二十四章 36 節的開始是 *peri de*（＝but of），中文可譯作（但有關……），這往往是進入新話題的轉接詞（參太二十二 31；徒二十一 25；林前七 1、25，八 1，十二 1，十六 1、12；帖前四 9，五 1 等）。可見，耶穌是從「可預測的聖殿被毀之日」，轉到另一話題，就是那「無人能測的主再來之時」。
3. 二十四章 4 至 35 節中，有些經文（如：27、29 ～ 31 節）似乎是描述「主再來」的情況，但法蘭斯正確指出：27 節只是帶出一個對比，而 29 至 31 節的描述，若細心考證，也不是指主再來的情況（以下筆者會作較詳細的解釋）。
4. 對於二十四章 3 節，有人會問：門徒將兩個問題一口氣帶出來，會否意味他們認為，聖殿被毀和主再來兩者關係密切，甚至是同時發生的事件？門徒又是否在期待，耶穌同時一起回答這兩個問題？法蘭斯的回應是：不錯，門徒那時有可能誤以為，聖殿被毀就是主再來末日之時，但耶穌卻將兩者分開去回答，就是要修正這種誤解。其實，耶穌沒有令他們失望，祂將兩個問題都回答了，只是將兩者分開。當然，其中令門徒失望的是，主說祂再來的日子，沒有人知道，連天使和人子也不知道，因此門徒也不應瞎猜，或尋找甚麼「祕密啟示」。

二 耶穌預言聖城聖殿被毀（太二十四 4～35）

1 門徒不要驚慌，因為時候還未到（4～8 節）

> 耶穌回答他們：「你們要謹慎，免得有人迷惑你們。因為將有好些人冒我的名來，說『我是基督』，並且要迷惑許多人。你們也要聽見打仗和打仗的風聲。總不要驚慌；因為這些事是必須有的，只是末期還沒有到。民要攻打民，國要攻打國；多處必有饑荒、地震。這都是災難的起頭。」（太二十四 4～8）

耶穌知道，有一些事情一旦發生了，就容易引起門徒驚慌，以為預言中的災難已到。首先，將會有假基督、假先知、假救主等出現，迷惑眾人，並引發叛亂，聲稱要拯救猶太民族（4～5 節）；其次，是打仗和打仗的風聲，就如公元三十六至六十九年間的一連串小型戰爭和羅馬帝國中的內戰（6～7 節上）；再者，還有饑荒地震（7 節下），都是很嚇人的。但耶穌告訴他們，這些都不是「終結」（the end）來到的徵兆，它們只是「災難的起頭」（the beginning of birth pains；參 NIV 譯文），即「婦人生產前陣痛的開始」（8 節；參賽十三 8；耶六 24）。所以，門徒不必驚慌，因為距離「終結」（即：即聖殿被毀的大災難）的時刻，還有一段時間哩！

2 面對困難，要站立得穩（9～14 節）

> 那時，人要使你們陷在患難裏，也要殺害你們；你們又要為我的名被萬民恨惡。那時，必有許多人跌倒，也要彼此陷害，彼此恨惡；且有好些假先知起來，迷惑多人。因為不法的事增多，許多人的愛心漸漸冷淡了。惟有忍耐到底的，必然得救。這天國的福音要傳遍天下，對萬民作見證，然後末期才來到。（太二十四 9～14）

門徒不單要面對世界大事（4～8 節），也要面對個人的艱難（9～14 節）。他們將會為耶穌的名，遭受逼迫和殺害，並被眾人憎恨（參太十 18、22）。這些迫害會導致一些信徒「跌倒」（＝離開真道），這是很嚴重的「背道」行為（apostasy），還有彼此陷害和彼此憎恨的事件，會為教會和信徒帶來不可彌補的傷害（10 節）。此外，假先知也會出來，迷惑（包括誤導）許多信徒，使他們誤入歧途（11 節；參太七 15 及徒二十 29～30）。「不法的事」（12 節）乃指人不守律法、胡作非為，連文士和法利賽人也不例外（太二十三 28）。這些事會引致信眾愛心冷淡，失去了作門徒的見證（啟二 4～5）。

雖然面對社會動蕩（太二十四 4～8）和生命的挑戰（9～12 節），門徒仍須靠主站立得穩，忠誠為主而活，見證天國福音，堅忍到底，至終才能得救(13 節)，就是得進上帝的國度(太十 22 下)。

要留意，耶穌在此更帶出了一個盼望和得勝的信息，就是福音將「傳遍天下」，然後終結才會來到。在本段預言中，「終結」所指的，是「聖殿被毀」之時，而非世界末日，而「福音遍傳」也並非指二十世紀的一些普世福音遍傳運動(注意：這些運動常與「加速主再來之日」的口號掛鉤)。耶穌在此所指的，乃是福音將會在基督受死、復活、升天後，傳遍整個當時的世界，就是羅馬帝國和當中的各民族。其實基督在地上時，已有少量外邦人得聽福音而蒙恩(參太八 5～13，十 18，十五 21～39 等)，但當時福音的對象主要還是猶太人(太十 5～6，十五 24)，直到主復活後，福音才傳到萬民(太二十八 19；徒一 8)。而公元七十年聖殿被毀事件的先決條件，就是「福音傳遍天下」，而這「天下」(*oikoumene*, the inhabited world)，並非指今天(二十一世紀)我們所知的七大洲，乃是指當代(第一世紀)的人所知的世界(參路二 1；徒十一 28，十九 27)，亦即當時福音見證所到之處、外邦人居住之地(參太二十六 13；羅十 18，十五 18～24，十六 26；西一 6、23 等)，是涵蓋當時整個羅馬帝國，包括其中的外邦民族。

從神學的角度看，耶路撒冷聖殿被毀，標誌著舊時代的過去、新時代的來臨，就是復活的基督(祂比聖殿更大；太十二 6)，藉天國福音的廣傳，建立新的聖殿，就是新約的教會、普世的天國羣體(參太二十四 31，二十八 18～20；弗二 20～22)。

3 聖殿被毀前的災難(15～28 節)

當你們看見先知但以理所說的那「施行毀滅的褻瀆者」站在聖地(讀這經的人要會意)，那時，在猶太的，應當逃到

> 山上；在屋頂上的，不要下來拿家裏的東西；在田裏的，不要回去取衣裳。在那些日子，懷孕的和奶孩子的就苦了。你們要祈求，好讓你們逃走的時候，不遇見冬天或安息日。因為那時必有大災難，自從世界的起頭直到如今，從沒有這樣的災難，將來也不會有。若不減少那些日子，凡血肉之軀的，就沒有一個能得救；可是為了選民，那些日子將減少。那時，若有人對你們說：「看哪，基督在這裏！」或「在那裏！」你們不要信。因為假基督和假先知將要起來，顯大神蹟、大奇事，如果可能，要把選民也迷惑了。看哪，我已經預先告訴你們了。若有人對你們說：「看哪，基督在曠野裏！」你們不要出去；或說：「看哪，基督在內室中！」你們不要信。好像閃電從東邊發出，直照到西邊，人子來臨也要這樣。屍首在哪裏，鷹也會聚在哪裏。（太二十四 15～28；參《和修版》）

這段預言描述「耶路撒冷聖殿被毀」的前奏（＝開始），是以色列民必然會遭遇的災難。這災難發生的地點是在猶太地，時間是在公元七十年。當時羅馬君王維斯帕先（Vespasian；公元 69～79 年在位）剛上任，就派遣他的兒子提多（Titus）領軍攻打耶路撒冷，圍困聖城五個月之久，直到聖城淪陷，聖殿被毀，為以色列人帶來極大的痛苦與羞辱。這是一段耶穌受難前宣告的預言，而非歷史學家在事後的歷史回顧。

- 15 節：聖城聖殿「終結」臨近的明顯徵兆，就是上述「『施行毀滅的褻瀆者』站在聖地」的事件（參但八 13，九 27，十一 31，十二 11）。這是猶太人引以為恥的大事，就是在主前一六七年，統治敍利亞的安提阿哥四世依比芬尼（Antiochus IV Epiphanes；統治期為公元前 175～164 年）攻陷耶城，及禁止猶太人獻祭敬拜，其後更奪取聖殿一切聖物，並在其上立異教聖壇、希臘異教神宙斯（Zeus）之像，並在壇上獻豬，公然踐踏及褻瀆猶太人的上帝和宗教信仰。這是猶太人的沉痛歷史，也成了公元七十年災難事件的典型先例，而耶穌引用這例，是要警告聽者，同類的災難將會再次發生。

- 16～18 節：這是一些逃難的建議。由於整個猶太地所有城邑都會受牽連，山上也許會較為安全，而由於屆時到處會有羅馬兵進駐，情況會很危急，因此回家拿東西、取衣裳，也變成不可能的事了。這是一個很慘烈的境況：耶城將淪陷，人人要逃命。
- 19～20 節：耶穌宣告「有禍了！」，這不是定罪或咒詛，乃是為猶太人感到可憐。而懷孕的婦人和乳養孩子的母親，是特別值得同情：冬天和安息日，都為孕婦和母親增加困難，包括資源食物的缺乏、交通道路的阻滯、人身安全受到的威脅等。
- 21～22 節：耶城被圍困五個月，是以色列人非常困苦、黑暗的時期。耶穌形容這段日子，是歷史上空前絕後的可怖大災難。這也許是誇張的說法，卻是真實反映了當時以色列子民的內心感受。但上帝憐憫他們，羅馬軍隊圍困耶城五個月後，耶城就淪陷了，這是鑑於城內有不少「選民」（真正的門徒），上帝便使災難的日子有所減少，否則無人能生存（＝得救），因為所有人都會餓死！出於上帝的憐憫，子民在身體和心靈所受的痛苦，都得到舒緩（22、24 節）。
- 23～26 節：當聖城被圍困，子民處於水深火熱中，很容易受假先知、假基督的吸引，去聽從他們所提出，充滿盼望的信息，如：上帝會拯救、要有信心等。這些假先知假基督，亦會行一些神蹟奇事，迷惑信徒。不錯，神蹟奇事常是上帝大能的工作（如：徒二 43，四 16、30 等），但也有屬假冒的（如：徒八 9～11；帖後二 9；啟十三 13～14）。耶穌在此警告信徒，要小心、慎思明辨、不要被騙。基督只有一個，其他都是假的！而先知的真假，是可憑他們的果子分辨出來的（參太七 15～20）。

- 27～28 節：這兩節是整段預言（4～35 節）中，惟一提到主再來（人子降臨 *parousia*）的經文。耶穌在此作了一個對比：主的再來就像天空閃電一樣，人人都會看到、都能辨認，不必有預告和預兆（signs），也不像那些假基督，需要多方印證，以吸引人去信靠他們。其實，有關主再來的日子，門徒要求有一些預兆，好為主再來作準備（二十四 3），這是不需要和不恰當的！在 28 節，主用了一句舊約的格言（參伯三十九 30），指出人子再來將是十分明顯的事，就像屍首的存在，從眾鷹被它吸引的景象，就可得到證實一樣。換句話説，耶穌再來時，門徒屆時自然就會知道，因此門徒今天不要瞎猜，只須不斷警醒（太二十四 36、42）。

4 聖殿被毀和人子的得勝（29～31 節）

> 那些日子的災難一過去，日頭就變黑了，月亮也不放光，眾星要從天上墜落，天勢都要震動。那時，人子的兆頭要顯在天上，地上的萬族都要哀哭。他們要看見人子，有能力，有大榮耀，駕著天上的雲降臨。他要差遣使者，用號筒的大聲，將他的選民，從四方，從天這邊到天那邊，都招聚了來。（太二十四 29～31）

耶穌在此回應了門徒在二十四章 3 節所問：「甚麼時候有這些事？」這些事指的是公元七十年聖城淪陷、聖殿被毀。因為若是把這兩節視為「主再來」的描述，就與 34 節「這世代還沒有過去，這些事都要成就」產生矛盾，除非我們說：「耶穌這話説錯了！」

其實，「那些日子的災難一過去」(29 節)，即：耶城被圍困的日子(五個月)一過去，跟著立刻就發生聖殿被毀的事(29～31 節)。兩個事件一個接一個，中間沒有空隙，自然就發生；若將其理解為是主再來，時間的差距(起碼超過二千年)就很大了。

- 29 節：聖殿被毀——上帝嚴厲的審判。耶穌引用舊約來描述這歷史大事：「太陽變黑、月亮不放光」(賽十三 10)，本是預言巴比倫的淪亡；而「天上眾星墜落、萬象震動」(賽三十四 4)，則本是預言以東將受審判。這些舊約預言，雖然用上描繪天地的用詞，卻都僅是指向歷史中一些城市或國家受到上帝的審判，從而引致的社會政治上的變動，卻非指向主再來那種宇宙性的轉變，這是一種「誇張」(hyperbole)的修辭。其他類似的例子(如摩八 9；珥二 10 等)，也是採用了自然災難的語言，去論及以色列南北國未來的災難。耶穌引用這些先知的預言，是要凸顯出上帝嚴厲的審判。再者，對當時的猶太人而言，聖城淪陷和聖殿被毀，也是天大的事，近乎「世界末日」哩！
- 30 節：榮耀人子的得勝。耶穌在此引用但以理先知，預言人子(即：彌賽亞)的復活、高升、得勝。但以理說：「我在夜間的異象中觀看，見到一位像人子的，駕著天雲而來，被領到亙古常在者面前，得了權柄、榮耀、國度，使各方、各國、各族的人都事奉他。他的權柄是永遠的，不能廢去；他的國必不敗壞。」(但七 13～14)

這經文常被信徒誤以為是指基督的再來，其實這是指祂在復活後升天，被領到父上帝面前，登基為王，得著榮耀與權柄，應驗了先知但以理所見的異象。「駕雲而來」(coming with the clouds of heaven) 並非指基督從天上來到地上，原因有三：(1) 在用詞上，馬太是用 *erchomai*，而不是 *parousia*，而後者才是新約「主再來」的通用名詞；(2) 這「來到」是在耶穌說話時的世代中實現的 (參 34 節)；(3) 但七 13 和太二十四 30：明言人子是來到「亙古常在者」面前，而非降到地上來。可見，這預言是指基督在復活升天後，來到父上帝那裏，登基為王。而同類的預言，也曾出現在其他場合 (參太十 23，十六 28，二十六 64)，若都解釋為「主再來」，則會引致「耶穌的預言錯了」(因為直到今天，祂仍未再來) 的結論！

基督的「高升、登基、得榮」，有何神學意義？明顯的有：(1) 父上帝為降卑、受苦、受死的基督伸冤，使祂復活、登基、掌權 (參腓二 6～11)；(2) 以色列將為他們所扎的彌賽亞悲哀，並要仰望祂 (亞十二 10～14)；(3) 聖殿被毀，不單標誌舊時代的結束，新時代的來臨，也展示上帝對以色列子民的審判，使他們蒙羞受辱。然而，基督卻是得勝的君王，祂將會招聚、拯救在普世中的子民，並帶領他們與祂一同得勝 (參二十四 31)。

- 31 節：基督招聚普世子民。人子得榮耀，登基為王之後，就會藉著使者 (包括人與天使)，從普世招聚天國選民 (參太八 11～12，二十八 18～20)，成為一個得勝的天國子民 (包括猶太人和外邦人)。可見，舊的聖殿被毀，以色列受了審判，卻同時帶來新聖殿的建立。先知哈該曾預言：後來的殿的榮耀，必大過先前的殿 (該二 9)。先知但以理也進一步預言：後來永恆的國度，也必勝過先前的國度。正如他為王詮釋異象，宣告說：

「你正觀看，見有一塊非人手鑿出來的石頭打在它半鐵半泥的腳上，把腳砸碎；於是鐵、泥、銅、銀、金都一同砸得粉碎，如夏天禾場上的糠粃，被風吹散，無處可尋。打碎這像的石頭成了一座大山，覆蓋全地。⋯⋯當諸王在位的時候，天上的上帝必另立一個永不敗壞的國度，這國度必不歸給其他百姓，卻要打碎滅絕所有的國度，存立到永遠。」(但二 34～35、44；參《和修版》)

今天，這國度已初步實現，而我們也在期待、盼望這榮耀「聖殿—國度」將來完全的實現。

5 耶穌「聖殿被毀」預言的結論(32～35 節)

你們要從無花果樹學習功課：當樹枝發芽長葉的時候，你們就知道夏天近了。同樣，當你們看見這一切，就知道那時候近了，就在門口了。我實在告訴你們，這世代還沒有過去，這一切都要發生。天地要廢去，我的話卻絕不廢去。(太二十四 32～35；參《和修版》)

- 32～33 節：這簡單的明喻(simile)指出：正如人看見「無花果樹發芽長葉」，就知道夏天近了(即：收割時候快到)，同樣，當人看見一些前奏事件(15～28 節)，就該知道「聖殿被毀」的大事也快到了，就在眼前。有些信徒以為「無花果樹發芽長葉」是指以色列復國的預言，但經文的前文後理並不支持這個說法。
- 34 節：基督如何回答門徒所問：甚麼時候？答：沒有日期，

但有時限。這世代未過去之前，這些事都會發生（有關「這世代」的罪和上帝的審判，可參太十一 16，十二 39、41～42、45，十六 4，十七 17，二十三 36 等）。不錯，歷史告訴我們，這預言的實現是在公元七十年，即耶穌宣告這預言之後約四十年。

- 35 節：耶穌向門徒肯定的保證，祂的話是永遠不會被廢去的（pass away）。就算天地會廢去，祂的話也永不會廢去。正如先知以賽亞所言：「草必枯乾，花必凋謝，惟有我們上帝的話永遠立定。」（賽四十 8）他又說：「大山可以挪開，小山可以遷移，但我的慈愛必不離開你，我平安的約也不遷移；這是憐憫你的耶和華說的。」（賽五十四 10）

基於耶和華的信實慈愛，祂必堅守與子民所立的約。因此，基督（耶和華在新約時代的顯現）所宣告，有關舊約聖殿被毀、新約聖殿被建立的預言，也必然會實現。的確，這幾節經文是基督就「聖殿被毀」的預言（太二十四 4～31）的最佳結論。

三 主何日再來？不要亂猜！（太二十四 36～51）

1 主何時再來？——無人知道！（36～44 節）

但那日子、那時辰，沒有人知道，連天上的使者也不知道，子也不知道，惟獨父知道。挪亞的日子怎樣，人子降臨也要怎樣。當洪水以前的日子，人照常吃喝嫁娶，直到挪亞進方舟的那日，不知不覺洪水來了，把他們全都沖

> 去。人子降臨也要這樣。那時，兩個人在田裏，取去一個，撇下一個。兩個女人推磨，取去一個，撇下一個。所以，你們要警醒，因為不知道你們的主是哪一天來到。家主若知道幾更天有賊來，就必警醒，不容人挖透房屋；這是你們所知道的。所以，你們也要預備，因為你們想不到的時候，人子就來了。（太二十四 36～44）

從二十四章 36 節起，馬太記載耶穌開始了一個新的主題，就是回應門徒的第二個問題（見二十四 3），但祂拒絕回答他們「有甚麼預兆」的提問，因為：「那日子那時辰（that day or hour），沒有人知道，連天使和人子（祂自己）也不知道，惟有天父知道。」（二十四 36、42、44、50，二十五 13），在此耶穌顯然是從祂人性的角度看待這事（因為若作為聖子上帝，基督應該是無所不知的）。

人子基督再來的日子，人不單不能知，也不能預測，正如挪亞洪水一樣，這跟 4 至 31 節所論，聖殿被毀的日子不一樣，因為後者是可預測的，也有預兆（見 19、22、29、34 節等）。在挪亞時代，人照常生活，當洪水來到時，當時的人由於沒有準備，結果是除了挪亞和他的一家外，都被洪水沖去，無一倖免。可見，挪亞洪水的突然性、普世性、審判性，跟將來「主再來」的情況是相似的（37～39 節）。若問：誰可逃脫、如何逃脫？答案是：那有預備、預先進入方舟的人（參彼前三 19～21）！

40 至 41 節描述主再來時，人本來如常生活，如在田裏工作、推磨等，突然間有事發生，就是「取去一個，撇下一個」。問題是：誰是幸運兒/不幸者？當代一些傳道人，以此為「聖徒祕密在災前被提到天堂，而不信者將被撇棄，在地上面對苦難和審判」

的支持經文。[3] 這種說法源於十九世紀「時代論」(dispensationalism) 學者的解經，今天有不少新約學者（如賴特、史托蒙斯〔Samuel Storms〕、法蘭斯等）都對這種說法提出質疑和異議。其中法蘭斯清楚指出，這經文不能成為「災前被提」的基礎，因為這經文並沒有告訴我們，這些「被提」的人為何被提，又去了何處。其次，「取去」一詞，在一些前後經文中（二十四 17～18，二十七 27），帶有受威脅的負面意味。再者，前文(二十四 39)已說，挪亞洪水「沖走」的，是那些沒有預備好、受審判的人，而非蒙恩者；若按這上文，「被提者」的負面意思，多於正面！因此，今天的新約學者，愈來愈少人會用這經文支持「被提上天堂」的觀點。[4]

至於「祕密被提」的說法，也跟一些預言主再來時，聖徒「公開」被提到空中與主相遇的經文（如：帖前四 16～17），有明顯的出入。更重要的是，使徒保羅在論及「主再來」時，使用的詞語和描述，都是一個「公開的、人人可見的」事件，而非一個「隱藏、祕密的」事情。以下是三個保羅常用的「主再來」的名詞：

- **臨在**（*parousia*：林前十五 23；帖前二 19，三 13，四 15；帖後二 1、8）：由於這詞常用，且都是指基督第二次再來（而極少指祂首次來臨），因此已成了「主再來」的專有用詞。其意思是：基督的再來，是眾人所期待的，而這來臨，將顯出祂的榮耀，也帶來與子民永遠同在（eternal presence）。
- **顯現**（*epiphaneia*：提前六 14；提後一 10，四 1）：基督在祂天國的榮耀顯現（manifestation），帶來終極的拯救（多二 13）。除

3　參 Tim LaHaye and Jerry B. Jenkins, *Left Behind* (Carol Stream: Tyndale House, 1995)。

4　參 France, *Gospel of Matthew*, 941；J. Richard Middleton, *A New Heaven and a New Earth: Reclaiming Biblical Eschatology* (Grand Rapids: Baker, 2014), 225～227。

了提摩太後書一章 10 節指祂首次降臨外，這詞一般都是指祂的再來。其希臘文化背景是：它常用以敍述「希臘君主莊嚴、榮耀的臨在」，因此用以敍述基督君王的臨在，也是非常合適的。

- **啟示**（*apocalypsis*：帖後一 7；林前一 7）：基督今天已復活升天，因此對今天在地上的信徒來説，是「隱藏、不明顯的」；相反地，祂的再來，就是祂那「公開、可見的自我啟示」，是人人可見的行動。
- **那日子**（on that day：帖前五 2 ～ 4；林前三 13；羅二 5）：基督再來之日，就是舊約先知所預言，耶和華將會施行拯救和審判的日子。對子民是救贖，對仇敵則是審判，而這些都是公開可見的。這「日子」（the last day）與「末後的日子」（the last days；徒二 17）有所不同，因為後者是指耶穌兩次降臨之間的「末世時代」，而「末日」卻是「末世」結束時才到來的那一天！[5]

小結：由於基督再來的日子，人不能知，也不能預測，這就帶出了主的警告：就是要警醒，並隨時預備好（太二十四 42）。「賊人光顧」是一個隱喻（metaphor），點出了「主再來」的時間是不可知，且往往使人驚訝和措手不及，因此信徒必須隨時預備好（43 節），因為他們想不到的時候，人子就來了（44 節）。上文指出，保羅看「主再來」將會是一個公開的、人人可見的事件，再加上「賊人」的比喻是形容主再來的日子人不能預測，基督「祕密再來」和信徒「祕密被提」的理據，因而就顯得非常薄弱了。

5 參 Herman Ridderbos, *Paul: An Outline of His Theology* (Grand Rapids: Eerdmans, 1975), 528 ～ 531。

2 忠僕惡僕的結局（45～51 節）

誰是忠心有見識的僕人，為主人所派，管理家裏的人，按時分糧給他們呢？主人來到，看見他這樣行，那僕人就有福了。我實在告訴你們，主人要派他管理一切所有的。倘若那惡僕心裏說「我的主人必來得遲」，就動手打他的同伴，又和酒醉的人一同吃喝，在想不到的日子，不知道的時辰，那僕人的主人要來，重重地處治他，定他和假冒為善的人同罪，在那裏必要哀哭切齒了。（太二十四 45～51）

主基督用這比喻，向門徒說明他們必須警醒，隨時預備好主的再來，否則後果十分嚴重。比喻的背景是：在主人離開時期，僕人有全權管理其他奴僕，和分配家中的一切資源。第一個僕人（45～47 節）是忠心和有智慧的（faithful and wise），他沒有光坐在家中，等待主人回來，乃是忠心地，完成主人交託予他的工作，就是按時分派糧食給家中的其他奴僕；當主人回來時，見他如此忠心，就祝福他，並賞賜予他一個更高、更永久的職分：作管家（參太二十五 21、23）。

第二個僕人（二十四 48～51 節）卻是一個不負責任的「惡僕」。他以為主人會遲遲不到，就生活行為放任，又發脾氣打同伴，不作應作的工，只顧現在，不理後果；在他想不到的日子和時辰，主人會再來，把他「腰斬」了（參耶三十四 18）——這是一個很嚴厲的處罰；並且定他假冒為善的罪——因他自知是上帝的子民，但卻是有名無實的（參太二十三章）。他最終結果是：「哀哭切齒」，即與救恩無分無關（參太八 12）。對當時聽道的門徒來說，這信息絕對是一個警戒。

四 耶穌再來的挑戰：三個天國比喻（太二十五 1～46）

馬太福音二十五章承接二十四章 36 至 51 節，記載耶穌向門徒講論三個天國比喻，藉此回答他們所問的第二個問題：「請告訴我們……你降臨和世界的末了有甚麼預兆呢？」（二十四 3）耶穌就告訴他們，祂再來之日無人知悉，也不會有甚麼「預兆」，所以他們不必、也不應瞎猜，乃要隨時作好準備，因為「他們想不到的時候，人子就來了」（二十四 42、44、50，二十五 13）。以下且看這三個比喻，為新約信徒帶來甚麼當下的挑戰。

1 十童女的比喻（1～13 節）

那時，天國好比十個童女拿著燈出去迎接新郎。其中有五個是愚拙的，五個是聰明的。愚拙的拿著燈，卻不預備油；聰明的拿著燈，又預備油在器皿裏。新郎遲延的時候，她們都打盹，睡著了。半夜有人喊著說：「新郎來了，你們出來迎接他！」那些童女就都起來收拾燈。愚拙的對聰明的說：「請分點油給我們，因為我們的燈要滅了。」聰明的回答說：「恐怕不夠你我用的，不如你們自己到賣油的那裏去買吧。」她們去買的時候，新郎到了，那預備好了的同他進去坐席，門就關了。其餘的童女隨後也來了，說：「主啊，主啊，給我們開門！」他卻回答說：「我實在告訴你們：我不認識你們。」所以，你們要警醒，

因為那日子、那時辰，你們不知道。（太二十五 1 ～ 13）

這比喻的挑戰在於：要隨時預備好，迎接那將會來臨的新郎（基督）。童女的任務是：手持火炬，與新郎進到婚筵中，跳火炬舞娛賓。要完成任務，她們的燈須有足夠的油。十個童女都拿著燈，其中只有五個是有智慧的，有備油在器皿中，另外五個卻是愚拙的，沒有備油，最終得到完全不同的結局。「油」代表甚麼？比喻沒有解釋，也不重要，因為比喻重點在於「有否預備好去參加婚筵」。

「新郎遲延」和「童女睡著了」，分別帶出了「主再來的時間不可測」和「等候期間、作息有序」兩個重要的信息。首先，主再來的日子，對一些人來說，是太早了（二十四 48 ～ 51），但對這些童女，卻是「新郎遲延」了（二十五 5）；其次，「警醒等候」並非一種「被動、停止一切生活作息」的狀態，而是「預備好、但生活照常」的情況。

半夜裏因著新郎的來臨，童女們要起來收拾燈。愚拙的要求聰明的分油，卻遭拒絕，因為分油的後果將是：大家都會不夠。這代表各人要為自己的燈負責。結果是：智慧的童女進入婚筵，而愚拙的童女卻被拒諸門外。「門就關了」（二十五 10），指向一個最後審判、最終的分離，當人沒有預備好（＝愚拙的童女），結果就是與主永遠的分離。愚拙童女的哀求（11 節），遭到新郎拒絕說：「我不認識你們！」——這比喻了在末日，主對那些沒有預備好的人的回答，就像對那些「虛有其表，卻沒有結好果子」的人的回應一樣，而他們的結局就是將遭主的拒絕（太七 15 ～ 23）。

這比喻對今天門徒的挑戰是：要隨時預備好，迎接主再來。上文已提過，「油」在這比喻中，沒有特別的意思，只是代表「預備好」。至於何謂「預備好」，比喻中並沒有說明。但我們若對照啟示錄（啟十九 7～8），論到聖徒進入羔羊婚筵的預備，就得到一點線索。約翰預言，屆時將有讚美聲音大聲宣告：

> 我們要歡喜快樂，將榮耀歸給他，因為，羔羊婚娶的時候到了，新婦也自己預備好了，就蒙恩得穿光明潔白的細麻衣。（這細麻衣就是聖徒所行的義。）（啟十九 7～8）

這裏「聖徒所行的義」，就是人為著得以進入新郎婚筵而有所「預備」。這也正配合主耶穌的教導（太七 15～23）。耶穌的拒絕，並非表示支持「靠行為得救」（salvation by works），乃是指出「因信稱義」的人，須結出「義行的果子」（參弗二 10；太七 16～18、24～28）。換句話說，「人的義行」是主再來時審判各人的重要指標（林後五 10）。[6]

2 按能力受託管家的比喻（14～30 節）

> 天國又好比一個人要往外國去，就叫了僕人來，把他的家業交給他們，按著各人的才幹給他們銀子：一個給了五千，一個給了二千，一個給了一千，就往外國去了。那領五千的隨即拿去做買賣，另外賺了五千。那領二千的也照樣另賺了二千。但那領一千的去掘開地，把主人的銀子

---

6 參陳若愚：〈從三個天國比喻看事奉〉，載《事奉的人生》，馮蔭坤、余達心編（香港：宣道，1982），頁 161 ～ 165；Klyne R. Snodgrass, *Stories with Intent: A Comprehensive Guide to the Parable of Jesus* (Grand Rapids: Eerdmans, 2018), 511 ～ 519。

埋藏了。過了許久，那些僕人的主人來了，和他們算帳。那領五千銀子的又帶著那另外的五千來，說：「主啊，你交給我五千銀子，請看，我又賺了五千。」主人說：「好，你這又良善又忠心的僕人，你在不多的事上有忠心，我要把許多事派你管理。可以進來享受你主人的快樂！」那領二千的也來，說：「主啊，你交給我二千銀子，請看，我又賺了二千。」主人說：「好，你這又良善又忠心的僕人，你在不多的事上有忠心，我要把許多事派你管理。可以進來享受你主人的快樂！」那領一千的也來，說：「主啊，我知道你是忍心的人，沒有種的地方要收割，沒有散的地方要聚斂。我就害怕，去把你的一千銀子埋藏在地裏。請看，你的原銀子在這裏。」主人回答說：「你這又惡又懶的僕人！你既知道我沒有種的地方要收割，沒有散的地方要聚斂，就當把我的銀子放給兌換銀錢的人，到我來的時候，可以連本帶利收回。奪過他這一千來，給那有一萬的！因為凡有的，還要加給他，叫他有餘；沒有的，連他所有的也要奪過來。把這無用的僕人丟在外面黑暗裏，在那裏必要哀哭切齒了。」（太二十五 14～30）

管家這比喻，顯示主人（基督）離開前，將產業交予三個僕人，期待他們賺錢，忠於所託；其後主人回來，與他們算帳，並施行賞罰。「僕人」有雙重身分：其一是「奴僕」（slaves），他們的生命是屬於主人的，而「順服」是他們的本分；其二是「受託管家」（stewards）。主人交託產業予僕人，是按各人的「才幹」，意思就是「能力」（*dunamin*, ability）。從故事的發展，可見主人對各僕人的要求，是按各人的能力，而不會超過或低估他們的能力。

而主人的賞罰，亦是公平的。賺了五千的，和賺了二千的，獎勵一樣（21、23節），包括：（1）稱讚（良善忠心的僕人）；（2）交託他們管理「許多事」；（3）進來享受主人的快樂（＝享受永生／永恆國度的福樂）。至於那領一千的，把銀子埋在地下，在主人回來時，把銀子原封不動歸還主人，因此遭主人責備他「又惡又懶」（26節）。原來按天國的原則，懶惰是惡的，是罪，因為這是「應作而不作」，不順服主人的行為。結果，主給他兩方面的懲罰（28～30節）：（1）將他的一千，給那有一萬的，因為那忠心的僕人，配得承擔更多的管理責任；（2）將他丟在外面黑暗裏，哀哭切齒，即進入永遠黑暗的刑罰（太八12，二十二13）。這主人所施予的懲罰，雖是嚴厲，卻是完全公平的，因為：（1）祂是憑惡僕的口，定他的罪（二十五24～27）；（2）惡僕的行為，證明他完全不能受託（＝不能參與天國的治理）；（3）他那對主人不忠心、反叛、無理的控告，表示他與主人的關係破裂，而他也不再是屬於主人，而是在天國以外的人了。

這比喻展示了「主再來」給予信徒的挑戰，就是要在今生忠心地完成主人的託付。「忠心」的標準是按各人的「能力」（ability）——當中不單是指「恩賜」，也包括其他方面，如：家庭背景、教育裝備、在世年日、身心體能、經濟環境、關係機緣等。首先，各人須了解自己的「能力」，並對自己有「合乎中道」的評估（羅十二3）。這是不容易，卻是很重要的，因為錯誤評估自己的能力，會導致不良的後果；每一位以基督為主的信徒，都是一個管家，應按主所賜的「能力」忠心事奉。當然，「忠心」也包括要接受適當的裝備，且學習與他人配搭，因為我們都是基督身上的肢體（羅八章；林前十二章）。最後，要常存感恩和盼望：要心存感恩，因為事奉是一種權利，是上帝的恩典；也要心存盼望，因為主會稱讚和獎勵忠心的僕人。[7]

這樣看來，基督徒的人生，應是一個積極、盡一己「能力」事奉的人生。「懶惰、無所事事」絕非主的心意："laziness is not an option!" 論到事奉，當然是包括傳福音，但卻不限於傳福音，也包括我們在家庭中的本分、在教會中的服事、在工作中的貢獻，和在社會中的見證等（請參閱本書第八章〈我信身體復活〉的最後部分）。

3 綿羊和山羊的比喻（31～46 節）

> 當人子在他榮耀裏、同著眾天使降臨的時候，要坐在他榮耀的寶座上。萬民都要聚集在他面前，他要把他們分別出來，好像牧羊的分別綿羊山羊一般，把綿羊安置在右邊，山羊在左邊。於是王要向那右邊的說：「你們這蒙我父賜福的，可來承受那創世以來為你們所預備的國；因為我餓了，你們給我吃，渴了，你們給我喝；我作客旅，你們留我住；我赤身露體，你們給我穿；我病了，你們看顧我；我在監裏，你們來看我。」義人就回答說：「主啊，我們甚麼時候見你餓了，給你吃，渴了，給你喝？甚麼時候見你作客旅，留你住，或是赤身露體，給你穿？又甚麼時候見你病了，或是在監裏，來看你呢？」王要回答說：「我實在告訴你們：這些事你們既做在我這弟兄中一個最小的身上，就是做在我身上了。」王又要向那左邊的說：「你們這

7　參 Snodgrass, *Stories with Intent*, 528～543；France, *Gospel of Matthew*, 950～957；馮蔭坤、余達心編：《事奉的人生》，頁 165～168。

> 被咒詛的人，離開我，進入那為魔鬼和他的使者所預備的永火裏去！因為我餓了，你們不給我吃；渴了，你們不給我喝；我作客旅，你們不留我住；我赤身露體，你們不給我穿；我病了，我在監裏，你們不來看顧我。」他們也要回答說：「主啊，我們甚麼時候見你餓了，或渴了，或作客旅，或赤身露體，或病了，或在監裏，不伺候你呢？」王要回答說：「我實在告訴你們：這些事你們既不做在我這弟兄中一個最小的身上，就是不做在我身上了。」這些人要往永刑裏去；那些義人要往永生裏去。（太二十五31～46）

這比喻預告人子（彌賽亞君王），將與眾天使降臨，從祂的寶座向萬民（普世的人）發出審判。這比喻沒有啟示人子何時再來，乃是（像前兩個比喻一樣）指示信徒在今生應如何生活和事奉，預備祂的再來。

A. 使人驚訝的宣判（34～45節）

在宣判之前，王先將綿羊山羊分開。前者被安置在右邊（榮耀的地位），而後者則被安置在左邊（不蒙悅納的地位）。這「分開」顯出「大局已定」的形勢，然後王就開始宣判。祂對右邊的表示歡迎說：「來！」可見他們是蒙父賜福的，可以承受天國的福樂（34節），因為他們曾切實地服事了王：吃喝、留宿、衣服、病中看顧、獄中探訪（35～36節），這些都是猶太人典型的善行（參賽五十八7）。義人的回應（37～39節），顯出了他們的驚訝，因他們並未如此服事過王。王向他們解釋說：「我實在告訴你們，這些事你們既做在我這弟兄中一個最小的身上，就是做在我身上了。」

（二十五 40）這裏反映了一個重要的真理：基於王與弟兄（信徒）的密切一體關係（solidarity；參徒九 3 ～ 5），義人對弟兄的愛心善行，也就不經意地（卻是真實地）做在王的身上了！

相反地，王對山羊表示厭惡：「離開我！」這是棄絕的話，因他們是「被咒詛的」，他們的結局是「進入永火」（太二十五 41）；就是「永刑」（46 節）。這是惡人的至終結局（太十三 40、42、50）。山羊之所以受到懲罰，是因為沒有藉著愛心，透過服事弟兄去服事王（42 ～ 43 節）。同樣地，他們也很驚訝（44 節），因為不知道王與弟兄的密切關係（44 節）。這裏展示，主按人的行為施行審判，但人並非靠行為稱義，乃是：行為反映人的生命表現，是「愛的服事」、還是「輕忽冷漠」？這就構成了綿羊山羊不同結局的基礎（參太七 15 ～ 28；約壹四 7 ～ 11）。

王的宣判，在起初雖然令人驚訝，最終卻是使綿羊和山羊都無話可說的。

B. 誰是「王的弟兄」？

基督君王宣判的意義，繫於如何確定：「王的弟兄中一個最小的」是誰？

對此，當代聖經學者持三種不同觀點：（1）指世界上一切有缺乏、在困境中、極需要他人幫助的人；（2）指耶穌肉身的兄弟——猶太人；（3）指耶穌的門徒、天國子民，包括猶太人和外邦人。[8]

第一種觀點，強調人子的心充滿憐憫慈悲。祂關心普世人類

8　參 R. N. Longenecker and Merrill C. Tenney, eds., *New Dimensions in New Testament Studies* (Grand Rapids: Zondervan, 1974), 191 ～ 199。

的需要和困苦，也期待自己的門徒抱有跟祂一樣的憐憫和愛心。這觀點得到許多新約學者（如：塔斯嘉〔R. V. G. Tasker〕、亨特〔A. M. Hunter〕、耶米斯〔Joachim Jeremias〕等）的支持。然而，這觀點最大的弱點是：在福音書的記載中，耶穌從未稱過那些外邦非信徒為「弟兄」。確實，耶穌曾在面對親生兄弟時，也不稱他們為「弟兄」（太十二 48～50；可三 33～35），何況是那些不信的世人呢！

第二個觀點認為王的弟兄是指猶太人，即耶穌的同胞。持這觀點的大都是「時代論」學者，如：薛弗爾（Lewis S. Chafer）、萊里(Charles C. Ryrie)等。這些學者認為，王審判的對象是外邦人，審判的目的是決定誰有資格進入千年國度。王審判時，教會經已被提，大災難也已開始；在大災難中部分猶太人（＝弟兄）歸主，並得到一些外邦義人（＝綿羊）的愛心幫助。由於綿羊曾於大災難中，付上代價幫助王的弟兄，展現出真生命，因此他們有資格進入地上的千年國度。

新約學者賴德（George Eldon Ladd）卻不贊同這觀點，理由如下：（1）比喻中明言，義人是進入永生、惡人是進入永刑（太二十五 46），並非如時代論者所言，義人是進入千年國度；（2）福音書從沒有記載耶穌曾稱猶太同胞為弟兄，但卻稱祂自己的門徒為弟兄（太十二 46～50）；（3）這觀點假設了「災前被提」和「猶太人災中歸主」等理論，人若不接納這些假設，就難以接受這觀點。賴特所言甚是。

第三個觀點，指王的弟兄是耶穌的門徒，主要支持理由如下：（1）耶穌多次稱門徒為弟兄（太十二 48～49，二十八 10；可三 33～35），也以門徒彼此為弟兄（太二十三 8）；（2）門徒代表耶穌，實踐天國使命，因此凡接待門徒的，就是接待耶穌，所以耶穌說「無論何人，因為門徒的名，只把一杯涼水給這小子裏的一個喝，我實在告訴你們：這人不能不得賞賜」（太十 40、42）；（3）「最小的」出自「細小的」（*mikros*），這詞在馬太福音十八章中（6、10、14 節），是「門徒」的同義詞。這些都是有力的支持。

若耶穌的門徒就是祂弟兄，他們在世上的困苦和事奉，就是耶穌的困苦和事奉，因為祂與他們認同。因此，綿羊幫助和服事他們，就是幫助和服事君王基督了，而這也是天國的事奉。另一方面，山羊沒有幫助和服事這些「小子」，看似是輕微過失，卻是犯了不幫助、不服事天國君王、不與天國認同的罪，因此顯出他們是天國以外的人，因此至終會被排拒於天國門外，這是一點也不希奇的。

C. 小結與應用

1. 綿羊山羊的比喻帶給門徒的信息是：「愛心的服事、與天國羣體的認同」，是基督再來時，施行審判的重要指標。不要輕視每一個「小弟兄」的需要，因為做在他們身上，就是做在主身上；不要忽略在苦難中、受逼迫的肢體同工，因為與他們認同，就是與人子（天國君王）認同；不要低估贈送物質背後的意義：那是出於愛心、源於上帝的創造，也是具體和切合需要的禮物。至於對教外人的幫助，我們也不應忽略，因為保羅教導我們，在幫助服事主內肢體的同時，信徒也當兼顧教外人的需要（加六 10）。
2. 耶穌的三個天國比喻所歸結出的挑戰是：隨時預備好，預備主隨時再來。首先，信徒應在今生行義，隨時隨地過義人的生活；其次，就是按主所賜的「能力」，作忠心的管家；最後，是向天國「最小的弟兄」，施予具體的愛心行動，並與他們的苦難認同。主再來是何時，沒有人(包括耶穌)知道，因此人的猜測是枉然的。更重要的是，主再來後對各人的審判，將會是按各人的行為，而非單憑口頭上的認信。

3. 論及基督再來日期的「不可測」時，使徒保羅勉勵信徒要活出「光明之子」的樣式，他說：「弟兄們，你們卻不在黑暗裏，叫那日子臨到你們像賊一樣。你們都是光明之子，都是白晝之子。我們不是屬黑夜的，也不是屬幽暗的。所以，我們不要睡覺，像別人一樣，總要警醒謹守。因為睡了的人是在夜間睡，醉了的人是在夜間醉。但我們既然屬乎白晝，就應當謹守，把信和愛當做護心鏡遮胸，把得救的盼望當做頭盔戴上。」(帖前五 4～8)

作為新約信徒，在這「已然」(already)和「未然」(not yet)的末世中，我們一方面要心存盼望，等候主再來的「光明日子」；另一方面也要了解，在今天信徒已是「白晝之子」，因此行事為人就當像光明的子女，活出美好的道德典範(參羅十三 11～14)。不過我們也得承認，在這末世中，經歷生命的張力是必然的。[9]

五 盼望基督再來：信徒的鼓勵與安慰

使徒保羅在他第二次傳道旅程中，創立了帖撒羅尼迦教會，並且在公元五十至五十二年期間，寫了兩封書信，教導牧養他們。其中保羅向信徒講解了一些主再來的真理，幫助他們解開心

9 參 Ridderbos, *Paul*, 488～489。

中的疑慮，好面對他們當時所受的逼迫與患難。

1 解開信徒的疑慮（帖前四 13～18）

論到睡了的人，我們不願意弟兄們不知道，恐怕你們憂傷，像那些沒有指望的人一樣。我們若信耶穌死而復活了，那已經在耶穌裏睡了的人，上帝也必將他們與耶穌一同帶來。我們現在照主的話告訴你們一件事：我們這活著還存留到主降臨的人，斷不能在那已經睡了的人之先。因為主必親自從天降臨，有呼叫的聲音和天使長的聲音，又有上帝的號吹響，那在基督裏死了的人必先復活，以後我們這活著還存留的人必和他們一同被提到雲裏，在空中與主相遇。這樣，我們就要和主永遠同在。所以，你們當用這些話彼此勸慰。（帖前四 13～18）

當時信徒的疑慮之一是：主再來前，離世了的信主的親屬會得救嗎？這問題源於初期教會信徒相信，耶穌很快會再來，拯救祂的子民，到時子民會出去迎接祂。但有些信主的親友已死，主若再來，他們的命運將會如何？主會接納他們嗎？保羅給他們的信息是：

1. 主的降臨，將是一個可見可聞的公開事件，其中包括：呼叫的聲音（響徹整個世界）、天使長的聲音（參太十三 39，十六 27；可八 38），和上帝的號吹響（出十九 16；林前十五 52）；
2. 在基督裏死了的人必先復活（帖前四 16 下）；
3. 活著的信徒（沒有提到復活，卻是暗示有更新改變）與死而復活的信徒，將一同被提到雲裏，在空中與主相遇（17 節上）；

4. 「主再來」的高潮：所有信徒，將與主（在新天新地中）永遠同在（17 節下）。

簡單的說，帖撒羅尼迦教會的信徒，面對主再來的前景，不必為自己或已故親友憂慮，因為他們的結局——身體復活、與主同在，與到時仍在生信徒的命運完全一樣。這是主藉保羅給予信徒的安慰。

2 面對今生敵人的逼迫（帖後一 6～10）

使徒保羅為帖撒羅尼迦教會信徒感謝上帝，因為他們在一切逼迫患難中，一直持守堅忍與信心（4～5 節）。然而，保羅仍以主再來的前景，鼓勵他們，使他們消除恐懼，有力往前走，為主作美好的見證：「上帝既是公義的，就必將患難報應那加患難給你們的人，也必使你們這受患難的人與我們同得平安。那時，主耶穌同他有能力的天使從天上在火燄中顯現，要報應那不認識上帝和那不聽從我主耶穌福音的人。他們要受刑罰，就是永遠沉淪，離開主的面和他權能的榮光。這正是主降臨，要在他聖徒的身上得榮耀、又在一切信的人身上顯為希奇（＝驚奇）的那日子。」

- 上帝是公義的：那些將患難加給信徒的人，將從上帝那裏得報應（＝受刑罰），而受苦的信徒將得享平安（＝從苦難張力中得紓解），這是值得欣慰的（6～7 節上）。
- 保羅具體描述，主再來時，會與大能的天使從天而降，在火中顯現，「火」是表達上帝威嚴的臨在（出三 2；賽六十六 15；啟一 13～14），帶出祂的大能拯救和公義的審判。

- 保羅清楚道出，敵擋上帝、逼迫信徒者的命運。他們將受刑罰，就是「永遠沉淪」：不是永遠的被消滅，而是永遠與上帝隔絕（帖後一 9）。這是上帝對受逼迫的信徒，很大的安慰和鼓勵（10 節）。

六 結語

耶路撒冷聖殿被毀（公元 70 年），代表舊時代的結束，和新時代的開始。基督的受死與復活，並聖靈的降臨，加上新約教會的成立，標誌了新聖殿（＝新創造）在歷史中開始，為聖徒和宇宙實現救贖，和對終末的光明盼望。基督再來的日子，無人可知，人也不應胡亂猜測，但信徒又必須隨時預備好，迎接天國君王的再臨。這對信徒在今生的生命表現、忠心事奉、愛心關懷，都是很大的挑戰。認識「主再來」時的境況，對苦難中的信徒也是一大安慰和鼓勵。因著上帝的憐憫、信實、公義，信徒將來要得的，會遠超他們今生所受的苦楚（羅八 17～23）。按新約所載，就是照基督和使徒們的預言，我們可以期待，「主再來」將會是一個公開、世人可見，以及上帝彰顯祂的榮耀、公義、恩典的大喜日子。就讓普世聖徒跟使徒約翰一起，同心宣告：

> 證明這事的說：「是了，我必快來！」阿們！主耶穌啊，我願你來！（啟二十二 20）

討論問題

1. 請描述耶穌「橄欖山論說」（太二十四4～二十五46）的歷史背景，和耶穌當時的心情。
2. 馬太福音二十四章3節回應了門徒的兩個問題，有人認為都是有關「主再來」的預言，你同意嗎？請闡明你的理據。
3. 馬太福音二十四章4至35節，按法蘭斯（R. T. France）的詮釋，是預言公元七十年耶城聖殿被毀，你同意嗎？若是同意，請分段落作簡單的解釋，特別是針對27至31節這段較具爭論性的經文。
4. 馬太福音二十四章36至51節，耶穌有否回答門徒所問，祂的再來會有甚麼預兆？理據為何？耶穌又如何教導門徒，好好的預備祂的再來？
5. 十個童女比喻，對「主再來」這事件有何啟示？信徒應如何警醒、預備主的再來？是否就是不要作工，也不睡覺？
6. 「按能力受託」的比喻，對今日信徒有何警戒和教導？「良善忠心」的標準和獎賞是甚麼？那「又惡又懶」的僕人，有何結局？他是否屬於「得救、不得賞」的人？
7. 綿羊山羊的比喻，對主再來時的審判，和人的終極命運，有何教導？誰是「王的弟兄」？這比喻是否展示「人須靠行為得救」？
8. 請撮要描述，保羅在帖撒羅尼迦前後書兩封書信所教導的，有關主再來時，將會發生的事。保羅的教導，又如何適切地幫助信徒，除去心中的疑慮和恐懼，以面對苦難和困惑？

10

啟示錄二十章、千禧年

一 啟示錄導論

1 作者、日期、受眾

啟示錄是使徒約翰，被放逐到拔摩海島，領受上帝所啟示的異象後，所寫成的一卷書。成書日期大約是公元九十年，即羅馬君主多米田（Domitian；公元 81～96 年在位）統治期間。受眾則是小亞細亞七教會（一 4、11）的信眾，他們皆按各自的情況，領受主基督的稱讚、責備和應許（二～三章）。在那時代，不少教會和信徒都曾受逼迫，特別是被迫敬拜羅馬的君王；此外，身處異端邪說和世俗潮流充斥的社會，許多信徒也承受著種種的壓力。

2 書卷類型

A. 天啟文學（apocalyptic literature）

「天啟文學」是一些猶太人傳統中，有關末日、突發災難的文學著作。舊約聖經中的但以理書，和新約中的啟示錄，都屬此類。天啟文學強調上帝啟示的終末神祕性和突發災難性（啟一 3，二十二 6～7、10）。而「先知預言」（prophecy）卻不同，除了預測未來（foretelling）外，還代表上帝對子民發出勸勉和教導（forth-telling）。其實，聖經中的但以理書和啟示錄，都是將兩者結合，成了很特別「先知預言＋天啟文學」的著作。[1]

B. 先知預言（prophecy）

啟示錄是先知（約翰）的預言。這預言源於天上寶座的上帝，向他啟示（四 1～2）、宣告祂對當時七教會，和以後歷代教會的信息。這些信息包括：（1）提醒他們，在地上所見衝突和混亂情況的背後，是一些靈界的爭戰；（2）地上的眾教會，今天已蒙受恩典，並已經參與屬天的敬拜和生活，因為藉基督的死和復活，天國（＝末世）經已開始實現（三 14），但他們那真正永恆的家，卻是在那未來的新天新地（二十一 1～二十二 5）。這「已然—未然」的天國觀點，是啟示錄異象的歷史和神學背景；（3）教會須面對這敵擋上帝的世界之引誘、壓力；但她不應妥協、也不要跟隨世俗的罪惡，陷在拜偶像的心態與行為中。主基督對七教會的信息，也是對過去二千年歷代教會說的，因為：「七」在啟示錄中是一個完全的數目，象徵在啟示錄二至三章所描述的七間教會的情況，在歷代的教會都會出現。因此，七教會，並非如司可福（C. I. Scofield）和跟隨他的時代論者所言，是預言基督教會七段時期的不同情況。[2] 而從新約歷史和神學的角度看，過去二千年的歷代教會，都是處於「基督復活後、再來前」的末世時代（eschaton），都是屬於同一

---

1 參 Sinclair B. Ferguson and David F. Wright, eds., *New Dictionary of Theology* (Leicester: IVP, 1988), 33～35。

2 參 C. I. Scofield, ed., *The Scofield Reference Bible* (New York: Oxford University Press, 1917), 1331～1334。

救恩歷史的時代。

C. 一封書信（an epistle）

在二至三章，約翰記載了基督分別寫給七教會的七封信，每封信都是按各教會的處境和需要，給予適切信息。但啟示錄整卷書本身也是一封信，有序言（一章）、結語（二十二 6～21），和信息本體（二 1～二十二 5），旨在幫助歷代信徒明白，異象中所啟示的「敬拜、爭戰、得勝和審判」對他們有何意義，而他們又當如何回應，如何與基督一同得勝，並盼望那終極的現實，就是至終的新天新地（＝新創造）之來臨。

3 全書大綱

序言：升天榮耀基督的顯現（一 1～20）

第一幕 榮耀的基督致小亞細亞七教會的書信：代表歷代基督教會（二 1～三 22）

第二幕 羔羊從天上寶座揭開七印：教會受逼迫、基督得勝（苦難一）（四 1～八 1）

第三幕 天使吹七號：上帝為子民伸冤、對世界施行審判（苦難二）（八 2～十一 18）

第四幕 歷史大爭戰：基督聯同子民對抗龍與獸，並且得勝（十一 19～十五 4）

第五幕 天使倒下七碗：上帝向不信的世界發烈怒（苦難三）（十五 5～十六 21）

第六幕 大巴比倫淫婦的覆亡、天國君王的來臨、大審判（十七 1～十九 21）

第七幕 千禧年、大審判、新天新地（新耶路撒冷）（二十1～二十二5）

結語：祝福與咒詛（二十二6～21）

4 啟示錄的主要神學及信息

A. 信徒得勝之途徑，是樂意為基督受苦（suffering for Christ）

與基督一樣，信徒在今生雖有患難和艱苦，但至終會與主一同在上帝國中掌權。對主忠心的人，至終必得賞賜，就是身體復活、主的稱讚、天國治理職分。啟示錄中的屬天異象，為患難中的信徒提供動力，向前奔跑，得著上帝所應許的；同時提出警戒，勸勉信徒不要與敵擋上帝的黑暗勢力妥協，以致從恩典中失落。

B. 上帝是人類歷史和宇宙的至高掌權者（sovereign Lord）

四至五章啟示了上帝與羔羊的寶座（單數），象徵著聖父和聖子的共同王權與得勝。一切歷史中所發生的事，包括信徒和非信徒的苦難，都有上帝的掌權。七印、七號、七碗所描述的災難，都有上帝的旨意。對信徒來說，逼迫和苦難幫助他們的信心增強，對非信徒來說，災難則指向上帝公義的刑罰。十字架將悲劇轉為得勝，也將信徒的苦難化解，以屬天永恆的喜樂取代，這是因為他們跟隨那得勝者——上帝羔羊——的腳蹤行（十四4）。

C.「新創造」是聖經預言「初步」和「至終」的應驗（fulfillment）

新舊約聖經中主要的預言，都應驗在基督所帶來的：新聖約、新聖殿、新以色列、新耶路撒冷，和新創造。而這末世的新創造，藉基督的復活已初步實現（林後五 17；加六 15），而至終在祂再來時，將完全實現於「新天新地」中（啟二十一 1 ～二十二 5）。因此，整本啟示錄的異象，皆包括「新創造」的「已然」和「未然」，不是單指向至終的實現。

5 詮釋啟示錄的三個基本原理

A.「救贖—歷史」的原理（redemptive-historical）

啟示錄所啟示的，不單是論及「主再來」，和環繞主再來的事：這是「未來派」（futurist）的觀點；也不是只專注在過去的事件（即：公元 70 年耶城被毀、公元 476 年羅馬帝國覆亡等）：這是「歷史過去派」的觀點。啟示錄異象所描述的，是末世（＝天國）在救恩歷史中「已然—未然」的實現——從基督首次降臨、成就救贖，到祂再來，建立新天新地。這「救贖—歷史」的觀點，跟新約聖經其他二十六卷書的觀點，是一致的：沒有差異、也沒有矛盾！只是，啟示錄較其他新約書卷，較多強調一些主題，如：升天後基督的榮耀（如：啟一 9 ～ 20，五章等）、基督再來時的情況（每一幕異象都有），和那未來「新天新地」的前景（二十一～二十二章）。

B.「漸進平行」的原理（progressive parallelism）

從前文大綱可見，作者約翰按照他所看見異象的次序，分為七幕記載及詮釋，讓讀者去了解、回應。要留意，這七幕異象，並非按事件的時間先後排列，乃是按約翰所見異象的次序排列。其實每一段都涵蓋「基督升天到祂的再來」這「末世」時段，只是當中涉及不同的主題。換句話說，七幕異象的敍述是平行的（parallel），在時間上也有重疊（overlap）。一個有力的證據是：

每一幕的結束，都有主的再來（*parousia*），和與此相關的審判與拯救，讀者可參閱如下經文：三 3～5、11～12，六 12～17，七 9～17，十一 15～19，十四 14～20，十五 2～4，十六 17～21，十九 1～10、17～21，二十 11～15，二十一 1～二十二 5。此外，在這些「平行」中也可見「進度」：每一段結束時的「審判與救贖」，份量愈來愈重，例如：從啟示錄三章、六章較簡單的描述，到二十章 11 節至二十二章 5 節較詳細地預言大審判和新天新地。另一個可見的進度是：在二至十一章描述教會在地上爭戰，被敵擋上帝的世界逼迫，而到了十二至二十二章，則較深度描述撒但（龍），和他的兩個助手（獸）在歷史背後的工作；而這些邪惡勢力，至終會受審判、被定罪，被扔在火湖裏（二十 7～10）。

這「漸進平行」的原理，有助我們正確詮釋啟示錄的七幕異象和它們之間的關係，以至整個書卷的結構。[3]

C. 象徵文體的原理（symbolism）

在解釋啟示錄的異象時，一些採取「未來派」立場的學者，往往堅持盡量以「直解法」（literal interpretation）去詮釋所有經文，因為他們認為，用「象徵」去理解，就是否定這些事物的真實性，也是不尊重聖經的做法。這觀點其實是錯的，因為：

- 書中很多敘述和事物，一看便知是象徵，如：獅子、羔羊、龍、獸、婦人等；另一些如：金燈台、七星等象徵，則有經文

---

3 參 G. K. Beale, *The Book of Revelation*, NIGTC (Grand Rapids: Eerdmans, 1999), 121～151；Anthony A. Hoekema, *The Bible and the Future* (Grand Rapids: Eerdmans, 1979), 223～226；William Hendriksen, *More Than Conquerors: An Interpretation of the Book of Revelation* (Grand Rapids: Baker, 2008), 16～22。

說明(一 20)。這些「象徵」都各有其實體意義,因此我們不應說,「象徵」便等於「不真實」!

- 約翰在卷首,如此介紹啟示錄:「耶穌基督的啟示,就是上帝賜給他,叫他將必要快成的事指示他的眾僕人。他就差遣使者曉諭他的僕人約翰。」(啟一 1)

在此,約翰引用但以理書(二 28 ~ 29、45),指出啟示錄成書的四個元素:(1)上帝啟示奧祕;(2)這奧祕是要傳予祂的眾僕人;(3)這啟示是有關將快要成就的事;(4)上帝差遣使者,曉諭(*semaino*;啟一 1)祂的僕人約翰。

這裏,*semaino* 一詞,可譯作「告知」(make known),或「象徵」(symbolize)。而但以理書二章 28 至 29、45 節確定,「象徵」是較合理的翻譯,因為但以理所領受的夢中異象,是以四種金屬製成的巨像,作為象徵,去描繪四大王國(巴比倫、瑪代波斯、希臘、羅馬),而其後有一塊「非人手鑿出來的石頭」,是象徵上帝永恆的國度,將會打碎巨像(=列國),並充滿天下(但二 34 ~ 35)。其實,猶太人的天啟文學和先知預言,都是充滿象徵(symbols)的,而啟示錄也不例外。

D. 啟示錄最常用的象徵:數字(numbers)

一些啟示錄常常重複使用的數目:七、四、十二、十、六等,都有象徵的意義。以下是一些明顯的例子:

- **七:**七靈(一 4),象徵聖靈的豐滿、完全;七教會(二～三章),象徵新約時代的普世教會;七印、七號、七碗,皆象徵上帝在普世施行審判的完整性。
- **四:**地的四角、四方的風(七 1,二十 8),象徵整個世界;審判四次出現（四 5，八 5，十一 19，十六 18），象徵上帝審判的普世性。

- **十二：**以色列十二支派、十二使徒（二十一 12～14），象徵「舊約＋新約」上帝的整體子民；描述新耶路撒冷（二十一 9～二十二 5），象徵榮耀的普世教會。「十二」這數目出現了十二次。
- **十：**象徵完整的數目（十三 1，十七 3、12）；一千年＝10×10×10 年，象徵一段完整、很長的時期（二十 1～6）。
- **六：**是人的數目，而獸的數目則是六六六（十三 8），象徵獸及其跟隨者，不能達到上帝創造人類之目的。

二 當代「千禧年」四觀評介

啟示錄二十章 1 至 6 節的異象中，有天使從天而降，拿著一條大鍊，將撒但捆綁一千年（1～3 節），又有一些殉道者和忠心聖徒的靈魂，與基督一同作王一千年（4～6 節）。究竟這一千年（千禧年）所指為何？是在基督再來前、抑再來後的一段時期？對基督徒的盼望又有何意義？

在過去一百年，在美國（和部分歐洲）福音信仰的教會和神學界，對「千禧年」這問題，持不同的觀點，也有不少的辯論。不錯，「千禧年」這課題，並非基督教的基本信仰（basic beliefs）：它不像「上帝創造天地」、「三位一體」、「耶穌神人二性」、「身體復活」、「基督再來」等基本教義（basic doctrines）。基本教義的分歧，會帶來不同的信仰，就如福音信仰與自由主義、實存主義、泛神主義、或某些異端（如：耶和華見證人）的分歧。但「千禧年」的不同觀點，反映了學者對一些經文（特別是啟二十 1～6）不同的詮釋、基督再來與「千禧年」的關係，和對預言不同的理解，屬於

「第二層次」(second level) 的神學探討。雖然如此，對「千禧年」不同的觀點有基本的了解，也是相當重要的，因為這些「千禧年」的觀點，會影響我們對啟示錄預言、教會、救恩、主再來等重要教義的了解。

當代歐美 (福音派) 聖經學者，對「千禧年」的觀點，大致上可分為四類：[4]

- 歷史前千禧年派 (historic premillennialism)；
- 時代論前千禧年派 (dispensational premillennialism)；
- 後千禧年派 (postmillennialism)；
- 無千禧年派 (amillennialism)。

1 歷史前千禧年派

這觀點源於初期教會的教父著作，在中世紀和宗教改革時代式微，十七至十八世紀期間復興，然後又消失了百多年，到二十世紀才重新出現。美國當代新約學者賴德的啟示錄註釋，就代表了這觀點。[5]

A. 簡介

主再來是在「千禧年」之前，而新天新地則在「千禧年」之後，因此，「千禧年」是在主再來後、新天新地前的「夾心時期」，是字

4　參 Hoekema, *Bible and the Future*, 173 ～ 222；陳若愚：《末世論與千禧年》(紐約：紐約神學教育中心，1997)，頁 31 ～ 67；Darrell L. Bock, ed., *Three Views on the Millennium and Beyond* (Grand Rapids: Zondervan, 1999)。

5　參 George Eldon Ladd, *A Commentary on the Revelation of John* (Grand Rapids: Eerdmans, 1974)。

面（literal）的一千年。

「歷史前千禧年派」學者認為，主再來前有一些事情必須發生：天國福音要傳遍天下、對萬民作見證、大災難、大背道、敵基督出現，而教會須經歷這段艱難時期，直到主再來。可見，「歷史前千派」的學者（如：賴德），一般相信「災後被提」。

主的再來為信徒帶來改變：那些死了的信徒將會復活，而那些活著到主降臨的信徒，將會受改變得榮耀，這兩班信徒將一起被提，在空中與主相遇，然後與主一起降臨大地。

基督降臨大地之後，「敵基督」將被祂消滅。當猶太人看見耶穌基督時，絕大部分都會悔改歸主，全體得救，成為列國的祝福。

「敵基督」被消滅後，主將設立在地上的千年國度，在地上統治世界，而信眾（包括猶太人和外邦人）將會與基督一同作王，並且合成一個子民，與主一同統治世界。在千禧年中，罪惡仍然存在，但將減至最低程度，而公義則被高舉。世界會充滿公義、和平、繁榮安定，因為撒但已被捆綁。

千年國度結束，撒但再度得釋放，出來迷惑列國，並會聚集列國（歌革和瑪各），與基督及其聖徒作最後爭戰。戰敗後，撒但終被上帝扔進火湖中，就是獸和假先知所在之處。

大戰過後，未信者將會復活（第二次的復活），然後是白色大寶座的最後審判。名字在生命冊上的人，將得以進入新天新地，其餘的結局將是永遠的刑罰。接著便是新天新地：上帝永恆國度的開始。

B. 評論

賴德的「歷史前千派」觀點，有其正面的特色：（1）他肯定上帝至終有一個子民（包括猶太人和外邦人），而非兩個子民；（2）上帝的國度是現在，也是未來的；(3) 當今的教會，已在享受上帝所賜的末世祝福；(4) 基督的再來是一次，不是分兩次。這些都符合新約聖經的一般教導。留意：「歷史前千」的觀點跟「時代論前千」的觀點，存在很多分歧(請參閱下文段落 2「時代論前千禧年派」的介紹)。

然而，「歷史前千派」觀點所構思的、主再來後在地上將設立的千年國度，新約聖經卻不太支持，理據如下：(1)「歷史前千派」認為，在千禧年中，與基督一同作王的，不單是「死而復活」的聖徒，也包括主再來時仍在生的信徒。這顯然與啟示錄二十章 4 節的說法有所不同；(2) 哥林多前書十五章 23 至 24 節論及最後的事，並沒有包括建立一個「屬地的千年國度」；事實上，在保羅十三封書信中，從未提及這樣的一個國度；(3) 兩次復活的構思，也沒有聖經的支持，約翰福音五章 28 至 29 節提到復活的兩面 (對信與不信者)，卻沒有「兩次復活」(相隔一千年) 的意思；(4) 作為一個「夾心時期」，「歷史前千派」的千禧年，很容易變成「三不像」：不像新天新地、不像敗壞的世界、不像上帝國度的實現，也與新約整體「兩個時代」(two ages) 的結構不大協調；(5) 其他值得討論的問題包括：一千年是象徵抑字面的意思？此外，「前千」的信徒 (包括「歷史前千」及「時代論前千」的信徒)，大多認為這世界會一直走下坡，直到主再來，並且在末日，這受造世界將完全被消滅；他們對這受造世界 (cosmos)，是否過分負面悲觀？究竟這世界將被完全消滅、抑被更新改變？值得探討。[6]

6　參 Hoekema, *Bible and the Future*, 183 ～ 186。

2 時代論前千禧年派

「時代論」作為一個釋經和神學進路，是源於英國普利茅斯弟兄會（Plymouth Brethren）傳道人達比（John Darby, 1800～1882），其教導信徒的兩大釋經原理是：（1）先知的預言，須用「直解法」去了解其意義及應驗方式；（2）在上帝的計劃中，以色列和教會是兩個截然不同的子民羣體，前者蒙上帝應許，承受地上的「千禧年」，而後者則會被接到天上的耶路撒冷，與主相會，享受羔羊婚筵七年。其後美國牧師司可福，承接達比的釋經法，於一九〇九年出版了《司可福參考聖經》（*Scofield Reference Bible*），使「時代論前千禧年派」的神學思想廣泛流傳，因此一些北美的神學院（如：達拉斯神學院〔Dallas Theological Seminary〕、恩典神學院〔Grace Theological Seminary〕、慕迪聖經學院〔Moody Bible Institute〕等），和一些華人教牧同工，都採納了「時代論前千禧年派」的論點，作為他們的基本釋經原理。

司可福把聖經所載人類歷史分為七個時代（dispensations），每一個時代展示上帝對人的不同啟示和試驗。它們是：（1）清白時代（人墮落前）；（2）良心時代（墮落至挪亞）；（3）人的管治時代（挪亞至亞伯拉罕）；（4）應許時代（亞伯拉罕至摩西）；（5）律法時代（摩西至基督）；（6）恩典時代（教會時期）；（7）國度時代（千禧年）。而「千禧年」就是時代論構思中，最後一段的「黃金時代」。以下我們要介紹和評論的，就是「時代論前千禧年派」（以下簡稱DP）的千禧年觀。

A. 簡介

（i）「上帝國」與「天國」有別

DP學者認為，舊約中上帝對以色列民的應許，不論是藉亞伯拉罕、摩西、大衛、或是先知(如：耶三十一 31～34)，都是為以色列民族的，也會按字面的意思，實現在「上帝的國」中，與外邦人無關。他們又認為，耶穌在地上時，曾將上帝國信息帶給猶太人，卻遭他們拒絕，於是「上帝國」的實現，便須延遲至「千禧年」時代。這延遲就帶來了教會時代。這樣，新約教會(其中大部分是外邦人)在上帝計劃中，成了一個「括弧時期」(parenthesis)，一段舊約先知沒有預言過的時代；而按 DP 學者的構思，外邦信徒將會進入的，是「天國」，與猶太信徒的「上帝國」有別。[7]

(ii)基督再來可分兩次

據 DP 學者的構思，基督的再來會分為兩次。首次再來(“*parousia* 1”)，是基督降臨到半空中(不是到地上！)。屆時，活著的信徒將會祕密被提(隨時會發生的事)，他們都會被改變，在半空中與主相遇，並且與死而復活的聖徒(他們都與主一同來到)會合。這個羣體(＝教會)將與基督一起升到天上，同享羔羊婚筵七年，這七年亦即但以理先知所預言，第七十個七的實現(參但九 24～27)(注意：這是「災前被提」的觀點，DP 信徒中，也不乏「災中」和「災後」被提的看法，但屬於少數)。在這七年時期，DP 學者們構思，地上會出現下列情況：

- 但以理書九章 27 節所預言的七年大災難將會發生；

---

7 DP 一些代表著作包括：J. Dwight Pentecost, *Things to Come: A Study in Biblical Eschatology* (Grand Rapids: Zondervan, 1958)；John F. Walvoord, *The Millennial Kingdom: A Basic Text in Premillennial Theology* (Grand Rapids: Zondervan, 1959)；E. Schuyler English, *A Companion to the New Scofield Reference Bible* (New York: Oxford University Press, 1972)；Charles C. Ryrie, *Dispensationalism Today* (Chicago: Moody Press, 1965) 等。

- 敵基督將會出現，且開啟他的影響和統治，並要求人敬拜他為上帝；
- 地上居民將面臨極大的審判和痛苦；
- 「天國的福音」將在地上被傳開，內容包括大衛王國將被設立、基督的十架、人須悔改；
- 以色列的餘民（十四萬四千；見啟七 3～8）將會歸向基督；
- 這歸主的餘民將帶領許多外邦人歸主得救（啟七 9）；
- 地上的君王，會聯同獸和假先知，聚集成大軍隊，一起攻打上帝的聖民，作最後的「哈米吉多頓大戰」。

基督第二次再來（“*parousia* 2”），DP 構思是在七年大災難的末了。那時，基督從天而降，再臨大地，得勝敵軍，擒拿獸和假先知，結束哈米吉多頓大戰，又引領大部分活著的猶太人悔改歸主，全家得救，並回歸巴勒斯坦（實現舊約預言）。然後，撒但將被捆綁，被扔在無底坑裏一千年。到那時，信徒將復活：包括那些在七年大災難中死亡的，和舊約時代的信徒（DP 稱此為「頭一次的復活」；見啟二十 4），這些復活聖徒不會進入即將開始的「千禧年」，而是會被提到天上，與首批被提的聖徒會合。然後，基督會向外邦人施行審判（太二十五 31～46），當中的山羊將進入火湖，而綿羊將進入千禧年國度。跟著，猶太人將受審判（結二十 33～38）：歸主的猶太人將可進入千禧年，而不信的反叛者將被處死，不得進入千禧年。當七年時期結束，基督將坐在耶路撒冷聖城的寶座，開始祂那「千年國度」的統治（millennial reign）。

（iii）「千禧年」國度

雖然「作王一千年」這短句只出現了兩次（啟二十 4、6），「千禧年」這主題卻成了時代論學者探討「末世論」最重要的課題，且有不少的論述著作。福音派神學教授何克滿精簡地分析了 DP「千禧年」的主要特色：[8]

1. 以猶太人為主的國度：雖有少數外邦人，猶太人在數目、地位上，都比外邦人高，因為「千禧年」是上帝實現舊約時期向以色列民族所立的應許。DP 構思，進入「千年國度」的猶太人，都是仍活在地上、未死亡的人，當然也是未復活的人。[9]
2. 一個和平、安居、豐富的國度：DP 認為，「千年國度」的居民，都是一般人。他們結婚生子、安居樂業、工作休息，並最終會死亡。這是一段和平、繁榮的黃金時期，人會敬拜（在耶城的聖殿），在其中的人，皆認識上帝，並且在聖殿中獻上動物為祭。
3. 在地與在天的聖徒：地上「千禧年」的聖徒，與天上「新耶路撒冷」的復活聖徒（啟二十一 1 ～二十二 5）是兩個分開、不同的羣體，但在「千禧年」期間，天上聖城的光會照到地上，而部分復活在天上的聖徒，也會下來參與基督的某些審判工作。
4. 「千禧年」的結局：「千禧年」的聖徒所生的孩子，人數眾多，有歸信的，也有不信反叛的。後者在「千禧年」後期，會參與撒但的敵擋大軍，一起攻擊「蒙愛之城」。這敵擋大軍至終被基督打敗、消滅，而撒但也被扔進硫磺火湖。在「千禧年」結束前，所有在「千禧年」期間死了的信徒，都會復活（＝第二次復活）。

8　Hoekema, *Bible and the Future*, 190 ～ 192.

9　Ryrie, *Dispensationalism Today*, 146.

5. 世界終局：「千禧年」結束後，上帝會創造「新天新地」，除掉一切罪與污穢，而天上的耶路撒冷將降臨地上，實現「神人同住」的完美境界。上帝子民（猶太人和外邦人）將合而為一。然而，在永恆榮耀國度中，猶太人與外邦人仍各有其獨特身分。

以上簡介的，是古典DP的概覽。在過去三十年，時代論學者中，有一部分DP學者展開了「演變中的時代論」（progressive dispensationalism）的運動，逐漸修改傳統時代論的一些立論，只是這運動仍未得到大部分DP學者的支持。[10]

B. 評論

（i）可接納的福音信仰立場

DP學者都接受聖經是上帝藉聖靈啟示，是權威的話語；他們都盼望基督將親自帶著身體，再臨大地；他們都堅持人在任何時代，惟有依靠基督方可得救；並且他們相信，將有一天，上帝的國度會在地上實現。這些根據聖經的基本福音信仰，都是值得我們接納和肯定的。

（ii）基督將會兩次再來？

DP構思基督的再來，可分兩個階段：首階段是祂帶同已死聖徒再來，並於半空中與災難前祕密被提的聖徒相會，然後祂與整

10 參 Craig A. Blaising and Darrell L. Bock, *Progressive Dispensationalism* (Grand Rapids: Baker, 1993)；Herbert W. Bateman IV, ed., *Three Central Issues in Contemporary Dispensationalism: A Comparison of Traditional and Progressive Views* (Grand Rapids: Kregel, 1999)。

體聖徒（＝教會）一起到天堂，慶祝羔羊婚筵七年；七年過後，乃第二階段，基督將與聖徒從天上降臨地上，這是祂第二次再來，與仇敵（撒但及其跟隨者）於「哈米吉多頓」爭戰，並且得勝，然後在耶路撒冷設立祂的寶座，展開千年國度的統治。

這個「兩次再來」的構思，與新約聖經的教導並不協調。首先，新約論到主再來，從沒有提到或暗示會分兩個階段；保羅論到基督的再來，用了三個名詞（詳參本書第九章段落三），分別是：「臨在」（*parousia*；帖前三 13，四 15）、「啟示」（*apocalypsis*；林前一 7；帖後一 7～8）、「顯現」（*epiphaneia*；提前六 14；西三 4），所敍述的都是單一事件（single event）。其次，「祕密被提」的構思，也與一些經文（徒一 11；帖前四 16～17；多二 13）論及主再來時——公開、可見、可聽——的情況不協調。還有，「災前被提」的構想，也與保羅預告「主再來時，信徒正經歷苦難」的論述（帖後二 1～8），和啟示錄六至十六章的苦難預言，都互有矛盾。

(iii)「以色列」和「教會」是兩個截然不同的羣體？

DP 學者認為，上帝對以色列和教會有著「截然不同、分開的計劃」，而當聖經提到「以色列」或「教會」時，所指的就僅僅是「以色列」或「教會」，永不會混淆兩者。他們更認為，上帝在舊約對以色列的應許，對象只限於猶太人。不過這些說法其實是錯誤的，請看以下例子：

- 加六 15～16：「上帝的以色列」，是指教會所有真信徒（即：照此理而行者），包括猶太人和外邦人。
- 徒十三 32～34、38～39：上帝向先祖所應許的，已藉基督的復活實現了，而藉此復活，原本賜予大衛的可靠祝福，亦賜給了新約教會的子民，而並非單單賜予「千禧年」中的猶太人！

- 彼前二 4～10：新約教會乃是舊約以色列的實現（參賽四十三 20；出十九 5），亦可以說是「新約的以色列選民」。
- 加三 28～29；弗二 11～22：猶太人和外邦人，在基督裏都合而為一，成了上帝家裏的人，成了「一個新人」（弗二 15）。
- 創十二 2～3：上帝呼召亞伯拉罕，是要藉著他的後裔，使地上的萬族得福；這應許藉基督那被殺的羔羊實現了，結果帶來普世聖徒（包括猶太人和外邦人），由二十四位長老做代表，一同敬拜父上帝與羔羊（啟五 7～14）。

（iv）舊約先知預言一個「地上的千禧年」?

《司可福參考聖經》將一些舊約經文，看為是未來地上「千禧年國度」的預言（如：賽二 1～4，十一 6～10，六十五 17～25；結四十～四十八章等）。其實這些經文本身，並沒有提到「千禧年」，相關看法也許只是 DP 的主觀理解，而非經文本身之原意。

舉以賽亞書六十五章 17 至 25 節為例。首先，先知在 17 節已明言，他看見的是一個「新天新地」，而不是一個「千禧年國度」！不少 DP 學者，卻認為 20 節所指的，是一個暫時在地上的「千年國度」，而非那永恆的「新天新地」，因為他們僅僅按字面意思直解（literal interpretation）。相比下，筆者較同意新約學者畢爾（G. K. Beale）的詮釋：他指出，從前文後理看，20 節所表達的，是一種喻意描述（figurative description），指向在新天新地中，沒有死亡的境況，而非如 DP 學者所言，是一個暫時的、有死亡的千年國度；至於「罪人」的存在，也不成問題，因為在新天新地中，人仍背負「蒙恩罪人」的身分（參提前一 15～16）！畢爾亦就此提出了七方面有力的理據，以支持這種「新天新地預言」的詮釋，反駁了 DP 學者的立論（這經文較詳細的討論，請參閱本書第十二章）。

(v) 舊約先知預言：「以色列將回歸故土！」是上帝向猶太人應許「千禧年」?

DP 學者這裏認為，舊約先知（尤其是被擄時期的），宣告以色列將「回歸、重建」故土，經歷一個猶太民族的「千禧年復興」（相關經文包括：賽十一 11～16；耶二十三 3、7～8；結三十四 12～13，三十六 24；亞八 7～8 等）。

從歷史的角度，這些預言的應驗，是在以色列人被擄後七十年，回歸故土，正如耶和華藉先知所應許：「耶和華如此說：為巴比倫所定的七十年滿了以後，我要眷顧你們，向你們成就我的恩言，使你們仍回此地。」（耶二十九 10）這是一個當時屬地應許的應驗，不必等到「千禧年」!

另一些預言，其應驗就較為複雜，上帝藉先知說：

> 到那日，我必重建大衛倒塌的帳幕，修補其中的缺口；我必建立那遭破壞的，重新修造，如古時一般……我要使以色列被擄的子民歸回；他們要重修荒廢的城鎮，居住在其中；栽植葡萄園，喝其中所出的酒，修造果園，吃其中的果子。我要將他們栽植於本地，他們必不再從我所賜給他們的地上被拔出。這是耶和華──你的上帝說的。（摩九 11、14～15；《和修版》）

這處的應驗：(1) 不單是指以色列人被擄後七十年回歸故土，

也包括：（2）新約時期外邦人歸主，成為上帝子民的一部分（參徒十五 14～18）；和（3）永久的「新天新地」（啟二十一 1～5）。何克滿指出，這些舊約的預言包含三個層面上的應驗：（1）字面上；（2）喻意上；（3）預表性。如此理解是合理的，不單具涵蓋性，也符合聖經作為「聖靈所啟示——上帝之言」的本質。[11]

其實，舊約預言在新約中的應驗，是不能、亦不應被規限在字面意思上，而是應該：（1）以基督為中心（林後一 20）；（2）「應驗」一詞（fulfill；太五 17），也應有「成全」的意思：「成全」不單是「確立」（confirm），也有「超越」（transcend）之意。這「超越」就涵蓋了何克滿所指的「喻意」和「預表」兩個層面。比方說：舊約中有關「以色列民」的預言，在新約就應驗在「教會／新約子民」（包括猶太人和外邦人），而有關「以色列地／迦南」的預言，在新約的終極應驗，則包括那未來的「新天新地」。

（vi）「天國」將延後至「千禧年」才實現？

DP 學者認為，在耶穌時代，由於猶太人的不信，祂在地上宣講的「天國」，將延後至「千禧年」方得實現。這說法合理嗎？從新約聖經看，這是不合理的，原因有二：

1. 雖然在耶穌時代，許多猶太人不信、甚至抗拒天國的福音，但並非所有猶太人都不信。當時耶穌有一班忠心的猶太門徒和婦女，一直跟隨著祂，其中七十人更曾被差出去傳道趕鬼（路十 1～24），並且效果顯著。在祂升天後，有百多人聚集，一起等候聖靈（徒一 14～15），而在祂復活後，也曾向

11 參 Hoekema, *Bible and the Future*, 208～212。

五百多人顯現(林前十五 6)。耶穌在地上也明明地宣告，祂是靠著聖靈趕鬼，以顯明上帝國的臨在(太十二 28)；祂且向門徒宣告，祂會將天國的權柄賜予他們(太十六 19)。這些在在顯示，耶穌在地上向猶太人所傳的天國福音，帶來天國初步的臨在(第一階段)和果效，並為新約教會(第二階段)和新天新地(第三階段)打下美好的根基，而並非如 DP 所言，是一個失敗(猶太人全然不信)的時期。

2. 基督當時傳予猶太人的天國福音中，並沒有承諾自己會登上一個屬地的寶座，作猶太人的王。正好相反，耶穌拒絕他們所求(約六 14～15)，不肯作王，使他們非常不滿。可見，一個「千禧年」式屬地的王權，並非基督來世之目的。祂的受死復活，首先是使人得赦罪、獲取新生命，而待教會被建立後，祂會再來，復活聖徒，更新天地，至終作宇宙(新天新地)的君王(弗一 9～10；啟二十二 1～5)。

結論：耶穌所傳講的「天國」(與「上帝的國」是同義詞)，並沒有、也不必延後。這國度，從耶穌在地上，到新約教會時代(耶穌在天上)，直到新天新地，都是一個進程。對新約信徒來說，這是天國的過去、現在，和未來，並非有所謂「提前」或「延後」，因為這進程的每一步，都是上帝在掌權，指向至終的實現。

(vii)教會是一個「括弧時期」?

DP 認為，教會在上帝的計劃中，是臨時插進來的一段歷史。這說法有沒有聖經的支持呢？

這問題與上文點(vi)「『天國』將延後至『千禧年』才實現？」有密切關係：教會若是天國進程的一個階段，就不是「臨時插進的括弧時期」，而是上帝救贖計劃的一部分，正如基督在復活後，回應門徒有關天國實現的問題，道出了教會時期（聖靈加力、福音廣傳的時段）乃天國進程中的必經之路（徒一 6～8）。

何克滿則認為，從聖經看，DP 的觀點是難以成立的。他並提出了三個反對理由：[12]

1. 舊約有預告將來會出現「教會」嗎？一些 DP 學者認為，舊約從沒有預測會有「教會」的出現，但從聖經看，這觀點是錯誤的。舊約清楚指出，外邦人將與猶太人分享救恩的福氣（創十二 3，二十二 18；詩二十二 27；賽四十九 6，六十 1～3），而耶和華上帝也呼召普世的人（包括外邦人）信靠、敬拜祂（賽四十五 21～23；瑪一 11）。這些都很清楚地啟示出，救恩是為萬國萬民的，而在新約時代上帝的子民也不限於猶太人。
2. 聖經啟示，上帝的子民在舊約和新約中，是有連續性的：舊約用 *qahal*（assembly）描述子民的羣體（出十二 6；申五 22；珥二 16 等），在《七十士譯本》中譯作 *ekklesia*，而在新約中大部分有關「教會」的經文，皆用這詞（如：太十六 16；徒二 47；林前一 2；弗五 23～32 等），可見兩者關係密切。不錯，新約教會始於五旬節，但教會作為「上帝立約的選民」，由舊約時代已經開始。[13]

   聖經中另一個重要課題是：教會是聖靈的殿。作為聖靈所更新、內住的羣體，新約教會從五旬節到新天新地，都充分彰顯出神人同住，和聖靈的榮耀，並不分猶太人和外邦人

12　參 Hoekema, *Bible and the Future*, 214～217。

13　參陳若愚：《教會、使命與聖禮：基督教要義導覽》（香港：基道，2018），頁 69～116。

（弗二 11～22；加三 27～29，四 6，五 16～23；羅八 11 等）。不過，這「聖靈的殿」的主題和現實，其實在舊約時代已開始，並一直有發展，其中重要的里程碑包括：伊甸園和創造使命、先祖築壇、以色列人建會幕、所羅門建聖殿等。這是教會作為神人相會的殿，在舊約時代中的進程，並與新約教會一脈相承的現實，[14] 而這連續性亦證明了，新約教會並不是一個「臨時插進的括弧時期」。

3. 承接舊約聖經，新約啟示了教會在上帝救贖計劃中，佔有極重要的地位：耶穌在馬太福音十六章 18 至 19 節對彼得的宣告，和保羅在以弗所書二章 22 至 23 節及五章 25 至 27 節對信眾的教導，都傳遞了一個信息：教會在上帝的救贖計劃中，佔有極重要、中心的地位。教會展現了天國的能力，乃聖靈居住的殿、基督所愛聖潔的新婦，有著極尊貴的身分和地位，並不是如 DP 學者所言，是上帝因猶太人拒絕天國福音，而「臨時插進」的，是一個次要、權宜的措施。

(viii) 基督再來後，人仍有機會信主得救嗎？

DP 學者認為，耶穌再來後，有許多人仍會信主得救，特別在七年大災難中，和千禧年時期。這是一個毫無聖經根據的盼望，因為聖經清楚教導，當基督再來時，教會（包括猶太人和外邦人）人數就會添滿，不會再增加的了。正如保羅所言：「但基督已經從死裏復活，成為睡了之人初熟的果子。……但各人是按著自己的次序復活：初熟的果子是基督，以後在他來的時候，是那些屬基督的。」（林前十五 20、23）

14 參陳若愚：《教會、使命與聖禮：基督教要義導覽》，頁 17～67。

這裏指出，當基督再來時，所有屬基督的（＝全部信主得救者），都會復活。同樣，保羅在帖撒羅尼迦前書三章13節又說：「好使你們當我們主耶穌同他眾（所有）聖徒來的時候，在我們父上帝面前心裏堅固，成為聖潔，無可責備！」既然是「所有聖徒」，就是表示，在主再來後，再也沒有人會歸主，成為新的聖徒。其他支持「主再來後、人不再有機會悔改信主」觀點的經文也不少（如：太二十五1～12；帖後一6～10；彼後三8～9等）。

小結：從上述「評論」可見，DP學者所持守的千禧年（和末世論）的一些觀念，在聖經啟示的亮光下，就很值得商榷，顯然是有偏差的。[15]

3 樂觀的後千禧年派

上述兩個「前千禧年」學派，對主再來前的世界和人類社會，皆採取較悲觀的看法：就是世界會一直走下坡，直到基督再來，建立地上千年國度，戰勝邪惡，拯救子民，創造新天地。「後千禧年」學派則不同，它構思：在基督再來前，世界將出現一個黃金時期（千禧年），期間基督教的影響（對個人、社會、世界）將無遠弗屆，大大彰顯福音的能力，然後基督才會再臨。

作為「清教徒的盼望」（Puritan hope），[16] 後千禧年的觀點在十八至十九世紀英美清教徒中，特別在新大陸改革宗教會的圈子，甚受歡迎。這與當時社會興旺現象，和信徒普遍對前景樂

15 參 Hoekema, *Bible and the Future*, 164～171, 186～222；中譯見霍安東：《千禧年論簡介：兼評「千禧年前再臨—時代主義論」》，趙中輝譯（台北：改革宗出版社，2016），頁26～78。

16 參 Iain Murray, *The Puritan Hope: Revival and the Interpretation of Prophecy* (Edinburgh: Banner of Truth, 1971)。

觀，有很大的關係。採這觀點的二十世紀學者，包括：華菲特（B. B. Warfield）、布爾納（Lorraine Boettner）、傑克（Marcellus Kik）、謝潑德（Norman Shepherd）等。[17]

A. 簡介

「後千禧年派」的「千禧年—末世」觀，具以下特色：

1. 過去二千年，福音廣傳於普世，藉聖靈的大能，使世人歸向基督，拓展了天國，上帝的名得榮耀。
2. 將有一天，這世界會被「基督化」，進入一段「千禧年」時期，在這黃金時代裏，大部分人（包括猶太人和外邦人）將藉福音歸信基督教，而大量猶太人將會歸主（羅十一 25～26），但不會重建猶太人的政治王國。在這千禧年中，基督教的信仰與生活方式，將廣泛受到個人和國家的尊重，並得到實踐，而罪惡將被減至最低。這也是人類在社會、經濟、政治、文化等方面顯著進步的時期，而這一切成就和財富，皆是人人都可分享的。
3. 千禧年後，基督將會再來，繼而是人類（包括信與不信）復活，經歷最後審判，終極的天堂（新天新地）和地獄（硫磺火湖）也隨即開始。
4. 「後千」看帖撒羅尼迦後書二章 1 至 12 節的「大背道」，和啟

第 10 章

17　參 B. B. Warfield, *Biblical Doctrines* (Edinburgh: Banner of Truth, 1988), 643～664；Loraine Boettner, *The Millennium* (Philadelphia: Presbyterian and Reformed, 1957)；J. Marcellus Kik, *An Eschatology of Victory* (Phillipsburg: P&R, 1971)；Norman Shepherd, "The Resurrection of Revelation 20," *Westminster Theological Journal* 37 (1974): 34～43。

示錄六至十六章的大災難，都全部是已過去的事件。而啟示錄二十章 7 至 10 節所預言的最後爭戰，也只是短暫和輕微的邪惡彰顯。

5. 對啟示錄二十章 1 至 6 節的詮釋：(1) 1～3 節：「後千」與「無千禧年派」學者一樣，看這是在基督首次降臨、至第二次降臨之間一段很長的時間，撒但被捆綁，不能迷惑列國；(2) 4～6 節：傑克和謝潑德認為，「首次復活」乃指信徒藉聖靈重生，在地上與基督一同復活掌權。而華菲特、布爾納則與「無千」學者一樣，看這是已死信徒的靈魂，在天上與基督一同掌權。
6. 「後千」觀點的聖經支持：

- 太二十八 18～20：這大使命不單是「差遣」門徒將福音傳至萬民，也是「應許」這使命的有效完成，使天國的能力在世界中彰顯。
- 太十六 18：教會藉福音實現舊約預言，得勝邪惡的勢力；在千禧年中，彌賽亞君王將統治萬民。
- 太十三 33：以麵酵比喻天國的普世進展，影響更新整個大地和全人類。

B. 評論

1. 作為福音信仰的基督徒，「後千」學者對福音大能的信心，特別是因此帶來的社會和政治效能，是值得欣賞的。然而，他們也有可能是過分樂觀，低估了在這充滿張力的「末世」中，罪惡和撒但仍有相當大的影響力。當代社會面臨的種種危機、信與不信的共存對立（太十三 16～43）、主再來時要面對的大戰（啟十六13～21，二十7～9）等，這一切都提醒我們：黑暗邪惡的勢力不可輕視！

2. 這些學者對一些舊約預言（如賽二4，十一6～9，六十五17～25；亞九9～10等）的解釋，都指向主再來前的「千禧年」。其實，更好的解釋，應看它們是指向一個主再來後的「新天新地」，是君王基督將會統治的榮耀國度（參本書第十二章中有關「新創造」的預言和實現）。
3. 「後千」對啟示錄二十章1至6節的詮釋，大致上是合理的，但是當中部分學者視4至6節為信徒在地上與主「同復活、同掌權」的敘述，就明顯與經文的意思相違背。
4. 「後千」看大災難和大背道的預言（如：帖後二章；啟六～十六章等），都是指向過去的事情。這樣的解釋是比較牽強和值得商榷的。這也許是由於「後千」學者對主再來前的世界抱著「過度樂觀」的心態吧。

4 無千禧年派：千禧年在實現中

與「後千禧年派」一樣，「無千禧年派」認為，啟示錄二十章1至6節的「一千年」，是在主再來前的一段時期。有人以為它的末世論是沒有千禧年的，其實不然。它的千禧年是「在實現中」的，因此有人稱它為「實現中的千禧年派」（realized millennialism）。它與「後千」有別的是，對世界的未來看得較為貼近現實，不會過分樂觀。

「無千禧年派」的觀點，始於教父奧古斯丁，由宗教改革家（路德、加爾文等）繼承，並反映在路德宗、加爾文派和聖公會的信經表述中；十八至十九世紀曾一度衰落，直至二十世紀，重新得到部分福音派學者的提倡，例如：韓德遜（William Hendriksen）、霍志恆（Geerhardus Vos）、何克滿、畢爾等。

A. 簡介

「無千」學者認為，在啟示錄二十章4至6節所述的千禧年期間，已死去的聖徒的靈魂，將與基督在天上一同掌權作王。這一千年象徵一段很長的時期（從基督升天至再來），是在天上進行的「一千年」。

同時，1至3節描述的是地上的情況，即撒但被捆綁一千年。「無千」派認為這裏所指的，就是基督首次降臨，完成救贖工作，藉聖靈大能、十架捨身、復活得勝，使撒但被捆綁（太十二29），不得再迷惑列國，直到主再來那日。在這撒但被捆綁的時代，福音會傳遍世界，外邦人的數目添滿，而同樣地，猶太人也會藉基督「全家得救」（羅十一25～26）。然後，主必再來，暫時釋放撒但，屆時他將會帶領多國軍隊，與基督對抗，但至終會在最後戰役中，被基督制服，並被扔在火湖中（啟二十10）。

因此，對「無千」學者而言，上帝的國度，今天正在初步實現中（inaugurated realization）。自從基督升天、賜下聖靈後，末世（＝天國）已開始臨在（徒二17～21）。今天基督在天上坐著為王，同時在地上藉聖靈聖道，施行祂的大能，並展望將來天國的完全實現。

他們主張只有一次復活，就是信徒在主再來時，身體復活得榮，而未信者則會復活後被定罪。主再來時，死後復活的信徒，將與仍在生被改變的信徒，一同被提到雲裏，在空中與主相遇。然後，主與眾聖徒將一同降臨大地，主將施行大審判。名字記在生命冊上的信徒，將進入新天新地，而不信者將進入永遠的刑罰。

B. 評論

1. 「無千」學者看啟示錄二十章 1 至 6 節中的一千年，並非如「前千」派所言，是基督再來後在地上設立一個按字面意思理解的「千年國度」，而是象徵性的（symbolic），是指一段很長的時間，在基督再來前的掌權時期。這一方面是配合啟示錄作為天啟文學的象徵文體，另一方面也更忠於經文的原意，即：（1）4 至 6 節乃描述已死信徒的靈魂，與基督在天上的掌權；（2）1 至 3 節預言撒但在地上受捆綁，其活動範疇和影響力大受限制。
2. 「無千」學者認為這段經文的異象，並非單指未來，也涵蓋現今在進行中的事。無論是天上的掌權，或是撒但在地上受捆綁，都是在基督首次和第二次降臨之間所發生的事情。這配合了救恩歷史、天國末世的「已然—未然」的歷史處境，也有啟示錄全書的整體結構為背景。
3. 「無千」學者（特別是韓德遜、何克滿）看啟示錄二十章，為全卷書第七幕異象的開始，因此在歷史時間上，並非在十九章之後，而是回到基督首次降臨後，所成就的天國救贖事工。這配合了上文所述，啟示錄全書「漸進平行」的結構。
4. 「無千」學者看基督的再來，是單一的事件；信徒「被提」也是公開、而非祕密的；最後的大審判也只是一次，而不是多次的；「新天新地」（新耶路撒冷）是信徒的終極盼望，而非一個屬地、暫時的千年國度；猶太人與外邦人在基督裏是「一個子民」，而非兩個子民。這些信念，皆是整體新約聖經所肯定的。
5. 「無千」學者對歷史和未來，採取「現實中樂觀」（realistic

optimism）的態度，如此的世界觀和人生觀，也較接近整體新約的啟示。下文中筆者對啟示錄二十章「千禧年」的詮釋，大致上也與一般「無千」派的觀點相當一致。

三 啟示錄二十章 1 至 6 節的詮釋

1 背景：啟十一～十四章與二十章的平行

啟示錄十九章 11 至 21 節，是全書第六幕異象（十七～十九章）的高潮，將我們帶到歷史的終局：基督君王將會再來，得勝獸及其軍隊，並且施行最後的審判。而啟示錄二十章則是全書第七幕（二十～二十二章）的開始，將我們帶回到讀者所處的新約時代，就是基督「首次降臨後、再來前」的時期。

為幫助讀者明白啟示錄二十章的異象，新約學者韓德遜將十一至十四章跟二十章的異象作一平行比較，兩組經文皆涵蓋四個歷史的階段：

1. 基督首次降臨、撒但被摔下、受捆綁（十二 5～12 // 二十 1～3）；
2. 一段很長的時期（一千年），教會有能力作見證，而撒但的影響卻大受限制（十一 2～6，十二 14～17 // 二十 2、4～6）；
3. 撒但短暫得釋放、聖徒受大逼迫，有大爭戰（十一 7～10，十三 7 // 二十 7～10）；
4. 基督再來、施行大審判（十一 17～18，十四 14～20 // 二十 11～13）。

這歷史次序的「平行比較」，對讀者是有幫助的。一方面，它展示了啟示錄中七幕異象，都是平行的，因每一幕皆涵蓋「基督首次降臨後、再來前」的時期；另一方面，它也展示了這些平行是有進度的：十二章介紹了教會（基督新婦）的四個敵人，包括：(1)大紅龍——象徵撒但（十二 3～4）；(2)從海中上來的「獸一」——世上的王權（十三 1～8）；(3)從地中上來的「獸二」——假宗教與世俗的哲學（十三 11～18）；(4)淫婦——巴比倫（十四 18）。這其中的三個敵人，在十二至十九章所載的異象中，都被擊敗了，而到二十章才記載的撒但，即基督與聖徒最大的敵人，也終被消滅（二十 10）。這揭示了啟示錄一個重要的主題：基督和祂的教會必然得勝，最終不單是建立了上帝的國，也將完全消滅一切敵擋基督和聖民的惡勢力。[18]

2 千禧年在地上：撒但被捆綁（1～3 節）

> 我又看見一位天使從天降下，手裏拿著無底坑的鑰匙和一條大鏈子。他捉住那龍，就是古蛇，又叫魔鬼，也叫撒但，把牠捆綁一千年，扔在無底坑裏，將無底坑關閉，用印封上，使牠不得再迷惑列國。等到那一千年完了，以後必須暫時釋放牠。（二十 1～3）

A. 天使的「鑰匙」有何功用？

這是撒但在地上被捆綁一千年的異象，而捆綁者是從天降下的一位天使。他手裏拿著鑰匙，就是復活的基督手中「死亡和陰間

18　參 Hendriksen, *More Than Conquerors*, 184～185。

的鑰匙」(一 18)，其功能是藉基督的復活賜人生命；這也是「大衛的鑰匙」，用以保護忠心的教會，使之免受撒但的迷惑，有權柄能力完成使命(三 7～8)。

B.「扔在無底坑」是何意？

「無底坑」並非有形的地理處境，而是喻意黑暗勢力掌權之處，是「天堂」的相反。天使可將「無底坑」開了(九 1～2)，容許撒但更多活動空間；也可將它關了，用印封上(3 節)，意思並非停止他的一切活動，乃是使其活動空間縮小了，被限制在基督所容許的範圍內。從此撒但不能再迷惑列國，而因著他被趕出去，萬民將被吸引歸主(約十二 31)。

C.「撒但被捆綁」是何意？

這是喻意基督在地上，帶著天國的權柄與能力事奉，祂如此說：

> 我若靠著上帝的靈趕鬼，這就是上帝的國臨到你們了。人怎能進壯士家裏搶奪他的家具呢？除非先捆住那壯士，才可以搶奪他的家財。(太十二 28～29)

這裏的「捆住」，與啟示錄二十章 2 節的「捆綁」，原文乃同一動詞：*deo*，是指基督藉聖靈的能力，捆綁撒但，使他的影響與能力大受限制。首先，基督在曠野四十天，得勝撒但的多個試探；然後，在祂三年的天國事奉中，不斷得勝，彰顯了上帝國的大能，而這得勝的能力，更延伸至被差遣的門徒身上，正如路加記載說：「那七十個人歡歡喜喜地回來，說：『主啊，因你的名，就

是鬼也服了我們！』耶穌對他們說：『我曾看見撒但從天上墜落，像閃電一樣。』」（路十 17～18）

最後，基督藉祂的受死與復活，向撒但、罪和死亡誇勝（來二 15；林前十五 53～57；啟一 18），這是基督捆綁撒但的決定性戰役！而這得勝，也是舊約先知所預言的（詩二 7～8，七十二 8～11、17）。[19]

D. 這異象的預言，是否已在歷史中實現？

某程度上，這預言已在歷史中實現，因為在過去二千年，基督的教會已征服了世上的萬國，而沒有被世界所征服。這正是由於基督捆綁了撒但，藉著復活、升天掌權，賜下聖靈。我們看見第一世紀的初期教會，將福音傳到歐洲南部，很快也傳遍整個歐洲，且建立了教會。而一步一步地，福音更傳遍了其他各大洲（非洲、亞洲、南北美洲、大洋洲），基督教信仰遍及全球，而基督教會也成為了國際性的族羣。今天，世界上三分一人口宣稱信仰耶穌基督，聖經被翻譯為超過一千五百種語言，福音大大影響了全人類的生活，包括：政治、經濟、社會、科技、法律、文化、藝術等範疇。如此看來，詩篇七十二篇中，詩人的禱告（也是預言），可以算是實現了！

這並不是說，現今世界已變成了天堂。「後千」派那過度樂觀、屬地的「千禧年」，至今仍未出現；今天在世上，三分一人自稱信耶穌，但不都是真心悔改歸主的，而至少三分二（超過五十億）的人口，更是肯定仍然未信福音；這世界仍是充滿暴力、

---

19 參 G. K. Beale and D. H. Campbell, *Revelation: A Shorter Commentary* (Grand Rapids: Eerdmans, 2015), 427～432, 434～435。

邪惡、不信、假宗教。不錯，撒但是被捆綁了，卻沒有被消滅，他的影響力仍在，特別是在那些他所掌控的人、社羣、政權當中。但無可置疑，撒但的能力和影響力已大受限制，使他不能再迷惑列國，他也不能勝過或消滅那屬於基督的普世教會（太十六18～19）。[20]

E. 撒但短暫得釋？（3 節）

千禧年（即：教會時代）結束後，撒但將從捆綁中得到短暫的釋放。隨後的 7 節亦重複了這預言，且預告他將會再度出來迷惑列國，並招聚他們，與基督和眾聖徒爭戰。這「釋放」是短暫的，也顯然是上帝所容許的。

3 千禧年在天上：基督與聖徒同作王（4～6 節）

> 我又看見幾個寶座，也有坐在上面的，並有審判的權柄賜給他們。我又看見那些因為給耶穌作見證並為上帝之道被斬者的靈魂，和那沒有拜過獸與獸像，也沒有在額上和手上受過牠印記之人的靈魂；他們都復活了，與基督一同作王一千年。這是頭一次的復活。其餘的死人還沒有復活，直等那一千年完了。在頭一次復活有分的有福了，聖潔了！第二次的死在他們身上沒有權柄。他們必做上帝和基

20 Hendriksen, *More Than Conquerors*, 188 ～ 190；John Ortberg, *Who Is This Man?: The Unpredictable Impact of the Inescapable Jesus* (Grand Rapids: Zondervan, 2012)；John Ortberg, "A Leader of Unimaginable Influence," [a sermon on-line]; available from YouTube channel of Palm Coast Community Church, 5th December 2017 (https://www.youtube.com/watch?v=zxKcsdIz2wA).

督的祭司，並要與基督一同作王一千年。(二十 4～6)

A.「一千年」：直解 (literal) 抑或喻意 (figurative)？

作者約翰採用「喻意」的可能性極高，原因如下：

- 整卷書有很強的「喻意」意識 (一 1)；
- 啟示錄充滿了喻意的數字，包括「一千」(五 1，七 4，九 10，十四 1，二十一 6 等)；
- 上下文 (1～6 節) 中多次使用比喻或象徵，如：鏈子、無底坑、龍、古蛇、捆綁、印封、獸等；
- 舊約中的「一千」，是指一段很長的時期 (申七 9；詩八十四 10，九十 4；代上十六 15～17 等；參彼後三 8)。

B. 背景

在公元一世紀，羅馬政權對基督徒的逼迫，次數頻密且手法殘酷厲害，為主殉道的人甚多，其中包括使徒彼得、保羅、雅各等。他們拒絕敬拜凱撒 (即：稱他為主)，又不肯在異教祭司的祭壇燒香 (以取代敬拜凱撒)，堅持只信靠耶穌。因此他們受迫害：被拘捕、監禁，甚至被火燒、被置於競技場中與野獸搏鬥，為主捨命。主基督藉啟示錄的異象鼓勵聖徒，使他們在苦難中不致失去信心，特別是賜予了他們「殉道者的異象」。約翰在異象中看見羔羊揭開七印，呈現歷史中的苦難。到了第五印，他如此描述異象：「揭開第五印的時候，我看見在祭壇底下，有為上帝的道、並為作見證被殺之人的靈魂，大聲喊著說：『聖潔真實的主啊，你不審判住在地上的人，給我們伸流血的冤，要等到幾時呢？』於是有白衣賜給他們各人，又有話對他們說，還要安息片時，等著

一同做僕人的和他們的弟兄也像他們被殺，滿足了數目。」（啟六 9～11）

這些已死為主殉道者的靈魂，大聲向上帝呼求，快快的為他們伸流血的冤。上帝的回應是：賜他們「白衣」（代表他們稱義的身分）穿上，並請他們暫時安息，直到其他聖徒的數目添滿了。可見這些人的靈魂，是在身體死亡後、復活前的「居間之境」。而啟示錄二十章 4 至 6 節的異象，是上帝對這些殉道者呼求而作的清晰回應。

C. 何人會掌王權？

二十章 4 節所描述的，也是包括已死的殉道者和仍然活著的靈魂。在此，他們是與基督一同作王，等待身體復活之日。他們也是處於「居間之境」的殉道者，但這段涵蓋的範圍比六章 9 至 11 節中描述的更廣泛，包括了所有在今生受逼迫的聖徒。無論如何，這「得勝與主一同作王」的異象，對初期教會在苦難中的信徒，是極大的鼓勵，因為他們這短暫的痛苦，將會帶來「千年」與基督一同作王的榮耀，而這掌權的榮耀，在主再來、聖徒身體復活後，將會延續，且被提升，因為他們將與主一同在新天新地中掌權，直到永遠（羅八 17～18）。[21]

D. 他們在何處掌權？

1. 是在上帝和基督寶座之處（啟一 4，三 21，四 2～6，五 11～14）；

---

21 參 Hoekema, *Bible and the Future*, 234～235。

2. 是在「天上」(in heaven)，而不是如「前千」學者所言，是在「地上」(on earth)(參來七 25，九 24)；
3. 是在已死的殉道者靈魂所在之處。他們的身體已死，靈魂活著，與主同在(＝頭一次復活)。待主再來後，他們的身體復活，靈魂才與身體復合，然後全人將會在榮耀、永恆的新天新地中繼續掌權(啟二十二 3 ～ 5)。

E. 他們將會如何掌權？有何特徵？

1. 他們將與基督一同掌權，與祂同坐(啟三 21)，有祂的名字在額上(十四 1)，並分享祂公義的判斷(十五 3)；
2. 他們將與基督同住，並敬拜頌讚祂(七 9 ～ 12)；
3. 他們將分享基督的榮耀，並慶賀羔羊的得勝(五 11 ～ 14)。

F.「頭一次的復活」(5 ～ 6 節)是甚麼意思？

這是指在主裏已死的聖徒，在「一千年」(＝居間之境)中，將經歷「頭一次的復活」(4 下～ 5 節上)。這「復活」不是指身體復活，乃是指靈魂的復活(4 節上)，是死了的信徒，在基督裏(藉著聖靈)繼續存活，與主同在，有知覺、有生命(參財主比喻中的拉撒路、耶穌對悔改強盜的應許)。這「頭一次的復活」暗示將有「第二次的復活」，就是主再來時，聖徒的身體復活更新。[22]

那些在首次復活有分的信徒，是有福的和聖潔的，因為「第二次的死在他們身上沒有權柄」(6 節上)，即：他們不必承擔永

22 參 Hoekema, *Bible and the Future*, 236 ～ 238；有關「頭一次的復活」的詳細釋經及聖經神學探討，可參閱 Meredith G. Kline, "The First Resurrection," in *Essential Writings of Meredith G. Kline* (Peabody: Hendrickson, 2017), 239 ～ 247。

遠的刑罰。相反地，無分於首次復活的人，他們在「一千年」完畢後（5節），須受審判，並承擔永遠的刑罰，就是「第二次的死」（啟二十13～14），因為他們的名字沒有記在生命冊上（啟二十11～12、15）。

有分於首次復活的信徒，在「一千年」中，必作上帝和基督的祭司，並與基督一同作王（6節下）。祭司的職事是敬拜和事奉，而君王則有統治的權柄，這些都是尊貴的職分，是上帝自創造起（創一28）、並藉以色列選民（出十九5～6）和新約教會（彼前二9），所賜予祂子民的。在這「靈魂復活的一千年」期間，聖徒將與基督一同作祭司君王，有榮耀的身分與工作！當然，將來在新天新地中，這些職分將會繼續（太十九28；啟二十二3～5），並且會被提升，因為屆時聖徒身體也將復活，天地將被更新，而上帝榮耀的國度（天國）也將完全彰顯，永無窮盡！

四 最後戰役與大審判（啟二十7～20）

1 最後的戰役（7～10節）

「千禧年」結束後，撒但將會從監牢裏（＝捆綁中）被釋放（7節），正如3節所預言的，這就帶來撒但引發出那「最後的戰役」，和末日的審判。

A. 歌革和瑪各（8節）

這是指撒但將迷惑、鼓動地上不信的列國，將其聯合聚集，與基督和祂的聖徒爭戰。為了展示這爭戰裏，撒但及其軍隊對上帝子民的逼迫與殘害，啟示錄引用了「歌革和瑪各」的典型歷史例子（參結三十八～三十九章）。

「瑪各」可能是現今的敍利亞，而「歌革」乃其君主，他就是在公元前二世紀，統治敍利亞的安提阿哥四世。這殘酷的君王，曾帶領他那人數眾多的軍隊，於公元前一六八年攻打猶大，攻陷了聖城、毀壞了聖殿，並屠殺了四萬猶太人；他又奪取了聖殿一切聖物，獻豬在聖壇，並在其上立希臘神宙斯的神像，褻瀆猶太人的上帝和宗教信仰，為以色列人帶來了極大的迫害、苦難和羞辱。「歌革和瑪各」一役，就是「最後戰役」的一個寫照：整個世界（四方的列國）與上帝子民對抗；軍隊人數多如海沙；子民會承受逼迫與殘害；還有，這戰役為期極短暫。這些相似的要點，解釋了啟示錄作者，為何引用「歌革和瑪各」去敍述將來那「最後的戰役」。

B. 爭戰與拯救（9 節）

撒但的大軍上來遍佈全地，並圍住聖徒的營，即：蒙上帝所愛的城，就是聖城耶路撒冷，即：普世教會（詩八十七 2～3；賽六十六 10；番三 14～17）。上帝愛她、保護她、為她爭戰。列國的軍隊上來要攻擊教會——上帝子民，但在他們消滅子民以先，上帝已從天上降下火來，燒滅了撒但的大軍（參王下一 10～14；啟十一 5）。這「火」（不一定是有形的火）明顯是上帝對敵人的審判，和對子民的拯救。這是一個突然的審判、消滅，和至終的得勝。

C. 終極的刑罰（10 節）

撒但一直迷惑欺騙不信的世人和君王，以為自己人多勢眾，可戰勝教會，打敗上帝和基督。但這最後戰役證明他的話都是謊言，而相信他的人都是極為愚蠢的。最終魔鬼將被扔進硫磺的火湖裏，就是獸和假先知所在之處。「前千」學者往往推想，魔鬼被扔進火湖，是在獸和假先知被扔進火湖之後「一千年」（參啟十九19～20），這推想是沒有必要的，因為原文並沒有「曾被扔」的動詞，只是指出魔鬼被扔進的火湖，也是獸和假先知所在之處。較合理的解釋是：魔鬼、獸和假先知是同時（而非相隔一千年）被扔進火湖的。其實，十九章11至21節（第六幕）和二十章7至10節（第七幕）所描述的，都是平行/重述的同一事件，只是重點稍有分別而已；同樣，十六章12至16節，也是啟示錄第五幕的平行異象，那裏所提的「哈米吉多頓」，與本段的最後戰役，都是同一個戰役，而非兩個不同的戰役，因為啟示錄十六、十九和二十章的三個異象，都是有關上帝最終審判的平行異象。[23]

這些被扔進火湖的惡者——獸、假先知、魔鬼，將要承受的痛苦，是「晝夜」（不停）的、「永遠」（沒有終止）的，甚為可怕。其實，獸的跟隨者，和不信的「山羊」，他們將來的結局，與這三個惡者的結局，都是一樣的（太二十五41；啟十四10～11）。

2 最後審判、永遠刑罰（11～15節）

> 我又看見一個白色的大寶座與坐在上面的，從他面前天地都逃避，再無可見之處了。我又看見死了的人，無論大小，都站在寶座前，案卷展開了，並且另有一卷展開，就是生命冊。死了的人都憑著這些案卷所記載的，照他們所行的受審判。於是海交出其中的死人，死亡和陰間也交出其中的死人，他們都照各人所行的受審判。死亡和陰間也

23 參 Beale and Campbell, *Revelation*, 451～457。

被扔在火湖裏。這火湖就是第二次的死。若有人名字沒記在生命冊上，他就被扔在火湖裏。（二十 11～15）

A. 白色大寶座（11 節上、12 節上）

在異象中，有一個白色的大寶座，有上帝坐在上面（參四 2，五 7）。「白色」象徵上帝的聖潔，而祂的判斷也是聖潔公義的：祂不但會懲罰罪惡，也會為受逼迫的聖徒伸冤。寶座上，不單有父上帝（十九 4，二十一 5），也應有聖子（五 7；太二十五 31～46；徒十七 31）。啟示錄四至五章的寶座異象，是描述父上帝與基督現今（即：基督升天後再來前）的掌權，而二十章則是描述那歷史的終局，最後的審判。值得留意的是(啟四～五章，二十章)的「天上寶座、案卷展開」的異象，皆引自但以理書（但七 9～14），這展示了舊約的預言，在新約時代的應驗，可分為兩個階段，就是天國的「已然」和「未然」。

B. 舊天地將成過去（11 節下）

在歷史的終局，舊的天地都會過去，這不單指罪惡和黑暗的勢力，也包括整個大自然的世界。但這並非指舊的天地將被完全消滅，由另一個天地完全取代（即：上帝再來一次「從無生有的創造」(*creatio ex nihilo*)。不錯，一切敗壞、邪惡、黑暗的，都會被焚燒除掉（彼後三 10～13），但「新創造」根據新約的描述，是一個「被更新」(renewed；太十九 28)、「萬物復興」(restoration；徒三 21)、「脫離敗壞轄制」(liberation from corruption；羅八 21)的天地。這天地的更新，就如基督和聖徒的身體復活一樣，都是聖靈大能的工作（羅八 11；腓三 20～21），其中當然有其「非連續性」的消滅和改變，但也有其「連續性」的更新，即：在身分、運作原理等方面，新和舊的創造有一定的連貫性，兩者並非完全斷裂和脫節（可參閱本書第十二章，有關「天地更新」的探討）。

C. 最後的審判（12～13 節）

約翰看見所有死了的人，「無論大小」，都站在寶座前。這假設了那「最後的復活」（包括一切義人與不義的人）已經發生了。這身體復活，在「千禧年」（＝居間之境）時期，仍未發生（參啟二十 4～5），但在「千禧年」後、大審判前，就發生了（參但十二 2；約五 28～29；徒二十四 15 等）。而耶穌有關末日的預言尤為清晰，祂說：「你們不要把這事看做希奇。時候要到，凡在墳墓裏的，都要聽見他的聲音，就出來：行善的，復活得生；作惡的，復活定罪。」（約五 28～29）

「案卷展開了」，這些書卷記載了站在審判台前的人一生所行的，而上帝將會按各人所行的審判各人（12 節下；但七 10）。「另有一卷（生命冊）也展開了」，這一書卷是為了救贖的至終實現，因為「凡名錄在冊上的，必得拯救」（但十二 1）。「書卷」大概是一個象徵，喻指無所不知的上帝，祂的全知和那永不衰退的記憶。

「海」象徵邪惡、黑暗的勢力（啟十三 1，十五 2），意味著撒但在世界和不信者當中的掌權；而「死亡和陰間」也與這些惡勢力相連。這些黑暗的權勢，都一一被上帝命令，要交出一切的死人，好面對上帝的審判。而復活的聖徒將得脫罪的刑罰，因為他們的名字記在生命冊上；而不信的罪人，雖暫時脫離「死亡和陰間」的掌控，但在受審後將會因為自己的罪，仍要承受在火湖中永遠的刑罰。[24]

---

24 參 Beale and Campbell, *Revelation*, 458～462。

D. 第二次的死（14～15 節）

「第一次的死」，是指世人在地上所經歷身體的死亡，這死亡在主再來後、大審判前便會結束，因為那時「死亡和陰間」將被扔在火湖裏（14 節上），取而代之的是「火湖」，就是永恆的懲罰，也可稱為「第二次的死」（14 節下）。「火湖」是一個永遠（不會止息）、可被感覺到的懲罰，其中的「火」大概不會是「物質的火」（physical fire），因為：（1）撒但和他的差役，大多是靈體；（2）物質的火是會燒毀、也是會有結束的，但「火湖」中的火卻是「永恆不滅的」（十四 10～11，二十 10）。當然，不信的罪人，兼有身體和靈魂，因此他們將進入的「第二次的死」（＝火湖），可能會包括身體和心靈（＝全人），在永恆中承受痛苦（參閱本書第十四章有關「地獄」的探討）。

討論問題

1. 簡述啟示錄的寫作背景、體裁，和結構；這結構要傳達一個怎樣的信息？
2. 啟示錄全書的主要信息是甚麼？要正確了解這書，須留意甚麼是基本的釋經原理？
3. 請說出「歷史前千禧年派」的觀點，並評論之。
4. 請說出「時代論前千禧年派」的觀點，並評論之。
5. 請說出「後千禧年派」的觀點，並評論之。
6. 請說出「無千禧年派」（實現中的千禧年）的觀點，並評論之。
7. 你會傾向哪一個「千禧年派」的觀點？為甚麼？
8. 啟示錄十一至十四章和二十章分別所記載的異象，兩者之間有何相似的平行結構？這些平行展示了啟示錄全書，有甚麼結構和重要的信息？
9. 啟示錄二十章 1 至 3 節中地上一千年的異象：如何理解？對我們有何信息？
10. 啟示錄二十章 4 至 6 節中天上一千年的異象：如何詮釋？對當時和今日信徒，有何啟發？
11. 啟示錄二十章 7 至 10 節中最後戰役的異象，是指甚麼時候？有何結果？對我們有甚麼信息？
12. 啟示錄二十章 11 至 15 節終末的異象：在最後的審判中，將有甚麼事情發生？永生和永死，將會是怎樣的情況？這段經文對今日信徒有何信息？

11

末世的苦難、爭戰、得勝

啟示錄是使徒約翰，在聖靈的引導下，記載並詮釋上帝向他啟示的「末世異象」。這些異象一個重要的主題，就是「苦難」，分三幕敍述，而這三幕「苦難」異象，又與「爭戰」和「得勝」兩個主題連結，構成啟示錄六至十九章的內容。而這「苦難、爭戰、得勝」的信息，對使徒約翰時代（第一世紀）和今日（二十一世紀）的聖徒，同樣是適切的。兩個時代雖相隔二千年，但從「救恩歷史」的角度，都屬同一「救恩時代」，即：「基督復活後、再來前的末世」。這些異象帶來一個清楚的信息：歷代蒙恩的聖徒，雖然都會經歷苦難和爭戰，但至終將會在基督裏得勝。這信息使他們在百般試煉和苦難中，得著安慰、鼓勵，和堅忍的信心。

一 在天上敬拜的異象（啟四 1～五 14）

1 異象描述的是「永恆天堂」的情況嗎？

許多讀者以為，啟示錄四至五章所描述的，是基督與父上帝在主再來後，在天上掌王權、被聖徒和天使崇拜的情況。其實不然！這裏所描述的異象，是展示那復活得榮的基督，登基與父上帝一同在寶座上，今天坐著為王（參詩二1～12，一一〇1～4；徒二32～36；來四14～16）。其實，基督藉祂的復活升天，已經得勝（五5；參三21），並開始實現祂的王權，不必等到將來。而祂的子民，今天雖然仍在地上，卻也與基督一同復活，一同坐在天上（弗二5～6），與主在聖靈裏一同掌權。在這天上的異象中，四活物（代表創造中有生命的活物）和二十四位長老（代表普世聖徒），一同敬拜羔羊、同唱新歌（四9～11，五8～14）。

這異象的目的，是鼓勵在地上受苦的聖徒（如：二8～13），在他們的天路歷程中，能堅忍到底：不灰心、不喪膽，因為基督與父上帝是掌管歷史宇宙的君王；而信徒今天所遭遇的，是上帝主權計劃的一部分，至終要使他們完全得贖、得勝、得賞賜，並有上帝為他們伸冤，因為上帝使萬事互相效力，叫愛上帝的人得益處（羅八28）。這「天國已然」的臨在，不但是終極國度的先嘗，也是那永恆榮耀「未然國度」的保證。

這屬天敬拜的異象，在舊約先知書中已有預告（但七9～15；結一5、22、26～28）。而這敬拜異象的場景，則是天上的聖殿（四8；參賽六1～4），就是父上帝與羔羊（聖子）寶座之所在。

2 敬拜創造的主（四1～11）

- 1節：「此後」（after this）。這裏並非指四至五章的事件，是緊隨一至三章的事件發生的，乃是表示：約翰看見一個新的異象，因為啟示錄中的次序，往往是異象的次序，而非一歷史的次序。其實，整卷啟示錄都有「漸進平行」的結構：全書七幕的異象，都是描述「基督復活後、直到祂再來」會發生的事。故書中「此後」一詞，往往是指向一個新的異象（new vision），而非一個新的事件（new event），如：七 1、9，十五 5，十八 1，十九 1 等。[1]

在四章 1 節，約翰說：「此後，我觀看，見天上有門開了。我初次聽見好像吹號的聲音，對我說：『你上到這裏來，我要將以後必成的事指示你。』」這不單是此幕異象（四 2 ～五 14）的引言，也是啟示錄多幕異象（四 2 ～二十二 5）的引言，而這些異象（四～二十二章）所描述的，是整個新約教會時代（＝末世），一直到主再來，會發生的事，而不單是有關主再來的事。換句話說，對新約信徒來說，啟示錄四至二十二章的異象，涵蓋了「天國」（末世）的過去、現在與未來。

- 2 ～ 4 節：約翰看見了甚麼？他看見上帝坐在寶座上，在祂前面有七盞燈、一個玻璃海（＝得勝邪惡）、四活物（＝代表一切受造活物）、二十四位長老及冠冕（＝代表全教會的二十四位天使；參結一章）。閃電和雷轟反映在出埃及時，上帝在西奈山向選民顯現的光景（出十九 16 ～ 18），而七燈（＝七靈）則展示了聖殿中的七燈台（出二十五 31 ～ 39；代下四 2 ～ 6）。約翰也看見了，這些敬拜者和殿中的設備，顯現出上帝的威嚴、憐憫、榮耀、能力。這一切都在宣告，上帝是萬有的創造主，祂是配受稱頌與讚美的，正如約翰所見：「那二十四位長老就俯伏在坐寶座的面前敬拜那活到永永遠遠的，又把他們的冠冕放在寶座前，說：我們的主，我們的上帝，你是配得榮耀、尊貴、權柄的；因為你創造了萬物，並且萬物是因你的旨意被創造而有

第
11
章

1　參 Michael Wilcock, *I Saw Heaven Opened: The Message of Revelation* (Downers Grove: IVP, 1975), 67 ～ 68。

的。」(啟四 10～11)

3 敬拜救贖的主(五 1～14)

第五章的異象，將新約基督的救贖，帶到約翰和我們的眼前，使我們敬拜大能的救贖主：聖子耶穌、猶大的獅子、大衛的根。祂藉著受死復活，為我們展開書卷，揭開七印，正如四活物和二十四位長老，在異象中唱新歌，說：「你配拿書卷，配揭開七印；因為你曾被殺，用自己的血從各族、各方、各民、各國中買了人來，叫他們歸於上帝，又叫他們成為國民，作祭司歸於上帝，在地上執掌王權。」(9～10 節)

書卷和七印所代表的，是歷史和生命的奧祕，這奧祕的內容和終極意義，除了被殺的羔羊以外，沒有其他人或天使可以洞悉和解答。羔羊拿了書卷，就帶來一個宇宙性的敬拜(8～14 節)，而受敬拜的對象，就是坐在寶座上的上帝與羔羊，而環繞著祂們的，不單有「四活物和二十四位長老」(＝全體子民、所有活物)，更有受造的萬物，和千千萬萬的靈界天使。這些天使大聲說：

> 曾被殺的羔羊是配得權柄、豐富、智慧、能力、尊貴、榮耀、頌讚的。我又聽見在天上、地上、地底下、滄海裏，和天地間一切所有被造之物，都說：但願頌讚、尊貴、榮耀、權勢都歸給坐寶座的和羔羊，直到永永遠遠！四活物就說：「阿們！」眾長老也俯伏敬拜。(五 12～14)

「展開書卷、揭開七印」的歷史意義，新約教會和信徒，在閱讀多幕異象(啟六～二十二章)後，就可以明白。以下是筆者對這些異象的詮釋。

二 末世苦難（之一）：
七印——試煉與刑罰（啟六 1～八 5）

啟示錄預言的「末世苦難」，共有三幕——七印、七號、七碗，每幕皆有七個事件。羔羊基督在天上聖殿揭開七印，其中第一至四印（六 1～8；以四匹馬作象徵），為人類（特別是信徒）帶來苦難，目的在於試煉信徒和懲罰不信者。這些苦難也要說明，在教會時代，基督雖然仍未再來，但已在掌權。在這似乎是充滿混亂的世界中，一切都並非偶然，乃是源於在天上掌權的基督，為要達成祂所命定的，救贖和審判之目的。

1 第一印：白馬——撒但得勝？（六 1～2）

我看見羔羊揭開七印中第一印的時候，就聽見四活物中的一個活物，聲音如雷，說：「你來！」我就觀看，見有一匹白馬；騎在馬上的，拿著弓，並有冠冕賜給他。他便出來，勝了又要勝。（六 1～2）

這匹白馬，與十九章 11 至 16 節的白馬（象徵基督）顯然不同，因為這白馬是象徵撒但的勢力，要藉欺騙和逼迫，使信徒被誤導、受痛苦（參十一 7，十三 7）。所以這白馬，與其他三匹馬（即：紅、黑、灰馬；六 3～8）一樣，是站在同一陣線，在世上敵擋聖徒，破壞上帝的工作（參亞六 1～7）。然而，我們應知道，這些邪惡勢力，都是在基督君王的掌控之中——祂要藉這些邪惡的勢力，使新約歷代教會經歷試煉，接受管教，成為聖潔。不錯，聖徒今生會有苦難和爭戰，但這一切至終必然成就上帝的美意，包括煉淨祂的子民，和刑罰那些不信的惡者。而撒但（我們最大的敵人）雖窮其力量，企圖掌控世界，卻至終必然失敗。[2]

2 第二印：紅馬——奪去太平（六 3～4）

> 揭開第二印的時候，我聽見第二個活物說：「你來！」就另有一匹馬出來，是紅的，有權柄給了那騎馬的，可以從地上奪去太平，使人彼此相殺；又有一把大刀賜給他。（六 3～4）

騎紅馬的，企圖從地上奪去太平，激發國與國之間的爭鬥和戰事，使人自相殘殺，又逼迫信徒（太十 34），使歷代有多人為主殉道（參六 9～10；第五印）。這一切戰爭與殘殺，對不信者是極大的災難，而對耶穌的門徒，卻是上帝的試驗，使他們的信心得以煉淨，到主顯現時，可以得著「尊貴、榮耀、稱讚」（彼前一 6～7）。

3 第三印：黑馬——經濟窮乏（六 5～6）

黑馬象徵經濟窮乏與饑荒，一切生活所需都非常昂貴，如：一天工資只可買三升大麥或一升小麥，但油和酒（算是奢侈品）則續有供應。這是一個經濟非常困乏的情況，但仍未至於全面饑荒，也正正反映了今天（和歷代）世界上貧富懸殊的社會狀況。

2　參 G. K. Beale and D. H. Campbell, *Revelation: A Shorter Commentary* (Grand Rapids: Eerdmans, 2015), 123～127。

4 第四印：灰馬——死亡臨到（六 7～8）

灰馬象徵死亡，預言因為「爭鬥戰事、自相殘殺、逼迫信徒」，再加上其他（如疾病、瘟疫、死亡）原因，導致地上四分一的人死了。這是一個驚人的數字，也許是累積多次災難所得的結果。在人類歷史中，死亡不單是個人不可逃避的現實，更是一個不斷影響著世上所有家庭、社會、民族、國家的關鍵負面因素。

5 第五印：殉道者的呼求（六 9～11）

異象中，在祭壇底下，為主殉道者大聲喊著說：「聖潔真實的主啊！你不審判住在地上的人，給我們伸流血的冤，要等到幾時呢？」（六 10）他們的呼喊，代表著所有為主受苦的人的呼喊：向主指控「在地上的人」（＝敵對者；太十二 30），懇求主為他們伸冤、伸張正義。主對他們的回應是：「於是有白衣賜給他們各人，又有話對他們說，還要安息片時，等著一同做僕人的和他們的弟兄也像他們被殺，滿足了數目。」（啟六 11）「白衣」，象徵他們聖潔公義、蒙上帝悅納的身分；主向他們說話，是要他們忍耐，等候上帝為他們伸冤的時間（參詩三十七，七十三篇），而這時間就是第六印所展示，最後審判之日（啟六 12～17）。而啟示錄二十章 4 至 6 節所描述的，是在大審判前，那些曾為主受苦、殉道的靈魂，都會與基督一同作王「一千年」，那「千禧年」的掌權，就是在主再來之前，受苦聖徒沉冤得雪的時候，也是他們得榮耀的先嘗（參本書第七章，有關「居間之境」的說明）。

6 第六印：不信者面對最後審判（六 12～17）

約翰說：「我又看見地大震動，日頭變黑像毛布，滿月變紅像血，天上的星辰墜落於地，如同無花果樹被大風搖動，落下未熟的果子一樣。天就挪移，好像書卷被捲起來；山嶺海島都被挪移離開本位。地上的君王、臣宰、將軍、富戶、壯士，和一切為奴的、自主的，都藏在山洞和巖石穴裏，向山和巖石說：『倒在我們身上吧！把我們藏起來，躲避坐寶座者的面目和羔羊的忿怒；因為他們忿怒的大日到了，誰能站得住呢？』」（六 12 ～ 17）

這顯然是指主再來的情況，即：上帝和羔羊「忿怒的大日」(day of wrath)之日。「地大震動」(六 12；參十六 18)、日頭變黑、滿月變紅、星辰墜落、天地被挪移(六 12 ～ 14)等，都是「主再來」的描述。還有，世上君王、將軍等都要躲藏起來，逃避羔羊的忿怒(15 ～ 17 節)，這也是末日的審判之景象。那些有權有位的人，為何要逃避羔羊？因為他們都曾逼迫上帝的子民(參賽三十三 1 ～三十五 4)，而上帝和羔羊必為子民伸冤；加上，他們也都犯了罪，包括那最嚴重的——拜偶像(參賽二 18 ～ 21)，因此也不能逃罪。

大審判凸顯了上帝的公義和羔羊的崇高地位。祂是「萬王之王、萬主之主」(啟十七 12 ～ 14，十九 11 ～ 21)，祂是上帝子民的救贖主(參二十一 7、27)，也是作惡不悔改的人之審判官。可見，啟示錄並不支持「普救論」(參二十一 8、27)。

A 補充異象：子民領受印記、站在主前得勝(七 1 ～ 17)

啟示錄七章，是第六印的補充異象，其信息是：教會雖然經歷苦難，卻不會被消滅，因為她領受了上帝的印記、有祂的保護、得以站立在主前。

(i)問：何時受印記？(1～3節)[3]

答：在主再來前，甚至在教會經歷第一至六印的苦難之前，教會已領受「印記」的保護。正如約翰在異象中，看見的「四風」和上帝的天使在呼喊：

> 此後，我看見四位天使站在地的四角，執掌地上四方的風，叫風不吹在地上、海上，和樹上。我又看見另有一位天使，從日出之地上來，拿著永生上帝的印。他就向那得著權柄能傷害地和海的四位天使大聲喊著說：「地與海並樹木，你們不可傷害，等我們印了我們上帝眾僕人的額。」(七1～3)

四風有能力傷害大地，卻受四位天使所掌控(1節；參亞六1～5)。第一至六印，預言子民在地上會有災難，但上帝會為他們加上印記，保護他們(參結九1～4)。在新約時代，聖徒有聖靈作為印記，保證他們至終得著基業，在基督裏得著救贖(弗一13～14)。四匹馬為全地帶來破壞與死亡，但受了印記的聖民，卻會受到保護，且至終得勝，得以敬拜讚美上帝。

(ii)問：誰會受印記？(4～12節)

答：歷代所有聖徒，包括新舊約時代、猶太人和外邦人。3節說是「上帝的眾僕人」，4～8節說是「以色列十二支派」，而9節說是「沒有人能數過來」——各國、各民、各族的人，很清楚是包括新舊約所有信徒。其實十四萬四千是一個象徵完全的數目，所

3　參 Wilcock, *I Saw Heaven Opened*, 77～84。

包括的不單是猶太人，也是外邦人，意指所有的選民（加三 26～29；啟三 9～12），都會在上帝和羔羊面前敬拜（9～12 節）。這聖徒與天使及宇宙萬物，一同敬拜的景象，可以在今生（主再來前）實現（參來十二 22～24），但也指向在主再來後、在永恆中的榮耀（啟七 13～17）。

（iii）這些聖徒為何會得勝？（13～17 節）

> 長老中有一位問我說：「這些穿白衣的是誰？是從哪裏來的？」我對他說：「我主，你知道。」他向我說：「這些人是從大患難中出來的，曾用羔羊的血把衣裳洗白淨了。所以，他們在上帝寶座前，晝夜在他殿中事奉他。坐寶座的要用帳幕覆庇他們。他們不再飢、不再渴；日頭和炎熱也必不傷害他們。因為寶座中的羔羊必牧養他們，領他們到生命水的泉源；上帝也必擦去他們一切的眼淚。」（七 13～17）

這些「穿白衣的」，就是普世的信徒、上帝的僕人（七 9），他們有資格在上帝的寶座前站立敬拜，因為：（1）他們經歷了、且從大患難中出來；（2）他們藉羔羊的血得潔淨。他們雖曾經歷大患難，至終必得安慰、滿足、喜樂；這對比那些不信和敵擋者，將會受的刑罰（六 15～17）。此外，15 至 17 節的描述，正是永恆「新天新地」的榮耀景象（啟二十一 3～6，二十二 3）。在此，聖徒的得勝和領受的獎賞，也正是基督曾對教會所應許的（啟二 7、17，三 4～5）[4]

---

4 參 Beale and Campbell, *Revelation*, 157～162。

7 第七印：等候審判的靜默（八 1）

「羔羊揭開第七印的時候，天上寂靜約有二刻。」（八 1）舊約時代，特別在先知預言中，「寂靜」往往與上帝的審判相連，表達上帝在祂的聖殿中，祂即將為大地帶來審判，如：哈二 20～三 15；亞二 13～三 2。西番雅先知也告訴那些離開耶和華的以色列民，要在上帝面前靜默無聲，因為耶和華審判的日子快到（番一 7～18）。而二刻（＝半小時）也強調了上帝的審判，是突然和不可預測的。

在此，「寂靜」也與聖徒的禱告蒙上帝垂聽有關（八 3～5），上帝垂聽禱告並帶來審判的行動，就是八章 7 節至十一章 18 節所描述的「七號」異象（八 2～5）。同時，這亦是從「七印」到「七號」的轉接啟示，當中有眾聖徒的祈禱升到上帝面前、壇上的火倒在地上、還有「雷轟、大聲、閃電、地震」，都為「七號」揭開序幕（參十一 19，十六 17～18）。

8 總結

1. 四騎士，騎著四匹馬，在全地奔跑，從基督升天到祂的再來，為世界帶來苦難（撒但工作、爭戰、窮乏、死亡），而信徒面對這些苦難，也不能倖免。
2. 聖徒與受造之物，都渴望基督的再來（啟六 9～11；羅八 19～23），使他們沉冤得雪，上帝公義得顯、苦難結束和敗壞得以轄制，但他們須暫時堅忍，直到那日。
3. 上帝和羔羊今天仍坐在寶座上（啟四～五章），掌權為王。在一切苦難中，信徒今天不單有榮耀的盼望，也有上帝一切的供應和加力：整個創造、聖徒羣體、上帝的話語、基督大祭司、聖靈的大能與智慧，因此他們有能力完成上帝的使命，成就祂的美意（腓二 12～13；林前十五 58）。

4. 上帝子民藉堅忍的信心，經歷一切艱難困苦，但終必得勝，因為他們都有聖靈作印記。得勝的聖徒，將會在新天新地中站立，繼續敬拜讚美上帝，並且永遠享受祂所賜的安慰、保護、榮耀、豐盛。今天聖徒的敬拜，是將來永恆敬拜的先嘗。

三 末世苦難（之二）：七號——世界受警告（啟八 6～十一 19）

在時間上，第二個苦難與第一個苦難是平行的，只是兩者連繫著不同的異象，當中蘊含著不同的信息。第一個苦難展示信徒在歷史中將會遭受的苦難，和至終的得勝；第二個苦難卻是針對不信世界的警告，他們將會遭受的苦難，乃出於上帝的審判，因此「七號」這些異象是呼召人悔改的。

1 第一號：大地受破壞（八 7）

> 第一位天使吹號，就有雹子與火攙著血丟在地上；地的三分之一和樹的三分之一被燒了，一切的青草也被燒了。（八 7；參出九 23～25）

這異象是象徵在基督升天後、再來之前，人類所居住的大地，會遭受各種的天災，人類的生活大受影響。這明顯是象徵手法，因為在第一世紀，這情況似乎是不可想像的；但來到二十一世紀，我們看見了空前的山林大火、冰雹等災難，也許有人會預測，這裏所描述的，真的會發生。不過，「象徵性」的意義仍是主要的，因為作為天啟文學，啟示錄的異象基本上是一些「象徵」的表達；還有，對於這些「災難」的描述，作者刻意引用了以色列出埃及的「十災」，為要帶出基督「新出埃及」的預表救贖意義，因此「字面意思」大概不是作者的原意。當然，「象徵」與「實體」的災難，兩者是有密切關連的，「象徵」不等於「不真實」。

2 第二號：海洋受破壞（八 8～9）

> 第二位天使吹號，就有彷彿火燒著的大山扔在海中；海的三分之一變成血，海中的活物死了三分之一，船隻也壞了三分之一。（八 8～9；參出七 17～21）

海洋受到破壞，對人類當代的商業活動，肯定有負面的影響。新約初期教會時期，地中海不單是整個羅馬帝國的交通要道，更是各地人民買賣交易不可缺少的航道，乃整個帝國（當時世界）的經濟命脈。

3 第三號：河流受破壞（八 10～11）

> 第三位天使吹號，就有燒著的大星，好像火把從天上落下來，落在江河的三分之一和眾水的泉源上。（這星名叫「茵陳」。）眾水的三分之一變為茵陳，因水變苦，就死了許多人。（八 10～11）

上帝破壞清潔的水源，象徵人賴以生存的大自然資源，若受到污染和破壞，便會引致疾病和死亡。這真是一大災難。在二十一世紀的今天，這情況似乎愈來愈嚴重，連先進國家也不例外！

4 第四號：天空受破壞（八 12）

> 第四位天使吹號，日頭的三分之一、月亮的三分之一、星辰的三分之一都被擊打，以致日月星的三分之一黑暗了，白晝的三分之一沒有光，黑夜也是這樣。（八 12；參出十 21～22）

上帝擊打天空三分之一的光體，大大影響人的視覺和視象。這對經常活在陽光和燈光下的人，是十分痛苦的。

小結（第一至四號）：大地、海洋、河流、光體受破壞，都是很大的災難，影響人類的環境、商業、資源，和視覺。然而，這些都只是局部受破壞，而非全部；是上帝給予人的警告，而非末日的審判。這些警告的目的，是引導人悔改歸向上帝，蒙憐憫和赦免，得以脱離審判。但不幸的是，餘下的人至終都不肯悔改，正如作者所描述：「其餘未曾被這些災所殺的人仍舊不悔改自己手所做的，還是去拜鬼魔和那些不能看、不能聽、不能走，金、銀、銅、木、石的偶像，又不悔改他們那些凶殺、邪術、姦淫、偷竊的事。」（九 20～21）

5 第五號：蝗蟲的災難（九 1～12；參出十 12～20 及珥一～二章）

從「無底坑」出來的蝗蟲，象徵撒但帶來的恐懼、痛苦（歷時五個月）。那些「像蠍子螫人的痛苦」（九 5），使人覺得寧可死去。這災難象徵不信者所要經歷的：長期的困苦、疾病、敵擋、失去安全感等。

6 第六號：毀滅的災難（九 13～21）

這災是給予未信者的最後警告：世上三分一人口將會被殺。約翰如此說：

> 我在異象中看見那些馬和騎馬的，騎馬的胸前有甲如火，與紫瑪瑙並硫磺，馬的頭好像獅子頭，有火、有煙、有硫磺從馬的口中出來。口中所出來的火與煙並硫磺，這三樣災殺了人的三分之一。（九 17～18）

過去二千年，死亡是人類最大的敵人。「毀滅之災」具體的表現，可包括：戰爭、疾病、飢餓、恐怖襲擊、滅族、病毒瘟疫、交通意外等，這些都足以導致世界三分一人口死亡。對餘下三分二仍存活的人，這是極嚴厲的警告。但很可惜，他們都硬著心不肯悔改！（九 20～21）

7 第七號：世界的終局——基督的掌權（十 1～十一 19）

基督的再來，帶來了世界的終局。在異象中，約翰看見一位大力天使，從天而降，宣告第七號的信息（十 1～7），他說：

「我所看見的那踏海踏地的天使向天舉起右手來，指著那創造天和天上之物、地和地上之物、海和海中之物，直活到永永遠遠的，起誓說：『不再有時日了。』但在第七位天使吹號發聲的時候，上帝的奧祕就成全了，正如上帝所傳給他僕人眾先知的佳音。」（5～7節）

「上帝的奧祕」是指福音，就是上帝所賜、藉基督成就的好消息。這福音信息，在基督再來時，將會停止。「不再有時日」（there should be no more delay；參 RSV 譯文）並非指「永恆＝無時間」，乃是指：這是歷史的終點，不再有遲延。這也是對不信者一個警告：上帝不會永遠的等待，趕快悔改歸主吧！

然而，很不幸的是，這不信且充滿罪惡的世界，仍然不肯悔改。天國至終的實現，帶來聖徒的復活和永恆榮耀的福樂，而不信者必然要面對上帝公義的審判（十8～十一14）。

第七號的異象是這樣的：「第七位天使吹號，天上就有大聲音說：世上的國成了我主和主基督的國；他要作王，直到永永遠遠。在上帝面前、坐在自己位上的二十四位長老，就面伏於地，敬拜上帝，說：昔在、今在的主上帝—全能者啊，我們感謝你！因你執掌大權作王了。外邦發怒，你的忿怒也臨到了；審判死人的時候也到了。你的僕人眾先知和眾聖徒，凡敬畏你名的人，連大帶小得賞賜的時候也到了。你敗壞那些敗壞世界之人的時候也就到了。當時，上帝天上的殿開了，在他殿中現出他的約櫃。隨後有閃電、聲音、雷轟、地震、大雹。」（十一15～19）

這是基督得勝的宣告，異象的意涵清楚明確：

1. 15節：上帝和基督一同作王掌權，實現了舊約彌賽亞的預言，天國君王將得勝所有世上的王權，坐在至高的寶座上。

2. 16～17 節：二十四位長老（普世教會的代表）敬拜上帝，他們稱上帝為「昔在、今在的主上帝」，那「將來式」消失了，因為與「現在式」結合了。
3. 18 節：這是最後審判（參二十 12～13），彰顯上帝的義怒；上帝審判那些敗壞全地（包括人）的人，使他們自食其果；同時，上帝也將賞賜臨到祂的僕人（＝眾聖徒）。
4. 19 節：上帝帶領祂的子民進入聖殿，當中有約櫃，代表上帝的同在；而「閃電、聲音、雷轟、地震、大雹」，往往是上帝施行最後審判的標誌（參四 5，八 5，十六 18）。

四 末世苦難（之三）：七碗——世界受審判（啟十五 1～十六 21）

1 引言（十五 1～8）

七碗跟七印和七號的異象，在描述次序上有先後，但在實現的時間上，卻是平行的，因為這三幕異象，都同是預言「基督復活後、再來前」（＝末世）人類遭遇的苦難，並且每一幕都是以基督的再來作結，並帶出上帝公義的審判和恩典的救贖。然而，在描述苦難和審判的程度上，相比「七印」和「七號」，「七碗」是最為嚴厲的，故被稱為「上帝大怒的七個金碗」（十五 7），正如約翰敘述說：「我又看見在天上有異象，大而且奇，就是七位天使掌管末了（異象次序上）的七災，因為上帝的大怒在這七災中發盡了。」（十五 1）

約翰看見「存法櫃（＝會眾）的殿開了」（5 節）。這殿就是上帝與人相聚之處，在舊約時代是指會幕和大衛的殿，在此則是象徵「末世」(即：新約時代)——上帝與子民同在之處。從這聖殿，七碗的災難藉七位天使倒下來(6～8節)。這殿顯明上帝的同在、聖潔與榮耀，而上帝的聖潔(藉天使的衣服反映)是可畏的，因為七碗的災難降臨大地，就是為要彰顯上帝聖潔的忿怒(參來十31；路十二4～5；賽三十三14)。此外，七碗與七號的災難是類同的，只是程度不同：七號的災只臨到部分的人(人口的三分之一)，是一個警告；七碗的災卻是臨到整個不信的世界，是一個審判。

2 第一碗：大地受破壞(十六1～2)

> 我聽見有大聲音從殿中出來，向那七位天使說：「你們去，把盛上帝大怒的七碗倒在地上。」第一位天使便去，把碗倒在地上，就有惡而且毒的瘡生在那些有獸印記、拜獸像的人身上。(十六1～2)

如前所說，七號的災難是局部(三分一)的，且是上帝給人的警告，為要引領人悔改的。而七碗的災難卻是全面的，因為悔改的機會已過，這些沒有羔羊印記的人，都是獸的敬拜者，他們全部(不是部分)都會受災難的懲罰。第一碗是重演出埃及的瘡災(出九8～12)：當時的法老心硬，不受警告，以致受罰被消滅，這裏獸的敬拜者，不肯聽從七碗的警告，也必同樣受懲罰。

3 第二碗：海洋受破壞(十六3)

> 第二位天使把碗倒在海裏，海就變成血，好像死人的血，

海中的活物都死了。(十六 3)

第二碗重演出埃及首個災難(參出七 17～22)。海水變成血的災難，不單是經濟受損，環境受污染，更是生計和生命受到破壞，使受災者苦不堪言！

4 第三碗：河流受破壞(十六 4～7)

第三位天使把碗倒在江河與眾水的泉源裏，水就變成血了。(十六 4)

這不是在重複第二碗，而是公義的上帝回應了人的罪，正如管理眾水的天使所言：「昔在、今在的聖者啊，你這樣判斷是公義的；他們曾流聖徒與先知的血，現在你給他們血喝；這是他們所該受的。我又聽見祭壇中有聲音說：是的，主上帝—全能者啊，你的判斷義哉，誠哉！」(5～7 節)

5 至 6 節指出，世人殺害聖徒與先知，須受刑罰；而 7 節則是回應六章中所述(9～10 節)，殉道者在祭壇底下向主禱求的異象。

5 第四碗：天空受破壞(十六 8～9)

第四位天使把碗倒在日頭上，叫日頭能用火烤人。人被大熱所烤，就褻瀆那有權掌管這些災的上帝之名，並不悔改將榮耀歸給上帝。(十六 8～9)

上帝能使太陽「用火烤人」，因為祂是天地的主。「火烤人」可能是喻意，象徵上帝向人發怒（參耶七 20；結二十二 21～22）。舊約常用天體事物的變動，象徵上帝因聖約子民的罪，向他們施行懲罰（如：賽十三 10；結三十二 7～8；番一 15～16）。而雖然這災難帶給人類痛苦，但他們卻不悔改，反倒褻瀆上帝（參九 17～18，十一 5～7），故意否定上帝的主權和榮耀。

6 第五碗：加倍的痛苦（十六 10～11）

> 第五位天使把碗倒在獸的座位上，獸的國就黑暗了。人因疼痛就咬自己的舌頭，又因所受的疼痛，和生的瘡，就褻瀆天上的上帝，並不悔改所行的。（十六 10～11）

這災較第一至四碗（影響：大地、海洋、河流、天空）更嚴重，因為整個人類的體系（受獸的掌控）都進入了黑暗，變得混亂和無法運作（參出十 21～29）。但以理曾預言，世上的王國的興衰，皆在上帝的手中（但二 35，四 17、25、32，五 26），祂是萬國的主；而在主再來前，獸對地上的人類社會和國家，仍影響巨大，乃誘使世人敵擋基督，並犯罪作惡（參九 20～21）。第五碗的災要將這情況改變，要使人看見，上帝才是真正的王。這黑暗之災象徵了人與上帝隔絕，因此需要悔改；這災也帶給人許多痛苦和焦慮。可惜的是，人仍是不肯悔改，反而褻瀆上帝，又繼續行在黑暗中。

7 第六碗：最後的戰役——哈米吉多頓（十六 12～16）

> 第六位天使把碗倒在幼發拉底大河上，河水就乾了，要給

那從日出之地所來的眾王預備道路。我又看見三個污穢的靈，好像青蛙，從龍口、獸口並假先知的口中出來。他們本是鬼魔的靈，施行奇事，出去到普天下眾王那裏，叫他們在上帝全能者的大日聚集爭戰。(看哪，我來像賊一樣。那警醒、看守衣服、免得赤身而行、叫人見他羞恥的有福了！)那三個鬼魔便叫眾王聚集在一處，希伯來話叫作哈米吉多頓。(十六 12 ～ 16)

歷史中最後的戰役，稱為「哈米吉多頓」(參十九 19 ～ 21，二十 7 ～ 10)，在基督再來前發生。幼發拉底河象徵這普世戰役的召集地，召集者是龍(撒但)、獸(敵擋上帝的政治勢力)和假先知，他們藉三個污穢的靈(好像青蛙)為代表；而被召者則是「天下眾王」。他們一起聚集，要與基督和聖徒爭戰，結果是：他們被天上降下來的火燒滅，而龍、獸、假先知，將被扔進火湖，受永遠的刑罰(二十 9 ～ 10)。這裏也提醒我們：基督再來之日是不可測的(像賊一樣)；而在這戰役中，敵擋基督者的命運，將會與龍和獸的一樣：死亡、永遠與上帝隔絕。

8 第七碗：審判與救贖(十六 17 ～ 21)

第七位天使把碗倒在空中，就有大聲音從殿中的寶座上出來，說：「成了！」又有閃電、聲音、雷轟、大地震，自從地上有人以來，沒有這樣大、這樣厲害的地震。那大城裂為三段，列國的城也都倒塌了；上帝也想起巴比倫大城來，要把那盛自己烈怒的酒杯遞給他。各海島都逃避了，眾山也不見了。又有大雹子從天落在人身上，每一個約

重一他連得。為這雹子的災極大，人就褻瀆上帝。（十六 17～21）

- 17 節：上帝的寶座宣告「成了！」，表示救贖工作的完全實現。基督在十架也曾說「成了！」（約十九 30），那是宣告救贖工作（天國），藉基督的受死與復活，已初步實現。在此，上帝向祂的仇敵完全誇勝。可見，新約信徒是活在兩個「成了」的宣告之間（＝在末世中），為此我們應感恩，並備受鼓勵，因為得勝終點在望！
- 18 節：是對最後審判的描述。舊約時代描述上帝臨在、天地震動和毀壞的預言，至終會在主再來時實現。因此，這些舊約預言（如：出十九 16～18；詩七十七 18；賽二十九 6；但十二 1 等），都是基督再來的預表。在歷史中，當然也有不少的地震，但主再來時的地震，將會是最大的。
- 19 節：描述這地震的影響。「大城」（＝敵擋上帝的普世系統）將裂為三段，即完全被破壞；而列國的大城（＝文化、政治、經濟中心）也倒塌了。至於巴比倫（＝迷惑列國的繁華），也將遭受上帝的審判，要喝她自己所造的「毀滅的杯」。
- 20 節：最後審判將帶來宇宙性的改變。連一些海島和山也消失了。將來聖徒所承受的新創造，將會是一個全面更新的宇宙（參啟二十一 1～二十二 5，及本書十二章，有關「宇宙更新」的闡釋）。
- 21 節：大冰雹的降下，使人憶起出埃及時同樣的災（出九 22～35），這裏特別之處，是冰雹特大，且會臨到全世界，而非只臨到一個地區；還有，它誘發人咒詛和褻瀆對上帝，反映人至終不肯悔改歸向上帝。
- 17～21 節：只是論及最後審判的開始，隨後的十七至十九章，會更清楚預言這最後的審判，和基督得勝的詳情。

五 末世苦難背後的歷史爭戰（啟十二 1～十五 4）[5]

1 引言：苦難背後的邪惡勢力

啟示錄第四幕的異象（十二 1～十五 4），預言在末世（基督升天到再來），有一個歷史的大爭戰，就是基督與聖徒要面對三個邪惡的敵人：龍與二獸；而啟示錄第六幕異象（十七 1～十九 21），則預言與第四個敵人——巴比倫——的爭戰。簡而言之，這四個仇敵都非常兇猛，要破壞基督的工作，企圖誤導人類，走向滅亡。這四個敵人，其實就是一至十一章和十五至十六章所描述的，教會所面對的「試探、逼迫、苦難」背後的黑暗勢力。但感謝主，因著上帝（父、子、聖靈）大能的作為，這些敵人至終都被祂所勝，而眾聖徒也在基督裏，得勝有餘（羅八 31～39；啟十二 11，十七 14）！

2「末世聖徒」與「龍」的爭戰（十二 1～17）

A. 上帝保護基督與子民（1～6 節）

> 天上現出大異象來：有一個婦人身披日頭，腳踏月亮，頭戴十二星的冠冕。她懷了孕，在生產的艱難中疼痛呼叫。

5　參 Wilcock, *I Saw Heaven Opened*, 110 ～ 138；William Hendriksen, *More Than Conquerors: An Interpretation of the Book of Revelation* (Grand Rapids: Baker, 2008), 134 ～ 160；G. K. Beale, *The Book of Revelation*, NIGTC (Grand Rapids: Eerdmans, 1999), 621 ～ 800。

第
11
章

> 天上又現出異象來：有一條大紅龍，七頭十角；七頭上戴著七個冠冕。牠的尾巴拖拉著天上星辰的三分之一，摔在地上。龍就站在那將要生產的婦人面前，等她生產之後，要吞吃她的孩子。婦人生了一個男孩子，是將來要用鐵杖轄管萬國的；她的孩子被提到上帝寶座那裏去了。婦人就逃到曠野，在那裏有上帝給她預備的地方，使她被養活一千二百六十天。（十二 1～6）

龍象徵了撒但，婦人象徵了上帝的子民（新婦），而男孩則象徵了基督（天國君王）。龍有七頭（＝大權柄）和十角（＝大能力），他在等待基督誕生，然後吞吃祂。但上帝保護了婦人和男孩：前者逃難到曠野，受到祂的保護和供應，而後者則被提升到天上，在那裏一千二百六十天（三年半＝象徵基督「升天—再來」時期）。這樣一來，龍就不能吞吃男孩，也不能傷害婦人。

B. 基督向撒但誇勝（7～12 節）

> 在天上就有了爭戰。米迦勒同他的使者與龍爭戰，龍也同牠的使者去爭戰，並沒有得勝，天上再沒有牠們的地方。大龍就是那古蛇，名叫魔鬼，又叫撒但，是迷惑普天下的。牠被摔在地上，牠的使者也一同被摔下去。我聽見在天上有大聲音說：「我上帝的救恩、能力、國度，並他基督的權柄，現在都來到了！因為那在我們上帝面前晝夜控告我們弟兄的，已經被摔下去了。弟兄勝過牠，是因羔羊的血和自己所見證的道。他們雖至於死，也不愛惜性命。所以，諸天和住在其中的，你們都快樂吧！只是地與海有

> 禍了！因為魔鬼知道自己的時候不多，就氣忿忿地下到你們那裏去了。」（十二 7～12）

米迦勒是代表子民的天使長，龍與他爭戰，卻沒有得勝（＝戰敗），因此不能再留在天上，龍與其使者最終一同被摔下去。這是基督的得勝，因祂藉死和復活，向撒但誇勝了。眾聖徒應藉此受鼓勵，因為撒但的能力從此大受限制，而子民卻由於基督的復活與聖靈的臨在，有了得勝的把握。

C. 上帝子民堅忍得勝（13～17 節）

> 龍見自己被摔在地上，就逼迫那生男孩子的婦人。於是有大鷹的兩個翅膀賜給婦人，叫她能飛到曠野，到自己的地方，躲避那蛇；她在那裏被養活一載二載半載。蛇就在婦人身後，從口中吐出水來，像河一樣，要將婦人沖去。地卻幫助婦人，開口吞了從龍口吐出來的水。龍向婦人發怒，去與她其餘的兒女爭戰，這兒女就是那守上帝誡命、為耶穌作見證的。那時龍就站在海邊的沙上。（十二 13～17）

撒但（龍）攻擊上帝的子民（＝教會受逼迫），但上帝保護她，藉大鷹的翅膀帶她到曠野（參出十九 4；申三十二 1～12），並餵養以加力予她，養活她三年半，使她可以忠於託付，為基督作見證（啟十二 13～14）。撒但更企圖消滅教會（15 節），但上帝卻保存拯救了她（16 節）。龍繼續向地上眾聖徒發怒和迫害他們，但他們仍堅守上帝的誡命，堅守見證耶穌的使命（17 節上）。可見，聖徒依靠上帝，堅忍到底，至終必會得勝（十四 12）。

3 末世聖徒與兩獸的爭戰（十三 1～18）

在這末世爭戰中，聖徒除了要面對龍，還要面對龍在地上的兩個代表，就是：(1)「從海中上來的獸」（下稱「獸一」）；(2)「從地中上來的獸」（下稱「獸二」）。

1. 獸一（1～10 節）象徵在地上敵擋上帝的政治勢力，這些王國（參但七 3～8）受撒但指派，去逼迫上帝的子民，藉他們的政治權力，叫人拜他，尊他為上帝。很不幸，地上有不少人是會跟從這獸，且敬拜他，結果是：「獸就開口向上帝說褻瀆的話，褻瀆上帝的名並他的帳幕，以及那些住在天上的。又任憑牠與聖徒爭戰，並且得勝；也把權柄賜給牠，制伏各族、各民、各方、各國。凡住在地上，名字從創世以來沒有記在被殺之羔羊生命冊上的人，都要拜牠。凡有耳的，就應當聽！擄掠人的，必被擄掠；用刀殺人的，必被刀殺。聖徒的忍耐和信心就是在此。」（十三 6～10）

   6 至 8 節亦預言這獸將會影響很多人，特別是那些名字沒有記在生命冊上的人（7～8 節）。然而，真正的信徒當受警戒（9～10 節）：一方面，信徒要分辨真假信仰、真假敬拜，也要知道，犯罪者必遭報應；另一方面，信徒要持堅忍的信心，不妥協、不跌倒。這裏強調聖徒為主受苦，在逼迫中堅守信仰，活出真正的生命。當然，獸與跟從牠的人，也必會受上帝公義的審判與刑罰，這方面的啟示，請閱下文（十四 8～20）。

2. 獸二（11～18 節），又稱為「假先知」，象徵敵擋上帝的文化、思想、宗教。與獸一一樣，此獸也是龍差到地上，要逼迫教會、迷惑世人的惡勢力，所以他們的相貌和行為都像龍（1～6、11～15 節）。還有，牠們也會假冒基督（3、11 節），甚至會行神蹟（13～15 節），目的亦是為了迷惑信眾。當然，世上的文化和學問，不都是邪惡的；上帝是創造主，祂所造的皆美善，而祂也吩咐人要「治理全地」（創一 28），因此，以上帝（造物主）為中心的學問，是有用的，也是榮耀上帝的。但獸二所象徵的，正正是敵擋上帝的主權，否定祂是創造救贖主，並且要求人敬拜牠——以受造之物取代造物主，如此的「文化、思想、宗教」，目的是引導人離開上帝、受審判、進入沉淪。其後，兩個獸更聯盟，使世人都跟從牠們，使信徒飽受社會的壓力，正如約翰的異象所見：

> 又有權柄賜給牠（獸二），叫獸像（獸一的像）有生氣，並且能說話，又叫所有不拜獸像的人都被殺害。牠（獸二）又叫眾人，無論大小、貧富、自主的、為奴的，都在右手上或是在額上受一個印記。除了那受印記、有了獸名或有獸名數目的，都不得做買賣。（十三 15～17）

可見，在主再來前，苦難與爭戰是必然的，因為二獸和他們的跟隨者，勢力很大。然而，上帝終必為聖徒伸冤。約翰在書中預言（十四 1～十五 4），獸及其跟隨者，將受公義的審判；而忠心的聖徒必從主得賞賜（參下文），這使他們在苦難中，得著安慰和鼓勵（請參閱啟示錄二至三章，基督致七教會的信，在每封書信中，主都應許「得勝者必得獎賞」）。

4 末世聖徒之得勝（十四 1～十五 4）

A. 羔羊與十四萬四千（十四 1～5）

看完了羔羊與聖民對抗三個仇敵(龍＋獸一＋獸二)的異象後，約翰又看到一個新異象：「我又觀看，見羔羊站在錫安山，同他又有十四萬四千人，都有他的名和他父的名寫在額上。」（十四 1）

錫安山象徵上帝的子民（參來十二 22～24），而十四萬四千則象徵教會時代所有聖徒，包括在生的和已死得榮耀的。他們的額上都有羔羊和父上帝的名字，象徵上帝的同在與保護。這與那些跟隨敬拜獸的羣眾，形成強烈的對比（十三 11～17）。這屬天的錫安異象，可以同時描述主再來前（已然），和主再來後（未然）眾聖徒的敬拜。

B. 三位天使對不信者的宣判（十四 6～11）

約翰看見一位天使飛在空中，「有永遠的福音要傳給住在地上的人，就是各國、各族、各方、各民」（6 節）。這是一個福音的宣告和呼召：對信的人是恩典的信息，但對不信的人，便是警告和審判的信息，而上帝審判的時候已到（7 節）。很可惜！從另外兩位天使的信息顯示（8～11 節），地上的人（十四萬四千位聖徒除外），都是不信的！

第二位天使宣告：「叫萬民喝邪淫、大怒之酒的巴比倫大城傾倒了！傾倒了！」（8 節）這預言在啟示錄十八章中有更詳細的描述：巴比倫象徵世上敵擋上帝的社會、政治和經濟體系（參賽二十一 9；耶五十一 26～26、64），其中也包括離開上帝的以色列人。

第三位天使大聲公佈，敬拜獸和獸像的人，必喝上帝忿怒的酒，他們要遭受的是：「在聖天使和羔羊面前，在火與硫磺之中受痛苦。他受痛苦的煙往上冒，直到永永遠遠。那些拜獸和獸像，受牠名之印記的，晝夜不得安寧。」（啟十四 10～11）這是描述一個永不得安息的情況，是很痛苦的。此外，這裏形容是永遠不滅的「火」，因此也許不是有形、會燒毀物質的火。若有人問：這裏可否支持「消滅論」（annihilation；即：刑罰＝不信者死後將被火燒毀，不復存在）？答案是：這裏的毀罰是「永遠」的（參太十八 8，二十五 41；可九 44～48；啟二十 10 等），而這與新約的多處教導吻合，因此並不支持「消滅論」。

C. 進入安息的蒙福聖徒（十四 12～13）

> 聖徒的忍耐就在此；他們是守上帝誡命和耶穌真道的。我聽見從天上有聲音說：「你要寫下：從今以後，在主裏面而死的人有福了！」聖靈說：「是的，他們息了自己的勞苦，做工的果效也隨著他們（for their deeds will follow them；參 NIV）。」（十四 12～13）

那些有堅忍信心（persevering faith）的聖徒，他們雖忍受暫時的苦難，卻堅守信仰、一生跟隨基督，至終得享「安息」，就是豐盛永恆的生命（參來三 14，四 14，十 34～36）。聖靈在此乃宣告，他們在今生的勞苦，絕不徒然。這是因為他們的生命和事奉，透過與復活的基督聯合，都會蒙上帝記念，有永恆的價值（林前十五 58），這是何等令人鼓舞的啟示！

D. 人子執行審判：鐮刀收割（十四 14～20）

這一段的審判異象，生動地描述榮耀的人子，與三位天使，一起進行用鐮刀「收割」。這描述象徵君王基督對祂的仇敵執行審判，因為收割的時候已到（14～15 節）。而所收割的，是葡萄樹的果子（18～20 節），被丟在上帝忿怒的酒醡中，產生極大量的血，象徵上帝嚴懲邪惡的勢力與不信的人，為受苦的聖徒伸冤，並且施行公義。

E. 聖徒同唱凱歌（十五 2～4）

這是羔羊與聖民得勝的高潮。約翰在異象中，看見得勝的子民，一同唱「摩西和羔羊」的新歌，說：

> 我看見彷彿有玻璃海，其中有火攙雜，又看見那些勝了獸和獸的像並牠名字數目的人，都站在玻璃海上，拿著上帝的琴，唱上帝僕人摩西的歌和羔羊的歌，說：「主上帝—全能者啊，你的作為大哉！奇哉！萬世之王啊，你的道途義哉！誠哉！主啊，誰敢不敬畏你，不將榮耀歸與你的名呢？因為獨有你是聖的。萬民都要來在你面前敬拜，因你公義的作為已經顯出來了。」（十五 2～4）

1. 2 節「天上的海」，是反映以色列人出埃及的紅海。「海」在啟示錄，代表宇宙邪惡和黑暗勢力之來源（參十三 1，二十一 1）；而「火」的攙雜，則象徵上帝對邪惡的審判，特別是羔羊藉祂的死和復活，得勝從海中上來的獸（四 6，五 5～6），使海平靜如玻璃。聖徒藉羔羊的血，也可以得勝，站在海上，同唱摩西和羔羊的凱歌。
2. 3 節上，上帝的新約子民，唱新歌讚美上帝。這新歌乃引自出埃及記十五章 1 至 8 節「摩西的歌」，因為兩者都是上帝聖民蒙拯救後，得勝之凱歌。基督的救贖工作，是一個「新出埃及」（參太二 14～15；路九 30～31）。其實，羔羊的歌比摩西的歌更榮耀，更具永恆的價值，因為羔羊為子民，帶來比「出埃及」更偉大、更徹底的救贖。舊約「過紅海」的得勝，是歷史事實，也是基督藉「十架、復活」得勝的預表（來二 15），因為摩西領以色列人出埃及，指向基督的救贖，和祂帶領子民得勝罪與撒但，至終得享永生的福樂。[6]

3. 3 節下至 4 節是凱歌的內容，也引用了舊約的詩篇和其他經文，稱頌上帝的屬性與作為，包括：（1）上帝大能奇妙的作為，祂是那掌管歷史和萬有的主（詩一一一 2～3）；（2）上帝所作的一切，都是公義誠實的：基督為子民的代贖，顯出祂的公義（羅三 21～24），但對邪惡和不肯悔改的罪人，祂就施行公義的審判（詩九十八 9；啟二十 11～15）；（3）上帝是萬王之王、萬主之主，因為世上的萬國都在祂的統治之下（啟十七 14，十九 16）；（4）上帝是聖潔的：這不單是指祂道德上的完美無瑕，更是指祂那些「超然、與萬物和萬民有分別」的屬性；（5）新歌最後宣告：世人不能不敬畏上帝、敬拜祂、將榮耀歸給祂，因為祂榮耀的屬性和大能的作為，使世人驚訝。

六 末日大巴比倫的傾倒（啟十七～十八章）

啟示錄十二至十六章的異象，描述末世的爭戰。結果是：君王基督與普世聖徒，在末世中得勝五個仇敵，包括：

6　參 Brian J. Tabb, *All Things New: Revelation as Canonical Capstone* (Downers Grove: IVP, 2019), 158～162。

1. **龍：**被摔到地上的，但仍未被消滅的撒但（十二 1～17）；
2. **獸一：**敵擋上帝的政治勢力（十三 1～10）；
3. **獸二：**假先知＝敵擋上帝的宗教、文化、經濟等勢力（十三 11～18）；
4. **有獸印記的人：**不信者（十四 6～11）；
5. **大巴比倫：**敵擋上帝的「世界」（十六 17～19）。

啟示錄十七至十八章，上帝藉聖靈向約翰更詳細預言，大巴比倫將受審判，完全傾倒。[7]

1 宣告巴比倫受審判（啟十七章）

A. 淫婦與獸的異象（1～6 節）

天使帶領約翰，到曠野看見異象。他說：

> 我就看見一個女人騎在朱紅色的獸上，那獸有七頭十角，遍體有褻瀆的名號。那女人穿著紫色和朱紅色的衣服，用金子、寶石、珍珠為裝飾，手拿金杯，杯中盛滿了可憎之物，就是她淫亂的污穢。在她額上有名寫著說：「奧祕哉！大巴比倫，作世上的淫婦和一切可憎之物的母。」（十七 3～5）

這生動的異象，帶給末世聖徒（＝新約信徒）清楚的警告，就是：朱紅色的獸一，象徵世上的政權，敵擋基督，逼迫聖徒。

7 參 Hendriksen, *More Than Conquerors*, 166 ～ 178；Wilcock, *I Saw Heaven Opened*, 151～170。

而騎在他身上、珠光寶氣的女人，則象徵淫婦巴比倫，以她的美貌與邪蕩，引誘世人，敬拜偶像離開上帝，並為追求榮華富貴、金錢享樂，耗盡一生。這兩個仇敵合作，一方面要逼迫聖徒，使他們受苦，甚至殉道；另一方面，則要引誘他們離開上帝，步向沉淪。因此，這異象代表在末世中，聖徒要面對的危險、壓力和引誘。

作為一個世俗、繁華的大城市，巴比倫象徵著古代的泰爾城（參結二十七～二十八章）；作為經濟、文化、藝術、奢華生活的中心，她也代表了歷世歷代的大都會。這並非說，一切人類的文化、文明、物質、繁榮，都是負面的。誠然，一切物質、文化、繁榮，皆造物主所賜，人應以感恩之心享受之（提前四 4～5）。但當人以這些受造之物代替上帝，又恃著這一切「成就」變得心高氣傲、多行不義（如創十一 1～9），這一切便成了人類社羣的網羅，至終要面對上帝的審判。

B.「獸」的歷史（7～18 節）

約翰在此異象中看見的獸，是「先前有，如今沒有（因為被趕到無底坑），將要從無底坑裏上來，又要歸於沉淪」（8 節）。這獸同樣是象徵敵擋上帝、逼迫信徒的政治勢力，他身上的七頭十角，代表歷史中的強國及其統治者的權柄勢力。天使向約翰展示這獸的奧祕：

> 那七頭就是女人所坐的七座山，又是七位王；五位已經傾倒了，一位還在，一位還沒有來到；他來的時候，必須暫時存留。那先前有如今沒有的獸，就是第八位，他也和那七位同列，並且歸於沉淪。你所看見的那十角就是十王，

> 他們還沒有得國，但他們一時之間要和獸同得權柄，與王一樣。他們同心合意將自己的能力、權柄給那獸。他們與羔羊爭戰，羔羊必勝過他們，因為羔羊是萬主之主、萬王之王。同著羔羊的，就是蒙召、被選、有忠心的，也必得勝。（十七 9～14）

聖經學者對「七頭十角」，普遍持不同看法，其中一個值得考慮的，就是新約學者韓德遜（William Hendriksen）的詮釋，簡述如下：

1. 「七頭」=「七座山」的象徵意義，可分兩方面了解。首先，它代表當時的羅馬城，它周圍有七座山，作為羅馬帝國的京城，它擁有當時諸國的統治權，也常常逼迫教會與信徒；羅馬也是當時的「巴比倫」（女人坐在獸上），一個文化、娛樂、經濟中心，罪惡之地。其次，「七頭」也可象徵七個敵擋上帝的君王與其王權（10～11 節），包括：五位已傾倒的——指古巴比倫、亞述、新巴比倫、瑪代波斯、希臘馬其頓；一位仍在——指羅馬；一位還未到——指羅馬傾倒後、獸再出現前，一切敵擋上帝、逼迫教會的王朝；至於第八位（獸一），將與其他七位並列，他也將歸於沉淪。不錯，這獸的表現，會使不信的人驚訝佩服（8 節），但他卻一直是基督與聖徒的仇敵。
2. 「十角」=「十王」，是象徵在敵擋上帝的世界中，不同範疇的掌權者。這些範疇包括：藝術、教育、商業、工業、政府、科技、農業、醫療等，他們的特徵是：驕傲自大、敵擋基督、將自己的權力交予那獸。他們與將與羔羊爭戰，結果是：羔羊與蒙召忠心的聖徒得勝！除了這些範疇的掌權者外，世上敵擋上帝的「多民、多人、多國、多方」，也都在不斷的敵擋和逼迫基督的教會（15 節）。

3. 與「巴比倫」合作的結果（16～17 節）

> 你所看見的那十角與獸必恨這淫婦，使她冷落赤身，又要吃她的肉，用火將她燒盡。因為上帝使諸王同心合意，遵行他的旨意，把自己的國給那獸，直等到上帝的話都應驗了。（十七 16～17）

這是很令人驚訝的後果！為何一直與淫婦巴比倫合作的十角與獸，會反過來冷落她、反對她，懲罰她呢？也許，在享受了巴比倫一切的榮華富貴、抗拒基督、迫害信徒之後，他們發覺到頭來，自己不單一生虛空，至終還要面對上帝公義的審判，這樣，他們才知道自己被淫婦所騙，當了大傻瓜。至終，一切都有上帝的旨意，祂是萬有之主。這對聖徒來說，也是一個警戒：人若離開主，去跟隨淫婦巴比倫，絕對是得不償失的！

2 巴比倫的傾倒與哀歌（啟十八章）

A. 宣告巴比倫傾倒（1～3 節）

啟示錄十八章引用耶利米書五十至五十一章（預言古巴比倫傾倒）、以西結書二十七章（預言泰爾城傾倒），去描述巴比倫在末日的淪亡。天使大聲喊著說：

> 巴比倫大城傾倒了！傾倒了！成了鬼魔的住處和各樣污穢之靈的巢穴，並各樣污穢可憎之雀鳥的巢穴。因為列國都

> 被她邪淫大怒的酒傾倒了。地上的君王與她行淫；地上的客商因她奢華太過就發了財。（十八 2～3）

大城的傾倒，是必然的：「傾倒」（*pipto*）這動詞，在此是用過去不定式（*epesen*），表達了這事件的確定性（好像已經發生）。巴比倫將成為廢墟、無人居住（耶五十 39），只有邪靈和污穢不潔的動物會住在那裏（賽十三 20～22）。這是上帝公義的審判，因為她不單自己行惡犯罪，也引誘列國及其君王、客商一同行惡、拜偶像、得罪上帝，可以說是惡貫滿盈（參啟二 20；羅一 32）。

B. 警告聖徒：要離開巴比倫！（4～8 節）

> 天上有聲音說：我的民哪，你們要從那城出來，免得與她一同有罪，受她所受的災殃；因她的罪惡滔天；她的不義，上帝已經想起來了。（十八 4～5）

離開巴比倫，就是離開她的罪惡，過聖潔的生活，這是上帝對歷代信徒的要求（參賽五十二 11；林後六 17），要救自己脫離上帝的忿怒（參耶五十一 6、45）。巴比倫的罪，好像巴別塔（創十一 1～4）、上達於天，但上帝都知道了，並且會按她所行的報應她（啟十八 6～7），到審判之日，她的境況十分可憐，因為「在一天之內，她的災殃要一齊來到，就是死亡、悲哀、饑荒。她又要被火燒盡了，因為審判她的主上帝大有能力。」（啟十八 8）

C. 巴比倫的朋友為她唱哀歌（9～20 節）

這些朋友都曾欣賞她，與她合作、從她得好處利益，看見她傾倒、被消滅，都為她悲傷、同唱哀歌。這些朋友包括：

1. **地上有權位的君王：**他們「素來與她行淫、一同奢華的，看見燒她的煙，就必為她哭泣哀號。因怕她的痛苦，就遠遠地站著說：哀哉！哀哉！巴比倫大城，堅固的城啊，一時之間你的刑罰就來到了。」（9～10 節）
2. **地上有財富的客商：**他們「也都為她哭泣悲哀，因為沒有人再買他們的貨物了；這貨物就是金、銀、寶石、珍珠、細麻布、紫色料、綢子、朱紅色料、各樣香木、各樣象牙的器皿、各樣極寶貴的木頭，和銅、鐵、漢白玉的器皿，並肉桂、豆蔻、香料、香膏、乳香、酒、油、細麵、麥子、牛、羊、車、馬，和奴僕、人口」（11～13 節）。
3. **船主，和一切以海為專業的：**他們都「哭泣悲哀，喊著說：哀哉！哀哉！這大城啊。凡有船在海中的，都因她的珍寶成了富足！她在一時之間就成了荒場！」（19 節）

這些曾一度藉與巴比倫的關係，使財富與權力增添的成功人士，在一夜之間就失去了一切，確是值得哀哭的！但在公義的上帝面前，聖徒、使徒、眾先知，都當為此歡喜快樂，因為巴比倫的傾倒，展示上帝在她身上，顯出祂的公義、也為他們伸冤（20 節）。這對當代追求物質繁榮的人類和民族，是一大警告。對基督徒來說，將基督的福音，約化為一個追求「財富和健康」（wealth and health）的人生哲學，就是被「巴比倫」迷惑了；而以「成功神學」（prosperity gospel）取代「作主門徒的呼召」的傳道工作，也必然遭到「被火燒」的結局（參林前三 10～15）。[8]

D. 巴比倫完全、永遠的被消滅（21～24 節）

> 有一位大力的天使舉起一塊石頭，好像大磨石，扔在海裏，說：「巴比倫大城也必這樣猛力地被扔下去，決不能再見了。」（十八 21）

這是一個生動的異象，象徵這偉大、富裕、繁華、閃耀的大都會，一下子就完全消失了！這「巴比倫」城，在人類歷史中每一個時代都有。當然這裏所描繪的，是主在末日時，使之一下子消失的最後大城，她的傾倒消滅，是所有聖徒和天使都會見證的一件大事。經文中有六次重複「不能再見」（no more!），這包括整個大城和其中彈琴作樂的聲音、手藝人、推磨的聲音、燈光的照耀、新郎和新婦的聲音！何等可怕的靜默、黑暗、上帝的審判！

七 天上的歡樂：羔羊與聖徒至終得勝（啟十九章）

啟示錄第六幕異象的高潮，是十九章中的預言：天上將會有極大的歡樂（參閱本書第十章，有關啟示錄的結構）。這歡樂是為了慶祝：上帝向巴比倫和殉道者將施行公義（1～5 節）、羔

---

8 參 Vern S. Poythress, *The Returning King: A Guide to the Book of Revelation* (Phillipsburg: P&R, 2000), 168～170；陳若愚：〈成功神學與真假福音〉，《北美基督神學院院訊》第 41 期，2022 年 3 月，頁 1～4。

羊與榮耀教會婚筵的盛會（6～10 節），和基督君王至終的得勝（11～19 節）。[9]

1 羔羊的婚筵：讚美歡樂（1～10 節）

在見證巴比倫被消滅的異象後，約翰就聽到天使從天上大聲讚美，說：

> 哈利路亞（＝頌讚耶和華）！救恩、榮耀、權能都屬乎我們的上帝！他的判斷是真實公義的；因他判斷了那用淫行敗壞世界的大淫婦，並且向淫婦討流僕人血的罪，給他們伸冤。（十九 1～2）

眾天使不僅讚美上帝的救恩、榮耀和能力，也讚美祂的公義：審判淫婦、為僕人伸冤。淫婦的煙往上冒，直到永遠，因此她不能再誘惑和侵犯教會（3 節）。二十四位長老和四活物都俯伏敬拜讚美上帝（4 節），而天使也呼喚所有僕人（普世聖徒）都要一同讚美祂（5 節），形成一個天地大合唱的詩班（6 節）。除了讚美上帝的救恩與公義，這天地的詩班，也在慶祝一件大事 —— 羔羊的婚筵。有如雷的聲音如此宣告：

> 哈利路亞！因為主—我們的上帝、全能者作王了。我們要歡喜快樂，將榮耀歸給他。因為，羔羊婚娶的時候到了；新婦也自己預備好了，就蒙恩得穿光明潔白的細麻衣。

9　參 Hendriksen, *More Than Conquerors*, 178 ～ 183；Wilcock, *I Saw Heaven Opened*, 170～187。

第 11 章

（這細麻衣就是聖徒所行的義。）天使吩咐我說：「你要寫上：凡被請赴羔羊之婚筵的有福了！」（十九6～9上）

在這個屬天的婚禮中，基督（羔羊）是新郎，而教會（眾聖徒）是新婦。在猶太人的傳統裏，一對男女的婚姻可分四個階段：

1. **訂婚：**當一個女子被許配予一個男子，在法律上她就是他的妻子，他們就有了夫妻的名分，雖然仍未有夫妻的關係；
2. **中間時期：**訂婚與婚筵之間一段時期（可長可短），在期間新郎要向新娘的父親贈送聘禮（dowry）；
3. **婚禮進行：**新娘準備自己；新郎與朋友，一同到新娘家接新娘到自己（或父母）家中；
4. **婚筵：**一般是七天或更長的時間。

這猶太人的婚姻傳統，是將來在新天新地中，羔羊與教會契合（婚姻）的預表。這屬天的婚姻也可分四個階段：[10]

1. **訂婚：**教會被許配予新郎基督（林後十一2）；
2. **中間時期：**這是基督復活升天後、再來前的一段時間；基督藉十架，已為教會付了聘禮，正如聖詩所言：「主從天上來尋她，作主聖潔新婦，甘願流自己寶血，捨身將她買贖」；[11]
3. **基督再來接教會：**之前教會準備自己，穿上潔白的細麻衣（＝上帝賜予聖徒的義行），然後基督與天使同來，接榮耀的教會

10 參 Hendriksen, *More Than Conquerors*, 178～181。

11 參何統雄編：《生命聖詩》（香港：宣道，1986），頁 290～291。

到祂那裏去，永遠與祂同在（太二十五 31；約十四 3；帖前四 16 ～ 17）；

4. **羔羊婚筵：**這筵席是直到永遠的，展示了基督與教會在永恆中的親密關係。所有蒙恩，並活出基督生命的聖徒，都是被邀請赴這婚筵的人，他們都是有福的！

2 得勝的戰士：「萬王之王，萬主之主！」（11 ～ 16 節）

> 我觀看，見天開了。有一匹白馬，騎在馬上的稱為誠信真實，他審判，爭戰，都按著公義。他的眼睛如火燄，他頭上戴著許多冠冕；又有寫著的名字，除了他自己沒有人知道。他穿著濺了血的衣服；他的名稱為上帝之道。在天上的眾軍騎著白馬，穿著細麻衣，又白又潔，跟隨他。有利劍從他口中出來，可以擊殺列國。他必用鐵杖轄管他們，並要踹全能上帝烈怒的酒榨。在他衣服和大腿上有名寫著說：「萬王之王，萬主之主。」（十九 11 ～ 16）

1. 約翰看見天開了，當中出現白馬騎士的異象，這騎士被稱為「誠信」（faithful）、「真實」（genuine），象徵那將會再來，並將按公義審判和得勝的基督。這與六章 2 節中那為大地帶來死亡的白馬騎士有別。[12]
2. 「眼睛如火燄」象徵祂看透人心，按公平進行審判（啟一 14，二 18 ～ 23）；至於祂的名字「沒有人知道」，似乎與十九章 11、13 和 16 節的描述互相矛盾，也許這裏所指的，是基督

12 參 Beale and Campbell, *Revelation*, 126 ～ 127。

作為上帝（聖子），雖然是人可以認識的（knowable），卻是人不能完全測透的（incomprehensible）。

3. 戰士基督衣服上濺了的，是被審判仇敵的血（參賽六十三 1～3）；而「上帝之道」這名字，則表明了祂是「上帝聖子」的身分（參約一 1～18），和祂以真理公義施行審判的職分。
4. 「騎著白馬，穿著潔白細麻衣」的，是那些蒙拯救、與基督一同打仗的子民（參七 9、13～14，十七 14），十九章 15 節則清楚描述了基督作為天國戰士，以利劍擊殺列國（參賽四十九 6），以公義轄管他們（參詩二 9）、並以上帝的烈怒施行懲罰（參賽六十三 2～6）。
5. 最後，祂衣服和大腿上「萬王之王，萬主之主」的名字（七 14），是宣告祂乃得勝的戰士，因為大腿是戰士佩劍之處（出三十二 27；詩四十五 3）。還有，基督也是超越一切地上掌權者的天國君王：當基督復活升天之後，祂已被立「為主為基督」了（徒二 32～36），但只有在祂再來、得勝一切仇敵之後（啟十九 17～21），祂的天國君王身分才得以完全彰顯和實現。

3 終極的審判、基督為王（17～21 節）

我又看見一位天使站在日頭中，向天空所飛的鳥大聲喊著說：「你們聚集來赴上帝的大筵席，可以吃君王與將軍的肉，壯士與馬和騎馬者的肉，並一切自主的為奴的，以及大小人民的肉。」我看見那獸和地上的君王，並他們的眾軍都聚集，要與騎白馬的並他的軍兵爭戰。那獸被擒拿；那在獸面前曾行奇事、迷惑受獸印記和拜獸像之人的假先知，也與獸同被擒拿。他們兩個就活活地被扔在燒著硫磺的火湖裏；其餘的被騎白馬者口中出來的劍殺了；飛鳥都吃飽了他們的肉。（十九 17～21）

1. 第一位天使宣告巴比倫的傾倒（十八 1～2），第二位天使則宣告，基督戰勝其他一切仇敵，包括：地上君王、眾軍、獸一和獸二（十九 17～21）。這是基督君王的得勝，也是祂子民的得勝！
2. 天使邀請空中的鳥來參與上帝的大筵席（十九 17～18），這配合了天使邀請聖徒參與羔羊的婚筵（十九 9）。
3. 天使也宣告，獸與他的跟隨者，將被擊敗（十九 19～20）。這裏引用了以西結先知論歌革和瑪各將被擊敗、為飛鳥所吃的預言（結三十九 17～20）。正如在舊約先知時代，上帝會拯救以色列，審判其仇敵；同樣地，上帝在末日，也會拯救祂的子民，並審判他們的仇敵，包括兩個獸與敵擋基督的大軍（即：末日的歌革和瑪各）。
4. 十九章 19 節所描述歷史的「最後的戰役」，與十六章 14 節和二十章 8 節的是一樣的，符合啟示錄「平行異象」的結構。這戰爭的結果是：獸一和獸二（即：假先知）被擒拿（＝受審判），然後被扔在燒著的硫磺火湖裏，永遠受苦（十九 20）。這經文也符合另外兩處經文（十四 10～11，二十 10）所指，兩獸的結局是永遠的刑罰，而非被消滅（annihilated）；而兩獸所代表的人，包括一切敬拜獸、敵擋上帝者，也會遭同一命運（十九 20，二十 15；參但十二 2；太二十五 41）。這亦再次證明，聖經並不支持「消滅論」（annihilationism）。十九章 21 節又預言，其餘的（即：所有跟隨獸者）也將會受審判，他們的結局將與獸的一樣。

4 神學反思：聖徒的得勝與得賞——承受應許

A.「末世」的苦難與「末日」的賞賜

聖徒在「末世」面對苦難，不必感到驚訝，因為「凡立志在基督耶穌裏敬虔度日的，也都要受逼迫」(提後三 12)，加上「地受了咒詛、仍待更新」。然而，信徒不必灰心喪膽，因為這是上帝試煉我們的信心，使之更堅強純淨(彼前一 6～7)；信徒應以堅忍的信心、持守信仰，並盼望基督顯現帶來的榮耀賞賜(彼前一 7 下)。那些為主付上代價、甚至殉道的聖徒，他們的禱告將蒙應允，因為上帝必為他們伸流血的冤，而他們的靈魂、也必與基督「一同作王一千年」(參啟六 9～11，七 13～17，二十 4～6，及本書第十章)。當然，對不信的，和敬拜事奉獸的人，今生的苦難，卻是一個警告，要他們知道，他們必須悔改，歸向羔羊，否則苦難會愈來愈大，直到有一天，他們的命運，將與他們所敬拜的獸一樣。這會是極為可悲的結局！

當然，信徒在今生並不是完全的，因為在身體復活以前，他仍會受試探、軟弱犯罪(約壹一 8、10)，但上帝有赦罪之恩(約壹一 9)，並且祂應許，信徒有上帝能力的保守、堅忍到底，可以「得著所預備、到末世(原文是『末日』)要顯現的救恩」，到主再來時，這些信徒將會得賞賜，就是「稱讚、榮耀、尊貴」(彼前一 5、7)。但我們須正確了解，這是一個怎樣的賞賜。

B. 對「獎賞」誤解的修正

有些信徒認為，這「獎賞」(或：賞賜)，應該是救恩以外的獎賞，因為對他們來說，信耶穌的人已經「得救」了，獎賞就應該是救恩以外的賜予；他們往往把「得救」和「得勝」分別出來，認為聖經好像在說：信徒可分兩類，只有「得勝」的才會得獎賞（如：啟二 7，三 21），那些僅僅「得救」的，只可得永生，卻沒有獎賞（參林前三 10～15）。其實這並不是聖經的教導。新約聖經看「得勝與得賞」，有以下的特徵：

1. 得勝者所得的「賞賜」，是在基督裏豐盛的救恩，而非救恩以外的賜予：（1）保羅論新約聖徒，藉基督實現了上帝與亞伯拉罕所立「恩典之約」，使人藉信心得著救贖，這是上帝給予信徒最大的賞賜（加三 6～9、29）；（2）耶穌說：「我來了，是要叫羊得生命，並且得的更豐盛」（約十 10），重點是祂所賜的生命就是豐盛的生命，而不是分別「生命」（＝得救）和「豐盛的生命」（＝得勝）；（3）希伯來書多次論及有堅忍信心的人，都是以「得著救恩」為賞賜的：

    - 來三 14：「我們若將起初確實的信心堅持到底，就在基督裏有分了。」
    - 來六 11～12：「我們願你們各人都顯出這樣的殷勤，使你們有滿足的指望，一直到底。並且不懈怠，總要效法那些憑信心和忍耐承受應許的人。」
    - 來十 36、39：「你們必須忍耐，使你們行完了上帝的旨意，就可以得著所應許的⋯⋯我們卻不是退後入沉淪的那等人，乃是有信心以致靈魂（＝生命）得救的人。」

2. 得勝者將「得冠冕」為獎賞，但「冠冕」是甚麼？論到信徒得「賞賜」，聖經有時會以「冠冕」表達，如「生命的冠冕」（雅一

12；啟二 10)，「公義的冠冕」(提後四 8)，「榮耀的冠冕」(彼前五 4)等。有些人理解這些「冠冕」為上帝賜予「特別忠心的僕人」、救恩以外的獎賞，其中更有認為是一些有形的「冠冕」。一個更合理的解釋是：「冠冕」是一個隱喻(metaphor)，用以表達堅忍信徒，至終要得到「屬天的榮耀」(弗一 14、18)，因為「生命、公義、榮耀」都是基督豐盛救恩的描述。

3. 基督應許七教會的賞賜：在啟示錄二至三章中記載，基督寫予七教會的書信，每封的末了都應許，得勝者將領受上帝的賞賜，而這些賞賜都是聖徒在永恆國度中。「得享豐盛救恩」的七種不同描述，包括：(1)得吃生命樹的果子(二 7)；(2)得生命冠冕，不受最後審判定罪(二 10～11)；(3)與主一同坐席、稱義、得著新名(二 17)；(4)與主一同掌權(二 26～27)；(5)名字記在生命冊上(三 5)；(6)與主相交、在聖城中有分(三 12)；(7)與上帝一同掌王權(三 21)。

以上這些「賞賜」，都是豐盛救恩的祝福，而非救恩以外的獎賞。而獲取獎賞者，也不一定是別人眼中的「屬靈偉人」，乃是所有真誠悔改、持守信仰、忠心事主的信徒。正如雅各所言：「生命的冠冕」是給那些「愛上帝的人」(雅一 12)；而保羅也說：「公義的冠冕」不單是賜給他(保羅)，也賜給「凡愛慕主顯現的人」(提後四 8)。[13]

---

13 參陳若愚編，《神學與事奉》(台北：天恩，2019)，頁 23～29。

八 結語

耶穌在上十架前，曾對門徒說：「我將這些事告訴你們，是要叫你們在我裏面有平安。在世上你們有苦難，但你們可以放心，我已經勝了世界。」(約十六 33) 這話道出了門徒應有的人生觀，就是「現實中的樂觀」。為何說是現實？因為信徒在今生，必須面對這世界的逼迫，和世俗的引誘，也要忍受苦難。為何說是樂觀？因為基督藉祂的死和復活，已經得勝 (來二 14 ～ 15)，而我們也可以靠祂得勝，堅忍到底，在末日得著至終的榮耀和獎賞 (參羅八 31 ～ 39；彼前一 3 ～ 7；提後四 7 ～ 8)。感謝讚美三一上帝！

討論問題

1. 啟示錄四至五章所描述的天上敬拜異象，是指永恆天堂的敬拜嗎？這敬拜是在何時間？其性質和信息又是甚麼？這異象與全書（六～二十二章）的其他異象，又有甚麼關係？
2. 啟示錄六至十六章所描述的三幕「苦難」異象，它們在時間上，是一個接一個嗎？不然，三者之間有何關係？這些「苦難」有何目的？又帶來甚麼結局？
3. 簡要敘述啟示錄六章 1 節至八章 5 節中，七印的異象代表了甚麼苦難？為何信徒也會受苦？當中七章 1 至 17 節，又為新約信徒（包括我們）帶來了甚麼信息？
4. 簡要詮釋啟示錄八章 6 節至十一章 19 節中，七號的異象象徵一些甚麼苦難？它們對不信者與信徒，各有甚麼不同的信息？而他們又各有甚麼不同的反應？
5. 簡要詮釋啟示錄十五章 1 節至十六章 21 節中七碗的異象，並闡釋其與七號異象有何不同？不信的世人對這些苦難有怎樣的反應？第七碗所描述的「主再來」的異象，有甚麼特別之處？
6. 啟示錄十二章 1 節至十三章 18 節所描述的爭戰，是甚麼爭戰？結局將會是如何？這些爭戰與上述三幕「苦難」，又有何關係？
7. 啟示錄十四章 1 節至十五章 4 節的十四萬四千人是誰？他們得勝的能力從何而來？有何結果？摩西羔羊的歌（十五 2～4），對今日的信徒又有何神學和實際意義？
8. 啟示錄十六章 17 至 19 節和十七章 1 至 6 節所描述的「大巴比倫」，代表了甚麼？啟示錄十七和十八章描述了她的傾倒，試分析她為何會傾倒？她將如何傾倒？以及她的傾倒，對今日信徒有何警戒和信息？

9. 啟示錄十九章 1 至 10 節論到主再來時將有「羔羊婚筵」，這與猶太人傳統婚姻習俗，有甚麼相同之處？試反思「教會是基督的新婦」之神學和實在意義。
10. 基督君王再來、至終得勝（啟十九 11～21），對信徒今日的生活和事奉，應有甚麼影響？
11. 聖徒在基督裏得勝，並得獎賞，究竟是甚麼獎賞？是救恩以外的獎賞嗎？試從新約聖經探討這「獎賞」的課題。

12

我信宇宙更新

一 引言：整全的救贖

有信徒認為，耶穌的救贖工作，只是拯救人的靈魂免下地獄，所以傳福音的目的，主要是「搶救靈魂」。這是一個非常狹窄的救恩觀念。不錯，耶穌曾說：「人若賺得全世界，賠上自己的生命，有甚麼益處呢？人還能拿甚麼換生命呢？」（太十六 26）這裏的「生命」，希臘原文是 *psyche*，也可譯作「靈魂」，而《和合本》譯作「生命」是合宜的，因為 *psyche* 一詞，在新約中，除了表達人的內在生命，也可表達人的整全生命（如上述的太十六 26）。另外，也可理解為「人的內心」所代表的全人（如：林前十五 45；來六 19，十 38～39；雅五 20 等），因基督的救贖就是全人的救贖。

其實，整本聖經都在啟示一種整全人觀「全人」（holistic anthropology）和「全人救贖」（holistic salvation）的觀念。「全人」即包括人的靈魂與身體。而新約也特別道明，人在基督裏，身體雖會經歷死亡，但將來必會復活更新。若耶穌道成肉身只為了拯救靈魂，祂便無須從死裏復活，而信徒「身體復活」的盼望，也就變得毫無根據了。

不錯，新約有一些經文是論及人的「靈」或「魂」，所指的是那與「身體」有別的「靈魂」，當其與身體配合，才成為「整全的人」。明顯的例子有：(1)哥林多後書四章16節和馬太福音十章28節，展示了整全人觀是包括兩方面——外體與內心，即：人的一體兩面(unity in duality)；(2)啟示錄六章9節及二十章4節的異象，都提及殉道者在「居間之境」的「靈魂」是活著、與主同在，並等候將來「身體」的復活。這是信徒在死亡後、復活前的一段時間內的特殊處境(參本書第七、十章)。

其次，基督的救贖所涵蓋的，不單是個人，也包括羣體。不錯，每一位歸主的人，都個別地(individually)悔改信主，成為上帝的兒女(約一12)，與主同復活、同升天(弗二5～6)；但救恩也有其集體意義(communal significance)，因為基督所創造的「一個新人」(one new man)，是羣體性的：即包括猶太人和外邦人的普世教會(弗二14～16；參加三26～28)。這「新人」也是聖靈的殿(弗二18～22)、基督的身體(林前十二12～27；弗四11～16)、父上帝的子民(來二9)。

最後，基督的救贖更是超越人類，涵蓋整個受造世界，即天地萬物。整個宇宙的更新(cosmic renewal)，乃基督救贖工作的高峯(弗一9～10；羅八19～23)，而這宇宙性的救贖工作，是當代福音派教會(包括華人教會)經常忽略的，並因此衍生了一種片面的救恩觀，和不健全的屬靈觀(spirituality)。要補足過去在這方面的缺失，福音派眾教會的牧者和教師，須在這方面格外努力。

新約聖經在描述這宇宙性的救贖時，用上了幾個重要的名詞：*kosmos*(世界)、*ktisis*(創造)/ *kaine ktisis*(新創造)、*ta panta*(萬有)。這些名詞都清楚表達了救恩的「宇宙性意義」。

1. *kosmos*（世界）一詞，在新約中有多於一種意思，視乎其前文後理（contexts）才能正確地理解，其中主要包括以下意思：(1) 上帝所創造的世界，它清楚啟示了上帝的存在、永能和神性（羅一 19 ～ 25）；(2) 人類所居住的世界（羅一 8；林前十四 10）；(3) 上帝所愛的人類（約三 16）；(4) 蒙救贖的新人類（林後五 19）；(5) 敵擋上帝、將會過去的邪惡世界（林前四 13，七 31；林後四 5；加四 3；約壹二 15 ～ 17）。
2. *ktisis*（創造）一詞，包括其動詞（*ktizo*），在新約中，主要指上帝所創造的萬物（可十 6，十三 19；羅一 20，八 19 ～ 22、39；西一 15；來九 11；彼後三 4；啟三 14 等），有時亦指某一受造物（羅一 25）。聖經如此集中運用一個詞語，是頗為特別的。更值得留意的是，保羅在哥林多後書五章 17 節和加拉太書六章 15 節中，用了 *kaine ktisis*（新創造）這名詞，展示了（在基督裏）救恩的宇宙性意義。這些經文我們將會在下文進行探討。[1]
3. *ta panta*（萬有；all things）一詞，主要表達上帝所創造、救贖和更新的天地萬物。以這名詞論及宇宙更新的主要經文包括：林前十五 27；腓三 21；西一 20；弗一 9 ～ 10 等。[2]

第 12 章

1　參 J. J. Johnson Leese, *Christ, Creation and the Cosmological Goal of Redemption: A Study of Pauline Creation Theology as Read by Irenaeus and Applied to Ecotheology* (New York: T&T Clark, 2018), 55 ～ 62。

2　參 Gerald F. Hawthorne, Ralph P. Martin, and Daniel G. Reid, eds., *Dictionary of Paul and His Letters* (Downers Grove: IVP, 1993), 26。

二 宇宙更新：新約書卷的啟示

1 聖徒復活和宇宙更新（羅八 19～23）

使徒保羅在羅馬書中，論及「聖徒的苦難與盼望」時，將「受造之物」（自然界）與「聖徒」兩者作出區分，但也同時將之連接起來。他說：「受造之物切望等候上帝的眾子顯出來。因為受造之物服在虛空之下，不是自己願意，乃是因那叫他如此的；但受造之物仍然指望脫離敗壞的轄制，得享上帝兒女自由的榮耀。我們知道，一切受造之物一同歎息、勞苦，直到如今。不但如此，就是我們這有聖靈初結果子的，也是自己心裏歎息，等候得著兒子的名分，乃是我們的身體得贖。」（羅八 19～23）在這裏，保羅將「受造之物」與「上帝的兒女／聖徒」分別出來，也同時將兩者藉「盼望」緊緊扣連。

A.「受造之物」（creation）為何也需要「盼望」?（19～20 節）

在此節經文中，「受造之物」（*ktiseos*）是指一切上帝所造的整個大自然的世界（不包括人類、天使／邪靈等）。[3] 它對未來也有盼望，因為它也服在「虛空」（futility）之下。何謂「虛空」? 大致可包括：失去了秩序（order）、生命力（vitality），和存在之目的（purpose of existence）等。當失控的病毒、天災、氣候變化等，為人類帶來疾病、痛苦、隔離、死亡，就顯出自然世界的運作失調，不能達致它受造之目的，就是造福人類和榮耀上帝。

感謝上帝！祂賜予人類「普世恩典」（common grace），帶來

---

3 參 John Murray, *The Epistle to the Romans*, NICNT (Grand Rapids: Eerdmans, 1973), 301～303。

修補、醫治和安慰。例如，醫學科研成果帶給我們的疫苗、藥物，和預防疾病的智慧；而氣象學（meteorology）則幫助我們了解氣候的變化，這些都是上帝賜予人類的禮物。因此，人類應珍惜善用之，免得病毒快速蔓延、自然界更加失控，迫使世人需要面對更多、更大的災難。

大自然的失控，不是它本身的「意願」，乃是出於上帝的旨意（八 20 下）。一切都在上帝的手裏，因祂有主權，但人也須為自己的行為負責，這是上帝對人的要求。由於亞當和他後裔犯罪，地受了咒詛（創三 17～19），而往後人類亦一直沒有好好克盡管家的職分，常為一己的享受和利益，導致大自然運作失控。可見，大自然的失控，人類須負一定的責任。其實，大自然與人類有著不可分割的關係，人類應看大自然是一個合作的伙伴（working partner），而不單是一個供人享受、為人賺錢的工具。

B.「受造之物」在盼望著甚麼？（19 下、21～22 節）

第一，「受造之物」切切盼望、等候上帝的眾兒女，在末日時顯現（19 節下）——就是在基督再來之時，身體復活，在榮耀中與主一同顯現在榮耀中（西三 3～4）。大自然的世界，一直在等待一個新時代的來臨，因為到時它就可以脫離現今的困境。這「盼望」道出了，信徒的復活跟大自然的更新，兩者息息相關。

第二，「受造之物」盼望脫離敗壞的轄制（21 節），是甚麼意思？「敗壞」（corruption），代表腐敗、衰老、死亡、失敗，是一種捆綁（bondage），就是大自然所不能脫離的黑暗勢力。「脫離敗壞、得享自由」是大自然世界的盼望，也是上帝兒女對將來身體復活的盼望。我們又相信，信徒復活的榮耀和自由，是在基督裏（in Christ），也是在聖靈裏（in the Holy Spirit）的，因為：「主（復活的基督）就是那（聖）靈；主的靈在哪裏，那裏就得以自由。」（林後三 17）聖靈使基督復活，也將使信徒復活（羅八 11），使他們得享自由，脱離罪和死亡的捆綁，享受作上帝兒女的生命，承受天國的產業。同樣，按聖經啟示，主再來時，大自然的世界也將更新，成為新天新地。可見信徒的復活和大自然的更新，兩者緊密相連，不可分割。

第三，「受造之物」亦盼望「新創造」的來臨（22～23 節），因為它「歎息勞苦，直到如今」。歎息勞苦（groaning as in the pains of childbirth），表達了墮落世界的混亂失序、乏力空虛、痛苦掙扎。有當代科學家預測，這宇宙若按現況發展，將會走下坡，且在若干年後完全消失。這是科學家觀察大自然現況後的推測。[4] 然而，聖經對宇宙未來的預測，卻是樂觀、光明、滿有盼望的。保羅在此用「歎息勞苦」，形容婦人雖經歷生產痛苦，也同時在喜樂中盼望孩子的出生。同樣地，「受造之物」在苦難中也是充滿盼望的，因為榮耀的「新創造」必會來臨，好像一個婦人期待嬰孩的誕生。這是上帝對保羅和我們的應許。

C.「聖徒」所盼望的，又是甚麼？（19、21、23 節）

聖徒的盼望，與「受造之物」的盼望是同步的，當中包括：身體復活更新、脱離敗壞的捆綁、與主基督一同顯現在榮耀中（19 節；西三 3～4）、得享上帝兒女的自由（21 節）。這盼望帶給信徒三重信息：

---

4 參 David Wilkinson, *Christian Eschatology and the Physical Universe* (New York: T&T Clark, 2010), 7～22。

(i)接受今天「歎息勞苦」的現實(23 節下)

新約聖經告訴我們，今天信徒活在「新舊時代重疊」(overlap of two ages)的時段，即天國「已然—未然」的張力中。因此，一方面我們可以善用上帝的「普世恩典」，努力作忠心治理大地的好管家，造福社會、討主喜悅。另一方面，我們也知道，人生的勞碌、疾病死亡，以及天災人禍，仍然是難以避免的。但我們可以肯定，在一切「歎息勞苦」中，聖靈以「說不出來的歎息」為我們代求(羅八 26～27)，基督大祭司又能成為我們隨時的幫助(來四 14～16，七 25)，使我們有力量面對一切苦難。

(ii)期待身體復活、全人得贖(23 節)

我們蒙救贖，作上帝的兒女，可分三個階段實現，就是救恩的三部曲：

1. 歸主，初步成為上帝的兒女(約一 12)；
2. 藉著聖靈，逐漸活出上帝兒女的生命(羅八 14～16；約壹三 1～3)；
3. 身體復活更新，完全實現上帝兒女的身分(羅八 23 下；約壹三 2)。

今日的信徒，須全心依靠主、以堅忍的信心(persevering faith)往前奔跑(參腓三 12～14)，不要停留在「決志歸主」的階段。信徒今天已有「聖靈初結果子」，這是將來身體復活的先嘗，因此雖有患難，卻因盼望仍有滿足的喜樂，因為(如保羅所言)：「患難生堅忍，堅忍生品格，品格生盼望，盼望不至於失望，因為所賜給我們的聖靈，將上帝的愛澆灌在我們心裏。」(羅五 3～5；

筆者修譯自《和合本》）

(iii)期待整個宇宙(包括大自然)的更新

「宇宙更新」是上帝救贖計劃的重要一環，與聖徒的復活緊扣相連，因為兩者皆建基於基督的復活。這更新的宇宙，將會在永恆國度中，成為聖徒生活與實踐使命的榮耀新環境(啟二十一1～二十二5)。因此這「宇宙更新」的盼望，對歷世歷代的聖徒來說，都是很大的鼓勵。

2 萬物的重建(徒三19～21)

五旬節後，使徒彼得在耶路撒冷聖殿門外，宣講基督復活的救恩，勸勉羣眾說：「所以，你們當悔改歸正，使你們的罪得以塗抹，這樣，那安舒的日子就必從主面前來到；主也必差遣所預定給你們的基督(耶穌)降臨。天必留他，等到萬物復興的時候，就是上帝從創世以來、藉著聖先知的口所說的。」(19～21節)藉信心的悔改，歸向上帝，乃人蒙恩得救的途徑。這恩典涵蓋：(1)罪得塗抹：上帝不單赦免，也不再記念(賽四十三25)；(2)藉聖靈更新使人得舒暢(times of refreshing)；(3)基督再來時，宇宙萬物(*ta panta*＝萬有)得以更新重建(restoration)。這是一個福音的呼召和邀請，展示了救恩豐盛的賜予，包括同享上帝將重建的宇宙。而這亦是按先知所應許(參賽四十三18～19，六十五17～25；結四十七1～12等)，基督再臨時要成就的。可見，宇宙的更新，不單是上帝在歷史中要成就的，也是悔改歸主的人一同期待，並將會一起同享的豐盛救恩。[5]

---

5 參 David G. Peterson, *The Acts of the Apostles*, PNTC (Grand Rapids: Eerdmans, 2009),

3 萬物將同歸於一（弗一 9～10）

保羅向小亞細亞眾教會，展示上帝的救恩計劃，包括祂的揀選，使人得兒子的名分、蒙救贖，且「都是照他自己所預定的美意，叫我們知道他旨意的奧祕，要照所安排的，在日期滿足的時候，使天上、地上、一切所有的都在基督裏面同歸於一。」（9～10 節）

在天啟文學中，「上帝的奧祕」往往是指上帝在末日時，將會顯明的、關乎全宇宙的計劃（如：但二 18～19、27）；在新約中，則是指上帝藉基督十架復活所成就、在不同層面的救贖恩典（參羅十一 25，十六 25；西一 25～26；弗一 10，三 3～6）；並且這奧祕因基督首次降臨，已被揭示，不再是隱藏的。

這奧祕的一個焦點就是：在上帝按祂主權旨意（sovereign will）所預定的日期，天上地上（＝宇宙）一切所有的，都會在基督裏，同歸於一（together under one head, even Christ；參 NIV），即脫離「破碎、異化、衝突」，而重歸「統一、協調、和好」。這是上帝救贖工作的宇宙性果效，即信徒所期盼的「新天新地」。[6]

4 萬有將與上帝和好（西一 19～20）

保羅向歌羅西人宣告基督是創造的主，也是救贖的主（15～20 節）。19 至 20 節是這信息的高峯，啟示父上帝差遣聖子來世的目的：「因為父喜歡叫一切的豐盛在他裏面居住。既然藉著他在十字架上所流的血成就了和平，便藉著他叫萬有——無論是地上的、天上的——都與自己和好了。」

179～183。

6 參 Peter T. O'Brien, *The Letter to the Ephesians*, PNTC (Grand Rapids: Eerdmans, 1999), 108～115；J. Richard Middleton, *A New Heaven and a New Earth: Reclaiming Biblical Eschatology* (Grand Rapids: Baker, 2014), 157～158。

父上帝的一切豐盛，藉基督彰顯；同樣，祂也藉基督使萬有與自己和好。這是基督十架救贖的宇宙性意義，是超越個人、羣體得贖的救恩觀（21～22節）。聖子基督原是萬有的主和教會的元首（15～18節），但這主權在宇宙中的實現，因著罪而受到破壞，需要復和（reconciliation）。而父上帝主動藉基督的十架，打開復和之路，呼召人信靠基督，使人與上帝和好（21～22節；林後五18～21），這是關乎人的層面的救恩。但保羅沒有忽略宇宙（即：萬有）層面的救贖。

在一章15至20節中，「萬有」指的是「天地萬物」，並非單指人類。在此，保羅不是在提倡一個「普救論」，而是預言將來整個宇宙的更新和重建（cosmic renewal and restoration；參太十九28；徒三19～21；腓二10～11）。因此，這裏的「和平」，是涵蓋人與上帝、人與人、人與世界等關係的重建。而今天信徒在嚮往萬有復和的前景時，當致力作「和平之子」，當中當然包括領人歸主、建立教會，和實踐人類應盡的「環保」（即：作大自然管家）之本分。[7]

5 末日天地的改變更新（彼後三6～7、10～13）

使徒彼得寫信給那些受異端迷惑的信徒，預言主再來時將會發生的事：「故此，當時的世界被水淹沒就消滅了。但現在的天地還是憑著那命存留，直留到不敬虔之人受審判遭沉淪的日子，用火焚燒。……但主的日子要像賊來到一樣。那日，天必大有響聲廢去，有形質的都要被烈火銷化，地和其上的物都要燒盡了。這

7　參 Douglas J. Moo, *The Letters to the Colossians and to Philemon*, PNTC (Grand Rapids: Eerdmans, 2008), 130～137。

一切既然都要如此銷化，你們為人該當怎樣聖潔，怎樣敬虔，切切仰望上帝的日子來到。在那日，天被火燒就銷化了，有形質的都要被烈火鎔化。但我們照他的應許，盼望新天新地，有義居在其中。」（6～7、10～13 節）

表面看來，彼得在此似乎是預言，主再來時，舊的天地將完全被燒毀。其實不然：

1. 6～7 節：在挪亞時代，正如上帝用洪水審判不肯悔改的罪人，在末日，上帝將用火審判不敬虔的人（參二 4～9，舊約上帝審判的先例）。彼得預言的重點，並非在受造的宇宙，而是在審判犯罪和不敬虔的人，藉火的焚燒達成祂公義的刑罰。正如洪水淹死罪人，大地卻沒有被消滅，乃是在洪水後得以更新（創八～九章，參本書第二章）；末日火焚燒的審判，當然比洪水更嚴厲，毀滅性更大。但正如新約學者包衡（Richard Bauckham）所言：「從聖經的角度看，人類的歷史，並非完全被偶發和無意義災難所左右，宇宙間的毀滅能力，乃是掌握在那創造、掌管萬有的上帝手裏。宇宙和人類所面對的，是上帝（道德性）公義的審判，而審判本身並非至終目的。上帝審判的至終目的，是要從混亂中，再度建立一個充滿公義的更新世界。」[8]

   從下文（10～13 節），我們就可以更清楚了解包衡所言，那「審判的至終目的」了。
2. 10～13 節：彼得在此展示了兩個正面的救贖信息：

8　參 Richard Bauckham, *Jude–2 Peter*, WBC (Waco: Word, 1983), 302。

- 10節描述，地將被顯露（不是被完全燒毀），等待更新。*kausoumena* 一詞，《和合本》譯作「被火銷化」（be burned up）——這是參照「公認文本」（*Textus Receptus*）而來，而根據抄本批判學，這版本並不是最可靠的。現代新約文獻研究學者大都認為，更可靠的版本，應該是《梵蒂岡抄本》（Codex Vaticanus）和《西奈抄本》（Codex Sinaiticus）等的 *heurethesetai*，而這動詞可譯為：「被發現、顯露」（to be laid bare / to be found），其意思是：末日的火，會將天地中敗壞的（包括天上的靈體和地上的罪污）都被燒掉，使大地和其上一切，就是人所行的一切善惡，都在上帝面前顯露，等待祂在末日施行公義的審判。而結果當然是：不義的將受永刑，而藉基督得稱為義的，將得永生。
- 11至12節，則帶出這信息的兩點應用：第一，信徒應聖潔敬虔地度日，因為敗壞與不潔的事物將被燒掉（11節），而14節也重述了這一點：「親愛的弟兄啊，你們既盼望這些事，就當殷勤，使自己沒有玷污，無可指摘，安然見主」，這裏更與10節用上了同一動詞 *heurisko*（to be found, spotless, blameless）；第二，信徒今天要切切仰望，期待主的再來，因為到時我們會進入上帝所應許的新天新地。
- 13節描述上帝正面的救贖大工：天地將被更新改變，當中將會充滿上帝的聖潔公義。這是宇宙全面的更新，是一個「更新的創造」。在這過程中，上帝並非要消滅整個舊的創造，而是要藉聖靈的大能，將「舊的、會朽壞的」改變更新，這包括「受造的大自然，和得救的信徒羣體」，將被更新成為不朽壞、榮耀的「新創造」（參啟二十一1～5）。

基督與聖徒的身體，在各自復活時，先後都會經歷聖靈的改變，成為不會朽壞的榮耀身體（腓三 20 ～ 21；林前十五 35 ～ 57）。不錯，聖徒的身體會被聖靈改變，但改變前後也有其「連續性」（像基督一樣），宇宙亦然。總的來說，基督復活身體的模式，也將是信徒復活，和宇宙更新的模式，三者都有其「連續性」和「非連續性」，因並非完全被消滅，失去其原有的身分。[9]

三「新天新地」（新創造）的舊約應許

1 上帝要做一件新事（賽四十三 1 ～ 25）

耶和華藉先知以賽亞，應許祂將帶領被擄的以色列人，從巴比倫回歸故土，得以重建國家和家園、並與上帝的關係。這應許的核心信息是：「耶和華如此說：你們不要記念從前的事，也不要思想古時的事。看哪，我要做一件新事；如今要發現，你們豈不知道嗎？我必在曠野開道路，在沙漠開江河。野地的走獸必尊重我；野狗和鴕鳥也必如此。因我使曠野有水，使沙漠有河，好賜給我的百姓、我的選民喝。這百姓是我為自己所造的，好述說我的美德。」（賽四十三 18 ～ 21）

上帝勸勉子民，不要再思想過去的罪、審判與被擄，乃是要思想未來的前景，就是上帝所賜、重建的應許（1 ～ 13 節）。這應許不單是以色列回歸故土，更是上帝要重建與以色列的關係，就是再次認定，耶和華是他們的創造主、救贖主和君王（1、3、7、

9　參 Bauckham, *Jude–2 Peter*, 314 ～ 322；Middleton, *New Heaven and a New Earth*, 160 ～ 163, 193 ～ 195。

10～11節），而以色列則是上帝所揀選的僕人。因此，以色列的回歸，是一個救贖（1、14節），也是一個創造（6～7節），但不是舊的創造，而是一個「新創造」（3～7、14～21節）！19至21節更用了一些天上樂園（paradise）的景象，去描述這重建的未來：曠野中的水、沙漠中的河、動物榮耀上帝、生命的供應等。在這新創造中，被擄歸回的人，是上帝所珍視、所揀選的子民，是上帝為自己所造，也是被祂所差派、為祂作見證的使者（4、20～21節），這是尊貴的身分、極大的福氣！先知從救贖的角度看這「新創造」，也視之是一個「新出埃及」（2、16～17節）；換句話說，舊約出埃及的事件，是以色列回歸重建的先例，也是新約在基督裏的「新創造」的預表（type）。

以賽亞書四十三章「新創造」的預言，是四十至五十五章「安慰之書」（book of consolation）的其中一段。「安慰之書」預言被擄歸回的以色列，將被重建為「新創造」。以色列人犯罪，惹上帝發怒，藉外邦王國（亞述、巴比倫）將他們擄到異邦（賽四十七6，五十一17、22，五十四8）。然而，出於上帝的憐憫慈愛，他們得以脱離捆綁（賽四十二6～9，四十九8～9）、罪得赦免（賽四十三3～4、25），得享上帝永遠的愛與赦免（賽五十四6～8），這恩典是奇妙難明的，因為耶和華宣告，說：

> 惟有我，為自己的緣故，塗抹你的過犯；我也不記念你的罪惡。（賽四十三25）

> 耶和華召你，如召被離棄心中憂傷的妻，就是幼年所娶被棄的妻。這是你上帝所説的。我離棄你不過片時，卻要施大恩將你收回。我的怒氣漲溢，頃刻之間向你掩面，卻要

以永遠的慈愛憐恤你。這是耶和華──你的救贖主說的。（賽五十四 6～8）

上帝公義的怒氣，至終轉為信實永恆的愛與赦免，關鍵是一個贖價（四十三 3～4、22～25），特別是在「安慰之書」中，預言「受苦僕人」（彌賽亞）所獻上的贖罪祭（五十三 4～12）![10]

耶和華要作的「新事」，不單是指猶太人從被擄之地歸回，也是遙指普世子民，藉彌賽亞（基督）得救贖，而在新約時代這救贖，是分兩個階段實現的。第一階段是基督復活後，建立新約教會，要述說上帝的美德（彼前二 9～10）；第二階段是基督再來後，更新天地、與子民同住（啟二十一 1～7）。

2 上帝預言的「新天新地」（賽六十五 17～25）

看哪！我造新天新地；從前的事不再被記念，也不再追想。你們當因我所造的永遠歡喜快樂；因我造耶路撒冷為人所喜，造其中的居民為人所樂。我必因耶路撒冷歡喜，因我的百姓快樂；其中必不再聽見哭泣的聲音和哀號的聲音。其中必沒有數日夭亡的嬰孩，也沒有壽數不滿的老者；因為百歲死的仍算孩童，有百歲死的罪人算被咒詛。他們要建造房屋，自己居住；栽種葡萄園，吃其中的果子。他們建造的，別人不得住；他們栽種的，別人不得吃；因為我民的日子必像樹木的日子；我選民親手勞碌得

---

10 參 G. K. Beale, *A New Testament Biblical Theology: The Unfolding of the Old Testament in the New* (Grand Rapids: Baker, 2011), 532～535。

> 來的必長久享用。他們必不徒然勞碌；所生產的，也不遭災害，因為都是蒙耶和華賜福的後裔；他們的子孫也是如此。他們尚未求告，我就應允；正說話的時候，我就垂聽。豺狼必與羊羔同食；獅子必吃草與牛一樣，塵土必作蛇的食物。在我聖山的遍處，這一切都不傷人，不害物。這是耶和華說的。（六十五 17～25）

這是舊約聖經中最明顯的「新創造」的應許和預言（參賽五十七 15～19，六十 15～22，六十六 19～24）。先知預言，以色列人被擄後回歸重建，是一個上帝子民在舊約歷史中的「新創造」，指向並應許一個更榮耀、更偉大、永恆的「新創造」。這預言帶出了以下重要的信息。

A. 有「復活」的前景（賽六十五 22，六十六 22）

在 22 節，先知預言在新天新地中，上帝子民會長久享受他們所建造、栽種、勞碌得來的成果。這配合了六十六章 22 節耶和華所言：「我所要造的新天新地，怎樣在我面前長存；你們的後裔和你們的名字也必照樣長存」，「長存」就是「永遠存活」的意思，即超越舊約的以色列，和任何地上的民族。這展示了在「新創造」中，子民將有復活的生命。其實「復活」這主題，以賽亞書其他章節（如：二十六 19，五十三 10～11）也有論及，特別在預言受苦僕人「受死為贖罪祭」的同時，也預言：「他必看見後裔，並且延長年日。耶和華所喜悅的事必在他手中亨通。他必看見自己勞苦的功效，便心滿意足」（五十三 10 下～11 上），清楚地指向基督的復活。這復活的主題，在新約論及實現「新創造」的經文中（如：林後五 17；加六 15），會顯得非常重要。

B. 盼望新天新地（賽六十五 20）

有人會問：這不是一個「千禧年」的國度嗎？

不少持「時代論前千禧年派」觀點的學者，看六十五章 20 節所指的，是一個暫時在地上的「千年國度」，而非永恆的「新天新地」，因為按經文字面直解，在其中仍然有死亡，也有罪人，因此不可能是那永恆、完美的國度。因此，這些學者認為，六十五章 17 至 25 節的應許，在新約中的應驗，可分為三個階段，就是：（1）信徒重生歸主（林後五 17）；（2）千禧年（啟二十 1 ～ 6）；（3）新天新地（啟二十一 1 ～ 5）。

新約學者畢爾卻不同意，他認為從前文後理看，六十五章 20 節所表達的，是一個喻意描述（figurative description），指向在新天新地中，沒有死亡的境況，而非如「時代論前千禧年派」學者所言，是指一個暫時的、有死亡與罪惡的千年國度。畢爾提出七方面支持「新天新地」（即：新創造）有力的理據。以下筆者會簡述這七個論據：[11]

（i）一個詞語的翻譯

20 節中，原文 *chata* 一詞，可譯作「罪人」（sinner），也可譯作「未達到者」（the one who does not reach），英語譯本兩種譯法都有，且各佔一半。若按後者譯法，這句子的意思是：「那未達百歲而死的人算是被咒詛」，問題就解決了，因為：在新天新地中，將沒有「罪」的存在了，當然也沒有「百歲而死的人」，因為人人都活到永遠，因此「被咒詛」只是一個假設的說法（hypothetical）、

11　參 G. K. Beale, "An Amillennial Response to a Premillennial View of Isaiah 65:20," *Journal of the Evangelical Theological Society* 61.3 (2018): 461 ～ 492。

一個不會出現的狀況！畢爾認為，從前文後理看，後者譯法是較可取的，但就算我們按前者譯作「罪人」，也不一定有大問題，因為在新天新地中的人，都原是罪人——蒙恩的罪人，雖然在永恆國度中，罪不再存在，但這身分並沒有變。正如使徒保羅，在提摩太前書一章13至16稱自己為「罪魁」（一15），因為他從前是「褻瀆上帝、逼迫人、侮慢人的」（一13），雖然當時（在寫信時）他已不再犯這些罪了，但「蒙恩的罪人」仍是他的身分的表達！

（ii）17至25節「前文後理」的支持

1. 20節連接著17至19節：17節耶和華宣告，祂將創造一個「新天新地」，取代那不再被記念的舊天地。18至19節上帝吩咐子民，為祂所造的聖城永遠歡喜快樂，而上帝自己也會因聖城和聖民歡樂，因祂愛子民，以他們的喜樂為樂。這樣，哭泣和哀號不再存在。20節很自然地，承接18至19節的描述，指出在永恆的新耶路撒冷中，所有嬰孩都得以享受生命，而所有的老年都能實現人生的滿足。換句話說，在「新天新地」中，再沒有死亡（參賽二十五7～8），因為從嬰孩到老年，死亡的權柄將被消除。
2. 20節也連著21至25節：21至24節描述彌賽亞國度（新創造）的特徵。子民可以長久享受自己所建造的房子、所栽種的葡萄園，不像過往因罪被罰的日子（21～22節；參申二十八30；彌六15）；他們不會徒然勞苦，而子孫也必蒙福（23節；參詩七十八33；伯二十一8）；上帝在子民求告前，已應允了他們。這些都是永恆國度的前景，與20節的內容互相配合。

3. 六十五章 25 節也描述了新天新地一個美麗和平的景象：在上帝與人同在的聖山居所，大自然的生物，將和諧共處，不再互相傷害，並且人與野獸也和平相處，不再受到傷害（參十一 6～9，四十三 20；可一 13）。25 節完全配合了上文 17 至 24 節的預言，而 17 至 25 節構成了 20 節的前文後理(context)。[12]

(iii) 這預言是「伊甸園重建」的應許

這些經文亦帶出了以賽亞書六十五章跟創世記一至三章的關係，兩者對照，反映了以賽亞書六十五章 17 至 25 節，是一個「重建的伊甸園」的應許，即先知所預言「永恆新天地」的來臨。其中明顯的例子，如下：

創一～三章	賽六十五 17～25
一 1：舊天地	17 節：新天地
二 9，三 22、24：生命樹	22 節：樹木
三 14～15：蛇會吃土，牠的頭會受傷	25 節：蛇以塵土為食物；不會再傷人害物
17～19 節：工作帶來勞苦與空虛	19、23 節上：沒有哭泣哀號，工作不徒然
16、19 節：婦女懷胎受苦、兒女終必死亡	22～23 節：兒女是蒙福的後代、存到永遠

這是一個永恆「新時代、新創造」的前景，而 20 節作為這應

---

12 參 Edward J. Young, *The Prophecy of Isaiah*, vol. 3 (Grand Rapids: Eerdmans, 1972), 513～517。

許的一部分，也應是「永恆新創造」的描述，而不是「暫時的千禧年」的描述。

(iv) 與以賽亞書其他「新創造應許」的經文配合

以賽亞書六十五章13至14節、18節和25節，是建立在以賽亞書二十五章7至10節之上，而後者顯然是「永恆新創造」的應許。同樣地，以賽亞書三十五章1至10節，是一個清晰的「新創造」，也是以賽亞書六十五章4節的重要背景。這些經文，皆有助凸顯六十五章20節作為「新創造應許」的一部分。

(v)《七十士譯本》的支持

舊約希臘文譯本《七十士譯本》，翻譯了以賽亞書六十五章20節，其英文意思是："By no means should there be one who dies untimely, or an old man who shall not complete his time: for the young shall be a hundred years old, and the sinner who dies a hundred years shall also be accursed."這譯本的喻意是：在新創造中再沒有人英年早逝，因為在其中所有的人，都會永遠地存活。

(vi) 賽六十五章與啟二十一～二十二章的關係

啟示錄二十一章1節至二十二章5節，在描述終極的新天新地時，多處引用了以賽亞書六十五章中的預言應許。兩者的密切關係，足以支持以賽亞書六十五章20節是指向「永恆新創造」這觀點。比較來看，啟示錄二十章1至6節(論及千禧年)，跟以賽亞書六十五章就沒有這種相應配合的關係了(啟示錄二十章的闡釋，可參閱本書第十章)。

(vii)配合新約「末世」的神學結構

過去一百年，大部分福音派新約學者，對「新約末世結構」達成了一個包含兩階段(已然—未然)的共識(consensus)，就是「開始實現階段」(林前五17；來一2)，和「完全實現階段」(彼前一4～5；啟二十一1～二十二5)(請參閱本書第三章)。若如一些「前千」派學者，將「千禧年」加插其中，「兩階段」變成了「三階段」，就顯得有點牽強。其實，這些「前千」派學者的構想，只是基於對啟示錄二十章1至6節的某一種解釋，因此只有少數學者支持(連賴德〔George Eldon Ladd〕這位「前千」派學者，也主張兩階段的實現)，再加上新約整體來説，看不到有明顯視「千禧年」為天國實現的另一個階段，這立論的説服力，就顯得更薄弱了。畢爾還指出，以賽亞書六十五章17至25節論及新天新地所應許的，都是永恆的現實，因此亦不對應「前千」派(一個暫時的國度)的構思。反而，「兩階段」立論中的第一階段(參林後五17；加六15)，雖是在今生實現，卻也具永恆意義，因為在基督裏的人，雖然在今生不是完全的，但那賜他新生命、並住在他裏面的聖靈(永恆的上帝)，會不斷聖化他，直到主再來，使他完全像主(約壹三2)。

以上所簡述，畢爾對以賽亞書六十五章20節的詮釋，合理地支持了17至25節以及六十六章22節等預言的主題，就是一個永恆的「新創造/新天新地」，而非「時代論前千禧年派」學者所倡議的「千禧年」。這「新創造」的應許，藉基督的復活在新約時代已初步實現了，並將在主再來後，完全地實現。這樣，此「新創造」的應許，是一個分兩個(不是三個)階段實現的結構，也就顯而易見了。

四「新創造」的初步實現

1 在基督裏的「新創造」(林後五 14～六 2)

使徒保羅在勸勉哥林多人，要接納他的「使徒」職分時，如此說：

> 原來基督的愛驅使我們，因我們堅信：一人既替眾人(在基督裏的人)死，眾人就都死了；並且他替眾人死，是叫那些活著的人不再為自己活，乃為替他們死而復活的主活。所以，我們從今以後，不再以舊時代的眼光看人。雖然我們也曾以舊時代的眼光看過基督，如今卻不再這樣看他了。若有人在基督裏，就是新創造！舊的已成過去，新的已經來到。(林後五 14～17；作者另譯)

1. 14 至 15 節基督的「死和復活」，直接帶來舊約所應許的「新創造」(17 節)。基督的死，使一切信祂、在祂裏面的人都死了(即「向罪死」; 羅六 3～10)；同樣，基督的復活，也使一切信祂、在祂裏面的人都活了(向上帝活，並為主而活，羅六 4～10)。不單如此，基督的死和復活，帶來了一個「新時代」(new age)(＝新創造)，取代那從亞當而來的「舊時代」(＝舊創造)。
2. 16 節「從今以後」指出，信徒從舊的「肉體」(*sarx*)時代，轉入新的「聖靈」(*pneuma*)時代(參羅一 3～4；加五 16～24)，應以新的眼光看事物，包括：保羅的使徒職分、基督的職分、自己的身分等。除了更新對事物的看法，信徒也應努力「將各樣的計謀、各樣攔阻人認識上帝的那些自高之事，一概攻破了，又將人所有的心意奪回，使他都順服基督」(林後十 5)。可見，信徒得以成為「新創造」的一分子，全賴基督的歷史救贖，因為連基督也曾從「肉體」的舊時代死了，且藉復活進入「聖靈」的新時代(羅一 3～4)，成就了救贖，以致所有在基督裏(與祂同死同復活)的人，包括保羅和眾信徒，都藉祂進入了新時代中的「新創造」!(羅六 3～4；弗二 5～6)。

3. 17 節「新創造」(*kaine ktisis*)：*ktisis* 一詞，在新約聖經中，一般是指上帝所創造、宇宙的萬物，而不單是(但可包括)一個「歸主」或「重生」的人(參可十 6，十三 19；羅八 39；西一 15；來九 11；彼後三 4；啟三 14 等)。*kaine ktisis* 在此是指那藉基督救贖所帶來，一個客觀而更新的宇宙(renewed cosmos)。這與保羅常用的「兩個時代」的歷史結構，是配合的。基督的復活，帶來「新創造/新時代」的初步實現，以致信祂的人，可以活在聖靈中，結出聖靈的果子(加五 16～22)，也可以勝過罪的權勢(羅六 12～18)。從一個較廣的層面看，這「新創造」也帶來教會羣體的建立、社會和文化的影響、環保意識的加強等。當然，「新創造」的完全實現，仍要等到基督再來。同樣地，亞當的「舊時代」，也要等到主再來，才能完全結束。無論如何，「新創造」在此所涵蓋的，是宇宙性的「新時代」，因此將之翻譯為「新造的人」，是不準確的。不錯，在基督裏的人，在這新創造中有分，但他本身並不是「新創造」![13]

13 參 Ralph P. Martin, *2 Corinthians*, WBC (Waco: Word, 1986), 151～152；Leese, *Christ, Creation and the Cosmological Goal of Creation*, 57～62。

4. 18至21節指出，人應與上帝和好。保羅在17節先道出了以賽亞書六十五章17至25節所應許的，「新創造」的初步實現，接著，在18至21節就帶出了一個相關的主題：神人復和：

> 一切都是出於上帝；他藉著基督使我們與他和好，又將勸人與他和好的職分賜給我們。這就是上帝在基督裏，叫世人與自己和好，不將他們的過犯歸到他們身上，並且將這和好的道理託付了我們。所以，我們作基督的使者，就好像上帝藉我們勸你們一般，我們替基督求你們與上帝和好。上帝使那無罪的替我們成為罪，好叫我們在他裏面成為上帝的義。（林後五18～21）

上帝的子民（在舊約時代是以色列，在新約時代是教會），必須與上帝和好，重建關係。這「復和」也是「新創造」的實現：在舊約始於以色列的回歸，在新約則始於人藉基督，得與上帝和好（20節）。其實，神人和好並非由人主動，乃是上帝主動地、差遣耶穌藉死與復活為人贖罪，開啟了「神人復和」之路（14～15節、18節上、19節上、21節）。當人以信心回應，就得以進入神人復和的「新創造」，這是「新創造」的初步實現，直到有一天，聖徒復活，而宇宙萬物也將在基督裏與上帝完全復和（參弗一9～10，二14～16；西一19～20）。使徒保羅從上帝領受了「勸人與上帝和好」的職分（18節下、19節下）。因此他在哥林多後書六章2節，就引用以賽亞書四十九章8節裏耶和華向子民的宣告，向哥林多人發出呼召，說：「因為他說：『在悅納的時候，我應允了你；在拯救的日子，我搭救了你。』看哪，現在正是悅納的時候！現在正是拯救的日子……」

這「悅納的時候、拯救的日子」，是甚麼時候？是甚麼日子？這顯然不是指佈道家在勸人悔改信主時，強調聽者須把握「當下決志」的重要時刻，乃是指「基督成就了救贖、凡求告主名就必得救」（徒二 21）的「末世」新時代，那「新創造」初步實現的時期。在這歷史時段，人應把握機會，回應上帝藉傳道者的呼召，與上帝和好，成為「新創造」的一部分！[14]

2 超越割禮的「新創造」（加六 14～16）[15]

這是另一個非常明顯的「新創造」經文，以基督的十架與復活，作為先知應許（賽六十五 17，六十六 22 等）的初步實現。保羅說：

> 但我斷不以別的誇口，只誇我們主耶穌基督的十字架。因這十字架，就我而論，世界已經釘在十字架上；就世界而論，我已經釘在十字架上。受割禮不受割禮都無關緊要，要緊的是「新創造」。凡跟隨此定理的，願平安和憐憫加給他們，和上帝的以色列民。（加六 14～16；筆者修譯自《和合本》）

1. 14 節：保羅只誇基督的十架，因為藉十架（包括復活），世界（指墮落不蒙救贖的創造）已被釘（被定罪、會結束），而保羅也與這世界斷了關係，因為他已宣告脫離了這舊時代的

---

14 參 Beale, *New Testament Biblical Theology*, 528～538。

15 參 Ronald Y. K Fung, *The Epistle to the Galatians*, NICNT (Grand Rapids: Eerdmans, 1988), 306～309；Beale, *New Testament Biblical Theology*, 308～312。

律法、成就、成功等，得享自由（腓三 4 ～ 8）。這是由於十架（與復活）這客觀、歷史性、末世性的事件，帶來兩個時代的交替：舊時代的過去，和新時代的來臨（加一 4）。這兩個時代的交替，在上文（加五 16 ～ 26）已體現在信徒的掙扎和成聖的生活中。面對舊時代的「肉體」（亞當裏的敗壞），和新時代的「聖靈」（基督復活的大能）兩者的爭戰，保羅勸勉他們，說：「我們若是靠聖靈得生，就當靠聖靈行事。」（加五 25）

2. 15 節：「受割禮不受割禮」是屬於舊時代的事，已被「新創造」取代了。對保羅和信徒來說，「受不受割禮」已是無關重要，因為這問題不單是過時，而且往往被「割禮派」的人誤用，為要建立他們的「外貌體面」（加六 12 ～ 13）。保羅指出，作為新時代的人，最重要的是，得以參與那藉基督十架復活所帶來的「新創造」，而非外表的體面。這與上文（五 5 ～ 6），是彼此相呼應的：「我們靠著聖靈，憑著信心，等候所盼望的義。原來在基督耶穌裏，受割禮不受割禮全無價值，惟獨使人產生仁愛的信心才有價值。」（加五 5 ～ 6；筆者修譯自《和合本》）

3. 16 節：保羅祝願，按此定理行事為人者，都得享上帝的平安與憐憫（救贖恩典），這些人是「上帝的以色列」。按加拉太書整卷的信息，這「以色列」應是指「在基督裏的教會，包括猶太和外邦信徒」，而非單指「猶太信徒」。「新創造」的定理是，普世信徒可藉基督，脱離那舊時代的律法規條（如：割禮），和隨之帶來的罪惡、咒詛、分裂，得享自由。這自由的能力，是從基督的復活，和祂所賜的聖靈而來。「新創造」不單是聖徒心中的能力，更是一個宇宙更新的動力，從基督復活升天後就開始運作（徒二 32～36），直到完全實現於新天新地中（啟二十一 1～二十二 5）。

五「新天新地」：新創造的終極實現（啟二十一 1～二十二 5）[16]

1 神人同住（二十一 1～8）

我又看見一個新天新地；因為先前的天地已經過去了，海也不再有了。我又看見聖城新耶路撒冷由上帝那裏從天而降，預備好了，就如新婦裝飾整齊，等候丈夫。我聽見有大聲音從寶座出來說：「看哪，上帝的帳幕在人間。他要與人同住，他們要作他的子民。上帝要親自與他們同在，作他們的上帝。上帝要擦去他們一切的眼淚；不再有死亡，也不再有悲哀、哭號、疼痛，因為以前的事都過去了。」坐寶座的說：「看哪，我將一切都更新了！」又說：「你要寫上；因這些話是可信的，是真實的。」他又對我說：「都成了！我是阿拉法，我是俄梅戛；我是初，我是終。我要將生命泉的水白白賜給那口渴的人喝。得勝的，必承受這些為業：我要作他的上帝，他要作我的兒子。惟有膽怯的、不信的、可憎的、殺人的、淫亂的、行邪術的、拜偶像的，和一切說謊話的，他們的分就在燒著硫磺

16　參 G. K. Beale, *The Book of Revelation*, NIGTC (Grand Rapids: Eerdmans, 1999), 1039 ～ 1121；William Hendriksen, *More Than Conquerors: An Interpretation of the Book of Revelation* (Grand Rapids: Baker, 2008), 198 ～ 207；Michael Wilcock, *I Saw Heaven Opened: The Message of Revelation* (Downers Grove: IVP, 1975), 197～212。

的火湖裏；這是第二次的死。」（二十一1～8）

A. 上帝將天地更新（1、5節）

使徒約翰看見一個新的「天地」（heaven and earth），涵蓋宇宙一切被造的（創一1，二1），不是單指人類或大地；在5節上帝又說：「看哪，我將一切都更新了！」，這一切（*panta*），也是指所有天地萬物，可見這「新創造」是宇宙性（cosmological）的。其次，這是一個上帝「更新」的天地（I am making all things new [*kainos*]；5節）而不是上帝完全消滅了舊的，重新再造「另一個」新約（*neos*）天地。不錯，舊的天地會經歷火的審判與焚燒（彼後三7～12），但留下的將會被更新，成為「新天新地」，一個與舊天地不同、卻具「連續性」的天地，就像復活後的耶穌，有聖靈更新的榮耀身體，卻是門徒可以辨認的、身上有釘痕的主（參約二十24～28）——兩個階段的形態雖有別，但身分相同。換句話說，天地更新的模式（pattern），是跟隨基督復活的模式（參啟一5，三14）。啟示錄二十一章1節和4至5節，應驗了以賽亞書六十五章17至19節和六十六章22節的預言，就是將會有新天新地，其中上帝的子民，得以享受永遠的生命與歡樂；而舊的天地，和其中的哭泣悲哀，將會成為過去，而海也不再有了（1節下）。因為「海」在啟示錄中，象徵世上邪惡的源頭（十五2，十六3）、逼迫信徒的列邦（啟十三1；賽五十七20）、死人的地方（啟二十13），和拜偶像的外邦人從事貿易的通道（啟十八11～19）。這一切的邪惡勢力、逼迫、死亡、偶像，當新天新地來臨後，都將會消失（參二十一4、8）。「海」作為舊天地中對子民的威脅，在新天新地中將不復存在，這對信徒是一大安慰。若問：那「天然的海」將會否仍然存在？這仍未可知。也許，若上帝容許它仍然存在的話，它也必然會得到更新。

無疑，啟示錄二十一章1節至二十二章5節的「新創造」，聚焦描繪「得榮耀的上帝子民」，在永恆國度中的情況（請閱下文），但「新天新地」的異象，也同時是涵蓋宇宙萬物的，因為上帝的救贖工作，是要更新整個天地，使之成為蒙救贖的羣體（弗二15所指的「新人」）。

B. 聖城中上帝與人同在（2～4節）

1. 2節：「新天新地」在啟示錄二十一至二十二章中，也被稱為「聖城新耶路撒冷」這名稱喻指那蒙救贖的上帝子民（賽五十二11～12），就是「榮耀的普世教會」。當基督作王後，聖城將會重建，並充滿歡樂（賽五十二6～9）。這聖城將從天而降，就是從「天堂」（來八1～2，九24）降臨到地上。這聖城是「新」的，因為她是處於天國的「新時代」，並從上帝領受了新的名字（賽六十二1～2；啟三12）。可見，以賽亞先知有關耶路撒冷的預言，在新約時代，應驗在普世教會身上，這包括猶太和外邦聖徒，正如啟示錄其他經文所展示的（三12，二十一10～14）。

   「聖城新耶路撒冷」，一方面是喻指「上帝與祂的子民」，另一方面，亦喻意榮耀的教會也將會活在一個有形有體的更新宇宙中。作為基督的新婦，教會將會「裝飾整齊，等候丈夫」。這「裝飾」就是救主基督的工作，當中包括穿上「潔白的義袍」（賽六十一10；啟十九7～8）。不僅約翰，使徒保羅也有類似的宣告：「……基督愛教會，為教會捨己。要用水藉著道把教會洗淨，成為聖潔，可以獻給自己，做個榮耀

的教會，毫無玷污、皺紋等類的病，乃是聖潔沒有瑕疵的。」（弗五 25 ～ 27）

2. 3 節：「聖城」最大的特徵，就是「神人同在、愛的團契」。這是「上帝聖殿」應許最終極的實現，正如以西結先知所預言的：「並且我要與他們立平安的約，作為永約。我也要將他們安置在本地，使他們的人數增多，又在他們中間設立我的聖所，直到永遠。我的居所必在他們中間；我要作他們的上帝，他們要作我的子民。」（結三十七 26 ～ 27；參利二十六 11 ～ 12；結四十三 7）

   在舊約時代，以色列人按上帝與亞伯拉罕之約，承受上帝所賜的地（結四十七 13 ～ 14），外邦人須歸化以色列，方可同享（結四十七 22 ～ 23）。到了新約時代，所有歸信基督的人，包括外邦人，也可承受上帝所應許「亞伯拉罕子孫」的產業（加三 16、26 ～ 29），經歷與上帝同住、團契的福氣（啟二十一 3，二十二 3 ～ 4）。因此在新耶路撒冷中，將再沒有「建築的聖殿」（啟二十一 22），因為「上帝和羔羊與人同在」，就是舊約「聖殿」的體現，也是以色列人在曠野中的「會幕」的終極實現。

   聖徒能在「新創造」中與上帝相會，滿足了敬虔詩人至終的渴求：「有一件事，我曾求耶和華，我仍要尋求：就是一生一世住在耶和華的殿中，瞻仰他的榮美，在他的殿裏求問。」（詩二十七 4）

3. 4 節：喜樂取代了痛苦。在聖城中，再沒有「眼淚、死亡、悲哀、哭號、疼痛」，因為「咒詛和黑夜」（代表舊時代的邪惡與威脅）已不復存在（啟二十二 3、5），代之而起的，是歌唱和永遠的歡樂。這應驗了先知以賽亞的預言說：「他已經吞滅死亡直到永遠。主耶和華必擦去各人臉上的眼淚，又除掉普天下他百姓的羞辱，因為這是耶和華說的。」(賽二十五 8)「並且耶和華救贖的民必歸回，歌唱來到錫安；永樂必歸到他們的頭上；他們必得著歡喜快樂，憂愁歎息盡都逃避。」(賽三十五 10)

C. 天國君王的宣告(5～8 節)

1. 5 節：「看哪，我將一切都更新了！」這「新創造」，藉基督的復活，在二千年前已初步實現，因此也必在「新天新地」中，完全實現。上帝吩咐約翰寫下來，因為上帝所應許的，他必兌現。所以，這話是可信的、真實的(參二十二 6)。
2. 6 節：「一切都成就了！」包括預言的應驗、天地和聖徒的得贖更新(1～5 節)、對惡者和不信者的審判(二十 7～15)等，也將於「新天新地」中，完全實現。這說話的，是「阿拉法、俄梅戛，起初、終局」，表達祂是創造掌管萬有、一切歷史的主宰(參一 8，二十二 13)；祂也是那能祝福聖徒、滿足他們需要的上帝。因此祂邀請世人到祂面前來，與祂交通團契，領受生命泉的水(參二十二 17；賽五十五 1)。
3. 7 節：對得勝者的應許。得勝者皆可承受上帝所應許的基業(1～5 節)。這些基業，總的來說，是上帝與人立約的目的，正如祂說：「我要作他的上帝，他要作我的兒子。」(參撒下七 14；詩八十九 26)

　　從啟示錄二至三章(致七教會書信)，主對七個教會「得勝者」所應許的賞賜，皆可在「新天新地」的異象中一一實現。總的來說，這些賞賜是「豐盛救恩」的實現(參約十 10)，而不是救恩之外加添的東西；還有，這些賞賜是上帝給予所有堅忍、愛慕主顯現的信徒，而不單賜予一些「特殊的超級聖徒」。[17]

4. 8節：對不信者的宣判（參二十一27，二十二15）。並非人人皆可進聖城、或新天新地。那些不信、不屬上帝子民的人，都不得進城、不得見上帝的面。其中有「膽怯的、不信的」，他們害怕人多於畏懼上帝，不肯信靠上帝，因此不能成為上帝的兒女；另一些「可憎的、殺人的、淫亂的、行邪術的、拜偶像的，和一切說謊話的」，他們所行的，都要面對上帝公義的審判（羅二6～10；林後五10）。他們都不得進入聖城，並且至終都要進入火湖、受永刑、不能得救，結局可悲。

2 新耶路撒冷：基督的新婦（二十一9～27）

A. 導言

在「新創造」中，蒙恩的聖徒將與三一上帝同在，並蒙聖靈更新改變，成為榮耀的、完美的、不朽壞的、完全的羣體。在此，特別是二十一章2節和10節，「新婦」=「聖城」，顯示約翰並非在描述一個字面意義上的「城市」，而是一個具喻意的城：榮耀的教會羣體。

啟示錄聖城的異象，與舊約（結四十～四十八章）有密切的關係。在啟示錄二十一章9節至二十二章5節中，聖城的結構，是根據以西結書四十至四十八章的異象：四十至四十四章預言末日聖殿的結構；四十五至四十八章則描述聖殿周圍城市及土地。

---

17 參 G. K. Beale and D. H. Campbell, *Revelation: A Shorter Commentary* (Grand Rapids: Eerdmans, 2015), 472。

此外，啟示錄二十一至二十二章中的「聖殿、城市、園子、及新創造」，結合一起，構成一個終末圖畫，描繪了上帝與祂子民的密契，這也配合以西結先知的預言：他看「地與聖殿」（三十七 25～28）和「城市」（四十八 35），皆指向上帝永恆的居所。

有些學者認為，二十一章 1 至 8 節所描述的，是「永恆的新天新地」，而二十一章 9 節至二十二章 5 節則是論及「暫時的千年國度」。這看法值得商榷，因為細心分析，兩段經文有不少在主題上的重述。以下簡單列出這些重述所在的經文，以及其如何凸顯「上帝與子民密契」的主題：

- 二十一 9～11：重述二十一 2「新婦」主題；
- 二十一 22～24：重述二十一 3「帳幕」主題；
- 二十二 1：重述二十一 6「生命河水」主題；
- 二十一 27：重述二十一 8「不信者」主題。

B. 聖城的榮耀與建築（9～14 節）

> 拿著七個金碗、盛滿末後七災的七位天使中，有一位來對我說：「你到這裏來，我要將新婦，就是羔羊的妻，指給你看。」我被聖靈感動，天使就帶我到一座高大的山，將那由上帝那裏、從天而降的聖城耶路撒冷指示我。城中有上帝的榮耀；城的光輝如同極貴的寶石，好像碧玉，明如水晶。有高大的牆，有十二個門，門上有十二位天使，門上又寫著以色列十二個支派的名字。東邊有三門，北邊有三門，南邊有三門，西邊有三門。城牆有十二根基，根基上有羔羊十二使徒的名字。（二十一 9～14）

1. 9～10節：天使帶領約翰到高山，去看聖城——羔羊的新婦，就是那完全、不能被損害的教會羣體。這忠貞的新婦，與那不忠的淫婦巴比倫，是一大對比。兩者表面相似，如：介紹方式（十七1、3，二十一9～10）、珠寶妝飾（十七4，二十一18～21）等。但兩者的服事對象、品德、跟世界（即敵擋上帝的勢力）、上帝的關係，以致最終結局等，都完全不同。
2. 11節：聖城有上帝的榮耀，因為在這異象中，聖城就是聖殿，是上帝與人同住的居所（二十一2～3、12～14）。聖城的榮耀，好比「極貴的寶石，好像碧玉，明如水晶」（參結四十三2、4～5）。聖徒發出的光輝，也可以「天上的明星」去形容（但十二3；腓二15）。
3. 12～14節：聖城的建築結構，具有重要的象徵意義。第一，城有高大的牆，展示城是堅固、不能損壞的，這象徵了教會羣體與上帝的關係堅固，不會受到破壞（二十一27，二十二14～15；參賽二十六1～4）；第二，城有「十二個門，門上有十二位天使，門上又寫著以色列十二個支派的名字」，東、南、西、北各有四門（二十一12～13；實現了以西結書四十八章31至34節的異象），象徵了教會的十二天使和以色列十二支派——即上帝的子民，那真正的「以色列」（啟四4）；第三，城牆有「十二根基，根基上有羔羊十二使徒的名字」（二十一14），代表新約十二使徒與舊約十二支派配合，成為整全的教會，有二十四位長老作代表子民，敬拜事奉上帝（啟四4，五8）；此外，使徒是教會的根基，因為他們是基督所設立，作新耶路撒冷的重要基石（弗二20～22；太十六16～19），為要建立教會聖殿。

C. 聖城的形狀與大小（15～17 節）

> 對我說話的，拿著金葦子當尺，要量那城和城門城牆。城是四方的，長寬一樣。天使用葦子量那城，共有四千里，長、寬、高都是一樣；又量了城牆，按著人的尺寸，就是天使的尺寸，共有一百四十四肘。（二十一 15～17）

1. 15 節：天使用金葦子量度「城、城門和城牆」。這「量度」的行動，代表上帝對聖民的保護，免受不潔和邪惡的仇敵攻擊（二十一 27，二十二 14～15），這與七章 3 節的「印」的功能相似。在啟示錄十一章 1 至 2 節，天使也量度聖殿，但只量內院（象徵聖徒與上帝內在的關係），沒有量外院（象徵聖徒的外體，會受攻擊與迫害），但在新創造中，上帝對聖民的保護是全面的，包括聖殿的內在與外在的生命。
2. 16～17 節：聖城是一個立方體，長、寬、高都是一樣，有四千里（參結四 5；王上六 20；出二十七 1，三十 2 等經文描述的立方體形狀）。立方體的形狀，加上其大小（12×1000 里），象徵一個完全的數目（完整的上帝子民羣體）。這巨大的立方體，約有今天的 5500×5500×5500 立方英里，大約是當時整個希羅世界的大小，同時足以象徵普世（包括外邦）聖徒。同樣地，城牆的高度／厚度：144 ＝（12×12）肘，也是象徵「完全子民」的數目（參七 4～9，十四 1～3）。
3. 最後，約翰加上一句：這是人的尺寸，也是天使的尺寸。從屬地（人）的層面看，這些數目是可量度的（多少里、多少肘）；但從屬天（天使）的層面看，就是象徵性的。我們需要聖靈藉先知（即：約翰），將這些屬天的意義向讀者闡明，因為向約翰啟示，並解說這一切異象的，就是聖靈（一 10，四 2，十七 3，十九 10，二十一 10）！

D. 聖城的建築材料與榮耀（18～21 節）

> 牆是碧玉造的；城是精金的，如同明淨的玻璃。城牆的根基是用各樣寶石修飾的：第一根基是碧玉；第二是藍寶石；第三是綠瑪瑙；第四是綠寶石；第五是紅瑪瑙；第六是紅寶石；第七是黃璧璽；第八是水蒼玉；第九是紅璧璽；第十是翡翠；第十一是紫瑪瑙；第十二是紫晶。十二個門是十二顆珍珠，每門是一顆珍珠。城內的街道是精金，好像明透的玻璃。（二十一 18～21）

1. 18 節：這一段的描述也是象徵性的。城是用精金（像明淨的玻璃）造的，像所羅門聖殿（王上六 20～22），皆象徵上帝的榮耀（啟二十一 11、21）；城牆是碧玉造的，也是象徵上帝聖潔的榮耀。由於上帝榮耀的同在，聖城不需要任何天然或人造的光體。
2. 19～20 節：城牆的根基用十二樣寶石裝飾，正如祭司的胸牌一樣（出二十八 17～20，三十九 8～14），而胸牌的寶石上，都刻有以色列十二支派的名字（出二十八 21，三十九 14），因此這些寶石象徵以色列十二支派（上帝的子民）。二十一章 14 節清楚地描述出「城牆十二根基上有十二使徒的名字」，展示了新約使徒乃榮耀教會（＝末世的以色列）的永恆根基。新約使徒的重要角色，也配合了彼得前書二章 5 節所言，新約信徒在基督裏，是聖殿和祭司，實現了舊約中聖殿和祭司的功能。不單如此，那永恆新約聖殿（＝新創造）與祭司的榮耀，也遠超那暫時的舊約聖殿與祭司（參來八 1～13）。聖城的寶石裝飾，象徵榮耀的教會、就是基督的新婦，「裝飾整齊，等候丈夫」（二十一 2、9）。這些寶石，也跟以西結先知所描述，伊甸園中上帝賜予亞當的裝飾相似（結二十八 13）。假如啟示錄二十一章 1 節至二十二章 5 節，不單是聖城，也是新伊甸園，那麼我們就可以看見，這未來新的伊甸園，就是那墮落了的伊甸園（創二～三章）的重建與更新。

E. 聖城的內部特徵（22～27 節）

我未見城內有殿，因主上帝──全能者和羔羊為城的殿。那城內又不用日月光照；因有上帝的榮耀光照，又有羔羊為城的燈。列國要在城的光裏行走；地上的君王必將自己的榮耀歸與那城。城門白晝總不關閉，在那裏原沒有黑夜。人必將列國的榮耀、尊貴歸與那城。凡不潔淨的，並那行可憎與虛謊之事的，總不得進那城；只有名字寫在羔羊生命冊上的才得進去。（二十一 22～27）

（i）22 節「新聖殿」：不是一座有形的建築物！

先知以西結預言（結四十～四十三章），聖城耶路撒冷被重建，聖殿也會被重建。這預言至終會在「新天新地」中實現。在此，聖靈藉使徒約翰鄭重宣告：在新天新地中，將不會有一座有形的聖殿建築物，因為上帝和羔羊就是城的殿！這宣告遙遙配合著其他先知的預言和信息。耶利米先知說，到那日，「人必不再提說耶和華的約櫃，不追想，不記念，不覺缺少，也不再製造。那時，人必稱耶路撒冷為耶和華的寶座……」（耶三 16～17）；哈該先知說：「這殿後來的榮耀必大過先前的榮耀；在這地方我必賜平安」（哈二 9）；而以賽亞書六十五章 17 至 25 節也預言，上帝重建耶路撒冷，也是藉「新天新地」，而非藉「舊的天地」。在「新創造」中，上帝與基督榮耀的居所，將取代有形的聖殿與約櫃。

事實上，這「取代」在基督首次來臨時已開始，因為基督的身體就是上帝的殿（約二 19～22）、祂也是聖殿的房角石（太二十一 42；徒四 11；弗二 20）；而教會作為神人相交的羣體，也成為主的聖殿、聖靈的居所（弗二 21～22）。在啟示錄中，「上帝的殿」（*naos*）是指向：(1) 上帝現今在天上的居所（十四 15、17，十五 5～6、8，十六 1、17）；(2) 未來（終極）神人同在的新天新地／新耶路撒冷（三 12，七 15，十一 19）。後者與二十一章 22 節吻合，預言這終極的聖殿，將為聖徒帶來永恆的保護（平安），和永遠的福樂（神人同在）。其實，在二十一章 9 節至二十二章 5 節中，約翰在描述末日聖殿時，已略去了以西結書四十至四十八章的預言中，聖殿和相關條例的細節，展示了「上帝與羔羊」就是預言的實現，而非一個有形的建築物。這顯然與猶太教的傳統觀點有別。

(ii) 23 節「新聖城」：沒有日月的光照（參賽六十 19）

有人問：是否太陽和月亮會永遠消失？

答案：若這是一個喻意的表達（如：啟二十一 1 論及「海」的消失），答案就不能確定了。這裏只是強調「上帝的榮耀」，比較「天然光體」更明亮光輝。因此，新耶路撒冷不需要任何天然光體，因有上帝的榮耀，而羔羊也是城的燈。這就應驗了以西結書四十三章 2 和 5 節的預言。

(iii) 24 至 26 節：列國的榮耀？

- 24 節：以賽亞先知預言在新耶路撒冷，列國的君王將會帶同他們的權力與財寶，到以色列朝拜真神（賽六十 5～14），他們是真心歸向耶和華的君王，與那些反叛、將會滅亡的外邦君王有所不同（六十 12）。這些前來讚美上帝的列國，必蒙上帝賜平安（六十六 12），並得與以色列同蒙救贖（十一 6～12）。
- 26 節：列國所帶到上帝和羔羊面前的，是「榮耀和尊貴」的讚美（啟四 9，五 12～13），也是他們的義行（十四 13，十九 8）。他們曾經也是背叛上帝、逼迫聖民，但已悔改歸向真神，得以進入聖城（五 9～10，七 9），正如先知預言：「萬國要來就你的光；君王要來就你發現的光輝。」（賽六十 3）
- 25 節：聖城的門在白日不會關閉，且沒有黑夜。因此，蒙救贖者可隨時進入聖城，享受上帝榮耀的同在。沒有黑夜同時表示，一切邪惡皆不復存在（參啟二十一 1、4，二十二 5）。在舊約時代，為了安全著想，耶路撒冷城晚上會關閉，但新耶路撒冷沒有黑夜，也沒有保安問題，因有天使守護。這保證蒙恩者，能自由、安全地進入聖城（二十二 14）。

(iv) 27 節：是否人人可進城？

非也！新耶路撒冷的異象，再一次確定：「普救論」不是上帝的心意。進城者必須是「名字寫在羔羊生命冊上的」（參十四 10～11，二十 10，二十一 8，二十二 14～15），而「不潔淨的、行可憎與虛謊之事的」，則不得進城；這名單雖較二十一章 8 節的名單簡潔，卻是互相配合，指出那些不敬畏上帝、活在罪惡中的人，都不得進城，因為正如主耶穌所言：「憑他們的果子，就可以認出

他們來。」（太七 16～23）

3 新伊甸園：活水的江河（二十二 1～5）

> 天使又指示我在城內街道當中一道生命水的河，明亮如水晶，從上帝和羔羊的寶座流出來。在河這邊與那邊有生命樹，結十二樣果子，每月都結果子；樹上的葉子乃為醫治萬民。以後再沒有咒詛；在城裏有上帝和羔羊的寶座；他的僕人都要事奉他，也要見他的面。他的名字必寫在他們的額上。不再有黑夜；他們也不用燈光、日光，因為主上帝要光照他們。他們要作王，直到永永遠遠。（二十二 1～5）

啟示錄二十二章 1 至 5 節建立在啟示錄二十一章的基礎上，更詳細地描繪出一幅神人同在，終極醫治，和天地更新的圖畫。這「新創造」不單是「新耶路撒冷」，也是「新伊甸園」：上帝子民所承受的，不是回到未犯罪前的「舊伊甸園」，乃是進入一個榮耀，被提升的新園子。以下是這新伊甸園的特徵。[18]

A. 生命河、生命樹（1～2 節）

這代表在新天新地中的飲食，象徵從上帝而來的生命（參啟二 7）。生命樹本象徵與上帝相交的永恆生命，因罪而失去（創二 9，三 22～24），卻在新創造中重新獲得（啟二 7，二十二 2）。正如

---

18 參 Brian J. Tabb, *All Things New: Revelation as Canonical Capstone* (Downers Grove: IVP, 2019), 187～204。

以西結先知描繪以色列的未來：在重建的聖殿門檻下，有河水流出，一直流出大河（結四十七 1～9）；然後他又看見：「在河這邊與那邊的岸上必生長各類的樹木；其果可做食物，葉子不枯乾，果子不斷絕。每月必結新果子，因為這水是從聖所流出來的。樹上的果子必作食物，葉子乃為治病。」（結四十七 12）

可見，啟示錄二十二章 1 至 2 節就是這先知預言的應驗，而應驗（fulfill）的意思是確立與超越（confirm and transcend），而不單是重複（參太五 17～20）。在這裏，以西結的預言應驗了（＝展示了）一個末世的提升（eschatological elevation），其中包括：

1. 約翰指這河不是一般的河，乃是一道「生命河」（參亞十四 8）；而這異象，也與上帝同在的應許（啟二十一 6，二十二 17），緊密相連。
2. 這新伊甸園的河，是從上帝的寶座，而非從聖殿流出，因為在新耶路撒冷城內，「主上帝──全能者和羔羊為城的殿」（二十一 22）。
3. 約翰指出單一的「生命樹」，而非「各類的樹木」，是要帶出，在創世記二至三章中亞當因罪被禁的果子，上帝的子民可在新天地中，重新得著。
4. 約翰描述生命樹結出十二樣果子，象徵它們是豐富的，且足以供應舊、新約子民，經年享用（七 4～8，十二 1，二十一 12、14、21）。
5. 約翰指出，樹上的葉子，有末世「醫治萬民」的功能，這表達了葉子的普世性（列國的子民都可得享），和救贖性（領受者在聖城中，不必再受罪的刑罰）。

B. 再沒有咒詛威脅（3 節）

1. **「在亞當裏」的咒詛被解除了：**在這新樂園中，亞當犯罪所帶來一切的咒詛，包括：地生出荊棘和蒺藜、人須終生勞苦（創三 17 ～ 18，五 29）、死亡、悲哀、哭號、疼痛（啟二十一 4）等，將完全被消除。此外，一切邪惡、犯罪，而不肯悔改的，將被拒於樂園（聖城）之門外（啟二十一 8、27，二十二 15），因此也不能威脅聖民的安全。
2. **耶路撒冷必安然居住（參亞十四 9 ～ 13）：**撒迦利亞先知預言，聖城耶路撒冷的居民必得安居，不受列國攻擊，因為耶和華必作王。這預言在啟示錄二十二章 3 節得到應驗，但其範圍也有所擴大——普世化了！這是因為新樂園的居民不單是猶太人，也是萬民（啟二十二 2）；列國不再是敵人，而是上帝國裏的同胞、同工（啟二十一 24；亞十四 16；弗二 19），在新樂園裏，一起敬拜事奉那天國的王（啟二十二 3 下）。聖城將是最安全的，因此城門整天都不用關閉（啟二十一 25）。
3. **海與黑暗的威脅都消失了：**約翰說，在新天新地中，海也不再有了（啟二十一 1）。在啟示錄的異象中，海是那褻瀆上帝的獸的出處（啟十三 1 ～ 6）、死人的範疇（啟二十 13）、巴比倫從事商業貿易（使人拜偶像）的地方，再也不能影響、攔阻人到上帝面前來。還有，在聖城中再沒有黑夜，因有上帝和羔羊的光（啟二十一 23 ～ 25），這是代表一切黑暗的勢力（參出十 21 ～ 22；啟十六 10）都會消失，不再威脅聖城居民。

C. 上帝與人同在、一同作王（3～5 節）

上帝與羔羊的掌權與同在，是「新創造」最重要的特徵，也顯出它也是聖殿和聖城。它實現、也更新了先知以西結，所見的重建聖殿異象。啟示錄二十一至二十二章所展示的，不再是一座建築物，而是上帝榮耀的同在（二十一 22），也不是只佔一個角落（甚至是一個小城），乃是充滿全地的（參賽十一 9）。[19]

上帝親自與祂的子民同在（啟二十一 3），也實現了先知以西結的預言（結四十三 7，四十八 35），和上帝與子民立約的應許（利二十六 11～12），帶給子民無限的滿足與喜悅，因為上帝是活水生命之源（啟二十二 1～2）；祂也是光，在祂毫無黑暗（二十二 5），而聖徒將會在光明中得見祂的面、與祂相會（二十二 4 上），這是何等大的祝福！並且，由於聖徒額上有上帝的名字，他們在聖城中都有上帝的保護，是安全的；此外，他們都蒙上帝賜予，有榮美的生命和品格（參約壹三 2），因此他們朝見祂，也是坦然無懼的。

最後，上帝子民得以在新伊甸園裏，永遠掌權作王。這是創造使命（創一 28）的最終實現，因為自始祖亞當犯罪後，人類本不能完成這「治理創造」的使命，直到基督兩次降臨大地，成就救贖，使蒙恩的子民，得以脫離咒詛，進入新天新地，再次成為上帝所設立的「祭司—君王」（priestly-kings）。這是蒙救贖的子民最美的結局，因為在更新的伊甸園／耶路撒冷中，人類的生命與使命，皆得以完全實現，使榮耀頌讚歸與三一上帝！

---

19 參 G. K. Beale, "Eden, The Temple, and the Church's Mission in the New Creation," *Journal of the Evangelical Theological Society* 48.1 (2005): 29。

六 宇宙更新的形態：「時空、物質」的未來

1 引言：從基督復活到宇宙更新

承接本書八章及本章的討論，我們可以作出一些結論：

1. 基督從死裏復活，完成救贖，為信靠祂的聖徒，帶來身體復活的前景，因為祂是「睡了之人初熟的果子」(林前十五 20～22)，而祂藉聖靈復活這模式，也成了聖徒將來復活的模式(羅八 11)，使他們有榮耀不朽的生命，得以進入那不朽的國度，承受上帝所賜、永遠的產業(林前十五 42～45、50～57；弗一 14)。
2. 基督的救贖，不應限制在個人(individuals)和人類(humanity)的層面，也包括整個天地(＝宇宙)，亦即涵蓋個人、羣體，和宇宙萬物(徒三 19～21；弗一 9～10；西一 17～20 等)，因此是一個整全的救贖觀(holistic redemption)。不過，聖經也清楚啟示，並非人人都會得救。很明顯的，聖經並不支持普救論。
3. 聖徒的復活，與大自然創造的更新，兩者同步並進(羅八 19～23)，因為大自然與聖徒一樣，都有待脱離今世的敗壞(corruption)和虛空(futility)，得享「新創造」的自由、和諧、榮耀。可見，基督的復活，不單與聖徒的復活相連，也跟大自然創造的更新，有著密切的關係。換言之，聖徒復活與宇宙更新，有相同的模式，因為都同有基督復活(＝聖靈)的能力與榮耀。
4. 啟示錄二十一章 1 節至二十二章 5 節論及「新創造」，雖然重點放在「基督的新婦」＝榮耀的教會羣體，卻也同時清楚宣

告，這「新創造」，將是一個宇宙性的「新天新地」(賽六十五 17～15，六十六 22；啟二十一 1～5)，一個「新的創造」，正如坐寶座的宣告，說：「看哪，我將一切都更新了！」(啟二十一 5)這「一切」(*panta*)包括上帝的宇宙萬物(創一 1)——不單指上帝的子民(all the people)，也指人類所居住的大地(all the earth)。

5. 以下我們將簡要地探討，這物質宇宙的更新(material renewed cosmos)，跟時空和物質的關係。這關係建基於兩個重要的原理：第一，天地宇宙的更新，與基督及聖徒的復活，有類同的模式(of the same model)；第二，那榮耀的「新創造」(new creation)，與那原來的「舊創造」(original creation)，兩者有連續性(continuity)、也有非連續性(discontinuity)的關係。這些基本原理，在本書第八和第十章都已被清楚確立了。

2 基督復活與「創造論」(doctrine of creation)

A. 基督復活與受造世界(created world)

基督的身體死亡、埋葬、復活，帶來「空墳墓」的歷史事實。這顯示上帝看重這個物質的創造，和在其中所發生的事，特別是祂藉道成肉身的聖子耶穌，所成就的救贖歷史。循此思路，當代英國學者歐唐納文(Oliver O'Donovan)正確地指出，復活是上帝對受造的世界，和人類受造的生命，一個明確的肯定和印證。歐唐納文認為，從亞當與基督在歷史中的平行與進程，我們可以看到：復活不單肯定了(上帝所賜)受造生命的可貴，也確認了這生命將蒙救贖更新(林前十五 22、45)；從更寬廣的角度來看，復活不單肯定了「物質宇宙」的延續，也保證它必蒙救贖更新。歐唐納文的觀點是：基督的復活，確立了受造世界(包括生命、時空、物質宇宙）在上帝計劃中的重要性，並為之帶來更新的前景。這觀點與新約聖經，特別是使徒保羅的教導，非常吻合。[20]

B. 身體復活與受造的時間（created time）

德國天主教神學家拉納（Karl Rahner）認為，基督的身體復活是重要的，因為復活的事件，是在歷史時空中發生的，因此同時肯定了受造時間的重要性。拉納進一步指出，基督教信仰若要建立一個「有未來的末世觀」，就須持守一個「平常的、可經驗的」時間觀念；換句話說，我們應抗拒一個「無時間的新創造」（timeless new creation）的觀念，因為這觀念低貶了上帝所賜的「受造時間」（created time），是不能接受的。拉納又認為，上帝所創造的「時間」，並非「不完美」（imperfect），更不是一個「錯誤」（mistake），因此不必藉救贖來修正或取消。筆者認為，拉納的看法，除了沒有提及未來時間的「非連續性」之外，大致上是可以被肯定的。[21]

C. 基督的降卑與高升

基督的降生、受苦、十架，確定了祂降卑的人性，也肯定了受造宇宙，和時空結構的價值。事實上，根據新約的記載，基督降卑、順服、受死的歷史過程，是救贖工作不可或缺的一部分（羅一 3～4；腓二 6～8；路二十四 25～27），因此基督蒙父上帝悅納，被升為至高（腓二 9～11），並且在復活後，仍以「被釘者」的身分，向人顯現（約二十 24～28）。可見，從父上帝的角度看，

---

20 參 Oliver O'Donovan, *Resurrection and Moral Order: An Outline for Evangelical Ethics* (Leicester: IVP, 1986), 14～31。

21 參 Karl Rahner, *Theological Investigations*, vol. 4: *More Recent Writings*, trans. Kevin Smyth (Helicon: Darton, Longman & Todd, 1966), 326。

基督所經歷降卑的舊時代（old age；從降生到十架），亦是上帝進入人類歷史，在時空中成就救恩的神聖時間（sacred time）。

另一方面，復活也反映了基督的高升與得榮的人性。祂在復活後，仍以物質的身體，在創造時空中（creation time-space），向多人顯現（約二十章；路二十四章；林前十五 3～8），並教導門徒，有四十天之久（徒一 3）。其後，祂帶著榮耀的物質身體，升天進了「天堂」，與父上帝一同掌權，直到祂再來後，與聖城（即普世聖徒）從天降臨更新的大地（來九 24～28；啟二十一 1～8），繼續藉榮耀的身體，永遠與子民同住（啟二十一 3；帖前四 16～17）。可見，降卑受死和復活得榮的基督，是同一個人，而在這兩個階段中，祂都是活在時空當中（in time and space），其身分也並沒有改變。從救恩歷史的角度看，「時空」在新舊時代中——包括基督的降生受死（屬舊時代）和復活再來（屬新時代）——皆有一定的連續性。

當然，保羅也清楚告訴我們，在更新的宇宙中，聖靈會為復活的聖徒，帶來新的元素，包括「不朽、榮耀、強壯、屬天」的形態（林前十五 42～49）。這屬天榮耀的「新創造」形態，在基督復活後隨即開始（林後五 17），到末日將完全實現（林前十五 50～56；啟二十一 1～5）。因此，兩個時代中基督的身分、形態，跟時空的關係，也有非連續性的關係。

3 基督復活與「新創造論」（doctrine of new creation）

A.「永恆」是「無時間」的嗎？

初期教會教父奧古斯丁，將時間和永恆完全二分。他看時間是上帝的創造，是人所居住，會改變、朽壞，是屬地的；但永恆則是上帝所居住，不會變，不會朽壞，是屬天的處境。因此，奧古斯丁認為，上帝坐在時空以外，觀看一切；在祂並沒有過去、現在、未來的分別，因為一切事情，在上帝眼中，都只是一瞬間（instant），且都是「永恆的現在」（eternal now）。因此，奧古斯丁認為，「永恆是無時間的」（eternity is timelessness）。過去一千多年，這觀點影響了不少基督信徒和教會對時間和永恆的看法。

當代英國學者韋堅信（David Wilkinson）則認為，奧古斯丁的觀點難以成立，因為作為有位格的個體（personal being），要與祂的創造，和其他有位格的個體（如：人、天使等）交流、建立關係，上帝就不能與時間脫節，祂必須在時空裏進行這些活動，如：垂聽和回應人的祈求、吩咐人做事、藉教會與祂同工、在歷史中建立上帝國等。韋堅信的看法，得到不少當代基督教神學家的支持，他們都同意將來會有一個有時空的永恆，和一位有位格、在時空中工作和建立關係的上帝。其中，著名新約學者庫爾曼（Oscar Cullmann）就認為，奧古斯丁的觀點缺乏聖經根據，加上在初期教會中，很少人主張一個「沒有時間、永不改變」的上帝觀念。他認為，從救恩歷史的角度看，永恆是一個「無盡的時間」（endless time），更有聖經的支持。[22] 庫爾曼又回應「上帝是否會改變？」這問題。他同意上帝的屬性、品格、救贖目的等，都不會變，但上帝回應子民的方式，則會改變。其中一個聖經例子就可說明這點：當亞述尼尼微城的人向上帝悔改後，上帝便「後悔」，改變祂本來要毀滅這城的原意（參拿三章）。

韋堅信又指出，基督復活後的顯現，足以證明在「新創造」中，歷史時間仍然存在。在那四十天中，基督與人交談、建立關

22 參 David Wilkinson, *Christian Eschatology and the Physical Universe* (New York: T&T Clark, 2010), 124～126。

係，又與門徒用飯、一同吃喝，並且教導他們。這些都是在時空中發生，是有時間規限的活動。不但如此，基督復活後四十天升天，直到祂再來，中間還要經過一段時期。這些都指向一個有時間的「新創造」，而非一個「無時間的永恆」（timeless eternity），像奧古斯丁所說的。[23]

在本書的第八章，我們探討了基督復活前後的異同，如何影響信徒對未來的盼望。按此原理，我們可進一步構想，基督的復活會如何影響宇宙的更新，特別是時空上可能會出現的改變。

B. 永恆與時間：一個建議

當代不少歐美神學家，都已放棄了奧古斯丁的「永恆＝無時間」的觀念，因為他們認為，上帝既與受造之物互有關係並彼此交往，就不可能與時間脫節。其中一些學者像庫爾曼一樣，支持上帝是活在有時空的永恆（temporal eternity），因為祂是有位格的個體。[24] 另有一些學者，構思上帝兼有祂的「永恆」和「時空」，就像祂的三位一體，有其永恆性和歷史性。例如基督教哲學家和妥史托夫（Nicholas Wolterstorff）就認為，上帝在創造天地前，是沒有時空的（timeless），但在創造萬物後，就轉為有時空了（temporal）。他這觀點也值得我們參考。

而韋堅信則建議，我們應從根本入手，去解決這「歷史—時空—永恆」的難題。他說，我們不要將時間和永恆分割，而是將「時空」看為「永恆」的一個基本元素。韋堅信借用近年護教學者多重空間（multi dimension）的觀念，來盛載歷史時空和永恆的關

---

23 參 Wilkinson, *Christian Eschatology and the Physical Universe*, 124 ～ 126。

24 參 Alan G. Padgett, *God, Eternity and the Nature* of *Time* (New York: St. Martins, 1992), 23 ～ 27。

係。[25] 韋堅信有一個構想：一個「三度空間／一度時間的歷史個體」（即今天的人），可以在歷史中生活運作，而永恆至高的上帝，是一個「四度空間／二度時間」的個體，祂一方面可在永恆中運作，但同時也可在歷史時空中運作，然而祂卻不受歷史時空的限制。另一方面，人在歷史時空中的經驗，是真實和有價值的，卻只是「完整永恆時間」的一部分而已。韋堅信視這構思為一個「簡化了的哲學解決方案」，因為他相信，現實也許比這哲學方案更複雜。[26]

筆者認為，韋堅信這多重時空的構想，可以幫助我們了解：

1. 上帝與時空有關係，但祂活在更高的領域，因此就超越一般時空；這樣，祂既可以在時空中與人交往，但也可以不受這「舊時代時空」的限制。
2. 有關未來：上帝超越時間，也掌管未來；但祂也同時可以在今天與人交往，垂聽人的禱告，並跟祂所創造的人與世界，建立關係。
3. 有關時間的過去：由於上帝是創造主、救贖主、天地的管治者，祂與人一樣會經驗時間的過去；但祂與人也有不同：歷史中的人會經驗衰老，正如宇宙會經歷退步冷卻，上帝卻不會衰老，祂藉大能維持歷史進程，但卻又不受這進程所限制。不但如此，歷史時空中所發生的一切，皆須藉上帝方能顯出其真正的意義（詩一一八 24；可一 15；約七 6，十二 28）。

---

25 參 Hugh Ross, *Beyond the Cosmos: What Recent Discoveries in Astronomy and Physics Reveal about the Nature of God* (Colorado Springs: NavPress, 1999)。

26 參 Wilkinson, *Christian Eschatology and the Physical Universe*, 125 ~ 129。

C. 進一步構想「新創造」中的時空（new creation time-space）？

1. 信徒活在張力中。由於「新創造」（＝末世），有「已然—未然」的張力，信徒與教會皆活在末世的張力中。這是無可避免的現實，而信徒的成聖旅程，和教會的敬拜和見證，就是在這張力中進行的。
2. 聖子道成肉身，代表肯定了上帝與人在時空中的關係。而因著祂在時空中的受死、復活、升天、再來，也確立了「受造時空」對上帝的真實與重要，但祂卻不受「受造時空」的限制，因為祂是掌主權的上帝（sovereign God）。
3. 聖子的身體復活，成為了「新創造」的更新模式。新舊創造的連續性，帶來身分的不變、時空和物質、上帝與人和人與人關係的延續；兩者也有其非連續性：新創造將會是「不朽壞、榮耀、強壯、屬聖靈」的（林前十五 42～44）。此外，聖徒的生命將完全像主（約壹三 2），各種關係（包括：上帝與人、人與人、人與大自然）也將有正面的成長。當然，因著聖靈的更新，宇宙與聖徒皆進入一個更高層次（higher dimension）的時空，因此我們可以預測，信徒會像復活的主一樣，在新創造中，會經歷更大的自由、能力和知識。
4. 然而，在「新創造」（＝新天新地）中，有一樣是不變的，就是造物主與被造者的分別（Creator-creature distinction）。上帝永遠是上帝，祂是全能、全知、全在的；而蒙救贖的人也永遠是人，他的能力、知識和存在，都是有限的。上帝仍會是超越的（transcendent）、內住的（immanent）榮耀三一上帝，是值得萬物、萬民敬拜的至高上帝。而活在永恆國度的聖民，雖是有限的受造者，卻將被賦予權利，在更新的天地中與上帝同在，同作君王、同享榮耀。

D.「新創造」中的物質會是怎樣的呢？

學者要探討「物質」在新創造中的前景和存在形態，必須同時配合科學家和神學家的研究、交流、互動，方有可能進行。歐美學術界展開相關討論，也只是過去數十年間的事，且只是在起步階段。兼備神學和科學知識的韋堅信教授，他在著作中分享了近年一些歐美學術界的研究成果，在此，筆者將簡單介紹其中幾個基本概念，方便讀者進一步思想和探討。

1. 聖靈的復活與聖靈的大能，將會帶來「時空」和「物質」的延續和更新。由於基督的復活，是物質身體的復活，因此在永恆的「新創造」中，物質將繼續存在，不會變成非物質的靈體，只是以不朽、榮耀、更新的形態出現，跟「時空」的更新一樣，也是兼容「舊新創造」的連續性和非連續性。這是基本的理念。
2. 當代科學家基於宇宙的現況和自然律，估計這個（舊的）創造會走下坡，甚至消滅。而相信聖經啟示的神學家，則基於復活的歷史事實，和上帝創造的大能，預測物質將會改變更新，進入永恆。英國新約學者賴特就建議，用「物質更新」（transphysical），去形容基督復活後的身體形態。這形態不一定是指「全新的原子、光子、物理結構」等，乃是為原來的物質單位，賦予新的環境、關係和自然律，更新宇宙的運作。[27]

27 參 N. T. Wright, *The Resurrection of the Son of God* (Minneapolis: Fortress, 2003), 477。

3. 當代心理學家和科學家，有不少是持「人有身體」(embodiment)和「身心互動」(psychosomatic unity)的人觀。這種觀念也可以配合當代聖經神學的研究，引證指向物質在「新創造」中的重要性，及其如何得以延續、(被聖靈)更新，成為榮耀和有動感(transformed and dynamic)的現實，像永恆中的時空。但是，基於聖經中「居間之境」的「靈魂身體可暫時分開」，但人仍會存活這現象，「人是身體」這構思，顯然跟聖經中的觀念有所出入。不錯，我們可以接受「身心互動」的理念。但宇宙的更新，如何帶來物質的更新，這更新物質的形態又是怎樣的，我們暫時仍未可知。無論如何，筆者認為這更新的形態，肯定取決於物質跟上帝、人與環境在「新天新地」中的互動關係。

4. 總的來說，在「新創造」中的物質，有可能是全新的物質元素和定理，但更有可能是它與造物主相連，藉此所引進的一個更新的過程；而這過程，將是一個有「過去、現在、將來」的時空進程，在永恆時空中與上帝的互動。這時空中的進程，不會是「無時間的永恆」，而是有其在永恆中的目標(eternal purpose and objective)，因為上帝既對祂「創造的天地」有其管治目的(羅八 28，十一 36；弗一 9～10)，在「新創造的天地」中，有進一步的目標和進程，也是合理的推論。至於這「進一步的目標」是甚麼？與歷史中人類的目標有何異同？人類又須如何配合？這些問題的答案，也許須待上帝在「新創造」中，向新人類(祂的子民)作進一步的啟示，其時也許會帶給「新人類」一些意想不到的驚喜，我們且拭目以待！[28]

28　參 Wilkinson, *Christian Eschatology and the Physical Universe*, 137～158。

討論問題

1. 何謂「整全的救贖」? 涵蓋範圍包括甚麼？這對「創造」與「救贖」兩者的關係，有何啟迪？
2. 根據羅馬書八章 19 至 23 節，你會如何理解宇宙蒙救贖的意義？一個信徒的復活盼望，又會如何影響他的人生觀、世界觀和救恩觀？
3. 試從使徒行傳三章、以弗所書一章和歌羅西書一章的使徒教導，綜合論述了「萬物的結局」，這些預言，對我們今日又有何意義？
4. 按一些傳統的解釋，彼得後書三章 6 至 13 節是預言主再來時，舊的「世界／創造」將被完全燒毀。你同意嗎？若不同意，你會如何詮釋這段經文？
5. 以賽亞書對未來的「新天新地」，有預言嗎？請簡述之。以賽亞書六十五至六十六章的預言，常被「時代論」學者看為是指向「千禧年」的預告。你同意嗎？如何回應這觀點？
6. 保羅在哥林多後書五章和加拉太書六章中，闡釋「新創造的初步實現」的真理。請説明這真理的歷史基礎、救贖意義，和對我們今天的影響。
7. 「新天新地」的處境將會是怎樣的？試從啟示錄二十一章 1 至 8 節的異象描述之，並道出這盼望對當代人類所帶來的安慰、鼓勵，和警戒。
8. 啟示錄二十一章 9 節至二十二章 5 節中的「新耶路撒冷」異象，是約翰以「象徵的現實」(symbolic realism)，描繪那終極世界的榮耀與豐盛。請簡述其精要，並指出這些異象可如何提升今日教會的敬拜、羣體生活，和天國使命的實踐。
9. 基督復活的模式與榮耀，如何影響聖徒的復活，和宇宙的更新？

三者之間有甚麼相連的關係呢？

10. 奧古斯丁認為，「永恆是無時間的」。你同意嗎？為甚麼？若不同意，你看時間在永恆會如何運作？
11. 在「新天新地」中，時空和物質仍會存在嗎？若是存在，你認為將會以甚麼形式運作的呢？試從神學的角度，作一初步的探討。

13

敵基督與最後審判

一 回顧：重溫本書五至十二章「主再來」的教導

「基督再來」是信徒的終極盼望。這重要的主題，雖沒有成為本書任何一章的主題，卻是筆者多次藉不同角度，帶出這榮耀的前景，並其跟信徒和世界的多重關係。以下簡述本書第五至十二章中，有關「主再來」的教導，讓我們先重溫一下。

1. **本書第五章：**新約中的「天國」進程（下篇）。（1）耶穌論到在末日再來時，祂將拒絕讓假先知、假信徒進入天國（太七15～27）；（2）保羅論聖徒復活、基督再來時，將帶來「死亡之死」，並將國交予父上帝，使祂「在萬有之上、為萬物之主」（林前十五22～28）；（3）約翰在多幕異象中，看見基督再來時，那「天國」將完全實現，聖徒與祂一同掌權的遠象（啟十一15～19，十九6～9，二十二3～5）。
2. **本書第七章：**居間之境。（1）人死後進入「居間之境」，等候主再來和身體復活；(2)簡介並評論「靈睡」、「煉獄」等神學觀點。

3. **本書第八章：**我信身體復活。(1)探討主再來和復活兩者的關係，並闡釋復活的神學意義；(2)探討身體復活的盼望，如何影響信徒今天的生活和事奉。

4. **本書第九章：**耶穌末世預言——聖殿被毀與主再來。(1)藉馬太福音二十四章36節至二十五章46節的教導和比喻，基督修正門徒對「主再來是可預測的」之錯誤觀念，並以四個「主再來」的比喻，警戒他們如何隨時作好準備，迎接祂的再來；(2)保羅向帖撒羅尼迦教會信眾預言，主再來乃將會發生的事，鼓勵他們安心等候主的降臨，不必驚慌(帖前四13～18；帖後一6～10)。

5. **本書第十章：**啟示錄二十章、千禧年。(1)介紹及評論四個「千禧年」的不同觀點，及其與主再來的關係；(2)詮釋啟示錄二十章中的預言：包括千禧年、「哈米吉多頓」大戰、主再來和最後審判。

6. **本書第十一章：**末世的苦難、爭戰、得勝。(1)約翰闡釋末世三幕苦難的異象(七印、七號、七碗)，而每一幕的最後部分，都預言了基督的再來，和祂將帶來的審判和拯救；(2)預言「末世的爭戰」：基督面對龍及兩獸的爭戰，至終祂與子民一同得勝，並同唱摩西的新歌(啟十二1～十五4)；(3)預言「大巴比倫」大淫婦(人類繁榮)的傾倒(啟十七～十八章)：這異象展示了她的罪惡、光輝，和預告了主再來時的淪亡，藉此警戒信眾不要被她欺騙；(4)預言基督來臨時，將有末日大歡樂、盛大的羔羊婚筵(啟十九章)；基督君王將全然得勝，天國將完全實現。

7. **本書第十二章：**我信宇宙更新。展示基督再來後那更新了的天地，和全面的救贖(啟二十一～二十二章)，其中包括：(1)聖徒全人得贖，進入新天新地，與主同在，並與祂一同掌權；(2)教會(＝聖城耶路撒冷)，將在榮耀中，與主同享羔羊婚筵，作基督的新婦，直到永遠；(3)整個宇宙將會全面更新，成為榮耀的「新創造」。構想在那未來天地中，時間、空間、物質可能的運作模式與形態。

我們將在下文集中探討兩個課題：敵基督和最後審判，藉此幫助我們對末日的盼望，投射出一幅更完整的圖畫，好叫我們在今天能夠敬虔度日，事主不懈。

二 敵基督是誰？——歷史中的發展 [1]

1 初期教會

初期教會的教父們，對「敵基督」這末世課題，除了奧古斯丁外，並沒有建立太多的論述，只是簡略地提及和涉獵有關經文，當中包括：但以理書七章，約翰一書二章 7 節、四章 2 至 3 節，啟示錄十三章等；間中也有人會將「敵基督」與初期教會的一些人物掛鉤，但都純粹是一些隨意的聯想，欠缺太深入的討論。[2]

1　參 Bernard McGinn, *Antichrist: Two Thousand Years of the Human Fascination with Evil* (San Francisco: HarperSanFrancisco, 1994)；Kim Riddlebarger, *The Man of Sin: Uncovering the Truth about the Antichrist* (Grand Rapids: Baker, 2006), 135 ～ 165。

2　參 Brian E. Daley, *The Hope of the Early Church: A Handbook of Patristic Eschatology* (Cambridge: Cambridge University Press, 1991), 288, index on “Antichrist” 及內文。

2 中世紀教會

- 中世紀藝術：在教堂中的聖畫，除了基督、聖母、聖徒外，偶爾也出現「敵基督」的形象，特別是描繪啟示錄異象的畫作。
- 對於「敵基督」的觀念，中世紀教會擁有豐富和多元的想像和構思，當中甚至成為了教會領袖之間互相攻擊的工具。在眾多的構思中，有一個流行的說法是：「敵基督」將會是一個猶太人，他將會坐在耶路撒冷聖殿的寶座上，接受人的敬拜，並自稱為彌賽亞；這假基督將會迷惑和欺騙許多人，而他們都會跟從他；然而，啟示錄十一章 3 至 12 節所預言的兩位忠心見證人，將會抵擋他，而他們雖然被殺，最終卻必從死裏復活，升天得榮。
- 中世紀後期，有兩個解釋「敵基督」的潮流興起，並為日後宗教改革時代「教皇為敵基督」的觀點鋪路：（1）在中世紀教會一些改革運動中，教會極力地用各樣方法，在道德上「自我潔淨」，其中一些教會中的政客，刻意跟腐敗的聖職人員畫清界線。這些運動，都慣稱那些不同意見的教內人士為：「敵基督」；（2）意大利著名修士約阿希姆（Joachim of Fiore）的著作：他是一位多產和有影響力的作家，他認為，帖撒羅尼迦後書二章 1 至 12 節提及的坐在聖殿中的敵基督，所指的就是教會，而不是在耶路撒冷城重建的聖殿；他視「敵基督」為一個假裝為教皇的異端領袖。這「假教皇」的理論，在日後發展成為主流觀點：「教皇就是敵基督」。

3 宗教改革：路德和加爾文

A. 路德

宗教改革家路德，明確且貫徹始終地相信並宣告：「教皇就是敵基督」，他將會坐在聖殿中，運用絕對的權柄；路德並認為，教皇所殺害的靈魂，比歷史中任何人都要多。對「教皇就是敵基督」這信念，路德甚至超越了中世紀教會。他更認為，我們若能確定教皇就是敵基督的，就可宣告，主再來的日期近了，因為敵基督之興起和被消滅，都是主再來的徵兆，聖經也是如此預言（帖後二 3～8）。

B. 加爾文

第二代宗教改革家加爾文認同路德的觀點：教皇就是敵基督。但他的立場較溫和：「敵基督」是教皇的制度（papacy），而不是個別的教皇。加爾文認為，教皇的制度宣告教皇有絕對（＝屬上帝）的權柄和特權，很顯然就表達了「敵基督」的驕傲，也顯出「敵基督」並非指某一個人，乃是指一個敵擋基督的國度，而教皇就是這國度的元首。此外，加爾文也同時認為，約翰書信中的許多敵基督（antichrists），都只是那至終敵基督（the Antichrist）之先行者。

C. 影響及回應

宗教改革以後的數百年，路德和加爾文二人的觀點，深深地影響了正統基督教會，特別是路德宗（如：《奧斯堡信條》〔Augsburg Confession, 1530〕）、改革宗和清教徒教會，對「敵基督」的看法。這些宗派的信徒，在改教後（十七至十八世紀）許多都接受了「教皇就是敵基督」的觀點。當然，面對路德和加爾文對天主教教皇及其制度的負面評價，天主教領袖也有回應。其中路德的敵人，天主教學者厄克（Johann Eck）就回應說：其實路德若非那真正的敵基督，就是敵基督的先鋒，因為他反對教會及其信仰傳統，這行為本身就反映了「敵基督的精神」。厄克以後，不少天主教作家都以此方式作反擊：即針對不同的改教者（reformers），宣判他們為敵基督之先鋒。此外，代表「反改教運動」（counter-reformation）的天特會議的信條，也為教皇制度辯護，說：「教皇制度不可能是敵基督，因為敵基督是在將來末日前才會出現，但這日子尚未來臨，因此教皇制度不可能是敵基督！」到了現代（1994 年），天主教教會的信仰告白，[3] 仍在回應「教皇是敵基督」這指控。此告白的辯解方法是：將「敵基督」非位格化（depersonalize），將其定義為「一種至高的宗教欺騙、虛假的彌賽亞主義，人藉此自我高舉，企圖超越上帝，和祂所差來的彌賽亞」。顯然，天主教教會認為，如此非位格化了「敵基督」這觀念，它就自然與「教皇和教皇制度」拉不上關係了。

4 近現代發展

到了十七至十九世紀，正值歐洲啟蒙運動時期，人們開始對傳統基督教信仰產生懷疑，甚至拒絕，改以人的理性、道德、宗教感情取代上帝的啟示，並視「敵基督」這些觀念為一種迷信、一個神話，對現代人沒有太大的意義。情況在美洲如是。自美國獨立（1776 年）以後，有關「敵基督是誰？他何時出現？主再來／千禧年快到嗎？」等問題，都大幅度減少了。人們那時更關心的，是可眼見、較現實的問題，如：經濟、政治、民生、科學等；甚至一直持守「「神學乃源於上帝的啟示」的傳統基督教，也受自由主義思想的影響，改以人的宗教經驗、道德規範、社會現象等，

---

3 參 *Catechism of the Catholic Church* (United States Catholic Conference, 1994), 675 ~ 676。

去解釋「敵基督」這些他們視為「玄虛」和「迷信」的觀念。因此，對於將「敵基督」作為一個歷史事件去研究，人們的興趣就大大減少了。

在這樣的時代，就連正統的基督教神學家，對「敵基督是誰？」這問題，也逐漸不再從「個人」(an individual) 的角度去思考，乃是從機構、潮流、政治文化等層面去解釋，其中典型例子是十九世紀美國改革宗神學家赫治 (Charles Hodge, 1797～1878)。赫治認為，「敵基督」不會是某一個人 (如：教皇，或政治領袖)，乃是一個機構 (如：教皇的體制，或政治機構)，[4] 而這思想的趨勢，至今仍然存在。

不難理解，二十世紀當代歐美文化，承接上述文藝復興思潮，加上世俗化 (secularization) 的潮流，對「敵基督」作為歷史和神學課題，興趣缺缺。反而在一些文學作品中，「敵基督」成為一個有趣的小說主題。[5] 至於基督教學術界，如果是傾向自由主義的神學家，一般都不以「敵基督」為真實的歷史人物，只有福音信仰的學者 (如：何克滿、歷度巴格〔Kim Riddlebarger〕等)，出於持守「聖經為上帝的話」之立場，則會較認真探討新約聖經中「敵基督」的身分，和其與「主再來」的關係等課題。這也是筆者的立場。

三 新約中的「敵基督」啟示

1 保羅的預言 (帖後二 1～12)

在使徒保羅約公元五十二年寫給帖撒羅尼迦信徒的第二封信

4　參 Charles Hodge, *Systematic Theology*, vol. 3: *Soteriology* (Grand Rapids: Eerdmans, 1982), 814～825。

5　參 McGinn, *Antichrist*, 262～273。

中，有這樣的話：「弟兄們，論到我們主耶穌基督降臨和我們到他那裏聚集，我勸你們：無論有靈、有言語、有冒我名的書信，說主的日子現在到了，不要輕易動心，也不要驚慌。人不拘用甚麼法子，你們總不要被他誘惑；因為那日子以前，必有離道反教的事，並有那大罪人，就是沉淪之子，顯露出來。」（二 1～3）

當時（初期教會），有信徒相信基督很快會再來，因此便擱下了手上的工作，遊手好閒，不務正業，說是要等候主再來（帖後三 11）。但使徒保羅勸勉他們不要這樣，因為「不作工就不可吃飯」（三 10、12）。更重要的是：在基督再來前，必會有兩件事情發生：其一是大規模「離道反教」（the great apostasy）的事件，其二是「大罪人／沉淪之子」（即：敵基督）的出現。[6] 保羅認為，耶穌再來，應是在「大背道」和「敵基督」出現之後，因此他勸帖撒羅尼迦信徒不必驚慌，因為主再來之日尚未來到。

然而，這「敵基督」是甚麼人？何時出現？他將會作甚麼事？結局會如何？保羅有以下的預言：「他是抵擋主，高抬自己，超過一切稱為上帝的和一切受人敬拜的，甚至坐在上帝的殿裏，自稱是上帝。我還在你們那裏的時候，曾把這些事告訴你們，你們不記得嗎？現在你們也知道，那攔阻他的是甚麼，是叫他到了的時候才可以顯露。因為那不法的隱意已經發動，只是現在有一個攔阻的，等到那攔阻的被除去。那時這不法的人必顯露出來。主耶穌要用口中的氣滅絕他，用降臨的榮光廢掉他。這不法的人來，是照撒但的運動，行各樣的異能、神蹟，和一切虛假的奇事，並且在那沉淪的人身上行各樣出於不義的詭詐；因他們不領受愛真

6　參 Leon Morris, *The First and Second Epistles to the Thessalonians*, NICNT (Grand Rapids: Eerdmans, 1975), 220, 228。

理的心，使他們得救。」（帖後二 4 ～ 10）

保羅這預言，帶來幾方面的信息：[7]

1. 「敵基督」是從大背道中顯露出來的（二 3）。背道之事，歷代都有，但主再來之前的，將是最嚴重和最大規模的，且不知何時會來臨，因此信徒應該不住警醒、祈求上帝施恩，在主裏能站立得穩，不會跌倒。其次，這「敵基督」將會迷惑許多人，使他們相信虛假的謊言，以致沉淪（9 ～ 10 節）。
2. 這「敵基督」會是一個有位格的個人（personal individual），並非只是一個象徵（symbol）。他是「不法之人」、「沉淪之子」（3 節；像猶大），他將抵擋上帝、高抬自己、自稱上帝（4 節），且會用各樣方法去迷惑誤導人，包括不少信徒（9 ～ 10 節）。
3. 他將會坐在聖殿寶座上、自稱為上帝（4 節），這暗示他可能是一個宗教領袖，會用各樣（包括宗教、社會、政治）方法，自我提升，坐在至高的位置上，宣告自己就是上帝。這行動自然會遭到真信徒的反對和不順服，以致帶來不少的衝突，信徒也會因此遭受逼迫。
4. 他將藉從撒但來的能力，行神蹟奇事（9 節），使人相信他是上帝，並且用詭詐和謊言（因他也是假基督！），誤導許多不信的人，使他們不信真理、只信謊言，至終走向沉淪（10 ～ 11 節）。然而，他至終必被那真正的基督所消滅。
5. 「敵基督」顯現的時間，是在「那攔阻的」（that which restrains）被除去之後。「那攔阻的」是甚麼？歷代學者持有不

7　參 Anthony A. Hoekema, *The Bible and the Future* (Grand Rapids: Eerdmans, 1979), 159 ～ 162。

同的觀點。當代新約學者歷度巴格，[8]引用多位當代學者的觀點（如：霍志恆〔Geerhardus Vos〕、畢爾〔G. K. Beale〕、莫里斯〔Leon Morris〕）指出，以啟示錄二十章 1 至 9 節為例的新約相關經文，都對「那攔阻的」作出了合理解釋是：「上帝大能福音的宣講」。這「福音宣講」在撒但被捆綁後，一直攔阻那「敵基督」，使他不能出現，但有一天（主再來前），這攔阻將會除去，屆時撒但將暫時被釋放（啟二十 3），因而他的差役——「敵基督」也將顯露，大規模迷惑人心，引人背棄真道，直到基督再次降臨、將他消滅（帖前二 8）。

6. 對信徒的鼓勵：面對「大背道」和「敵基督」顯露的光景，信徒會感到憂慮和恐懼；想到這些苦難、逼迫將臨，也會對未來感到悲觀。但上帝藉保羅應許他們，基督必會再來，屆時祂必將這些敵人完全消滅。因此，對教會和信徒來說，前景其實是樂觀的，他們應受到鼓勵，不必懼怕！

2 約翰的教導和異象

A. 約翰書信中的「小敵基督」（antichrists）

年老的約翰，在大約公元九十年，寫信給他所熟悉的教會信徒們，要他們防備一些假師傅和「敵基督」：「小子們哪，如今是末時了。你們曾聽見說，那敵基督的要來；現在已經有好些敵基督的出來了，從此我們就知道如今是末時了。……誰是說謊話的呢？不是那不認耶穌為基督的嗎？不認父與子的，這就是敵基督的。」（約壹二 18、22）

約翰提到那敵基督的（the Antichrist）將會來到，但在今天（寫

8　Riddlebarger, *Man of Sin*, 130 ~ 134.

信當時）有不少敵基督的（many antichrists）已經出來了，這些「小敵基督」的出現，是顯示「末世已到」（18 節），他們的特徵是「說謊話的、不認耶穌為基督的、不認父與子的」（22 節）。而約翰在約翰二書一章 7 節所描述的也很相似，他說：「因為世上有許多迷惑人的出來，他們不認耶穌基督是成了肉身來的；這就是那迷惑人、敵基督的。」

看來，約翰並沒有否定那至終會出現的「敵基督」，但他警戒信徒，那些「小敵基督」已經出現的，就是那些在信仰上傳異端、說謊話誤導信眾、企圖敵擋並取代基督的人。他認為，信徒應學習分辨上帝的靈和敵基督的靈（約壹四 2～3），以免受騙。這也是我們今天（二十一世紀信徒）所應留意和分辨的。千萬不要單單關注那將要來、但仍未到來的「敵基督」，卻忽略了那已在我們中間的「小敵基督」，就是約翰稱為「假先知」的人（約壹四 1）。

B.「敵基督」與啟示錄中的兩個獸（啟十三 1～17），有直接關係嗎？

約翰曾在啟示錄的異象中，看見兩個獸，一個獸（以下簡稱「獸一」）是從海中上來（1～10 節），另一個獸（簡稱「獸二」）是從地中上來（11～17 節），他們與「敵基督」有何關係？是否就是那「敵基督」？

在本書第十章中，我們曾確定，兩個獸都是象徵（symbols）：獸一象徵在地上敵擋上帝的政治勢力，這些王國領袖（參但七 3～8），受撒但指派，逼迫上帝的子民，藉自己的政治地位，強迫人敬拜、尊他們為上帝；而獸二則象徵敵擋上帝的文化、思想、宗教，這獸二，也被稱為「假先知」。由於「敵基督」是一個有位格的人（見上文），所以他不是獸，但從他的行為、敵擋基督的態度，和在聖殿中的表現，他極可能是是兩獸人格化（personified）的代表性人物。若是如此，「敵基督」在基督降臨時，至終將被消滅（帖後二 8），這就與撒但（龍）和兩獸的結局吻合。

所以，「敵基督」與龍及兩獸，所處的經文雖然不同，受審判刑罰卻是同一回事，正如啟示錄所預言的：「那獸被擒拿；那在獸面前曾行奇事、迷惑受獸印記和拜獸像之人的假先知，也與獸同被擒拿。他們兩個就活活地被扔在燒著硫磺的火湖裏。」（十九 20）「那迷惑他們的魔鬼被扔在硫磺的火湖裏，就是獸和假先知所在的地方。他們必晝夜受痛苦，直到永永遠遠。」（二十 10）

可見在末日，撒但（龍）和他兩個在地上最得力的助手（獸一、獸二），將會被扔進火湖，而代表兩獸有位格的人物「敵基督」，他的命運也將會是一樣。可見，邪惡勢力至終必被君王基督所擊敗，且將會被扔進火湖裏，受永遠的刑罰，而基督所救贖的眾聖徒，將會與基督一同得勝掌權。感謝讚美主！

四 最後的審判：上帝公義的彰顯

1「最後審判」的聖經預言

A.「最後審判」：有必要嗎？

約翰曾記載耶穌對尼哥德慕說：「信他的人，不被定罪；不信的人，罪已經定了，因為他不信上帝獨生子的名⋯⋯信子的人有永生；不信子的人得不著永生，上帝的震怒常在他身上。」（約三 18、36）

既然一切都已成定局（參五 24），最後審判還有必要嗎？答案是：有必要，因為最後審判的目的，並非要調查人是否會被定罪、或是得拯救。這一切上帝早已知道，且有了定案，但最後審判仍有必要，目的是：[9]（1）彰顯上帝的主權和榮耀、恩典和公義（帖後一 5 ～ 10）；（2）顯明各人（信與不信）的身分與命運，這些事原是隱藏的（西三 3 ～ 4；約壹三 2）；（3）宣告各人要從上帝得到的賞賜與刑罰（林後五 10）；（4）執行上帝對各人的賞罰（太二十五 34、41、46）。

B.「最後審判」在何時進行？

時代論學者看上帝對人的審判，可以分開為好幾次，如：（1）主再來信徒被提後，信徒的工作將被審判；（2）外邦人在千禧年前被審判；（3）以色列人在千禧年前被審判；（4）死了的惡人，在千禧年後被審判。

這「多次審判」的構思，在聖經上並沒有清楚的指示。反而根據新約聖經所展示，在主再來後，將有一次的大復活（包括信與不信者），而復活之後將會有一次大審判，就是末日的最後審判。以下是一些較重要的經文：

1. 耶穌說：「你們不要把這事看做希奇。時候要到，凡在墳墓裏的，都要聽見他的聲音，就出來：行善的，復活得生；作惡的，復活定罪。」（約五 28 ～ 29；參但十二 2）
2. 使徒保羅向腓力斯大人說：「但有一件事，我向你承認，就是他們所稱為異端的道，我正按著那道事奉我祖宗的上帝，又信合乎律法的和先知書上一切所記載的，並且靠著上帝，盼望死人，無論善惡，都要復活，就是他們自己也有這個盼望。」（徒二十四 14 ～ 15）

9　參 Hoekema, *Bible and the Future*, 253 ～ 254。

第 13 章

3. 使徒約翰說：「我又看見一個白色的大寶座與坐在上面的；從他面前天地都逃避，再無可見之處了。我又看見死了的人，無論大小，都站在寶座前。案卷展開了，並且另有一卷展開，就是生命冊。死了的人都憑著這些案卷所記載的，照他們所行的受審判。於是海交出其中的死人；死亡和陰間也交出其中的死人；他們都照各人所行的受審判。」（啟二十 11～13）
4. 其他支持經文包括：太十三 37 ～ 43、47 ～ 50，二十五 31～46；林後五 10；帖後一 7～10；來九 27 等。

可見，復活與大審判，大有可能只有一次，而當中受審者，會包括普世的人類，即所有義人和惡人（信與不信者），也包括眾天使。[10]

C. 誰是審判官？

1. 聖天父：使徒彼得勉勵信徒，說：「你們既稱那不偏待人、按各人行為審判人的主為父，就當存敬畏的心度你們在世寄居的日子」（彼前一 17）。父上帝是那以公平待人的主，祂必以公義審判人（彼前二 23），而在末日，眾人都要站在祂的審判台前受審（羅十四 10），因此聖徒當以敬畏上帝的心，度過每一天。
2. 聖子基督：與天父一起審判的，是那成就救贖的聖子耶穌基督。例如保羅向雅典人傳福音時，就勸他們悔改，以逃避基

---

10 參 Hoekema, *Bible and the Future*, 239～243, 254～255。

督的定罪審判，因為「他（上帝）已經定了日子，要藉著他所設立的人（耶穌）按公義審判天下，並且叫他從死裏復活，給萬人作可信的憑據。」（徒十七 31）基督順服天父，捨身十架，因此父上帝將祂高升，立祂為主為王（腓二 9～11；徒二 36；啟十九 16），使祂有權柄施行審判，因為祂被稱為「誠信真實」的，祂的審判和爭戰，都完全按公平公義的原則（啟十九 11）。至終，得勝的基督將與父上帝一起審判，一起作王管治，這是保羅從聖靈而得，有關天國未來的啟示（林前十五 23～28）。

3. 使徒與信眾：馬太記載，使徒彼得在論及「賞賜」時，與耶穌有一段對話：「彼得就對他（耶穌）說：『看哪，我們已經撇下所有的跟從你，將來我們要得甚麼呢？』耶穌說：『我實在告訴你們，你們這跟從我的人，到復興的時候，人子坐在他榮耀的寶座上，你們也要坐在十二個寶座上，審判以色列十二個支派。』」（太十九 27～28；參路二十二 30）耶穌在此是指新約的十二使徒，將與祂一起審判以色列十二支派，這是何等大的榮耀職分！[11]

此外，在哥林多前書六章 2 至 3 節，保羅也勸勉哥林多信徒，不要在非信徒面前求審，因為他們在末日，將會與人子一同作審判官。他說：「豈不知聖徒要審判世界嗎？若世界為你們所審，難道你們不配審判這最小的事嗎？豈不知我們要審判天使嗎？何況今生的事呢？」

可見，根據保羅，信徒們（不單是使徒）將來會審判天

11 參 R. T. France, *The Gospel of Matthew*, NICNT (Grand Rapids: Eerdmans, 2007), 742～746。

使。在最後審判中，我們不知道信徒如何又是受審者、又是審判官，但我們可以肯定，屆時信徒將有分參與世界和天使的審判。我們這些蒙恩不配的罪人，竟會承擔如此榮耀的職分，實在難以置信！

D. 誰會接受審判？

1. 天使（彼後二 4；猶一 6；林前六 2～3）；
2. 萬民（all the nations；太二十五 32）、各人（each person；羅二 5～6；林後五 10）、世界（the world；羅三 6），即：全世界、全人類中每一個人，包括信徒；
3. 所有死了的人，無論大小，都會（在復活後）站在審判台前（啟二十 12～13）；
4. 所有信徒（羅十四 10；林後五 10；雅三 1；彼前四 17）。

問題：聖經豈不是說：「如今，那些在基督耶穌裏的就不定罪了」嗎？（羅八 1）

回答：對！在基督裏的人將不被定罪，坦然無懼地見主，但在審判之日仍要向主交帳，這是信徒面對最後審判的安慰，正如《海德堡要理問答》第五十二問所述。

問題：基督「將來必從那裏降臨，審判活人死人」，這對你有甚麼安慰？

回答：「俾（＝使）我在諸般的憂愁和逼迫中，昂首仰望將來必要從天降臨，施行審判的那一位；祂曾在上帝的審判台前，代我獻上了自己，除去了我一切的咒詛；到那時，祂要判定祂的和我的一切仇敵有罪，把他們丟棄在永遠的沉淪中，卻要把我和一切選民都帶到祂自己那裏，享受天上的福樂和榮耀。」[12]

E. 上帝將會審判的事物及標準

(i) 上帝會審判的事

- 按各人的行為，或善或惡受報(太二十五 34～46；林後五 10；啟二十 12；弗六 8；來六 10)。
- 人口中的言語(太十二 36～37)和心中的動機(林前四 5)。
- 今生隱藏的善事和惡事(太六 4～6、18；提前五 24～25)。

(ii) 上帝施行審判的標準

- 自然啟示，包括大自然和人的良知(羅一 18～25，二 12、14～16)。
- 上帝對人說的話、特殊啟示的旨意，包括整本聖經(羅十二 2；提後三 16～17；彼後一 20～21)。
- 人的責任與他領受了多少啟示，是成正比例的。
- 人對福音的信心回應(約三 18、36，五 24；羅八 1)，而信心與行為是不可分割的(太十六 27；加五 6；雅二 18；啟二十二 12)。[13]

第 13 章

12　參湯清編譯：《歷代基督教信條》(香港：基督教文藝，2008)，頁 191。

13　參 Hoekema, *Bible and the Future*, 255～262。

五 神學反思：「靠恩典得救」與「按行為受審」，兩者有矛盾嗎？

使徒保羅曾表明：「我們得救是本乎恩，也因著信⋯⋯不是出於行為」（弗二 8～9），「如今蒙上帝的恩典，因基督耶穌的救贖，就白白地稱義。」（羅三 24）與此同時，新約聖經又清楚指出，在最後審判中，各人（包括每一位信徒）都會按他所行的，接受上帝公義的審判（參太二十五 34～46；林後五 10；啟二十 12；弗六 8；來六 10 等）。這豈非跟保羅所教導「靠恩得救」、「因信稱義」的道理有衝突嗎？

誠然，表面看來兩者似乎互相矛盾，就這表面的（也是真實的）矛盾的解讀，神學家們所持的觀點各有不同。針對這備受爭議的課題，由當代基督教學者史坦利（Alan P. Stanley）主編的著作中，[14] 集合了有四位聖經神學學者的不同觀點，書中四人就這課題作出了坦誠分享，並互相切磋，當中的討論值得我們參考。筆者將於本章嘗試分析和評論他們的觀點。

1 天主教觀點 [15]

天主教學者巴柏（Michael Barber）從「功德」的角度探究這課題，他的基本立論是：我們靠著上帝的恩典（by grace），得以與基督聯合（＝得救），但在最後審判中，我們的「行為」藉上帝的大能，將被化為功德（太十九 26），致使我們有資格進入上帝的國度。以下簡略評論一下巴柏的觀點：

---

14 參 Alan P. Stanley, ed., *Four Views on the Role of Works at the Final Judgment* (Grand Rapids: Zondervan, 2013)。

15 參 Stanley, *Four Views on the Role of Works at the Final Judgment*, 161～210。

A. 巴柏的觀點[16]

(i) 救恩是甚麼？

- 救恩是上帝賜予人白白的禮物，是「本乎恩、也藉著信」(弗二 1～9)。
- 救恩不單是過去的抉擇(多三 5)，也是現在(林前一 18)和將來的事(羅十 13)。
- 救恩是與基督的再來，和上帝的最後審判有關(太十二 36～37；羅二 13)，因為在審判後，上帝將按審判執行賞罰，最終決定人能否得救、進入上帝的國度。

(ii) 按行為受審判

- 相關的聖經教導(太十六 27；羅二 6；林後五 10；啟二 23，二十 12，二十二 12)。
- 誰可進入上帝的國度？答：那些達到上帝審判標準的人，例如：向弟兄施予愛心和憐憫(太二十五 34～46)。

(iii) 在上帝凡事都能(太十九 16～29)

- 耶穌在此回答有關救恩的問題(21、23～24、25、29 節)。
- 耶穌的要求：「你若願意做完全人，可去變賣你所有的，分給窮人，就必有財寶在天上；你還要來跟從我。」這是很艱辛、甚至難以達到的要求(21 節)。

---

16 參 Stanley, *Four Views on the Role of Works at the Final Judgment*, 191～196。

- 耶穌看著他們說：「在人這是不能的，在上帝凡事都能。」(26節)能甚麼？巴柏的回答是：能做完全人，以致得救，而這不單是人的完全，更是「上帝的完全」；在人是不可能的，但依靠上帝就有可能，因為上帝凡事都能，祂能將人的行為變成「功德」，使人得進天國。

(iv)其他聖經經文證據

除了上述的論點，巴柏還引用以下的聖經，支持他的論點：

- 人可以靠行為稱義(雅二21～25)。
- 在救恩的事上，上帝的恩典和信徒的行為回應，兩者不可分割，因為後者是恩典的結果(林前十二3；太十六17；約六29)。
- 保羅教導信徒，要「作成得救的功夫」(腓二12～13)。

(v)觀點撮要

- 救恩首先是上帝的恩典，但當人與基督聯合之後，就有能力做完全人，這是人本來沒可能作成的。
- 在上帝凡事都能，包括幫助人作成「功德」行為，至終得救，進入永生——上帝的國度。
- 信徒的善行是基督在他裏面作成的(加二20)，因此他得進天國的功德，也都是基督的工作。

B. 對巴柏觀點的評論

(i) 正面評價

- 救恩和人的善行，是藉上帝的恩典，不是靠人的行為。
- 人領受救恩，不單是「過去」的一個抉擇，也包括「現在」的過程，和「未來」的完全實現。
- 聖經從多元和不同角度描述救恩：稱義、救贖、天國、永生等。
- 巴柏的救恩觀點，以基督為中心：基督是我們的義，而與祂聯合，是上帝拯救我們的目標。

(ii) 負面評價

- 巴柏認為，人的善行是得救的基礎（basis），因這些行為是功德。這並不符合聖經的教導，因為聖經中從沒有提及「人藉功德而得救」。不錯，聖經會以工價和賞賜，去描述人藉工作從主而得的（參羅二 6～10；太二十 1～16，二十五 14～30），但從沒有絲毫「功德」的觀念，反倒「恩典」的意思是明顯的（如：太二十 11～15，二十五 21、23、34～40）；保羅也強調稱義的恩典是白白的，與人的功德無關：「就是上帝的義，因信耶穌基督加給一切相信的人，並沒有分別。因為世人都犯了罪，虧缺了上帝的榮耀；如今卻蒙上帝的恩典，因基督耶穌的救贖，就白白地稱義。」（羅三 22～24）
- 巴柏錯誤地認為，上帝要求人「完全」（perfect），才配承受永生，但由於人是不完全的，因此需要上帝運用祂的大能，將人不完全的行為轉變為功德（turned meritorious），至終蒙上帝悅納，得進天國。這觀點缺乏聖經依據。即使巴柏引用馬太福音十九章21至26節，也不能支持他的論點：當時耶穌勸勉青年的官「作完全人」（21節），並非指要作「完美無缺、聖潔無瑕」的人，乃是要作一個成熟，有天國眼光，樂意「放下財富、跟隨基督」的門徒；[17] 而當耶穌論到上帝能作那「不可能的事」（26節），也並非如巴柏所言，是指「將人的行為轉變為完美的功德」，乃指「上帝能改變人的心，使他放下財富、跟隨基督、得進天國」。

- 可見，巴柏雖然富有創意地構思：「上帝藉大能，將人的行為變成功德」，實際上他仍離不開天主教的傳統教導，即：「人可藉自己的功德得救」，這立論在新約聖經中，找不到任何的支持。

(iii) 小結

其實，按新約聖經，人是藉著信靠基督得稱為義的，可是在最後審判時，上帝會按各人的行為去審判各人。這當中其實並沒有矛盾，因為：

- 真正的信心會結出聖靈的果子（加五16～23），特別是愛心的行為（加五6；太二十五31～46），而耶穌曾說「結好果子、聽而順服」的人，才得進天國，不然，就會被拒絕（太七15～27）。惟有真心悔改的人，才能得上帝赦免和悅納，而好行為是真心悔改的證據（參路三7～14，二十四46～47），而不是賺取永生的功德。
- 當然，基督徒的好行為也不是完全的。在今生他仍會軟弱犯

17　參 France, *Gospel of Matthew*, 734～737。

罪，但他可藉向主認罪得赦免（約壹一 8～9），而在最後審判中，他至終仍是靠恩典稱義得救，而不是靠自己的「不完全的好行為」（imperfect good works）得救。

- 信徒得救的信心和盼望，是基於「基督為我們的罪死、也為我們的生命復活」（林前十五 1～57），而並非如巴柏所言，「上帝藉大能，將我們的行為轉變為功德」。巴柏的「信靠對象」錯了，他相信自己的功德行為。我們要留心保羅的話，他說：人須藉著信靠基督為他而死和復活，才可得救（林前十五 1～4）。

2 時代論觀點[18]

時代論學者韋堅（Robert Wilkin），將「得救」和「得賞」兩者分開，以解決「在最後審判中，上帝按各人的行為審判各人」這神學難題。韋堅的基本立論是：上帝對人有兩個不同的審判：在「賞賜審判」（reward judgment）中，祂會按信徒的行為去審判賞賜信徒，但在最後「救恩審判」（salvation judgment）中，祂會按人的信心去審判各人，然後將得救者和滅亡者分開。以下簡略評介韋堅的觀點。

A. 韋堅的觀點

（i）信徒與忠僕的分別

韋堅認為，耶穌說，信祂的人，「不致滅亡，反得永生」（約三 16）、永遠不餓（六 35）、永遠不死（十一 26）、是已經出死入生了（五 24）。這些「信而得救」的人，耶穌並沒有要求他們須堅忍到底（perseverance），或在行為上有好的表現（good works），

18　參 Stanley, *Four Views on the Role of Works at the Final Judgment*, 25～50。

他們只須單單相信（faith alone），就可以得救了。

韋堅認為，在路加福音十九章 11 至 27 節，「十錠銀的比喻」中，主人衡量僕人的標準是「賺了多少」，而不是「有沒有信心」。第一個僕人賺了十錠，主人賞他管理十座城（17 節）；第二個僕人賺了五錠，主人賞他管理五座城（19 節）；第三個僕人沒有賺任何錢（20～21 節），主人責備他為「惡僕」（22 節），又將他僅有的一錠奪去，交給那有十錠的。韋堅認為，這裏的「惡僕」，是指一些「因信得救」的信徒，但他們不能成為「忠心事主」的僕人，他們與頭兩個僕人的分別是：頭兩位忠僕在基督首次「賞賜審判」中，可得獎賞，並可與主一同掌權；而第三位「惡僕」，則在最後「救恩審判」中，可以得救（韋堅指出：他沒有被殺），只是他沒有資格與基督一同掌權。

（ii）救恩藉恩典、獎賞靠行為

韋堅指出，根據聖經教導，救恩是上帝白白賜予的禮物（羅四 1～8；加二 16；弗二 5、8～9），但獎賞是賜給努力工作及堅忍的忠僕（林前三 14～15，九 24～27；西三 23～24；雅一 12；啟三 11）；前者只要信，但後者要努力、付代價（林前九 26～27），方能得公義的冠冕（提後四 6～8）。

韋堅認為，這「兩個審判」的構思，保證所有「信」的人都可得救，但只有「得勝和堅忍」者，方可得額外的賞賜。這樣便可兩全其美：一方面救恩是恩典，不單是免費，且也是不會失去的（對信者有保障，他們不必恐懼）；另一方面，肯定信徒的努力也是重要的，因可得賞賜。此外，那表面的「矛盾」，也自動消失了。

B. 對韋堅觀點的評論[19]

我們同意韋堅所言，救恩是白白的恩典，並且真心悔改，信靠基督為他死、為他復活的人，都可依靠這福音得救（林前十五1～4），並且信主的人可以靠著上帝的大能，得蒙保守，直到主再來（腓一6；彼前一5）。

然而，我們認為韋堅的一些觀點值得商榷，其中包括：

1. 將「得救」和「得勝」分割：這違反了新約聖經一貫的教導。基督所賜的生命，是豐盛的（約十10）、得勝的（羅六14，八31～39；來二15），雖然在主再來前，基於「兩個時代的重疊」，信徒仍會犯罪跌倒，但他們基本上可以靠基督，蒙赦免，在聖靈裏得勝，並結出聖靈的果子（羅六11～19；加五16～24）。至於「得勝、得獎賞」乃「救恩以外、額外的賞賜」的說法，本身也是缺乏聖經依據（可參閱本書第十一章中，有關「神學反思：聖徒的得勝與得賞」的論述）。
2. 將「信心」與「行為」分割：韋堅認為有信心但沒有「行為」的人，仍然是可以「得救」的。這是有違新約的教導的。使徒雅各說：「我的弟兄們，若有人說自己有信心，卻沒有行為，有甚麼益處呢？這信心能救他嗎？⋯⋯信心若沒有行為就是死的。⋯⋯我們的祖宗亞伯拉罕把他兒子以撒獻在壇上，豈不是因行為稱義嗎？可見，信心是與他的行為並行，而且信心因著行為才得成全。這就應驗經上所說『亞伯拉罕信上帝，這就算為他的義』，他又得稱為上帝的朋友。這樣看來，人稱義是因著行為，不是單因著信。」（雅二14～24）

---

19 參 Stanley, *Four Views on the Role of Works at the Final Judgment*, 51～56。

3. 可見，真實的信心，必然產生好行為。信心若只是頭腦上的，就不是得救的信心。使徒保羅論到他傳道的目的，是要幫助人「信服真道」，即：帶領人「信而順服」(to the obedience that comes from faith；參 NIV)，因為真正的信心，會帶來順服的行動。這「信心必產生好行為」的真理，與耶穌在馬太福音七章 15 至 27 節的教導是一致的。
4. 韋堅看馬太福音二十五章 31 至 46 節，只是預告了基督對外邦人的審判，而啟示錄二十章 11 至 15 節，則只是對不信的人之定罪。筆者在上文曾指出，時代論學者把「最後審判」分為多次（韋堅在此只提出兩個），是缺乏聖經依據的，很容易曲解了經文的意思。其實，這兩段經文最合理的解釋是：描述所有人在大審判中，按行為接受上帝的審判，最後進入永生或永刑。
5. 韋堅錯誤的認為，那些被定罪（哀哭切齒）的人，是「得永生、卻不得賞賜」，這是不正確的。下列馬太福音的例子，明顯都是描述「受刑罰、不得救」的情況，而不是「得救、卻得不到賞賜」的情況：

- 不得坐席（八 11～12）；
- 從上帝國中被除掉（十三 41～42）；
- 被丟在火爐裏（十三 49～50）；
- 不是蒙揀選的（二十二 11～14）；
- 被重罰、哀哭切齒（二十四 51）。

3「按行為受審判」：總結與應用

筆者的看法，比較接近福音派新約學者史瑞那（Thomas R.

Schreiner）的觀點。[20] 以下筆者從新約聖經，參考史瑞那的觀點，綜合出一些要點：

A. 聖經兼容「靠恩典得救」和「按行為受審」

「因信稱義」展示了救贖的恩典性，單信靠基督，而非藉遵行律法（加二 16）。恩典是必須的，因為人沒有能力遵行全部律法（加三 10～12），這恩典是基於基督的十架與復活，使凡信祂的人可以白白稱義（林前十五 1～4；加三 13～14；羅三 21～26，四 25），這是上帝極大的恩典，也顯明了祂的愛與憐憫（弗二 4～9；多三 3～7）！

另一方面，上帝也是公平、公義的。因此，對那些自以為義、恃著自己遵守猶太拉比的律法規條、卻不肯悔改的猶太人，祂有這嚴厲的警告：「他必照各人的行為報應各人。凡恆心行善，尋求榮耀、尊貴和不能朽壞之福的，就以永生報應他們；惟有結黨、不順從真理，反順從不義的，就以忿怒、惱恨報應他們；將患難、困苦加給一切作惡的人，先是猶太人，後是希臘人，卻將榮耀、尊貴、平安加給一切行善的人，先是猶太人，後是希臘人。因為上帝不偏待人。」（羅二 6～11）

這兩方面的真理是兼容並存的，因為上帝是慈愛憐憫、也是公平公義的，這兩方面的屬性不單沒有衝突，反而是互相配合的。對於謙卑願意認罪悔改的人，上帝在基督裏「愛的恩典」是好消息；但對於自以為義、不肯悔改的人，上帝「公義的審判」將會臨到他。其實，在任何情況下，人與上帝的關係，都須建立在上帝全面的屬性（all His attributes），不應偏執其中一部分，就像許

20　參 Stanley, *Four Views on the Role of Works at the Final Judgment*, 71～98。

第 13 章

多現代人，只強調上帝的「愛」，卻輕視祂「公義、聖潔」的屬性。

B. 恩典與行為：兩者的關係

(i)「恩典與行為」彼此對立？

論到因信稱義，保羅如此說：「既是這樣，哪裏能誇口呢？沒有可誇的了。用何法沒有的呢？是用立功之法嗎？不是，乃用信主之法。所以我們看定了：人稱義是因著信，不在乎遵行律法。」（羅三 27～28）

從立功（merit）的角度，恩典（＝信靠基督）與行為（＝遵行律法）是對立的。「靠行律法為功德」（merit through the law）一直是猶太教叫人爭議之處，也是上文所述天主教觀點的基本癥結所在，乃我們所不同意的。

(ii)「恩典與行為」應互相配合[21]

1. 「好行為」是「靠恩得救」的結果：保羅說：「我們原是他的工作，在基督耶穌裏造成的，為要叫我們行善，就是上帝所預備叫我們行的。」（弗二 10）蒙恩信主的人（弗二 4～9），是上帝在基督裏的傑作，其蒙恩受造目的，乃是要他們「行善」，這是上帝的計劃和旨意。

   論到割禮的價值，保羅說：「原來在基督耶穌裏，受割禮不受割禮全無功效（＝價值），惟獨使人生發仁愛的信心才有功效。」（加五 6）真正有價值的，不是遵行舊約的禮儀，也

21 參 Herman Ridderbos, *Paul: An Outline of His Theology* (Grand Rapids: Eerdmans, 1975), 553～556。

不是單單「頭腦的信心」(intellectual faith)，而是「產生愛心行動的信心」，因為愛心的行為源於信心。

2. 「好行為」是「悔改信主」的證據：施洗約翰曾拒絕為一些人施洗，因為他們沒有結出「悔改的果子」(路三 7 ～ 14)。他們就問他，他們當作甚麼，約翰說：「『有兩件衣裳的，就分給那沒有的；有食物的，也當這樣行。』又有稅吏來要受洗，問他說：『夫子，我們當做甚麼呢？』約翰說：『除了例定的數目，不要多取。』又有兵丁問他說：『我們當做甚麼呢？』約翰說：『不要以強暴待人，也不要訛詐人，自己有錢糧就當知足。』」(11 ～ 14 節) 可見，具體的行為，是悔改 (＝信主) 的可見證據 (參路十九 1 ～ 10；林後七 8 ～ 11)。

   對於一些口裏承認耶穌，卻仍活在罪中的人，上帝對他們有何評價？結果就是，由於他們缺乏「好行為」的證據，因此都不能承受上帝的國 (林前六 9 ～ 10；加五 19 ～ 21)，而在將來的新天新地中 (＝聖城耶路撒冷)，這些人也是無分、被拒諸門外的 (太七 16 ～ 27；啟二十一 8、21，二十二 15)。

3. 「好行為」是「信心」的展現：保羅對腓立比信徒說：「這樣看來，我親愛的弟兄，你們既是常順服的，不但我在你們那裏，就是我如今不在你們那裏，更是順服的，就當恐懼戰兢做成你們得救的工夫。」(腓二 12) 在此，保羅並非主張人可靠行為得救，乃是要藉行為活出「藉信心得救的生命」；這是堅忍信心 (persevering faith) 的表現，不應只是停留在起步 (歸主〔conversion〕) 的階段，更不要退後跌倒。

4. 「好行為」並非表示信徒已達致「完全」：使徒約翰對門徒說：「我們若說自己無罪，便是自欺，真理不在我們心裏了。我們若認自己的罪，上帝是信實的，是公義的，必要赦免我們的罪，洗淨我們一切的不義。」(約壹一 8～9) 信徒須展現好行為，活出得救信心的生命，但這並不表示他們是完全的，仍有軟弱、會犯罪，因此「認罪、得赦免」仍是必須的。而在這「已然—未然」的末世，上帝持續不斷的恩典，將在信徒身上彰顯。

(iii) 信徒對「上帝按人的行為審判」應有的回應

作為蒙恩得赦免的人，面對「最後審判中，上帝會按我們各人的行為審判各人」這些警告 (請注意：這些「行為」還包括「口中的言語、心中的動機、今生隱藏的善惡」等)，信徒會有甚麼回應？有些信徒自然的反應是：不快樂、不接受、也許還會埋怨帶領他信主的人，沒有預先警告他。可惜，這些負面反應都是於事無補的，因為上帝的旨意，不會因我們負面的情緒而有所改變。

使徒保羅提醒信徒，今天要過討主喜悅的生活，因此他說：「所以，無論是住在身內、離開身外，我們立了志向，要得主的喜悅。因為我們眾人必要在基督台前顯露出來，叫各人按著本身所行的，或善或惡受報。」(林後五 9～10)

使徒彼得也提醒信眾，主再來時，將會審判世界，當中有罪的和敗壞的，都會被火燒掉，所以在今生，信徒應敬虔 (＝以敬畏上帝的心) 度日。彼得說：「這一切既然都要如此銷化，你們為人該當怎樣聖潔，怎樣敬虔，切切仰望上帝的日子來到。」(彼後三 11～12) 從正面看，信徒既將承受應許，更應切實地活出信仰，正如彼得又說：「親愛的弟兄啊，你們既盼望這些事，就當殷勤，使自己沒有玷污，無可指摘，安然見主。」(彼後三 14)

作為蒙恩的罪人，信徒要感謝上帝，祂不會忘記我們所行的善，特別是對聖徒愛心的服事 (來六 10～11；太二十五 34～

40），而連給予小子的一杯涼水，無所不知的主也會記念，並加賞賜（太十 42），這是何等令人鼓舞的事！

最後，我們更應感謝讚美上帝，因為雖然我們在今生並不完全，有諸般軟弱罪過，但當我們站在審判台前，面對審判的主時，我們一切軟弱罪過，都會得到上帝完全的赦免，因為我們的生命與那被殺的羔羊聯合了，我們是屬祂的，因此再沒有人能控訴我們（羅八 31～34），而當主基督再臨時，我們將會從上帝那裏，得著權柄，與基督一同審判和治理那將被更新的天地（林前六 2～3；啟二十二 3～5）。我們也將以基督新婦的身分，帶著歡樂，參與那盛大的「羔羊婚筵」，就如使徒約翰在異象中所言：「我聽見好像羣眾的聲音，眾水的聲音，大雷的聲音，說：哈利路亞！因為主──我們的上帝、全能者作王了。我們要歡喜快樂，將榮耀歸給他。因為，羔羊婚娶的時候到了；新婦也自己預備好了，就蒙恩得穿光明潔白的細麻衣。（這細麻衣就是聖徒所行的義。）」（啟十九 6～8）對了！這「聖徒所行的義」，就是信徒稱義生命的證據，使他們有資格參與上帝羔羊的婚筵。願榮耀歸給祂，直到永遠，阿們！

討論問題

1. 請簡述「敵基督」這信仰構想，在歷史中的發展，從初期教會到現代。
2. 「教皇就是敵基督」這觀念，在歷史中是如何形成的呢？而歷代羅馬天主教會，又如何回應這觀念？
3. 在帖撒羅尼迦後書二章，使徒保羅論及「敵基督」將會出現。他為何要帶出這負面的「人物」？他又如何描述這「人物」：有甚麼特徵？何時會來？其來臨，對我們又有何意義？
4. 使徒約翰在他的書信中，論到許多「敵基督」已經出來。這些是甚麼人？他們與那大的「敵基督」有何關係？
5. 「敵基督」與啟示錄中的「兩獸」有何關連？他們的結局會是怎樣的？對今日的信徒和未信者有何警戒？
6. 耶穌曾說：「不信的人，罪已經定了……上帝的震怒常在他身上。」（約三 18、36）若是真的，還需要有最後審判嗎？
7. 將來的「最後審判」會是怎樣的呢？試描述其特徵，包括：時間、審判官、被審判者、審判的事物、標準、內容、結局等。
8. 新約聖經教導，人須「靠恩典得救」，但也預告，上帝在大審判中會按各人的行為，審判各人。這兩者是否有矛盾？試討論之。
9. 請簡介及評論天主教學者巴柏（Michael Barber），對上述問題的解決方案。
10. 請簡介及評論時代論學者韋堅（Robert Wilkin），對上述問題的解決方案。
11. 新約聖經對「恩典」與「行為」之間的關係，有何啟示？這些啟示又可如何解決上述的「表面矛盾」？

14

地獄：是真的嗎？

一 備受挑戰的傳統「地獄」教義

從歷史看，基督教傳統的「地獄」觀念，乃始於第一世紀，由大公教會一直所持守，參照自新約聖經的教會教義。簡單來說，這教義就是認定，那些不信基督的罪人，將來會承受上帝公義的審判，和永遠的刑罰，而這刑罰是人在身體和心靈上，會感受到的「火與折磨」（fire and torment）。這傳統的教義，在近現代教會歷史中（十七世紀至今），確實備受挑戰。

美國當代福音派神學家莫理（R. Albert Mohler, Jr., 1959 ～），在二○○四年發表了一篇文章（收於文集 *Hell Under Fire*, 2004），[1] 就有如此的評論：「今天，傳統的『地獄』教義，是一個被人憎厭的神學名詞，因為這教義，只有在最保守的天主教和更正教神學圈子中，仍被保留，而為它辯護的人，也似乎寥寥可數；這教義經常被

---

1 R. Albert Mohler, Jr., "Modern Theology: The Disappearance of Hell," in *Hell Under Fire: Modern Scholarship Reinvents Eternal Punishment*, ed. Christopher W. Morgan and Robert A. Peterson (Grand Rapids: Zondervan, 2004), 15 ～ 41.

現代人看作是古舊、過時的，連信徒也不願提及，因為它反映了一種已被現代人撇棄了的傳統『基督教世界觀』。」[2]

也許有人會認為，莫理的評價是太悲觀、太負面了。其實，莫理自己也正是持守傳統「地獄」觀念的！[3] 而他這負面的評價，有可能是基於兩個原因：(1)他對傳統「地獄」教義在近現代的教會和社會中，受到漠視、誤解和破壞，深感痛心；(2)他盼望藉此評論，為基督教會和信徒響起警鐘，鼓勵眾人對這重要而被忽略的教義，進行歷史分析和研究，重新確定其在基督教信仰中的地位，以幫助帶領信徒重建「地獄」的教義，也間接幫助教會廣傳福音。而前文這本文集的出版，就是一羣福音派學者冀透過共同努力，以達成上述的目標。

按筆者的觀察，「地獄」這課題，近年絕少出現在華人教會的主日講壇上，比較之下，「天堂」課題(雖然亦只是偶爾會出現)出現的次數還要多一些。這反映了「地獄」主題在教會圈子中並不受歡迎。不錯，在一些佈道會信息中，「地獄」這名詞也許偶有出現，但通常是用作對比「天堂／永生」的觀念，而講者一般也不會加以解釋。此外，在一般華人社會中，「地獄」一詞往往帶有濃厚的佛教和民間宗教色彩，因此常被誤解，或被用作咒詛人。

即使在那些具基督教背景的歐美國家中，情況也好不了多少。例如，德國神學家史華茲(Hans Schwarz)從一九八五年發表的統計數據中發現，大約百分之三十八的歐洲天主教徒相信「天堂」是真的，而相比之下，只有百分之二十六相信真有「地獄」。即使「地獄」一詞今天仍會在媒體中被採用，也往往只是用在電

2 參 Mohler, "Modern Theology," 16。

3 參 Mohler, "Modern Theology," 36～41。

影、流行音樂和咒詛語中。而「地獄」這課題的神學研究，史華茲認為，也一直是乏善可陳的。[4]

值得留意的是，近年美國社會得出的統計結果，稍有不同。二〇二一年，著名的《今日基督教》（*Christianity Today*）月刊刊登了美國皮尤研究中心（Pew Research Center）有關死後來生信念的調查結果，顯示在受訪的約六千五百位基督徒（其中一千四百二十一位是福音派）中，百分之七十三的信徒相信有天堂，而百分之六十二則相信有地獄。這數字看似不錯，也反映了基督教對美國信眾仍具相當影響力。[5] 但另一項調查顯示，[6] 在美國只有百分之三十二的信徒相信，地獄是一個罪人受公義審判的地方，而那些仍然相信有天堂和地獄的人，對相關觀念的認知非常模糊，反映了他們的不信與無知。此外，調查中百分之六十四的人相信自己會上天堂，但卻只有零點零零五巴仙的人相信自己會下地獄——這就稍為解釋了「地獄」課題普遍被忽略的原因所在，因為許多人都認為「地獄與自己無關！」。美國作家端納（Alice K. Turner）曾寫了一本著作《地獄史》（*The History of Hell*），[7] 在書中她就承認自己不相信「地獄」是客觀存在的，她寫這書的目的，純粹是從文學、文化、宗教和歷史等現象，去研究「地獄」這個人類所創造、有趣的構想。她坦言，自己若相信「地獄」是客觀存在

4　Hans Schwarz, *Eschatology* (Grand Rapids: Eerdmans, 2000), 398 ～ 399.

5　Jeremy Weber, “Heaven and Hell: Americans Answer 20 Questions on Who Goes and What Happens,” (Nov 2021) [article on-line]; available from *Christianity Today* website (https://www.christianitytoday.com/news/2021/november/heaven-hell-universalism-reincarnation-pew-afterlife-survey.html).

6　“How many Americans believe in hell,” [article on-line]; available from Prophecy Reformation Institute website (https://www.prophecyrefi.org/our-teachings/introduction-2/how-many-americans-believe-in-hell/).

7　Alice K. Turner, *The History of Hell* (New York: Harcourt Brace & Company, 1993), 4.

的，反而就不會撰寫這書了！端納也許是當代知識分子中，少數有興趣研究「地獄」這課題，卻又極力將自己跟真實的「地獄」畫清界線的一個例子。

接下來，筆者將簡述「地獄」教義在近現代歷史中受到挑戰的歷史背景。

二 初期教會到宗教改革

1 初期教會（公元 100～500 年）

承接新約聖經的教導，一眾教父的「地獄」觀都頗為一致，這些觀點包括：（1）「地獄」乃公義的上帝，對一切不虔不義，又沒有領受基督救贖的罪人和反叛的靈體，施行審判和刑罰的地方；（2）「地獄」是聖潔的上帝，完全和永遠消滅罪惡的展示；（3）「地獄」按先知和基督的描述，是「不滅的火、不死的蟲」。[8]

奧古斯丁建議直接根據字面意思，理解聖經中描述的「火」和「蟲」。他堅持地獄的刑罰不是暫時，乃是永遠的；這背後的想法是，若義人進入的是永遠的生命，那惡人進入的，也應該是永遠的刑罰，而不是暫時的，因為基督同時且平行地宣告了兩者（太二十五 46；約五 28～29）。

俄利根（Origen）是第一位挑戰傳統「地獄」教義的教父。[9] 他認為新約所論及的「萬物復興」（復興：*apokatatasis*；徒三 21），是指有一天，宇宙萬物，包括一切受造物和全人類，都會得到更

---

8 參 Thomas Oden, *Systematic Theology*, vol. 3: *Life in the Spirit* (San Francisco: HarperSanFrancisco, 1992), 450。

9 參 Brian E. Daley, *The Hope of the Early Church: A Handbook of Patristic Eschatology* (Cambridge: Cambridge University Press, 1991), 56～58。

新和重建，與造物主聯合。他認為地獄不是刑罰性的，而是煉淨性的，具有潔淨罪污的功效，因此只是暫時的，因為至終所有人都會得救。他拒絕教父們對「地獄」達成的共識，因此在公元五五三年(第五次大公會議中)，他的論點被定為錯謬。[10]這顯示在初期教會，傳統的「地獄」教義雖然受到一些挑戰，卻沒有遭受太大的破壞。

2 中世紀與宗教改革(公元 500～1600 年)

在這段歷史時期，除了一些邊緣的小教派和異端之外，基督教教會普遍仍持守傳統的「地獄」教義。一般信徒對「地獄」之說也許不大清楚，但都期盼自己死後會上天堂，也懼怕自己會下地獄，而這「最後審判和最終歸宿」的傳統信仰，往往成為了他們行事為人、抉擇取捨的重要考量。以著名改教先鋒路德為例，他年青時獻身做修士，主要原因是懼怕地獄的審判。此外，當時的傳道者常會利用「下地獄」的結局，告誡其信眾，要逃避那些不信的罪人死後將會去的地方——就是永遠的刑罰。這些嚴厲和使人恐懼的「地獄」信息，在今天充斥著「成功神學」的美國教會講台上，經已幾乎絕迹。其實我們不難發現，當今宣講「地獄」信息的傳道者，很有可能被一般信徒視作古舊、落伍、古怪的，甚至是精神異常的。[11]

無論如何，宗教改革以後的正統教會，大都是持守傳統的「地獄」教義，這很清楚地反映在各項教會信條中。其中一個具代表性的例子，就是一六四七年在英國通過的《韋斯敏斯德信條》，其

10 參 Henry R. Percival, *The Seven Ecumenical Council of the Undivided Church* (Grand Rapids: Eerdmans, 1979), 320。

11 參 Mohler, "Modern Theology," 18～19。

在論到主再來的日子時，作出了以下簡潔的表述：「上帝指定這日子，是為了在選民永遠的救恩上，彰顯上帝憐憫的榮耀，又在邪惡悖逆的遺棄者（reprobates）的刑罰上，彰顯上帝公義的榮耀。那時義人必入永生，領受從主而來完全的喜樂與更新；但那不認識上帝、不順從耶穌基督的惡人，必被扔到永遠的痛苦中，離開主的面，和祂權能的榮光，受永遠滅亡的刑罰。」（三十三章）[12]

三 十七至十九世紀

1 十七世紀：「地獄」觀念轉變的時代

十七世紀，是宗教改革神學在歐洲確立和系統化的時期，但同時也是無神論和異端羣體興起的時代。這些羣體對傳統基督教信仰的觀念，如：三位一體、創造、神蹟、審判、天堂、地獄等，都提出不少質疑，影響了當時教會中一些知識分子。[13] 其中一例，就是自由神學的先驅，天主教學者蘇西尼（Faustus Socinus, 1539～1604）。他的觀點，對當時知識青年頗為吸引。[14] 那時，蘇西尼攻擊的是傳統的「永遠刑罰」觀念，認定它是錯誤的。他認為，這傳統觀念令人覺得上帝是不公義的，因為上帝將「永遠」地獄的懲罰，加諸只犯了「暫時」罪惡的人身上，顯然是不公平的。當時的正統教會，當然視蘇西尼主義為異端，因此這些反傳統的觀點，也自然不能明目張膽地在教會中被宣揚。此外，當時絕大

12 另一個值得參考的是《比利時信條》第三十七條。

13 參 D. P. Walker, *The Decline of Hell: Seventeenth-Century Discussions of Eternal Torment* (London: Routledge & Kegan Paul), 1964。

14 參 F. L. Cross and Elizabeth A. Livingstone, eds., *The Oxford Dictionary of the Christian Church* (New York: Oxford University Press, 1997), 1512～1513。

多數教會領袖和信徒都認為，傳統的地獄觀，對社會的道德和穩定，仍存在正面作用，因此不應輕易「棄舊迎新」。結果，這些新潮的理論，對教會信徒並不構成實際影響。

2 十八世紀：啟蒙運動時代

十八世紀是歐洲啟蒙運動的全盛時期，人們宣告對傳統權威（如：教會、聖經、政權、道德標準）全然唾棄，視人的理性（如：笛卡兒〔René Descartes, 1596～1650〕）、道德直覺（如：康德）、宗教感情（如：士來馬赫）等，作為一切事物與真理的量度標準。啟蒙運動中的人，宣告自己長大成人（come of age），可以獨立自主，憑藉自己的本能和努力，就可以達致完全。可以想像，那個時期對傳統基督教的「地獄」觀念之反叛，只會變本加厲。舉例：英國著名思想家霍布士（Thomas Hobbes, 1588～1679），就曾批判基督教那「惡人在地獄中受不滅的火燒，但卻不會被燒滅」的觀念，是不合理且自相矛盾的，自然亦是不可信的。[15] 當時許多知識分子，基於啟蒙精神和人本主義，都拒絕所謂「超自然宗教」，特別是基督教信仰，和其中的「啟示、天堂、地獄」等觀念，因為他們認為，這些都是古老、怪異，和不可信的。當時即使是保守信仰的學者，也急忙提倡一個「合乎理性的自然神教」（rational-deistic religion）了。

3 十九世紀：信心危機的時代

十九世紀的歐洲，被稱為「維多利亞」時代，因為當時的維

15 Thomas Hobbes, *Leviathan: Or the Matter, Forme, and Power of a Commonwealth, Ecclesiastical and Civil*, ed. A. R. Waller (Cambridge: Cambridge University Press, 1904), 335.

多利亞女皇（Queen Victoria, 1819～1901），統治英國長達六十三年（1837～1901年）。她自稱為基督徒，也熱心參與教會事工，特別是普世差傳事工，並將這事工與英國殖民擴張大業結合在一起。當時英國人一般都會上教會，對天堂存盼望，部分更參與海外宣教，表面看來還不錯。但受到啟蒙運動的影響，社會和教會中，也同時有不少人對基督教信仰產生懷疑，對其傳統教義予以否定。當中一些受自由主義神學影響的人，對「聖經權威、聖禮同在、地獄刑罰」等基督教的基本信仰，都抱持懷疑態度，甚至作出挑戰，當中對傳統「地獄」觀念的批判，尤其強烈。他們拒絕這教義最基本的原因是：這教義否定了「上帝的良善」，接受它就等於放棄了對上帝的信仰；他們又聲稱，「永恆地獄」的觀念，帶給人類極大的憂慮，也與現代社會積極進步的文化背道而馳。這些傳統「地獄」教義的反對者，不單是教外人士，也包括著名的聖職人員，例如聖公會牧師、神學教授莫理士（Fredrick D. Maurice, 1805～1872）。他撰文反對「永遠的刑罰」，理據是：「只有上帝才有『永恆』的屬性，因此『地獄』不會是永恆的；惡人受的刑罰，較合理的教導應該是：惡人和不信者會永遠的消滅。」[16] 而當時一位叫法拉（F. W. Farrar）的英國皇室牧師更認為，地獄教義褻瀆了那憐憫人的上帝，而他反對這教義，是要救他的會友脫離「傳統地獄觀」（不是地獄）所引致的恐懼。[17] 此外，當時一般人對「地獄」觀念也發出不同的反對聲音，比方：從歐洲「維多利亞」時代的文化看，一個「永遠受苦的地獄」，與當時流行的「受尊重的慈父」之理想父親形象，顯得格格不入；再者，永遠的刑罰與今生短暫的

16　參 Fredrick D. Maurice, "Eternal Life and Eternal Death," in *Theological Essays* (London: Macmillan, 1892), 377～407。

17　參 Frederic W. Farra, *Eternal Hope: Five Sermons* (London: Macmillen, 1904), 68～69。

罪，兩者也似乎不成比例。這些當代流行的概念，都影響了當時歐洲人對「地獄」的看法。

在美國，十九世紀是近代自由主義神學興起的時期，自由主義強調上帝的內住性，輕視祂的超越性，因此抗拒上帝「高高在上、作君王審判官」的觀念，很自然地亦會反對傳統的「地獄」教義。此外，自由神學所倡導「普救論」(universalism)、「兼容論」(inclusivism)、宗教「殊途同歸論」等立場，從根本上排斥了一些歷代教會所持守的聖經教義，如：審判、地獄、揀選、唯獨基督、贖罪、復活、主再來等，同時加強了教會與信徒對傳統「地獄」教義的抗拒，有人甚至企圖藉著將它重新詮釋，使傳統教義更配合時代的潮流。[18]

四 二十世紀：「地獄」教義重新詮釋的時代

1 地獄的「去神話化」

二十世紀初期，當保守的「基要／福音派」學者，與「自由主義」學者，就各樣神學議題進行辯論之際，德國當代新約學者布特曼，提出了他的「去神話化」釋經進路和神學議程，大大影響了當代神學的發展。[19] 布特曼認為，新約聖經所描繪的世界，是一個古代「神話式的圖畫」(mythological picture of reality)，跟現代人的「科學世界觀」(modern scientific worldview) 截然不同。因此，現代人要真正掌握新約聖經的信息，必須把經文「去神話化」，同

18 參 Mohler, "Modern Theology," 20 ～ 25。

19 參 Rudolf Bultmann, *Kerygma And Myth: A Theological Debate*, ed., rev., and trans. R. H. Fuller (New York: Harper & Row), 1961；Rudolf Bultmann, *Jesus Christ and Mythology* (New York: Charles Scribner's Sons), 1958。

時又須放棄按經文字面意思所論及的教義，如：罪惡、救恩、天堂、地獄等。具體而言，布特曼的「去神話化」議程，是把傳統基督教教義重新詮釋，即：實存化了（existentialize）。對布特曼來說，「地獄」不再是一個在將來的、罪人會受罰、有火和蟲的地方，而是一個人，活在虛無（nihilism）和極度憂慮（angst）中的心理狀態。兩次世界大戰使人類驚覺，地獄隨時可以在地上出現（如：滅族行動、核子焚毀等）；而科學的進步與物質的富裕，也使人嚮往今生的福樂，過於將來的天堂。地獄與天堂都變成「今生、屬地」的處境，而非未來的結局。布特曼的「實存救恩」信息，應許人藉信心的抉擇，與基督相遇，方能脱離當下的「地獄」，和物質豐裕的「假天堂」，成為「在基督裏的新創造」，活出真正的自由。

布特曼的實存主義新約神學，與另一位當代神學家田立克（Paul Tillich, 1886～1965）的系統神學相似，兩者皆以實存主義哲學，為重新詮釋基督教信仰的進路與基礎。[20]

2 二十世紀神學：「地獄」教義的淡化

二十世紀的當代神學，多姿多采，五花八門。除了上述的實存主義神學，還有不少具影響力的神學家和神學風潮，都對傳統的「地獄」觀存異議。當實存主義神學差不多全盤否定傳統的「地獄」觀，當代神學（福音派神學除外）的取態，則是對傳統的「地獄」教義作出較為消極，甚至負面的評價。總的來說，二十世紀的神學風潮，都傾向淡化傳統「地獄」的教義。以下是一些例子：

---

20 田立克神學的簡介，可參閱 David F. Ford, ed., *The Modern Theologians: An Introduction to Christian Theology Since 1918* (Malden: Blackwell, 2005), 62～75。

A. 新正統神學（neo-orthodoxy）

代表學者有巴特與潘霍華（Dietrich Bonhoeffer, 1906～1945）。二人都承認，邪惡勢力是真實的，並且是信徒必須對抗的，故此他們極力抵抗當時的納粹勢力，而潘霍華更因而遭殺身之禍，實在令人敬佩。而對巴特而言，邪惡基本上是一種否定，一個虛無的狀態，至終會被上帝在基督裏得勝。巴特相信，上帝的救贖恩典會至終得勝，拯救所有的人，因為全人類都在基督裏蒙上帝揀選。這同時影響了他的地獄觀。對巴特來説，揀選是上帝主權中的恩典，這信息必須廣被傳揚，叫人相信。巴特深信，基督為普世的人而死，而這恩典是白白的。因此他認為，按此方向思想，也許有一天我們會發現，地獄不單不會有人滿之患，更有可能是空無一人哩！對巴特來説，傳福音乃是使人知道，他在基督裏已被接納，因為上帝的公義審判，在基督身上已經執行了。這是「淡化地獄」的一個最佳例子。[21]

B. 解放神學（liberation theology）

代表學者有古特雷斯（Gustavo Gutiérrez, 1928～）、波夫（Leonardo Boff, 1938～）等。他們提倡一個從貧困者處境出發的神學進路，以表達福音是貧窮和受欺壓者的「好消息」，從而達成教會的使命，就是社會、經濟、政治等層面的解放（liberation）。對他們來説，普世受欺壓者的處境，就是今天人間的「地獄」，而一個更新、得解放的世界，就是人類所盼望的「天堂」，是教會與信徒要努力達致的目標。[22] 解放神學家們重新定義基督教的救恩

21　參 G. C. Berkouwer, *The Triumph of Grace in the Theology of Karl Barth* (Grand Rapids: Eerdmans, 1956), 89～122。

22　參 Sinclair B. Ferguson and David F. Wright, eds., *New Dictionary of Theology* (Leicester:

觀，按他們的定義，傳統的「天堂—地獄」觀，再沒有立足之地，而他們也排斥了聖經所清楚啟示：「人須悔改信靠基督、與祂復活的生命聯合」的福音信息。

確實，到了二十世紀，仍有不少的「自由主義」學者，提倡一個只有「社會改革、繁榮安定、世界和平」的屬地福音的同時，卻否定聖經所應許的「屬天生命、榮耀新創造」的永生盼望。傳統的「地獄」教義，在一個「自由主義」的救恩觀中，自然會顯得毫無意義。信徒面對這些當代神學觀點，必須慎思明辨。

C. 天主教神學（Roman Catholic theology）

（i）天主教「煉獄」的教義

「煉獄」這個源於一些初期教父的教導，是天主教教會為那些「未有資格進天堂，但也不該下地獄」的人，提供一個可行的出路。由於不少天主教信徒認為，「煉獄」將是大部分人會經過的地方，而他們至終也會進天堂，而這教義倒是有助減少他們對「地獄」的恐懼，淡化了它的威嚇性。然而，福音信仰對「煉獄」的評價，是相當負面的，因為：（1）它的聖經基礎很弱；（2）它是基於錯誤的「稱義」和「救恩」觀；（3）它提倡信徒「為死人代禱、獻祭、行善、買贖罪券」等天主教會不良的傳統。而有關煉獄的詳細評論，請參閱本書第七章段落三（頁 248 ～ 254）。

（ii）二十世紀天主教神學：脫離傳統

羅馬天主教教會一直都認為，救恩惟獨藉教會（＝天主教會）才能得著，但自一九六五年起，天主教的救恩神學有了新的

IVP, 1988), 387 ～ 391。

發展。福音派神學家莫理就正確地指出，自從一九六五年「梵蒂岡第二次會議」（下稱「梵二」）之後，天主教的救恩觀就往「普救論」的方向走。[23] 首先，該年會議憲法文獻提到：「有一些人，非因他們的過失，沒有機會認識基督的福音及祂的教會；雖然如此，他們仍以誠懇的心，尋求上主，並且藉恩典的感動、良心的驅使，行出上主的旨意，這些人也可能得到永恆的救恩。」其次，在一九九九年梵蒂岡聽證會上，教宗若望保祿二世也為「地獄」重新下定義，他宣告：「地獄並非上主外加於人身上的懲罰，乃是人自己在今生的錯誤態度與行為，所產生的一種狀態」；他進一步解釋說：「地獄不單是一個地方，更是一個處境，是人自由地、確定地，把自己與上主（＝生命與喜樂之源）隔絕了。因此，永恆的審判並非上主的工作，而是人『自作自受』。」最後，在「梵二」後，天主教神學家如拉納（Karl Rahner）和巴爾塔薩（Hans Urs Balthasar）等，為救恩和末世觀念重新定義，將非基督徒，甚至其他宗教人士，皆納入「得救者」名單，因他們稱那些「誠懇尋道者」（sincere seekers）為「無名的基督徒」（anonymous Christians）。這樣的神學論點，也是朝「普救論」的方向走。這方向暗示：若真的有「地獄」，居住其中的人，為數也應是很少的。

小結：自十七世紀到今天，正統基督教的「地獄」觀，因著社會、文化，和上述種種自由主義神學的影響，受到愈來愈大的衝擊，結果是：這教義受到漠視、批判，甚至被重新詮釋，變得面目全非，與新約聖經和初期教會所描繪的，完全不同。這對正統、福音信仰教會的信仰帶來衝擊，特別對教會的福音宣講、信徒培育、護教事工等，都產生顯著的影響。福音信仰教會（包括大

23　參 Mohler, "Modern Theology," 27～28。

部分華人教會），不單要面對外來的衝擊，也要處理內部的分歧。事實上，二十世紀的福音信仰教會，在這教義的爭議上，也不能置身事外，因為教會本身的一些領袖和學者，對傳統基督教的「地獄」觀，也表達了他們的懷疑、批判、甚至抗拒。以下簡述這個新的現象。

3 福音派學者有關「地獄」的辯論

A. 兩位約翰的影響

英國舊約學者約翰．溫咸（John W. Wenham），在其一九七四年的著作《上帝的美善》（*The Goodness of God*）中，坦白承認，地獄的可怖是難以忍受的，因為在其中，人必須絕望地永遠承受刑罰痛苦，這是他完全不能接受的。因此，他需要對這問題作進一步的研究。到一九九一年，溫咸發表了一篇文章，宣告他放棄一直持守的傳統基督教「地獄」的觀念。[24] 在文章中，他批判傳統「地獄」觀，指它「否定上帝的愛和榮耀，是信心的絆腳石」，又稱這觀念所描繪的上帝，是「虐待狂，不公義的上帝」。溫咸又說，他自己並非「普救論者」，因為「普救論」並沒有聖經的支持。但他主張以「消滅論」（annihilationism；或稱「條件不朽論」（conditional immortality），去取代那可怕的傳統地獄觀。「條件不朽論」，簡單來說是指：「上帝造人時，給人有可能得到不朽的生命，但人必須藉信心（＝信靠基督），才可得此禮物，而那些不在基督裏的，就得不到這不朽的生命，因此這些人在身體死亡、最後審判之後就完全消滅、不復存在了。」溫咸是著名的舊約學者，而他的兩個兒

---

24 參 John W. Wenham, *Facing Hell: An Autobiography 1913 ~ 1996* (Carlisle: Paternoster, 1998), 230。

子（David Wenham, Gordon J. Wenham），也是知名的聖經學者，所以他的立論，在歐美教會中引來不少的迴響。

另一位約翰，就是英國聖公會牧師斯托得（John Stott），眾所周知他是著名的聖經教師、世界福音派領袖之一。一九八八年，在與一位自由派學者辯論時，斯托得指出，傳統基督教「地獄」的觀念，是歷代教會所持守的，但他坦白承認，這觀念是他感到難以忍受的。然而他堅持，在神學方面的立場，他以聖經為準則。其後，他企圖根據聖經，為「地獄＝消滅論」這觀點作出辯護。首先，斯托得指出，教會也許誤解了「地獄」的意思：馬太福音十章 28 節中「消滅」（希臘文 *apollymi*）一詞，他認為應解作「一個人完全消滅、不復存在」，而非「永遠受刑罰」之意。其次，斯托得又指出，啟示錄二十章 10、14 至 15 節常被人誤解：「火湖」和「晝夜受痛苦、直到永永遠遠」等刑罰，並非是針對不肯悔改的人，因為上帝是公義的，祂不會以永恆的刑罰，報應人在今生所犯有限的罪。最後，斯托得又提出，聖經預言上帝至終會得勝，掌管萬有（如：林前十五 23 ～ 28），如此榮耀的未來，與不信者「不悔改者永遠受刑罰」的結局，似乎並不相稱，他認為，假若這些人至終「消滅了」，就不會構成一個「永恆的矛盾」了。[25] 可見，斯托得牧師是支持「消滅論」的，而鑑於他在普世福音派教會的地位，影響力較溫咸還要大。兩位約翰的立論，致使過去三十年間，有更多福音派牧者和信徒，傾向同情，甚至接受「消滅論」的立場。

25 參 David L. Edwards and John Stott, *Evangelical Essential: A Liberal-Evangelical Dialogue* (Downers Grove: IVP, 1989), 314 ～ 319。

B. 三個探討有關「地獄」的會議及文獻[26]

1. 一九八九年，美國全國福音派協會（National Association of Evangelicals）聯同芝加哥三一神學院（Trinity Evangelical Divinity School），以「福音派的立場」（Evangelical Affirmations）為題，召開神學研討會，經共同商議，敲定福音派教會應持守的共同信念，其中重要議程是有關「救恩＝普救論？」和「地獄＝消滅論？」等課題。在會議中，備受尊重的福音派神學教授巴刻（J. I. Packer），清楚明確地為傳統基督教的「地獄」觀辯護。首先，他強調，「普救論」並沒有任何聖經經文的支持；其次，有關當時的熱門問題：「消滅論」是否一種正確的「地獄」觀，巴刻就明言，他不同意斯托得的觀點，並認為斯托得的「消滅論」只是出自一種「世俗的情緒」（secular sentimentalism），而非「屬靈的敏鋭」（spiritual sensitivity）。整個會議都在釐清「正統的福音信仰」，並否定「普救論」和「消滅論」是福音信仰的一部分，甚至跟那些倡導「消滅論」卻又自稱為福音派的教牧領袖（如：斯托得、休斯〔Philip E. Hughes〕、潘嘉樂〔Clark Pinnock〕、約翰．溫咸、阿特金森〔Basil Atkinson〕等）畫清界線。這就是當時英語福音派神學界明確主張的一個神學立場。[27]
2. 一九九五年，英國聖公會總議會發表了一份名為《救恩的奧祕》（*The Mystery of Salvation: The Story of God's Gift*）的官方

---

26 參 Mohler, “Modern Theology,” 31 ～ 33。

27 參 Kenneth S. Kantzer and Carl F. H. Henry, eds., *Evangelical Affirmations* (Grand Rapids: Zondervan, 1990)。

文獻，[28] 對教會的救恩信仰有以下的宣告：

- 教會盼望普世人類至終得救，人人都蒙上帝悅納。因為上帝是愛，所以祂不會使多人被定罪、進地獄受刑罰。我們接受普救論，不接受有人被上帝拒絕。
- 對英國人「末世」信仰的調查：相信人死後有歸宿的比例：基督徒（百分之六十二）；全體人民（百分之四十二）。
- 委員會同樣放棄傳統的「地獄＝永刑」教義，因為它代表一個使人「恐懼」的宗教，這跟上帝的愛有矛盾。
- 教會相信，地獄（和天堂）只是人類自由選擇下的後果。「地獄」並非永遠的受刑罰痛苦，乃是人選擇與上帝對抗到底的結果——就是完全被消滅（total annihilation），成為非存有（non-being）。但真的有這樣的人嗎？真的惟有上帝知道！

以上的要點，表達了一個基於「自由主義」神學而作出的信仰宣言。筆者認為，這與正統福音信仰的神學立場，完全背道而馳。

3. 二〇〇〇年美國福音派聯盟委員會之合一與真理的報告書（簡稱 ACUTE），[29] 主題為「地獄的本質」，報告要點如下：

28 參 Church of England, *The Mystery of Salvation: The Story of God's Gift: A Report by the Doctrine Commission of the General Synod of the Church of England* (London: Church House, 1995)。

29 David Hilborn, ed., *The Nature of Hell: A Report by the Evangelical Alliance Commission on Unity and Truth Among Evangelicals (ACUTE)* (London: Evangelical Alliance, 2000).

- 委員會承認，「地獄乃永遠、有知覺的刑罰」，是歷代基督教會最廣為接受的信念和教義，也是歷代基督教會對聖經的理解。
- 委員會也承認，近年在福音派信徒當中，有個別卻又為數不少的福音派人士（significant minority），以「條件不朽論」（＝消滅論）去詮釋地獄的本質。
- 委員會相信，「地獄」是福音信仰的一部分，但有關它的性質、長短、目標等較次要的細節上，則會有不同的立場。因此，在這些非基要的課題上，我們應彼此對話、接納、尊重。

4. 一個仍在進行中的辯論：上述三個會議／委員會和文獻，清楚顯示在二十世紀末，基督教教會就「地獄」教義所持的三個不同立場，包括：自由主義（普救論／消滅論）、福音信仰（開放版）、福音信仰（嚴謹版）。

   對福音信仰的信徒來說，「普救論」欠缺吸引力，而「消滅論」的支持者雖然仍屬少數，其影響力卻是在增加中。當今最有影響力，自稱為福音派，又主張「消滅論」的學者，除了上文提及的兩位英國的約翰（約翰．溫咸和斯托得）外，還有美國神學家弗治（Edward Fudge）、澳洲聖經學者鮑偉士（David Powys）、加拿大神學教授潘嘉樂等。他們在聖經和神學上掀起的相關辯論，值得牧者和信徒留意。[30]

---

30 欲更詳細了解他們的立論，可參閱一些重要著作，包括：Edward W. Fudge, *The Fire That Consumes: The Biblical and Historical Study of the Doctrine of Final Punishment* (Eugene: Cascade Books, 2011)；David Powys, *'Hell': A Hard Look at a Hard Question: The Fate of the Unrighteous in New Testament Thought* (Eugene: Wipf & Stock, 2006)；

接下來，我們將深入聖經中的地獄觀。由於「福音派神學」是以聖經為上帝的話，視之為信仰和神學探討的基礎，因此以下的討論，對每一位持守福音信仰的教牧和信徒來說，都是不容忽視的。

五 舊約中的「地獄」觀

舊約學者布洛克（Daniel I. Block）告訴我們，對「地獄」這課題，舊約聖經提供的資料很少。第一、新約提到「地獄」（*gehenna*）一詞，與舊約中的「陰間」（*sheol*），有很大的差別；第二、舊約對應新約中有關「地獄」的描述的經文很少，只有兩段：以賽亞書六十六章 24 節和但以理書十二章 1 至 3 節；第三、舊約對人死後的境況（＝「陰間」），有其獨有的描述。[31]

1 舊約對「陰間」的描述

對人死後去的地方，舊約常用的名詞是「陰間」（如：伯三十八 17；賽三十八 10），還有其他用詞，如：「墓地」（*qeber*；創二十三 4）、「陰府」（*el-eres tahtiyyot*；結三十二 18、24）、「滅亡之地」（*abaddon*；伯二十六 6；詩八十八 11）和「入到坑中」（*sahat*；伯三十三 28；結十九 4、8）等，都是指人死後去的地方，

William Crockett, ed., *Four Views on Hell* (Grand Rapids: Zondervan, 1996) 等。福音派學者全面而簡潔評論「消滅論」的文章，可參閱：Christopher W. Morgan, "Annihilationism: Will the Unsaved Be Punished for Ever?" in *Hell Under Fire: Modern Scholarship Reinvents Eternal Punishment*, ed. Christopher W. Morgan and Robert A. Peterson (Grand Rapids: Zondervan, 2004), 195～218。

31 參 Christopher W. Morgan and Robert A. Peterson, eds., *Hell Under Fire: Modern Scholarship Reinvents Eternal Punishment* (Grand Rapids: Zondervan, 2004), 43～65。

而不是單指惡人/罪人被判進入的「地獄」之情況。

一般來說，古代猶太人的世界觀，可分為三個層面或範疇：(1)天堂：上帝的範疇；(2)大地：活人的範疇；(3)陰間：死人的範疇。在舊約中，「陰間」可指「墳墓」或「死人的居所」，而人死亡，就是「進入陰間的門」(伯三十八 17)。

那麼誰會下到「陰間」? 答案是：所有死了的人(包括君王、領袖、敬虔人)。詩人祈求耶和華救他脫離死亡，因為只有活人能稱頌上帝的慈愛、信實和救贖(詩八十八 9～12)；這反映了詩人與一般人無異，都抗拒死亡。然而，對受盡痛苦的約伯來說，死亡卻是一種解脫(伯三 11～19)，同時他也像一般人一樣，認為死亡就是進入「黑暗和死蔭之地」(伯十 18～22)。

2 舊約中指向人死後「存有」的經文

一般來說，舊約聖經論到人的死亡，並沒有直接表明惡人和義人會落得不同下場，但卻作了間接的暗示(如：詩十六 10，十七 14～15，四十九 14～15，七十三 24～26 等；這些經文的簡述，可參閱本書第七章)。舊約作者普遍如此相信：人死後仍會繼續(以某種形態)活著，並非如一些人所說的：「人死如燈滅！」這「人死後仍然存在」的信念，與新約中「人死後復活、受審判、受獎賞和刑罰」等觀念，並沒有衝突，倒是十分配合的。在此，我們可以先來看舊約中有關「復活」的應許。

以色列人把人視作一個整體，同時又有裏外之分，就是「一體兩面」(unity in duality)：外面是指人的外表(the outer man)，裏面是指人的內心(the inner man)(參林後四 16)，兩者是從不同角度看人。此外，起初上帝造人，就是造一個「全人」，一個有氣息的生命(a living being)，即物質的身體加上上帝直接賜予的氣息，兩者是完美結合的（創二7）。這就是舊約整全人觀的基礎。由於人犯了罪，死亡就臨到人類（創三17～19；羅五12～19），帶來外體與內心（＝有氣息的生命）的解體（參伯三十四14～15；詩一〇四29；箴三18～21，十二7）。假若復活是人藉基督勝過死亡（林前十五50～57），這復活就必須涵蓋這兩方面的復合，而先知以西結所見的骸骨復活異象（結三十七7～10），就是預言上帝子民，未來身體與氣息的復合。

其實在舊約時代，已有死人復活的事件，明顯例子：上帝藉先知以利亞和以利沙，叫死了的人再活過來（王上十七17～24；王下四18～37，十三20～21）。另外，詩人也表達了他們的盼望，就是從死亡中得到拯救（詩十六10～11，四十九14～15）。而以西結的異象（結三十七1～14），雖然主要是指向以色列的復興，也同時是預言上帝的子民，在基督裏復活得生命的前景（包括重生和身體復活；見林後四16～五10）。以賽亞先知也有相同的復活異象（賽二十六16～21），當以色列因自己的罪而被上帝審判之際，先知的祈禱和盼望，就是子民可經歷上帝大能的拯救和復活：「死人要復活，屍首要興起。睡在塵埃的啊，要醒起歌唱！因你的甘露好像菜蔬上的甘露，地也要交出死人來。」（賽二十六19）

這預言既是一個得勝的宣告，也是一個應許，其實現並不限於以色列歸回故土的一刻，乃是達至基督再來之日。到那時，上帝永恆國度將會來到（賽九6～7），祂的忿怒將臨到地上眾民（賽二12～22，二十六20～21），而祂的子民也會與祂同得榮耀（賽十二章），這是何等榮耀的盼望！[32]

32　參 Edward J. Young, *The Book of Isaiah*, vol. 2 (Grand Rapids: Eerdmans, 1972) , 222～231。

以下兩處舊約經文，直接論到「人死後會面對永遠的刑罰」(＝地獄)，就是：以賽亞書六十六章22至24節，和但以理書十二章1至3節。

3 舊約中指向新約「地獄」的經文

A. 賽六十六 22～24

> 耶和華說：我所要造的新天新地，怎樣在我面前長存；你們的後裔和你們的名字也必照樣長存。每逢月朔、安息日，凡有血氣的必來在我面前下拜。這是耶和華說的。他們必出去觀看那些違背我人的屍首；因為他們的蟲是不死的，他們的火是不滅的；凡有血氣的都必憎惡他們。(六十六 22～24)

1. 這是一個末日「新天新地」的異象(22節)，就是上帝在列國中的子民，前來敬拜的景象。這異象於末日將會至終實現(參啟二十一1～二十二5)。到那日，整個更新的天地將成為聖城和聖殿，就是上帝永遠與人同在的榮耀居所。
2. 這萬民前來敬拜的景象，並非展示人人得救，即「普救論」。以賽亞書六十六章清楚分辨義人(2、7～14節)和惡人(3～6、14下～17節)：前者是那些謙卑悔改，敬畏上帝，在聖城中與上帝同樂，蒙上帝安慰和供應的子民；而後者則是拒絕上帝的話，不斷行惡，惹上帝怒氣的仇敵，他們將接受審判和刑罰(16～17節)，並且不得進入新天新地(參啟二十一8、27)。
3. 前面的18至19節，是描述耶和華將招聚萬國子民前來，覲見祂的榮耀；祂並且差遣人往遠方中的列邦，傳揚祂的榮耀，以完成宣教使命。而全體子民將被招聚起來，一起在耶路撒冷山上敬拜上帝（23 節）。

4. 據 24 節的描述，當敬拜者離開聖城時，會經過耶城外一個山谷，稱為「欣嫩子谷」（參耶七 32 ～ 34），是當時位於城中的一個垃圾廢堆，盡是焚燒垃圾的火，又有蛆蟲不斷侵蝕那些戰敗而被殺者腐敗的屍體。這是一個屬地又現實的可怕景象：這山谷與拜偶像行為關係密切，特別是一些父母，曾在此將孩子獻予火神摩洛；這也曾是一個戰場，乃戰敗者屍首堆積之處。當然，在現實環境中，這就是一個滿佈垃圾的廢堆區。敬拜者途經此地，不單看見這可怖的景象，也聞到令人噁心的氣味，他們心中自然聯想到：若不是上帝的憐憫恩典，自己也許會遭遇如此下場哩！

5. 有新約聖經曾引用這經文，去描述「地獄」（＝惡人永遠受刑罪之處；參路十二 5；太五 22；可九 43 等）。如此引用是恰當的，因為：（1）這山谷常見的「殺嬰」的「敬拜火神」現象，都是上帝所憎惡、嚴重的罪，與「地獄永刑」有密切的關係；（2）以賽亞書六十六章的預言，是指向末日終極盼望而發出的；（3）前文後理充滿了義人與惡人、救贖與定罪、蒙福與受永刑的鮮明對比；（4）在舊約，「火」作為上帝審判的工具，是常見的（賽六十六 16）。或許我們未必可以肯定，當時先知是否以此作為「地獄」景象的描述，但耶穌和新約作者看到這異象的涵義，引用它去描述那將來可怕的「地獄」，顯然是非常恰當的。[33]

---

33 參 Morgan and Peterson, *Hell Under Fire*, 60 ～ 61；Edward J. Young, *The Book of*

B. 但十二 1～3

> 那時，保佑你本國之民的天使長米迦勒必站起來，並且有大艱難，從有國以來直到此時，沒有這樣的。你本國的民中，凡名錄在冊上的，必得拯救。睡在塵埃中的，必有多人復醒。其中有得永生的，有受羞辱永遠被憎惡的。智慧人必發光如同天上的光；那使多人歸義的，必發光如星，直到永永遠遠。（十二 1～3）

1. 但以理書十二章 1 至 3 節的預言，將以賽亞書六十六章 24 節所暗示的，都說清楚了。這兩段經文都是預告末日將會發生的事，也都同用了「憎惡」（*deraon*）一詞（在舊約中，只出現這兩次），去描述那些被定罪者的結局。
2. 1 節上：「那時」（at that time）乃承接上文「那指定的時候」（但十一 35），即「末後的日子」（十一 40），論到以色列未來。這預言有雙重的應驗：

   - 首先，但以理書十一章 36 至 45 節所預言的王，是那在公元前二世紀，統治敍利亞的安提阿哥四世，橫掃列國，他高抬自己、敵擋上帝和祂的百姓，他的軍力雖然強大，最後他仍以失敗告終（十一 45 下）。
   - 其次，這邪惡的王安提阿哥四世，也是代表末日前的「敵基督」，他在末日前跟基督和子民爭戰，最終也必失敗被滅。這雙重應驗的原理，也可應用在天國的應許上，例

Isaiah, vol. 3 (Grand Rapids: Eerdmans, 1972), 528～537。

如：先知「君王」的預言，首先藉舊約以色列的大衞王初步應驗，然後再藉新約彌賽亞君王耶穌至終實現。[34]

3. 1 節下：在歷史的末期，將有大動亂，為上帝子民帶來極大的困難，甚至有殉道的危險。上帝差遣天使長米迦勒，作以色列（＝上帝子民）的保護者，使他們至終可得拯救。
4. 2 節：這是舊約聖經惟一論及「雙重復活」的經文，帶出以下信息：

- 義人和惡人都會復活（參約五 28 ～ 29）。
- 這裏的描述是：「睡在塵埃中……必……復醒」，這並非「靈睡」，而是離開活人之地；而「復醒」則是指上帝藉祂的靈，使他們已死的身體再活過來(參結三十七 12 ～ 14)。
- 結局不同：義人將得永生，這包括：生命得以提升，重建上帝的形象與使命（創一 26 ～ 28），與上帝交通密契、一同治理世界。惡人則會永遠受羞辱，永遠被人憎惡，就像（賽六十六 24）所描寫的「火不滅、蟲不死」的境況，引來所有路人之譏笑、掩鼻和厭惡。這描述肯定與當代日趨流行的「消滅論」，極不協調！
- 雖然義人和惡人都會復活，他們復活的身體肯定不一樣。新約多處提到義人復活，有聖靈更新的榮耀，因此他們得以進入榮耀的天國（腓三 20 ～ 21；羅八 11；林前十五 35 ～ 57），而後者（不信的惡人）之復活身體，卻是沒有聖

34 參 Tremper Longman III, *Daniel*, NIV Application Commentary (Grand Rapids: Zondervan, 1999), 283 ～ 285。

靈的（正如他們的內心，沒有聖靈的更新；約三3～5）。這說明了兩者永恆的結局，為何是完全不一樣。

六 耶穌的「地獄」觀

新約福音書記載，耶穌三十歲出來傳道，呼召人「悔改、信福音」（太四17；可一14～15），這福音是一個好消息，應許願意悔改相信的人，可擁天國的福樂。然而，它同時也是一個強烈的警告，讓那些拒絕福音的人知道，他們死後將遭受上帝公義的審判和刑罰，包括「地獄」的痛苦。正如新約學者亞布祿（Robert W. Yarbrough）指出，福音書中耶穌論及「地獄」的經文，都清楚支持「地獄刑罰是永恆的」這古典的觀念。[35] 就讓我們一起來檢視一下。

1 主要經文探討

A. 登山寶訓（太五章）

在這段重要的教導中，耶穌警戒聽者要留心上帝的誡命，說：「你們聽見有吩咐古人的話，說：『不可殺人』；又說：『凡殺人的難免受審判。』只是我告訴你們，凡向弟兄動怒的，難免受審判；凡罵弟兄是拉加的，難免公會的審判；凡罵弟兄是魔利的，難免地獄的火。」（21～22節）

耶穌認為，「殺人」不單是指外顯的行為，也包括一個人心中的怒氣和動機，而這些罪會帶來「地獄的火」之刑罰，因此聽者不能掉以輕心。同樣地，耶穌論到「不可姦淫」這誡命時，也警戒聽

---

35 參 Morgan and Peterson, *Hell Under Fire*, 68～90；Joel B. Green, Scot McKnight, and I. Howard Marshall, eds., *Dictionary of Jesus and the Gospels* (Downers Grove: IVP, 1992), 310～312。

者要避免「心中姦淫」的罪，因為由此引致的後果同樣嚴重，因此祂說：「若是你的右眼叫你跌倒，就剜出來丟掉，寧可失去百體中的一體，不叫全身丟在地獄裏。若是右手叫你跌倒，就砍下來丟掉，寧可失去百體中的一體，不叫全身下入地獄。」（29～30 節）

這裏耶穌運用了「誇張法」，去強調罪帶來的嚴重後果，因為祂對門徒說：若要選擇全身下地獄抑或砍掉眼睛或右手，人應該情願選擇後者。可見地獄是多麼可怕！

這裏耶穌對門徒的教導，跟在馬太福音十八章 8 至 9 節中的是一致的，而其中後者 8 節更強調，地獄的火是「永遠的」（eternal fire），不像天主教的「煉獄」那樣，也不是「消滅論」者所倡導的：「不信者所受的刑罰是短暫的，因為他們至終會被消滅」。

B. 差遣門徒（太十 24～28）

耶穌差遣門徒出去，預先告訴他們，他們將會遭人恨惡和逼迫（16～22 節上），因此祂鼓勵他們，因為：（1）忍耐到底的，必然得救（22 節下）；（2）他們的老師——耶穌自己——也是受逼迫的（24～25 節）；（3）人的逼迫是有限的，惟有上帝才是那至可畏的，正如耶穌所說：「那殺身體、不能殺靈魂的，不要怕他們；惟有能把身體和靈魂都滅在地獄裏的，正要怕他。」（28 節；參路十二 5）

這裏耶穌對「地獄」的詮釋是：「地獄」的可怕程度，遠超今生一切痛苦，包括死亡。因此，門徒應逃避永恆地獄的痛苦，倒是要勇敢地面對今生一切的危險和困難，不要退縮。

C. 責備宗教領袖（太二十三章）

面對當時的宗教領袖，耶穌毫不客氣，且公開責備他們：「你們這假冒為善的文士和法利賽人有禍了！因為你們正當人前，把天國的門關了，自己不進去，正要進去的人，你們也不容他們進去。你們這假冒為善的文士和法利賽人有禍了！因為你們走遍洋海陸地，勾引一個人入教，既入了教，卻使他作地獄之子，比你們還加倍。」（13～15節）

「地獄之子」是指那些有地獄特徵的人，例如那些文士和法利賽人，甚至是比他們更敵擋耶穌基督的。這詞也可指那些以地獄為歸宿的人。可見，「地獄」信息會影響人在今生的行為和品格，它也指向人在永恆中末日的命運。「地獄之子」並非一個值得慶賀的身分，而是一個可悲、又值得可憐的名字。此外，馬太福音二十五章31至46節中綿羊山羊的比喻，也凸顯人今生的行為，會直接影響他永恆的歸宿——天國或地獄。

D. 其他福音書的經文

- 馬可福音九章45至48節：「倘若你一隻腳叫你跌倒，就把它砍下來；你瘸腿進入永生，強如有兩隻腳被丟在地獄裏。倘若你一隻眼叫你跌倒，就去掉它；你只有一隻眼進入上帝的國，強如有兩隻眼被丟在地獄裏。在那裏，蟲是不死的，火是不滅的。」其中45至47節跟馬太福音十章28節的教導相類似，而48節則引用了以賽亞書六十六章24節，強調人在地獄（*gehenna*）所受「不滅的火、不死的蟲」的痛苦，是真實、持續和永恆的，絕不是輕鬆和暫時的！
- 約翰福音三章16節：不致滅亡，反得「永生」。這是一個「信與不信」的對比，但也是一個「永遠得生」和「永遠滅亡」的平行（參約三18，五22、24、28、30，六50，十28）。有近現代持

「消滅論」的學者認為，「永生」是指信徒可感受到的永恆天堂，但「滅亡」則指不信者將被消滅，不再存在。從釋經角度看，這種說法是缺乏根據和難以成立的。其實遠在一八三○年，美國釋經學家史杜克（Moses Stuart），已從語言學和釋經學的角度，明確否定了這種說法。[36] 簡單而言，史杜克認為：基於聖經的啟示，除非我們放棄「天堂是永遠的福樂」，否則我們必須同時承認，「地獄的痛苦是永遠的」，這兩者是對稱的。信徒若接受（或放棄）一方面，就應同時接受（或放棄）另一方面，否則便是不合邏輯，不忠於聖經了。[37]

2 總結：耶穌的「地獄」觀要點

- 耶穌預言，末日到來時，所有死了的人都會復活，然後「義人／信徒」將進入永遠的福樂，而「惡人／不信者」將進入永遠的刑罰（＝地獄）（約五 28～29；太二十五 34、41、46），兩者是一個清楚的對稱！「永生」和「地獄」都是個人、自覺，和永遠的。
- 這「地獄」教義，成為主前的猶太教、主後初期教會使徒和領袖，以及歷代正統教會的教導內容。
- 耶穌形容「地獄」是真實、可怕、永恆的。祂鼓勵人盡可能避免進地獄；而「地獄」的真實，也應鼓勵人信靠福音，以愛心待人，活出天國子民的樣式。
- 根據福音書的記載，耶穌並不支持「普救論」和「消滅論」。

---

36 參 Moses Stuart, *Exegetical Essays on Several Words Relating to Future Punishment* (Philadelphia: Presbyterian Publishing Committee, 1830), 62；D. A. Carson, *Gagging of God: Christianity Confronts Pluralism* (Grand Rapids: Zondervan, 2009), 523。

37 參 Morgan and Peterson, *Hell Under Fire*, 73～74。

七 使徒保羅的「地獄」觀

究竟使徒保羅，在他的新約書信中，有沒有論及「地獄」? 當代研究保羅的學者穆爾(Douglas J. Moo)告訴我們，十三卷保羅書信，從未出現「地獄」一詞。不過，保羅書信卻多次提及有關「地獄」(＝惡人至終的結局)的教義和真理，這是相當值得探討的。[38]

1 保羅相信：地獄是真實的！

A. 保羅的用詞

在描述那些惡人(即：犯罪卻沒有悔改領受福音者)的命運時，保羅書信用了下列不同的詞語：

1. **死亡(death)：**保羅說：「罪的工價(＝結局)乃是死。」(羅六23上；參羅一32，五12～21，六16、21、23，七5、9～13，八2、6、13；林前十五21～22；林後二16，三6～7，七10；弗二1)「死亡」，是包括身體的死亡與屬靈的死亡(＝與上帝隔絕)。
2. **滅亡、敗壞(perish, destruction)：**保羅說：「順著情慾(＝罪性)撒種的，必從情慾收敗壞。」(加六8上；參林前一18，十五18；林後二15，四3；腓一28，三19；帖前五3；提前六9)此外，「滅亡」不等於「消滅」(annihilated)，請參閱下文。
3. **上帝的忿怒(wrath of God)：**保羅說：「上帝的忿怒必臨到那悖逆之子。」(弗五6；參羅一18，二5、8，九22；弗二3；

38 參 Morgan and Peterson, *Hell Under Fire*, 91～109。

帖前一 10，二 16，五 9）

4. **定罪、審判（judgment, condemnation）**：保羅說：「如此說來，因一次的過犯，眾人都被定罪；照樣，因一次的義行，眾人也就被稱義得生命了。」（羅五 18；參羅二 1～5，五 16；林前十一 32；帖後二 12；提前五 24）
5. **被咒詛（cursed）**：保羅說：「凡以行律法為本的，都是被咒詛的，因為經上記著：『凡不常照律法書上所記一切之事去行的，就被咒詛。』」（加三 10；參羅九 3 及加一 8～9，三 10）
6. **報應（punish）**：保羅說：「（上帝）要報應那不認識上帝和那不聽從我主耶穌福音的人。」（帖後一 8；參帖前四 6；帖後一 9）
7. **患難困苦（trouble and distress）**：保羅說：「將患難、困苦加給一切作惡的人，先是猶太人，後是希臘人。」（羅二 9）

B. 上帝審判的「已然」和「未然」

上帝對不信基督和不順服祂的罪人，都會顯明祂的忿怒（羅一 18，九 22；弗二 3），在今生（已然），也在來生（未然）；這些人將會進入「滅亡」之境，但他們今天已是「滅亡之人」的身分（林前一 18；林後二 15）。換句話說，今天上帝彰顯祂的忿怒，只是未來永恆審判的前奏。因此，我們可以想像，沒有基督救贖的人，將來要受的刑罰會是多麼的重！

C. 為何保羅在他的書信中，不直接說明「地獄」是怎樣的呢？

從上述經文可見，保羅不單相信，而且多次宣講「地獄」相關的信息，就是：不信基督福音的罪人，將會受上帝公義的審判和刑罰，但在書信中，他卻沒有具體描述「地獄」，原因何在？穆爾認為，這是因為當時的初期教會，繼承了兩約之間的猶太信仰傳統，當中有關「死人復活、死後將有獎賞與刑罰」等信仰，都是眾所周知和廣為承認的，所以他也不必再加詳述。這解釋是相當合理。[39]

其實，保羅在書信中，多次表達他自己常常努力傳福音，並極力鼓勵信徒這樣做（如：羅一 16～17，九 3，十 1、9～10；林前九 16～23；林後十一 22～29），其中主要原因是，他深信人若不接受基督的福音，就不可能得到生命與救贖，他未來的結局（受審判與地獄的刑罰）會是極為可悲的。

2 保羅教導所引起的兩個難題：「普救論」與「消滅論」？

A. 難題（一）

難題：保羅在書信中，似乎是在支持「普救論」？

即：人人都會得救（經文如：林前十五 22～28；羅五 18，十一 26、32；西一 20；提前二 4 等）。若是如此，他就不可能相信「地獄是真實存在」的了。

回答：這是出於對上述經文的誤解，以下筆者將逐一回應：

1. 有關林前十五 22～28：

- 「在亞當裏眾人（all）都死了，照樣，在基督裏眾人（all）也都要復活。」（22 節）

39 參 Morgan and Peterson, *Hell Under Fire*, 95～96。

普救論觀點：保羅在此似乎是借用了猶太啟示文學的觀念，就是在末日「普世人類」(all)將會復活，因著上帝的大能，將會復活，得著新生命。

筆者的回應：不錯，在約翰福音五章 28 至 29 節，耶穌曾說，在末日所有死了的人都會復活，但跟著又說：「行善的復活得生，作惡的復活定罪。」因此並不支持普救論。至於 22 節「眾人」一詞，第二次並非指全人類，乃是指「在基督裏」的眾人，就是那些信靠基督（＝屬基督）的人，正如保羅跟著在 23 節又解釋說：「但各人是按著自己的次序復活：初熟的果子是基督；以後，在他來的時候，是那些屬基督的。」可見復活而得救恩的，只是那些「屬基督的」，不是全人類。

- 「萬物既服了他，那時子也要自己服那叫萬物服他的，叫上帝在萬物之上，為萬物之主（so that God may be all in all）。」（28 節）

普救論觀點：保羅這裏似乎是說，在末日萬物至終都會服在上帝的腳下，即降服在祂的主權之下，包括全人類，因此普世的人都會得救。

筆者的回應：對，上帝的主權至終是普世性的，但主權運作的形式卻是各有不同，而對不信（未蒙赦罪）者的形式是「定罪」，而非「救贖」。

2. 有關羅五 18：「如此說來，因一次的過犯，眾人（all）都被定罪；照樣，因一次的義行，眾人（all）也就被稱義得生命了。」

普救論觀點：這裏第一個「眾人」是指全人類，第二個「眾人」應是一樣，指向全人類至終會得救。

筆者的回應：從 12 至 19 節上下文，和保羅神學的結構看，這第二個「眾人」（all）應是指「在基督裏的眾人」（all in Christ），對比第一個「眾人」指向全人類——「在亞當裏的眾人」（all in Adam），所涵蓋的範圍不同，這才是合理的解釋。換句話說，「稱義得生命」只屬於在基督裏的聖徒，並非全人類。

3. 有關西一 20：「既然藉著他在十字架上所流的血，成就了和平，便藉著他叫萬有，無論是地上的、天上的，都與自己和好了。」

普救論觀點：既然保羅在一章 15 至 20 章宣告，基督在創造上（15 ～ 17 節）、救贖上（18 ～ 20 節）的超越，他在 20 節表達了祂將與萬有和好，我們應可推論，全人類至終將會得到救恩，且得享永生。若真的是如此，地獄便不會永遠存在，甚至不需要存在了。

筆者的回應：不錯，保羅曾多次論及創造萬物（*ta panta*），無論是天上的、地上的，在末日將會在基督裏合一、更新、協調（參弗一 9 ～ 10；徒三 21；羅八 21～23），其中包括：蒙恩的聖徒、大自然的萬物，至於那些敵擋上帝的靈體和人類，雖然將會服在基督的主權下，卻將不能同享「新創造」的榮耀，他們會（不願意地）承認基督為主（參弗一 20～22；腓二 9～11），卻不會得到救贖。換句話説，邪惡的靈體與不信的人，在基督再來掌權後，仍須（在地獄）承擔罪的刑罰，這正配合保羅在書信中一貫的教導。

4. 有關提前二 4：「他願意萬人（all people）得救，明白真道。」

普救論觀點： 上帝願意所有人得拯救，而既然祂是全能的（omnipotent），必能成就祂心中所願，因此全人類必然得救。

筆者的回應： 首先，保羅（與耶穌一樣）曾多次教導，人要得拯救，必須藉信心，接受耶穌基督為他死，為他復活（林前十五 1～4；羅一 5、16，十 9～13）。因此，傳福音是必須的（羅十 14～17）。其次，上帝藉基督，差遣門徒到普天下，傳福音給萬民聽，反映祂願意所有人得拯救（太二十八 18～20；可十六 15～16；路二十四 45～49）。但人必須以信心回應，方能得著這救恩，因為人被造，是一個自由的個體（free agent），不單有選擇「信或不信」的自由，也須為自己的抉擇負責。還有，4 節這裏的「萬人」（all men），跟 1 節中的「萬人」（all men）一樣，是指各種類別的人，這亦是一個較合理的解釋。無論如何，這段經文並不支持普救論，而是鼓勵教會和信徒，參與普世宣教使命，引領萬民歸主，得著救恩。[40]

B. 難題（二）

難題：保羅是否支持「消滅論」?

即不信者會永遠消滅，不復存在（筆者按：「消滅論」又可稱「條件論」〔conditionism〕，即不信者將會消失，因為信心是永恆存在的條件）。而關鍵經文除了上述福音書中有關「地獄」的教導外，還有帖撒羅尼迦後書一章 8 至 9 節，保羅如此說：「（上帝）要報應那不認識上帝和那不聽從我主耶穌福音的人。他們要受刑罰，就是永遠沉淪（everlasting destruction），離開主的面和他權能的榮光。」

回答：以下是筆者的回應：

1. 保羅在此鼓勵苦難中的信徒，不要灰心喪膽，因為主耶穌必會再來，在火燄中顯現，要報應刑罰那些「不認識上帝和那不聽從福音的人」（＝不信的敵擋者）。「消滅論」者認為，「永遠沉淪」＝「永遠消滅」，但保羅是這意思嗎？而穆爾就考證了保羅書信中，有關「沉淪」（希臘文 *olethros*、*apollymi* 等詞）

---

40 較全面從福音信仰，回應「普救論」的文章，可參閱 J. I. Packer, "Universalism: Will Everyone Be Saved?" in *Hell Under Fire: Modern Scholarship Reinvents Eternal Punishment*, ed. Christopher W. Morgan and Robert A. Peterson (Grand Rapids: Zondervan, 2004), 169～194。

的用法，並沒有「消滅」的意思。這些經文包括：用 *olethros* 的經文（林前一 18；帖前五 3；帖後一 9；提前六 9 等）；用 *apollymi* 的經文（羅二 12，九 22，十四 15、20；林前一 18，十五 18；林後二 15，四 3；腓一 28，三 19；帖二 3、10；提前六 9 等）。上述經文皆描述一些失去功能的人或事物（而非完全消失），如：一塊土地（結六 14，十四 16）、一塊錢（路十五 9），又如挪亞洪水「滅了世界」，並非指世界「消失了」，乃是它失去原有的功能（彼後三 6）。以上例子都展示，若能正確掌握帖撒羅尼迦後書二章 8 至 9 節和保羅相關的教導，「消滅論」自然就顯得毫無說服力了。[41]

2. 帖撒羅尼迦後書一章 9 節的「沉淪」（*olethros*），並非指「消失」（annihilation），乃指「被敗壞」（ruined），「受刑罰」（punished），失去生存目的和盼望的境況。支持理由：(1) 這配合保羅在其他經文，描述不信惡者的光景，如：「上帝的忿怒、屬靈死亡、困苦、定罪」等；(2) 這「沉淪」被形容為「永遠」的狀況，就表示這些人不會消失，「永遠沉淪」是罪帶來的嚴重後果（除非有基督的血遮蓋）；(3) 這「沉淪」是「離開主的面和他權能的榮光」，就是與上帝隔絕的情況，這暗示他仍會存在，只是與上帝相隔，沒有交通。這跟聖徒在新天新地中，與上帝契通的情況，是完全不同的境況（啟二十一 3、8、27）。

41 參 Morgan and Peterson, *Hell Under Fire*, 102 ～ 109。

八 啟示錄異象中的「地獄」觀

在新約聖經中，有關最後審判和地獄的預言，啟示錄是描述得最清楚的，尤其是當中的三段：十四9～13，二十9～10和二十13～15，給歷代信徒很多的啟發、鼓勵和安慰，也給站在福音門外的讀者，發出清晰的警告。[42]

1 審判、刑罰、痛苦（啟十四9～13）

> 又有第三位天使接著他們，大聲說：「若有人拜獸和獸像，在額上或在手上受了印記，這人也必喝上帝大怒的酒；此酒斟在上帝忿怒的杯中純一不雜。他要在聖天使和羔羊面前，在火與硫磺之中受痛苦。他受痛苦的煙往上冒，直到永永遠遠。那些拜獸和獸像，受牠名之印記的，晝夜不得安寧。」聖徒的忍耐就在此；他們是守上帝誡命和耶穌真道的。我聽見從天上有聲音說：「你要寫下：從今以後，在主裏面而死的人有福了！」聖靈說：「是的，他們息了自己的勞苦，做工的果效也隨著他們。」（十四9～13）

1. 9節：與前兩位天使一樣（6～8節），第三位天使宣告上帝的審判，將臨到敬拜和效忠獸（＝接受印記）的人。他們將會受的痛苦，會遠超過獸加諸眾聖徒所受的苦（參十三15）。「敬

---

42 參 G. K. Beale, *The Book of Revelation*, NIGTC (Grand Rapids: Eerdmans, 1999), 747～770, 1028～1038；Morgan and Peterson, *Hell Under Fire*, 112～134。

拜」和「接受」兩個動詞，是現在進行的時態，反映了這些人持續地敬拜和效忠獸，不理會前兩位天使的警告（6～8 節），因此他們該受 10 至 11 節所宣告的刑罰，正如第一位天使所言：「應當敬畏上帝，將榮耀歸給他！因他施行審判的時候已經到了。」（7 節上）

2. 10 節：該節描述敬拜獸者將會受的刑罰。第二位天使如此宣告：「叫萬民喝邪淫、大怒之酒的巴比倫大城傾倒了！傾倒了！」（8 節）世上萬民與巴比倫的「經濟宗教體系」認同，沉醉在巴比倫那暫時的繁華和世俗的偶像敬拜中，結果不單一切都變成虛空（因為：巴比倫至終會傾倒），並且由於人「忘記、背叛」那創造的上帝（他們都敬拜跟隨獸），結果受審判，「喝上帝大怒的酒」（10 節上），就是承受上帝烈怒所帶來的痛苦（10 節下；參詩七十五 8；賽五十一 17、21～23；耶二十五 15～18 等）。巴比倫的杯是暫時的，也是加水（沖淡了）的，但上帝「忿怒的杯」是更重的，因為是永遠的、「純一不雜」的，他們將會在天使和羔羊面前，在「火與硫磺」中受痛苦。啟示錄學者畢爾（G. K. Beale）指出，在啟示錄中，「火」是喻意上帝的審判（一 14，二 18，三 18，四 5，八 5、7～8，十五 2，十九 12），同時亦喻意受審判者承受的巨大痛苦（參九 17～18，十一 5，十六 8～9，二十 10）。雖然是喻象，那痛苦卻是真實的，而「硫磺」更加強了痛苦的程度。畢爾又認為，這「火」帶來的痛苦，主要不是肉身上的，而是屬靈上的。因為撒但與他的差役都是靈體，獸與假先知也不是兩個人，而是象徵一股敵擋上帝的「政治」和「宗教文化」勢力（當然背後也有人的組織）。這一切邪惡勢力，加上一切不信而拜獸的人類，他們都會永遠被扔在硫磺的火湖裏，受盡痛苦，這就是「第二次的死」(啟二十 14)。[43] 筆者同意畢爾的觀點，只是需要補充：由於被定罪的人(不信和拜獸者)，也帶著身體進入火湖(參約五 28～29)，我們不應排除身體上的痛苦。不錯，撒但和他的差役是靈體，他們的痛苦完全是屬靈的，但不信的人是有身體和靈魂的，所以除了靈魂受痛苦外，身體也必然會受痛苦。

3. 11 節：這節經文是引自以賽亞書三十四章 9 至 10 節，預言以東受審判。這預言在此得到進一步「普世性」的應驗——在末日的審判，指向歷代不信和敬拜效忠獸的人，將受永遠的刑罰，不得安息。這裏所描述的痛苦，並非如「消滅論」者所言，只是暫時的，乃是永恆的、連續不斷的。這解讀有下列原因支持：(1)本節清楚描述：「直到永永遠遠……晝夜不得安寧」；(2)啟示錄二十章 10 節也預言，撒但、獸與假先知，將會「晝夜受痛苦，直到永永遠遠」，而不信和敬拜獸的人，他們的命運將與這些領袖相同；(3)「受痛苦」(*basanismos*)一詞，應用在人身上，都是指有感覺的痛苦，而非被消滅(＝不感覺痛苦)的情況(參太四 24，八 6、29，十八 34；可五 7，六 48；路八 28，十六 23、28；彼後二 8 等)。

4. 12～13 節：這是上帝對聖徒的勸勉，鼓勵他們堅忍到底，在暫時的苦難中忠於基督，逃避那可怕、永遠的刑罰，並且得獎賞(13 節)。首先，6 至 11 節是警告信徒要堅持到底(像十三章 11 至 18 節的表達模式)；其次，那些迫害信徒的仇敵受審判，也會激勵信徒堅忍，這不是基於報復心理，乃是印

43 參 Morgan and Peterson, *Hell Under Fire*, 128 ～ 129；George Eldon Ladd, *A Commentary on the Revelation of John* (Grand Rapids: Eerdmans, 1974), 270。

證他們走的道路是正確的，而上帝會垂聽他們的禱告，祂的公義和榮耀也得以彰顯（參六 9～11，十四 13、18）。最後，信徒若在苦難中堅忍，將會得享永恆的安息（13 節），這應許是他們最大的安慰與鼓勵，也同時跟「地獄」的刑罰形成極大對比。

2 敵擋基督與聖徒者的終局（啟二十 9～10）

> 他們上來遍滿了全地，圍住聖徒的營與蒙愛的城，就有火從天降下，燒滅了他們。那迷惑他們的魔鬼被扔在硫磺的火湖裏，就是獸和假先知所在的地方。他們必晝夜受痛苦，直到永永遠遠。（二十 9～10）

1. 9 節：這裏預言「一千年完了」，撒但將從捆綁中被釋放，他出來後會迷惑列國，並招聚他們，一起攻擊聖徒的營，就是蒙愛之城（9 節上）。他們將會被君王基督從天降下的火，戰勝燒滅（9 節下），這就是那最後的「哈米吉多頓」戰役（參其他平行異象：十六 13～16，十九 19～20），結果是：撒但與列國大軍皆戰敗被殲滅，基督與眾聖徒至終得勝，天國完全實現。
2. 10 節：上帝審判撒但，因為他迷惑列國，與基督和聖徒為敵爭戰。他將被扔進硫磺的火湖，而獸和假先知也遭同一命運，都被扔進火湖（參十九 20）。由於二十章 7 至 10 節是十九章 17 至 21 節的平行重述，我們不必假設獸和假先知被判刑，是遠早於撒但。事實上，三個仇敵被扔進火湖，極可能是大審判後、同一段時間內發生的事，他們將「晝夜受痛苦，直到永永遠遠」。他們不是將被消滅(annihilated)，乃是將受永遠、無盡期的痛苦。從另外兩節經文(十四 10～11，二十 15)可見，不信和反叛上帝的人，與三個仇敵也有同一樣的命運。這預言與主耶穌關於末日(對山羊)的判詞吻合，馬太如此記載：「王又要向那左邊的說：『你們這被咒詛的人，離開我！進入那為魔鬼和他的使者所預備的永火裏去！』」(太二十五 41)

3 火湖：第二次的死(啟二十 13～15)

> 於是海交出其中的死人；死亡和陰間也交出其中的死人；他們都照各人所行的受審判。死亡和陰間也被扔在火湖裏；這火湖就是第二次的死。若有人名字沒記在生命冊上，他就被扔在火湖裏。(二十 13～15)

啟示錄二十章 11 至 15 節，不但再一次確定前面兩段有關「地獄」的描述(十四 9～13，二十 9～10)，也清楚地預言，不信者的歸宿，跟他們所隨從的領袖(即：撒但、獸和假先知)是一樣的；縱然受苦程度有所分別，因為上帝會按各人所行的審判各人(12 節)(有關二十 11～15 的詮釋，請參閱本書第十一章)。

11 至 12 節展現了白色大寶座，又預言了天地將改變更新，而上帝會按兩類書卷進行審判，其一是記錄各人一生所行的，其二是「生命冊」，當中記錄了所有蒙救贖者的名字。上帝會按這些書卷施行審判、定罪與救贖。13 節則預言，「海」(象徵邪惡、黑暗勢力)會與「死亡和陰間」，一起交出其中死人。屆時，聖徒將得脫罪的刑罰，有復活的榮耀；但不信的罪人，雖離開暫時的居所

（海、死亡和陰間），卻會進入火湖，那永遠受苦的歸宿，也稱為第二次的死（14 節）。這第二次的死，代表永遠與上帝隔絕，就是跟在新天新地中掌權的上帝永遠隔絕，就如啟示錄二十章 15 節明言：「若有人名字沒記在生命冊上，他就被扔在火湖裏。」

4 結語：新約中的地獄觀

以上既探討了新約聖經中的「地獄」觀，筆者透過詮釋相關經文，也回應了「普救論」和「消滅論」的觀點。整體而言，新約聖經看「地獄」，乃那些不信且背叛上帝的罪人，將會承受永恆、真實的刑罰。基於上帝的聖潔和公義，歷代正統教會的「地獄」教義是應當被確定和持守的。這跟近現代「普救論」和「消滅論」的觀點是有矛盾的。其實，當代福音派基督教會，受到社會的世俗主義、人文主義，和後現代的相對主義的影響，部分在立場上仍傾向「普救論」和「消滅論」。活在這多元、急速變化的世代，信徒應警醒禱告，慎思明辨，將信仰建立在聖經神學的基礎上，並按正意講解真理的道，廣傳福音。

九「地獄教義」：總結與應用

1 總結：「地獄」的核心意思

從新約聖經啟示，我們可以看到「地獄」包括了三個層面的含義：

A. 上帝公義的懲罰（just punishment）

主要經文：太二十五 31 ～ 46；帖後一 5 ～ 10；啟二十 10 ～ 15。

- 這懲罰是公義的，因為上帝是公義的，因此祂對惡人所施行的審判和懲罰，都是公平公義的；而至終祂為義人所預備的新天新地，也是光明的，且有「義」居在其中的（啟二十一 23；彼後三 13）。
- 這懲罰會為人帶來痛苦，包括屬靈裏和肉身上的痛苦，是有知覺、使人哀哭切齒的（太十三 42；可九 48；雅五 1～5），也是永恆、不會結束的（太二十五 46；啟十四 11，二十 10）。
- 這懲罰反映了上帝對人犯罪的忿怒（啟十四 10；羅二 5～6），也是基於各人行為作出的報應，因此輕重程度不一，卻都是上帝公平的懲罰。

B. 一種被毀滅（destruction）、死亡（death）的狀況

- 這不是一種「被消滅」（annihilation）的狀態，乃是「失落」、「敗壞」、「被破壞」的狀況（帖後一 9；約三 16；太七 13～14；啟二十一 8），因此被稱為「第二次死亡」。
- 這也象徵著當完全失去原來的功能和生存意義時（結六 14；路十五 9；彼後三 6），所處於的一種極度空虛、絕望的境況。

C. 一種與上帝隔絕、被放逐（banishment）的狀況

- 這些人與上帝（生命之主）隔絕（太七 21～23，二十五 41）。
- 他們被排斥於天國以外，無分於天國的豐盛與榮耀（太八 12；可九 42～48；啟二十二 14～15）。[44]

---

44 參 Morgan and Peterson, *Hell Under Fire*, 142～148。

2 應用：如何傳講「地獄」信息？

A. 有必要傳講「地獄」嗎？

答案是肯定的！儘管「地獄」顯然是一個不受歡迎的課題，也往往使講者和聽者都感到不安和難受，但它無疑是聖經所啟示的真理，是「上帝全面旨意」的一部分，所以不應避諱不傳，這亦是使徒保羅樹立的榜樣（徒二十 27）。但在傳講「地獄」信息的時候，我們先要確定一些大前提，當中須包括：（1）上帝是偉大、榮耀、慈愛、聖潔的創造主，因此人若得罪上帝，背叛祂，須承擔嚴重和可怕的後果；（2）上帝的審判是公義的（羅二 1 ～ 16）：祂按真理審判（2 節），祂不偏待人（11 節），而祂公義的審判必然帶來報應（羅一 24、26、28、32），這使犯罪的人無可推諉；（3）上帝的審判是公平的，因為祂按各人的行為報應各人（羅二 1 ～ 16），所以各人所要承受的刑罰，都會不一樣；（4）上帝是慈愛、也是公義的，兩者都是祂的屬性，並不自相矛盾，乃是兼容並存的，正如祂所有的屬性一樣，都是兼容並存，不會顧此失彼。

B. 如何傳講「地獄」的信息？

按新約聖經啟示（見上文），「地獄」是所有不信、背叛上帝的罪人所要承擔的永恆刑罰，是身心靈受痛苦、黑暗哀哭、與上帝隔絕的境況；「地獄」也是魔鬼與他的差役、獸和假先知將會受刑罰的地方，以顯出上帝對罪公義的審判。然而，論到罪的嚴重性和上帝的審判，很自然會帶出基督的十架：為了拯救人類脫離地獄的審判，上帝差遣聖子來，為人承擔刑罰和咒詛，顯明上帝的愛（加三 13；羅五 8），並代替我們承擔上帝公義的忿怒。基督經歷與父上帝隔絕，受極大（地獄）的痛苦（太二十七 46），叫一切信祂的，不致滅亡（＝承擔永恆地獄的痛苦），反得永生（＝有新生命＋復活盼望)(約三 15～16)。可見，基督的十架，不單反映了「地獄」的可怕，也宣告上帝為罪人，提供了逃避上帝公義忿怒(＝地獄刑罰)的惟一途徑：藉著信靠基督，與祂的死和復活聯合(林後五 14～15、21；羅六 1～10)，得以進入永生。

因此，傳講「地獄」，也須同時傳講耶穌的十架與復活。這樣，「地獄」的信息，就會轉化為福音的信息，使人得以脱離「地獄」的咒詛。

C.「地獄」與「天國」：一個信息的兩面

新約聖經論「地獄」，往往也會提到「天國」(＝天堂/永生/新天地)，典型的例子是(太五～七章)的「登山寶訓」，當中的教導不少論及「審判/地獄」，包括：五 21～22、29～30，七 13、21～23、28～29 等。然而，論及「天國/永生」的更多，包括：五 3～12(天國子民八福)，五 19～20(律法與天國)，五 46 及六 1～4(天父的賞賜)，六 5～13(天國的禱告)，六 20～21、33(積財在天、先求神國)，七 14(永生之路)，七 21(進天國之道)。藉著以上論及「地獄」的教導，耶穌警戒門徒，要他們有所防備；但有關「天國」的教導卻是正面的，鼓勵他們走在正途上，朝著永生的方向邁進。

另一個例子：保羅寫信鼓勵在逼迫患難中的信徒，論到主再來時，要審判那些仇敵：「要報應那不認識上帝和那不聽從我主耶穌福音的人。他們要受刑罰，就是永遠沉淪，離開主的面和他權能的榮光。這正是主降臨、要在他聖徒的身上得榮耀、又在一切信的人身上顯為希奇的那日子。我們對你們作的見證，你們也信了。」(帖後一 8～10)

可見，地獄的刑罰必會臨到逼迫者，但受逼迫的收信者卻會得榮耀，並驚訝於上帝的大能，和祂救恩的奇妙。可見「地獄」的審判，一方面反映了上帝的公義，另一方面也反映上帝的慈愛與憐憫，因為信徒將得著天國的榮耀。

最明顯，也是最後一個「宣講地獄」的新約聖經例子，就是啟示錄二十一至二十二章中，有關「新天新地」的異象，和全書的結語。當中有關「地獄」的經文，只有六節（二十一 8、27，二十二 11～12、18～19），但有關「新天新地／蒙福」的經文，卻有三十八節之多（二十一 1～7、9～26，二十二 1～7、12～14、16～17、20）。這兩個信息同時出現，正如二十一章 6 至 8 節裏的宣告：

> 他又對我說：「都成了！我是阿拉法，我是俄梅戛；我是初，我是終。我要將生命泉的水白白賜給那口渴的人喝。得勝的，必承受這些為業：我要做他的上帝，他要做我的兒子。惟有膽怯的、不信的、可憎的、殺人的、淫亂的、行邪術的、拜偶像的和一切說謊話的，他們的分就在燒著硫磺的火湖裏；這是第二次的死。」（二十一 6～8）

這是何等大的對比！第八節所表達的「地獄」預言，是一個警告，指出行惡和不肯悔改者的結局，同時也回答了歷代教會一些人心中的疑問：「是否人人可以得救？」聖經對這「普救論」問題，有肯定的答案：「不！」但啟示錄二十一至二十二章更多的篇幅，是描繪「新創造」榮耀和美麗的景象，和當中居民將會承受的福氣。這樣看來，地獄的預言，不單是一種警告，更是一個呼召、一個邀請，正如主耶穌在本書結束時對讀者說：

> 「看哪，我必快來！賞罰在我，要照各人所行的報應他。我是阿拉法，我是俄梅戛；我是首先的，我是末後的；我是初，我是終。」那些洗淨自己衣服的有福了！可得權柄能到生命樹那裏，也能從門進城。城外有那些犬類、行邪術的、淫亂的、殺人的、拜偶像的，並一切喜好說謊言、編造虛謊的。「我—耶穌差遣我的使者為眾教會將這些事向你們證明。我是大衛的根，又是他的後裔。我是明亮的晨星。」聖靈和新婦都說：「來！」聽見的人也該說：「來！」口渴的人也當來；願意的，都可以白白取生命的水喝。（啟二十二 12～17）

但願聽到這呼召的人，都願意到耶穌跟前，對祂說：「主耶穌，我願意來，信靠跟從祢，領受祢寶血的潔淨、並在聖靈裏，得喝生命泉的水，直到永遠，阿們！」

討論問題

1. 現代人普遍對「地獄」這課題興趣不大，為甚麼？請分享你的個人分析與觀察。
2. 請簡述從初期教會到宗教改革以來，教會如何持守傳統「地獄」觀念，又如何處理一些反對的意見。
3. 十七至十九世紀，教會傳統的「地獄」觀念，曾面對怎樣的挑戰和排拒？信徒又應如何作出回應？有效嗎？試分析之。
4. 二十世紀神學，如何重新詮釋「地獄」教義？你又如何評價？
5. 二十世紀福音派神學界，對「地獄」的詮釋，出現了甚麼風波？試簡述之。正統教又如何處理這些風波？
6. 舊約聖經如何看「死亡、陰間、地獄」？先知有預言將來的地獄嗎？請說明之。
7. 從耶穌的教導中，我們可看到祂持守著一個怎樣的「地獄」觀？這與祂慈愛的屬性，有沒有抵觸？
8. 簡述使徒保羅的「地獄」觀。為何他似乎沒有具體、詳細地描述「地獄」是怎樣的？
9. 為何有人指控保羅是「普救論者」，原因何在？你如何評價這些人的指控？
10. 啟示錄的異象，是否支持傳統的「地獄觀」？又是否支持「消滅論」？試從十四章 9 至 12 節和二十章 9 至 10 節、13 至 15 節等經文，論證你的觀點。
11. 若「地獄」的信息，會帶給人痛苦，甚至絕望，我們今天有必要傳講嗎？假若真的必須傳講，我們應如何做呢？

參考書目

* 重要參考書

*Alcorn, Randy. *Heaven*. Carol Stream: Tyndale House Publishers, 2004.（中譯本：愛爾康：《天堂：從聖經了解天堂真貌》。林映君、黃丹力、王乃純譯。台北：橄欖，2010。）

Alexander, T. Desmond. *From Eden to New Jerusalem: An Introduction to Biblical Theology*. Grand Rapids: Kregel, 2009.

Alexander, T. Desmond, and David W. Baker, eds. *Dictionary of the Old Testament Pentateuch*. Downers Grove: IVP, 2002.

*Althaus, Paul. *The Theology of Martin Luther*. Translated by Robert C. Schultz. Philadelphia: Fortress, 1966.

Anderson, Ray S. *Theology, Death and Dying*. Oxford: Basil Blackwell, 1986.

*Baker, David W., ed. *Looking into the Future: Evangelical Studies in Eschatology*. Grand Rapids: Baker, 2001.

Barber, Dan C., and Robert A. Peterson. *Life Everlasting: The Unfolding Story of Heaven*. Phillipsburg: P&R, 2012.

*Bauckham, Richard. *Jude–2 Peter*. WBC. Waco: Word, 1983.

Bauckham, Richard. *The Theology of the Book of Revelation*. Cambridge: Cambridge University Press, 2007.

Bauckham, Richard. *The Theology of Jürgen Moltmann*. Edinburgh: T&T Clark, 1995.

Bauckham, Richard, ed. *God Will Be All in All: The Eschatology of Jürgen Moltmann*. Minneapolis: Fortress, 2001.

Bauckham, Richard, and Trevor Hart. *Hope Against Hope: Christian Eschatology at the Turn of the Millennium*. Grand Rapids: Eerdmans, 1999.

Bauer, Walter., Frederick. W. Danker, W. F. Arndt, and F. W. Gingrich. *A Greek-English Lexicon of the New Testament and Other Early Christian Literature*. 3rd edition. Chicago: Chicago University Press, 2000.

*Bavinck, Herman. *Reformed Dogmatics*. Vol. 4: *Holy Spirit, Church, and New Creation*. Translated by John Vriend. Grand Rapids: Baker, 2008.

*Beale, G. K. *The Book of Revelation*. NIGTC. Grand Rapids: Eerdmans, 1999.

*Beale, G. K. *The Temple and the Church's Mission: A Biblical Theology of the Dwelling Place of God*. Downers Grove: IVP, 2004.

Beale, G. K. " An Amillennial Response to a Premillennial View of Isaiah 65:20. " *Journal of the Evangelical Theological Society* 61.3 (2018): 461 ～ 492.

*Beale, G. K. *A New Testament Biblical Theology: The Unfolding of the Old Testament in the New*. Grand Rapids: Baker, 2011.（中譯本：《新約的聖經神學》。陳志文譯。South Pasadena：美國麥種傳道會，2018。）

Beale, G. K., and D. A. Carson, eds. *Commentary on the New Testament Use of the Old Testament.* Grand Rapids: Baker, 2007.（中譯本：《新約引用舊約》。上、下冊。金繼宇、於卉等譯。South Pasadena：美國麥種傳道會，2012。）

Beale, G. K., and B. L. Gladd. *Hidden But Now Revealed: A Biblical Theology of Mystery.* Downers Grove,: IVP, 2014.

*Beale, G. K., and D. H. Campbell. *Revelation: A Shorter Commentary.* Grand Rapids: Eerdmans, 2015.

Berkhof, Hendrikus. *Well-Founded Hope*. Richmond: John Knox Press, 1969.

Berkhof, Hendrikus. *Christ the Meaning of History*. Translated by Lambertus Buurman. Eugene: Wipf & Stock, 2004.

*Berkouwer, G. C. *The Triumph of Grace in the Theology of Karl Barth*. Grand Rapids: Eerdmans, 1956.

Bingham, D. Jeffrey, and Glenn R. Kreider. *Eschatology: Biblical, Historical, and Practical Approaches*. Grand Rapids: Krege, 2016.

Bird, Michael F. *Evangelical Theology: A Biblical and Systematic Introduction*. Grand Rapids: Zondervan, 2013.

Bock, Darrell L., ed. *Three Views on the Millennium and Beyond*. Grand Rapids: Zondervan, 1999.

Boda, Mark J., and J. Gordon McConville, eds. *Dictionary of the Old Testament Prophets*. Downers Grove: IVP, 2012.

Brower, Kent E., and Mark W. Elliott, eds. *Eschatology in Bible and Theology: Evangelical Essays at the Dawn of a New Millennium*. Downers Grove: IVP, 2004.

Brown, Raymond E. *The Gospel According to John.* 2 vols. Anchor Bible 29 ～ 29A. New York: Doubleday, 1966 ～ 1970.

Bruce, F. F. *Commentary on the Book of the Acts.* NICNT. Grand Rapids: Eerdmans, 1971.

Bruce, F. F. *1 and 2 Thessalonians*. WBC. Waco: Word, 1982.

*Bruce, F. F. *The Epistle to the Hebrews*. NICNT. Grand Rapids: Eerdmans, 1990.

Bultmann, Rudolf. *Kerygma and Myth: A Theological Debate*. Edited, revised, and translated by R. H. Fuller. New York: Harper & Row, 1961.

*Calvin, John. *Institutes of the Christian Religion*. 2 vols. Edited by John T. McNeill and translated by Ford Lewis Battles. Philadelphia: Westminster, 1960.

Campbell, Constance R., *Paul and the Hope of Glory: An Exegetical and Theological Study*. Grand Rapids: Zondervan, 2020.

*Carson, D. A. *The Gospel According to John*. Grand Rapids: Eerdmans, 1991.

Catechism of the Catholic Church. United States Catholic Conference, 1994.

Chan, Lawrence Yeuk-yue. *An Easter Impartation of the Spirit in John 20:22.* Unpublished thesis. Philadelphia: Westminster Theological Seminary, 1975, 28 ～ 59.

Clowney, Edmund P. "The Final Temple." *Westminster Theological Journal* 35 (1972): 156 ～ 189.

*Clowney, Edmund P. *The Unfolding Mystery: Discovering Christ in the Old Testament*. Phillipsburg: P&R, 1988.（中譯本：克羅尼：《揭開奧祕：發現舊約中的基督》。王之瑋譯。台北：改革宗出版社，2011。）

Crockett, William, ed. *Four Views on Hell*. Grand Rapids: Zondervan, 1996.

Daley, Brian E. *The Hope of the Early Church: A Handbook of Patristic Eschatology*. Cambridge: Cambridge University Press, 1991.

*Davis, Stephen T. *Risen Indeed: Making Sense of the Resurrection.* Grand Rapids: Eerdmans, 1993.

*Di Berardino, Angelo, ed. *We Believe in One Holy Catholic and Apostolic Church.* Ancient Christian Doctrine. Vol. 5. Downers Grove: IVP, 2010.

*Douglas, J. D., ed. *The New International Dictionary of the Christian Church*. Grand Rapids: Zondervan, 1974.

Duguid, Iain M. *Daniel.* Reformed Expository Commentary. Phillipsburg: P&R, 2008.

Dumbrell, William J. *The End of the Beginning: Revelation 21~22 and the Old Testament.* Homebush West: Lancer, 1985.

Elwell, Walter A., ed. *Evangelical Dictionary of Theology*. Grand Rapids: Baker, 1989.

Erickson, Millard J. *Christian Theology.* Three volumes in one. Grand Rapids: Baker, 1993.（中譯本：艾利克森：《基督教神學》。卷一至卷三。郭俊豪、李清義、蔡萬生譯。台北：中華福音神學院，2002。）

Erickson, Millard J. *A Basic Guide to Eschatology: Making Sense of the Millennium*. Grand Rapids: Baker, 1999.

Hilborn, David, ed. *The Nature of Hell: A Report by the Evangelical Alliance Commission on Unity and Truth Among Evangelicals (ACUTE)*. London: Evangelical Alliance, 2000.

Fiddes, Paul S. *The Promised End: Eschatology in Theology and Literature*. Malden: Blackwell, 2000.

*France, R. T. *The Gospel of Matthew.* NICNT. Grand Rapids: Eerdmans, 2007.

Fudge, Edward W., and Robert A. Peterson. *Two Views of Hell: A Biblical and Theological Dialogue*. Downers Grove: IVP, 2000.

*Fudge, Edward W. *The Fire That Consumes: The Biblical and Historical Study of the Doctrine of Final Punishment.* Eugene: Cascade Books, 2011.

*Fung, Ronald Y. K. *The Epistle to the Galatians.* NICNT. Grand Rapids: Eerdmans, 1988.

Fergusson, David, and Marcel Sarot. *The Future as God's Gift: Explorations in Christian Eschatology*. Edinburgh: T&T Clark, 2000.

*Ferguson, Sinclair B., and David F. Wright. *New Dictionary of Theology*. Leicester: IVP, 1988.（中譯本：楊牧谷編：《當代神學辭典》。上、下冊。台北：校園書房，1997。）

*Frame, John M. *The Doctrine of God.* A Theology of Lordship. Vol. 2. Phillipsburg: P&R, 2002.

Gaffin, Richard B., Jr., ed. *Redemptive History and Biblical Interpretation: The Shorter Writings of Geerhardus Vos*. Phillipsburg: P&R, 1980.

*Gaffin, Richard B., Jr. *Resurrection and Redemption: A Study in Pauline Soteriology.* Phillipsburg: P&R, 1987.（中譯本：葛富恩：《復活與救贖：研究保羅的救贖論》。李樹斌譯。台北：改革宗出版社，2021。）

Garland, David E. *1 Corinthians*. BECNT. Grand Rapids: Baker, 2003.

Gentry, Peter J., and Stephen J. Wellum. *Kingdom Through Covenant: A Biblical-Theological Understanding of the Covenants*. Wheaton: Crossway, 2018.

Gladd, Benjamin, and Matthew Harmon. *Making All Things New: Inaugurated Eschatology for the Life of the Church*. Grand Rapids: Baker, 2016.

Green, Joel B., Scot McKnight, and I. Howard Marshall. *Dictionary of Jesus and the Gospels*. Downers Grove: IVP, 1992.

*Green, Joel B. *The Gospel of Luke.* NICNT. Grand Rapids: Eerdmans, 1997.

Gregg, Steve, ed. *Revelation: Four Views: A Parallel Commentary*. Nashville: Thomas Nelson, 1997.

Grudem, Wayne. *Systematic Theology*. Grand Rapids: Zondervan, 1994.（中譯本：古德恩：《系統神學》。張麟至譯。Milltown：更新傳道會，2014。）

Hamilton, James M. Jr. *God's Glory in Salvation Through Judgment: A Biblical Theology*. Wheaton: Crossway, 2010.

Hawthorne, Gerald F., Ralph P. Martin, and Daniel G. Reid, eds. *Dictionary of Paul and His Letters*. Downers Grove: IVP, 1993.

*Hendriksen, William. *More Than Conquerors: An Interpretation of the Book of Revelation.* Grand Rapids: Baker, 2008.

Hick, John. *Death and Eternal Life*. Louisville: Westminster/John Knox Press, 1994.

*Hoekema, Anthony A. *The Bible and the Future*. Grand Rapids: Eerdmans, 1979.（本書第

十四至十六章，中譯見：霍安東：《千禧年論簡介：兼評「千禧年前再臨—時代主義論」》。趙中輝譯。台北：改革宗出版社，2016。）

Horton, Michael. *The Christian Faith: A Systematic Theology for Pilgrims on the Way*. Grand Rapids: Zondervan, 2011.

Hughes, Philip E. *A Commentary on the Epistle to the Hebrews*. Grand Rapids: Eerdmans, 1977.

Hughes, Philip E. *The Book of the Revelation*. Grand Rapids: Eerdmans, 1990.

Kant, Immanuel. *An Answer to the Question What Is Enlightenment?* Translated by H. B. Nisbet. London: Penguin: 2009.

Lane, William L. *The Gospel According to Mark*. NICNT. Grand Rapids: Eerdmans, 1974.

*Leese, J. J. Johnson. *Christ, Creation and the Cosmic Goal of Redemption: A Study of Pauline Creation Theology as Read by Irenaeus and Applied to Ecotheology*. New York: T&T Clark, 2018.

Kärkkäinen, Veli-Matti. *Hope and Community*. A Constructive Christian Theology for the Pluralistic World. Vol. 5. Grand Rapids: Eerdmans, 2017.

Kaufman, Gordon. *Systematic Theology: A Historicist Perspective*. New York: Charles Scribner's Sons, 1968.

Kelly, J. N. D. *Early Christian Doctrines*. London: Black, 1971.

*Kidner, Derek. *Psalm 73 ～ 150: A Commentary*. TOTC. Tyndale. Downers Grove: IVP, 1973.

Kidner, Derek. *Psalm 1 ～ 72: An Introduction and Commentary*. TOTC. Tyndale. Downers Grove: IVP, 1973.

Kline, Meredith G. *The Structure of Biblical Authority*. Eugene: Wipf & Stock, 1997.

Kline, Meredith G. *Glory in Our Midst: A Biblical-Theological Reading of Zechariah's Night Visions*. Overland Park: Two Age Press, 2001.

*Kline, Meredith G. *Treaty of the Great King: The Covenant Structure of Deuteronomy: Studies and Commentary*. Eugene: Wipf & Stock, 2012.

*Kline, Meredith G. *Essential Writings of Meredith G. Kline*. Peabody: Hendrickson, 2017.

Ladd, George Eldon. *The Blessed Hope: A Biblical Study of the Second Advent and the Rapture*. Grand Rapids: Eerdmans, 1956.

Ladd, George Eldon. *A Commentary on the Revelation of John*. Grand Rapids: Eerdmans, 1974.

Ladd, George Eldon. *The Presence of the Future: The Eschatology of Biblical Realism*. Grand Rapids: Eerdmans, 1974.

*Ladd, George Eldon. *I Believe in the Resurrection of Jesus*. Grand Rapids: Eerdmans, 1975.

*Leith, John H. *Creeds of the Churches: A Reader in Christian Doctrine from the Bible to the Present*. Louisville: John Knox Press, 1982.

Lincoin, Andrew T. *Paradise Now and Not Yet: Studies in the Role of the Heavenly Dimension in Paul's Thought with Special Reference to His Eschatology*. Cambridge: Cambridge University Press. 1981.

*Livingston, James C. *Modern Christian Thought: The Enlightenment and the Nineteenth Century.* Minneapolis: Fortress, 2006.

Longenecker, Richard N., and Merrill C. Tenney, eds. *New Dimensions in New Testament Studies.* Grand Rapids: Zondervan, 1974.

Longenecker, Richard N. *Galatians.* WBC. Dallas: Word, 1990.

*Longman, Tremper, III. *Daniel.* NIV Application Commentary. Grand Rapids: Zondervan, 1999.

*Martin, Ralph P. *2 Corinthians.* WBC. Waco: Word, 1986.

*Martin, Ralph P, and Peter H. Davis, eds. *Dictionary of the Later New Testament and It's Developments*. Downers Grove: IVP, 1997.

McCarthy, Dennis J. *Treaty and Covenant: A Study in Form in the Ancient Oriental Documents and in the Old Testament*. Rome: Pontifical Biblical Institute, 1963.

*McGinn, Bernard. *Antichrist: Two Thousand Years of the Human Fascination with Evil*. San Francisco: HarperSanFrancisco, 1994.

McGrath, Alister E. *A Brief History of Heaven*. Malden: Blackwell, 2003.

McGrath, Alister E., ed. *The New Lion Handbook: Christian Belief.* Oxford: Lion Hudson, 2006.

McKnight, Scot. *The Heaven Promise: Engaging the Bible's Truth about Life to Come*. London: Hodder & Stoughton, 2015.

Michaels, J. Ramsey. *1 Peter.* WBC. Waco: Word, 1988.

*Middleton, J. Richard. *A New Heaven and a New Earth: Reclaiming Biblical Eschatology*. Grand Rapids: Baker, 2014.

Milne, Bruce. *The Message of Heaven and Hell: Grace and Destiny.* BST. Downers Grove: IVP, 2002.

*Moltmann, Jürgen. *Theology of Hope*. Translated by James W. Leitch. London: SCM, 1967.（中譯本：莫特曼：《盼望神學》。曾念粵譯。香港：道風書社，2007。）

*Moltmann, Jürgen. *The Coming of God*. Translated by Margaret Kohl. Minneapolis: Fortress, 1996.（中譯本：莫特曼：《來臨中的上帝》。曾念粵譯。香港：道風書社，2002。）

Moltmann, Jürgen. *Ethics of Hope*. Translated by Margaret Kohl. Minneapolis: Fortress, 2012.

*Moltmann, Jürgen. *The Spirit of Hope: Theology for a World in Peril.* Translated by Margaret Kohl and Brian McNeil. Louisville: Westminster John Knox Press, 2019.

Moo, Douglas J. "Nature in the New Creation: New Testament Eschatology and the Environment." *Journal of the Evangelical Theological Society* 49.3 (2006): 449～488.

*Moo, Douglas J. *The Letter to the Colossians and Philemon*. PNTC. Grand Rapids: Eerdmans, 2008.

*Moo, Douglas J. *The Epistle to the Romans*. NICNT. Grand Rapids: Eerdmans, 1996.

Moore, Russell D. *The Kingdom of Christ: The New Evangelical Perspective*. Wheaton: Crossway, 2004.

*Morgan, Christopher W., and Robert A. Peterson, eds. *Hell Under Fire: Modern Scholarship*

Reinvents Eternal Punishment. Grand Rapids: Zondervan, 2004.

Morgan, Christopher W., and Robert A. Peterson, eds. *Heaven*. Wheaton: Crossway, 2014.

*Morris, Leon. *The First and Second Epistles to the Thessalonians*. NICNT. Grand Rapids: Eerdmans, 1975.

Mühling, Markus. *T&T Clark Handbook of Christian Eschatology*. Translated by Jennifer Adams-Maßmann and David Andrew Gilland. London/New York: Bloomsbury T&T Clark, 2015.

*Murray, John. *The Epistle to the Romans*. NICNT. Grand Rapids: Eerdmans, 1973.

Murray, John. *Collected Writings of John Murray*. Vol. 2: *Systematic Theology*, Edinburgh: Banner of Truth, 1977.

O'Brien, Peter T. *The Letter to the Ephesians*. PNTC. Grand Rapids: Eerdmans, 1999.

Orr, Peter C. *Exalted above the Heavens: The Risen and Ascended Christ*. Downers Grove: IVP, 2018.

Pannenberg, Wolfhart. *Systematic Theology*. Vol. 3. Translated by Geoffrey W. Bromiley. Grand Rapids: Eerdmans, 1998.

*Peters, Ted, Robert John Russell, and Michael Welker. *Resurrection: Theological and Scientific Assessments*. Grand Rapids: Eerdmans, 2002.

*Peterson, David G. *The Acts of the Apostles*. PNTC. Grand Rapids: Eerdmans, 2009.

*Piper, John. *Providence*. Wheaton: Crossway, 2020.

Polkinghorne, John, and Michael Welker, eds. *The End of the World and the Ends of God: Science and Theology on Eschatology*. Harrisburg: Trinity Press International, 2000.

*Poythress, Vern S. *The Returning King: A Guide to the Book of Revelation*. Phillipsburg: P&R, 2000.

*Powys, David J. *'Hell': A Hard Look at a Hard Question: The Fate of the Unrighteous in New Testament Thought*. Eugene: Wipf & Stock, 2006.

*Ridderbos, Herman. *Paul: An Outline of His Theology*. Grand Rapids: Eerdmans, 1975.

*Ridderbos, Herman. *The Coming of the Kingdom*. St. Catharines: Paideia Press, 1978.

Ridderbos, Herman. *The Gospel of John: A Theological Commentary*. Grand Rapids: Eerdmans, 1997.

Riddlebarger, Kim. *A Case for Amillennialism: Understanding the End Times*. Grand Rapids: Baker, 2003.

*Riddlebarger, Kim. *The Man of Sin: Uncovering the Truth about the Antichrist*. Grand Rapids: Baker, 2006.

*Robertson, O. Palmer. *The Christ of the Covenants*. Phillipsburg: P&R, 1980.

Russell, Jeffrey Burton. *A History of Heaven: The Singing Silence*. Princeton: Princeton University Press, 1997.

Sauter, Gerhard. *What Dare We Hope? Reconsidering Eschatology*. Harrisburg: Trinity Press

International, 1999.

*Schreiner, Patrick. *The Kingdom of God and the Glory of the Cross*. Wheaton: Crossway, 2018.

*Schaff, Philip, ed. *The Creeds of Christendom: With a History and Critical Notes*. 3 vols. Grand Rapids: Baker, 1993.

Schwarz, Hans. *Eschatology*. Grand Rapids: Eerdmans, 2000.

Schweitzer, Albert. *The Quest of the Historical Jesus: A Critical Study of Its Progress from Reimarus to Wrede*. Translated by W. Montgomery. New York: Macmillan, 1971.

*Snodgrass, Klyne R. *Stories with Intent: A Comprehensive Guide to the Parable of Jesus*. Grand Rapids: Eerdmans, 2018.

*Stanley, Alan P., ed. *Four Views on the Role of Works at the Final Judgment*. Grand Rapids: Zondervan, 2013.

Stonehouse, Ned Bernard. *The Witness of the Synoptic Gospels to Christ*. Grand Rapids: Baker, 1979.

*Storms, Sam. *Kingdom Come: The Amillennial Alternative*. Fearn: Mentor, 2013.

*Tabb, Brian J. *All Things New: Revelation as Canonical Capstone*. Downers Grove: IVP, 2019.

Thielicke, Helmut. *Death and Life*. Philadelphia: Fortress, 1970.

*Thielicke, Helmut. *Evangelical Faith*. Vol. 3: *The Holy Spirit, the Church, Eschatology*. Edited and translated by Geoffrey W. Bromiley. Grand Rapids: Eerdmans, 1982.

Travis, Stephen H. *Christian Hope and the Future of Man*. Leicester: IVP, 1980.

Turner, Alice K. *The History of Hell*. New York: Harcourt Brace & Company, 1993.

*Venema, Cornelis P. *The Promise of the Future*. Edinburgh: Banner of Truth, 2009.

*Vos, Geerhardus. *Biblical Theology: Old and New Testaments*. Edinburgh: Banner of Truth, 1975.（中譯本：魏司堅：《聖經神學：舊約和新約》。李晉、馬麗譯。中華三一，2020。）

*Vos, Geerhardus. *The Pauline Eschatology*. Grand Rapids: Baker, 1979.（中譯本：魏司堅：《保羅末世論》。趙剛譯。經典傳承，2021。）

Vos, Geerhardus. *Reformed Dogmatics*. Vol. 5: *Ecclesiology, The Means of Grace, Eschatology*. Edited and translated by Richard B. Gaffin, Jr. Bellingham: Lexham Press, 2016.

*Walls, Jerry L. *Heaven: The Logic of Eternal Joy*. Oxford: Oxford University Press, 2002.

Walls, Jerry L., ed. *Heaven: The Oxford Handbook of Eschatology*. Oxford: Oxford University Press, 2008.

*Waltke, Bruce K., and Cathi J. Fredricks. *Genesis: A Commentary*. Grand Rapids: Zondervan, 2001.

*Waltke, Bruce K. *An Old Testament Theology: An Exegetical, Canonical, and Thematic Approach*. Grand Rapids: Zondervan, 2007.（中譯本：華爾基：《華爾基舊約神學》。上、下冊。香港：天道，2013。）

Weber, Otto. *Foundations of Dogmatics*. Vol. 1. Translated by Darrell L. Guder. Grand Rapids: Eerdmans, 1981.

Wenham, Gordon J. *Genesis 1 ~ 15*. WBC. Waco: Word, 1987.

*Wilcock, Michael. *I Saw Heaven Opened: The Message of Revelation*. Downers Grove: IVP, 1975.

*Wilkinson, David. *Christian Eschatology and the Physical Universe*. New York: T&T Clark, 2010.

Williamson, Paul R. *Death and the Afterlife: Biblical Perspectives on Ultimate Questions*. Downers Grove: IVP, 2018.

Witherington, Ben, III. *Jesus, Paul, and the End of the World*. Downers Grove: IVP, 1992.

Wright, Christopher J. H. *The Mission of God: Unlocking the Bible's Grand Narrative*. Downers Grove: IVP, 2006.（中譯本：萊特：《宣教中的上帝》。李望遠譯。台北：校園書房，2011。）

*Wright, N. T. S*urprised by Hope*. New York: HarperCollins, 2008.（中譯本：賴特：《天堂，有什麼好期待？：再思復活、終末，與教會的大使命》。台北：校園書房，2020。）

*Wright, N. T. *How God Became King: The Forgotten Story of the Gospels*. New York: HarperOne. 2012.（中譯本：賴特：《耶穌作王，什麼意思？：跟著賴特重讀四福音》。鄭淳怡譯。台北：校園書房，2022。）

Young, Edward J. *The Book of Isaiah*. 3 vols. Grand Rapids: Eerdmans, 1965 ~ 1972.

*余達心、馮蔭坤編：《事奉的人生》。香港：宣道，1982。

*吳榮滁：《新歌樂未央：啟示錄講道集》。台北：周聯華牧師紀念基金會，2021。

*林榮洪：《基督教神學發展史（卷三）：改教運動前後》。香港：中國神學研究院，2009。

林榮洪：《基督教神學發展史（卷四）：近現代復原教會》。香港：中國神學研究院，2017。

陳若愚：《基督、聖靈與救贖：基督教要義導覽》。香港：基道，2010。

*陳若愚：《教會、使命與聖禮：基督教要義導覽》。香港：基道，2018。

*陳若愚編：《神學與事奉》。台北：天恩，2019。

*湯清編譯：《歷代基督教信條》。香港：基督教文藝，2008。

馮蔭坤：《歌羅西書、腓利門書注釋》。卷上、下。香港：明道社，2013。

*道聲編輯委員會：《英漢宗教字典》。香港：道聲，1973。

趙中輝編著：《英漢神學名詞辭典》。台北：基督教改革宗翻譯社，1990。

*鄧紹光：《盼望．神學：莫特曼》。香港：基道，2014。